Jahrbuch der Karl-May-Gesellschaft 2024

Karl May in Kapernaum
am See Genezareth, Palästina

Jahrbuch der Karl-May-Gesellschaft 2024

Herausgegeben

von

Claus Roxin, Florian Schleburg, Gunnar Sperveslage und

Hartmut Vollmer

 Hansa Verlag · Husum

Verantwortliche Herausgeber:
Prof. Dr. Dr. h. c. mult. Claus Roxin, Dr. Florian Schleburg, Dr. Gunnar Sperveslage und
Prof. Dr. Hartmut Vollmer

Geschäftsführender Herausgeber 2024:
Dr. Florian Schleburg
Redaktion:
Wolfgang Böcker, Roy Dieckmann, Ulrike Müller-Haarmann und Stefan Schawe unter
Mitwirkung von Gerhard Haarmann

May-Zitate und -Texte werden durch Kursivdruck gekennzeichnet; zitiert wird aus Gründen der
Authentizität stets nach den originalen (also unbearbeiteten) Texten Mays, wie sie in der Klein-
Oktav-Ausgabe des Verlages Fehsenfeld, Freiburg 1892–1910 (Reprint dieser Ausgabe Bamberg 1982ff.) und in der seit 2008 im Karl-May-Verlag erscheinenden (1987 im Verlag Greno
begonnenen, 1990 im Haffmans Verlag und 1993 im Bücherhaus Bargfeld vorübergehend wei-
tergeführten) Historisch-kritischen Ausgabe sowie in Zeitschriften- und anderen Reprints vorliegen.

Das Frontispiz zeigt den echten Karl May im echten Orient, aufgenommen am 23. Mai 1900.
Ausschnitt einer Bildpostkarte von Klara May an Elise Frauendorfer in Moosburg (10. Januar
1906). (Privatbesitz)

ISSN 0300-1989   ISBN 978-3-941629-37-0

Hansa Verlag Ingwert Paulsen jr., Postfach 1480, 25804 Husum

Schutzumschlag: Hans-Frieder Kühne
Gesamtherstellung: Husum Druck- und Verlagsgesellschaft
Postfach 1480, D-25804 Husum – www.verlagsgruppe.de
Printed in Germany

Inhaltsverzeichnis

Florian Schleburg: Das vierundfünfzigste Jahrbuch . . . .　7

Malte Ristau: Ritter, Räuber und ein besonderer Fürst
Karl May und der Start der Hohenzollern in Brandenburg . . . .　21

Johannes Zeilinger: Karl Mays Todeskarawane
Dramatisches Seelenprotokoll oder koloniale Propaganda? . . . . . .　63

Stefan Mühlhofer: ›Ein Kind seiner Zeit‹?
Koloniale Aspekte in ›Winnetou‹ I–IV . . . .　97

Helmut Schmiedt: Die Strafpredigt einer schönen Frau
Ein interkultureller Disput in ›Winnetou I‹ . . . .　117

Anna M. Horatschek: ›Literarischer Rassismus‹ bei Joseph Conrad
und Karl May? · *Ein exemplarischer Vergleich* . . . .　139

Thomas Gloning: Zum Wortgebrauchsprofil der ›Winnetou‹-
Trilogie · *Systematisierungsperspektiven und erste Befunde* . . . .　175

Thilo Scholle: Karl May im Spiegel der sozialdemokratischen
Arbeiterbewegung bis 1933 . . . .　201

Friedhelm Schneidewind: Der Einfluss von Karl May auf
zeitgenössische deutschsprachige phantastische Autor*innen
Eine Untersuchung und ihre Ergebnisse . . . .　245

Helmut Schmiedt: Literaturbericht . . . .　263

Michael Kunz: Medienbericht . . . .　291

Gunnar Sperveslage: Karl May im interkulturellen Spannungsfeld
Das 54. Jahr der Karl-May-Gesellschaft . . . .　309

Die Autorinnen und Autoren des Jahrbuchs . . . .　323

FLORIAN SCHLEBURG

Das vierundfünfzigste Jahrbuch

setzt die wohldokumentierten Bemühungen der Karl-May-Gesellschaft fort, die Debatte, in deren Zeichen mittlerweile fast jede öffentliche Erwähnung Karl Mays steht, zu führen: wird sie doch von weniger sachkundiger Seite schon seit ihrem Ausbruch gleichsam per Dekret für abgeschlossen erklärt und auf das medienwirksame Scheinfazit verkürzt, die Zeit Karl Mays sei vorbei – glücklicherweise, wie dabei durchklingt, und überfällig vorbei. Nun, vorbei ist zweifellos die Zeit, in der ein christlicher Mitteleuropäer vor seinem selbstzufrieden-homogenen Lesepublikum so wohlgemut wertend über andere, ihm völlig unbekannte Kulturen pauschalisieren durfte, wie unser Autor sich dies zuweilen gestattete. Zwar definieren sich wohl alle Gruppen – nicht zuletzt jene, die sich in ihren jeweiligen Sprachen selbst als ›Menschen‹ par excellence oder ›Rechtgläubige‹ bezeichnen – über eine abwertende Stereotypisierung des Anderen, und niemals und nirgend in der belegten Geschichte unserer Spezies zögerte man, weniger menschlichen oder falschgläubigen Nachbarn die Vorzüge des eigenen Wesens auch durch Raub, Versklavung oder Mord zu verdeutlichen, aber Europa und sein Ableger: der ›Westen‹, müssen sich der Tatsache stellen, dass ihre Überlegenheitsphantasien, verbunden mit effektiver technischer Überlegenheit, ein in seiner zeitlichen und räumlichen Ausdehnung einzigartiges Geflecht von Unrecht und Leid über die Völker der Welt geworfen haben, von dessen direkten und indirekten Folgen noch heute der größte Teil der traurigen Nachrichten aus Ost und West und Süd handelt.

Niemand behauptet, dass ausgerechnet Karl May persönlich schuld sei an Ausbeutung, Sklaverei und Völkermord, aber er ist mit seinem Denken und seinem ungewöhnlich wirkungsmächtigen Schreiben unausweichlich Teil einer ideologischen Dynamik (wir wollen einmal ohne das Wort ›Diskurs‹ auskommen), die diese Verbrechen ermöglichte, rechtfertigte und in Gold verwandelte. Unter anderen Vorzeichen wurde diese Teilhabe auch von Zeitgenossen wahrgenommen. Ein Berliner Leser namens J. Meissner beispielsweise schrieb, als er dem Autor zu seinem 68. Geburtstag gratulierte: Zu selten gewürdigt werde (für seinen Geschmack)

der indirekte Einfluß, den Sie auf die Verstärkung deutscher Machtstellung und auf die Verbreitung deutscher Kultur ausgeübt haben.

Wie häufig mag es zu guter Letzt auf das Filtrat der May-Abende während der Tertianerzeit zurückzuführen sein, daß Deutsche in die Welt zogen, um in Anatolien Bahnen zu bauen, um in Chile Salpeter abzuteufen, um in Indien und Ägypten Baumwollhandel zu treiben, um als Ärzte allen Flaggen zu dienen![1]

Hier marschieren Habgier und humanitäre Hilfe Hand in Hand …

Wie Deutschlands Nachkriegsgeneration ihren Eltern und Großeltern unbequeme Fragen stellen durfte – »Wo wart ihr damals? Was habt ihr gewusst und getan?« –, so ist auch das 21. Jahrhundert berechtigt, kritische Fragen an einen zuletzt ganz gutsituierten Literaten des Kolonialzeitalters und sein Werk zu richten. Ja, es schadet gar nicht, wenn wir auch uns selbst, die wir unsere idealistische Jugendlektüre oder die Erinnerung an unsere Lieblingsfilme allzu leicht verklären, einmal tüchtig ins Verhör nehmen. Interessanterweise folgen wir damit dem Vorbild Karl Mays, der konzertierte Anfechtungen von außen, wenn auch unter großen Schmerzen, am Ende ins Konstruktive wandte und, nachdem er zur Kompensation seiner rebellischen Frühzeit lange im Mainstream mitgeschwommen, noch einmal, und nun auf intellektuellem Wege, begann, die Selbstverständlichkeiten wilhelminischer Weltwertung zu demontieren.

Die Auseinandersetzung mit der Vergangenheit, ob es sich nun um die Geschichte der Menschheit oder die eigene Biographie handelt, ist heilsam und erkenntnisträchtig. Sie setzt jedoch die Bereitschaft, die Vergangenheit auch zu Wort kommen zu lassen, und überdies ein Verständnis für ihre Sprache voraus. Und so ist dieses Jahrbuch bemüht, den persönlichen und literarischen Äußerungen des historischen Individuums Karl May und den mannigfaltigen von ihm inspirierten Kulturphänomenen z u z u h ö r e n. Denn wer Fragen aufwirft, ohne sich für die Antworten zu interessieren, oder apodiktische Antworten bereits mitbringt, führt keine Debatte. Er oder sie verhält sich, ungeachtet etwaiger akademischer Titel oder Funktionen, auch nicht wissenschaftlich, sondern dogmatisch. Wissenschaft darf engagiert sein, nicht aber eine historisch kontingente Gesinnung zum überzeitlichen Maßstab verabsolutieren und sich missionarischer Rhetorik zuliebe den Nuancen verschließen.

Vom Symposium an der Universität Potsdam, dessen Vorträge inzwischen publiziert sind,[2] über die Koordination einer Arbeitsgemeinschaft ›Karl May vermitteln‹ bis zum 27. Kongress in Dortmund, dessen Programm den vorliegenden Band füllt: Wie ernsthaft sich die Karl-May-Gesellschaft in ihrem 54. Jahr mit Verunsicherungen und Verdikten des postkolonialen Paradigmas auseinandersetzte, geht aus dem Vereinsbericht unseres Schriftführers G u n n a r   S p e r v e s l a g e hervor, und auch der Medienbericht von

Michael Kunz ist allenthalben durch ›die Debatte‹ grundiert. Gleich zu Beginn sei hier auch einmal der Literaturbericht von Helmut Schmiedt angeführt, der, obgleich verlässlich mit originellen Gedanken aufwartend, in Jahrbuch-Vorworten üblicherweise am Ende summarisch unter den ›bewährten‹ Rubriken abgefertigt wird. Im aktuellen Jahrgang rezensiert der Berichterstatter besonders ausführlich ein sprachkritisches Buch, das von der deskriptiven Haltung der modernen Linguistik in eine Präskriptivität zurückfällt, die charakteristisch just für das 19. Jahrhundert war, dem man die unhinterfragte Verallgemeinerung der eigenen moralischen und ästhetischen Maßstäbe heute zum Vorwurf macht. Immerhin waren die Logiker des 19. Jahrhunderts auf der Hut vor der ›etymological fallacy‹: dem Trugschluss nämlich, dass die Herkunft eines Wortes (die wohlgemerkt keine absolute Größe ist, sondern nur unser Wissen um die arbiträre Benennungsmotivation an einem recht zufälligen Punkt der niemals stillstehenden Entwicklung widerspiegelt) als dessen ›eigentliche‹ Bedeutung für alle Zeiten verbindlich bleibe. Es ist, um bedenklicheren Beispielen aus dem Wege zu gehen, spannend zu vermuten, dass die Sachsen ihre Stammesbezeichnung dem Namen eines für sie typischen Hiebmessers verdanken, aber selbst wenn sich diese Herleitung aus der Völkerwanderungszeit beweisen ließe, wäre sie kein Argument dafür, die sächsische Staatsbürgerschaft anderthalb Jahrtausende später an den Besitz eines Messers zu knüpfen. Die Sprachgemeinschaft handelt ihr Vokabular im Gebrauch immer wieder von Neuem aus, und diesen spontanen Prozess hat noch keine erzieherische Autorität und kein politisches Diktat zu regeln oder zu unterbinden vermocht.

Alle in diesem Jahrbuch abgedruckten Untersuchungen zum Werk Karl Mays lassen erkennen, dass Differenzierung nottut. Ganz grundsätzlich geht Stefan Mühlhofer, auch wenn er sich im Material auf ›Winnetou‹ konzentriert, mit der trivial gewordenen Formulierung vom ›Kind seiner Zeit‹ ins Gericht: fanden doch Bismarck und Bebel, Bertha von Suttner und Theodor Fritsch höchst unterschiedliche Antworten auf die Fragestellungen derselben Zeit. Zumindest sind wir alle ›Kinder‹ auch unseres Ortes, unserer Bildungsmöglichkeiten, unserer Vorbilder und anderer Elternteile. Präsuppositionen und Schlagwortschatz, die mit der Muttermilch eingesogen wurden, relativieren ein Stück weit die Verantwortung des Einzelnen, doch wer ein wenig geistige Regsamkeit und charakterliche Selbständigkeit mitbrachte, fand in der damaligen Ideenlandschaft der non-konformen Angebote mehr als genug. Karl May (und zwar der mittlere, erfolgreiche Karl May, der den radikalen Oppositionsdrang seiner Jugend abgelegt und noch nicht zur reflektierten Kritikfähigkeit seines Alters gefunden hatte) war als freischaffender Schriftsteller zwangsläufig Nutznießer so mancher Zeitstimmung, und da er als ›Kind‹ einer benachteiligten Bevölkerungsschicht nie die Chance auf eine geordnete Entfaltung seiner Anlagen erhalten, seine nur unter bedeutenden Opfern in Gang gebrachte kleinbürgerliche Biographie mutwillig ruiniert und sich dabei obendrein politisch suspekt gemacht hatte, wählte er unter den verfügbaren Identifikationsmodellen mit nachvollziehbarem wirtschaftlichem Opportunismus und ebenso nachvollziehbarer Sehnsucht nach dem ›Dazugehören‹ das christlich-feiste, großbürgerliche Establishment, dem er sich in der Maske des arrivierten Akademikers andiente. (Und wer die Orthographie und Grammatik der Huldigungsbriefe, die ihn aus vergleichbar bescheidenen Verhältnissen erreichten, mit dem Schreibstil des Autodidakten vergleicht, mag ermessen, was der Ehrgeiz als Lehrer leistet.) Ehe er im Spätwerk den Mut und die Souveränität aufbrachte, seinen Blick ins Menschheitliche zu weiten, sein ›Dazugehörenwollen‹ weniger utilitaristisch als intellektuell auszurichten und damit auch die Behaglichkeit engerer Geister zu stören, konnte er nur eine (im eigentlichen Wortsinne) konservative Haltung zum offiziellen Wertekatalog der patriotischen, autoritätsfrohen, titelsüchtigen Epoche einnehmen, in der das frisch definierte Deutschtum optimistisch ausgriff und bald schon sein Trompetensolo im Konzert der Großmächte beanspruchte.

Und so kann das Böse, dieser unentbehrliche Motor der Detektiv- und Abenteuergeschichten, niemals ein systemisches Übel sein. Ist auch der Statthalter korrupt, der Offizier pflichtvergessen, der Herzog kriminell, letztlich thront über allem der gütige König, der Großherr, der Schah-in-Schah als Garant des Status quo und Stellvertreter Gottes (der die Schöpfung entgegen allen Anzeichen nicht als Trauerspiel schrieb).[3] Geldgier und sexuelle Gewalt, Überheblichkeit und Rassenhass stellen individuelle moralische Defizite dar, deren Ausübung wohl punktuell durch die Initiative lauschender Heroen vereitelt und gesühnt wird, grundsätzlich aber – liegt doch trotz unermüdlicher himmlischer Fügung nicht hinter jedem Gauner ein Westmann im Busch – mit Duldsamkeit und Jenseits-Eudämonismus zu tragen ist. Auch Winnetou, der als charismatischer Oberhäuptling durchaus geeignet erschiene, im Existenzkampf der Indianer eine herausgehobene politische und militärische Rolle zu spielen, agiert mit 24-stündiger Rufbereitschaft durchweg auf anekdotischer Ebene, indem er einzelne Konflikte schlichtet, einzelne Übeltäter abstraft und einzelne Opfer entschädigt, als könnte die Menschlichkeit im Kleinen die Unmenschlichkeit der Gesamtsituation aufwiegen. Deshalb mutet auch der nachgereichte vierte Band der Trilogie in seiner Botschaft so substanzarm an: Winnetou war zu Lebzeiten römisch-schön und stets hilfsbereit, er schlich besonders leise und schoss besonders treffsicher, aber qualifiziert ihn dies zum Entwicklungsziel für die erlösungsbedürftige Menschheit des Industriezeitalters?

Nein, ein politischer Theoretiker oder gar Reformer war Karl May bis zum Schluss nicht. Bezeichnenderweise kleidet er zwar seine humanistische Altersphilosophie in die geographisch-soziale Allegorie zweier orientalischer Reiche, doch der Missstand Ardistans, der Sphäre roher Gewalt, liegt nicht in der autokratischen Herrschaftsform als solcher (wie sie offenbar auch das ideale Dschinnistan genießt), sondern in der familiengeschichtlich deformierten Persönlichkeit des Herrschers. Als Lösung führt uns May eine mit dramatischen Effekten nicht sparende Therapie des Individuums vor, in der eine ganze Batterie deutscher Weihnachtsbäume eine zentrale Rolle spielt. Die Herausforderungen der Moderne reduzieren sich auf die moralische Erziehung des Einzelnen, als wäre die Massengesellschaft lediglich eine Summe: Wenn jeder nur – um ein Lieblingswort Klara Mays zu gebrauchen – ausreichend »lieb« ist, »*Dann wird die Erde Christi Kirche sein / Und wieder eins von Gottes Paradiesen*«.[4]

Im Dienste der Differenzierung arbeitet A n n a   M a r g a r e t h a   H o r a t s c h e k in ihrem Vergleich zwischen Joseph Conrad und Karl May den Unterschied zwischen rassistischen Elementen literarischer Texte und rassistischen Autoren heraus. Sie trennt dadurch – was geeignet ist, eine mit tief wurzelnden und hoch lodernden Emotionen besetzte Debatte zu entschärfen – den (mit Kenntnissen der historischen Semantik) weitgehend objektivierbaren textlichen Befund von der viel heikleren Frage nach Schuld und Charakter eines nach ganz anderen Gesetzen angetretenen und längst verstorbenen Individuums. Demzufolge konnte Karl May in seinem Selbstverständnis für Toleranz und Gerechtigkeit eintreten, ja nachweislich auf andere sensibilisierend wirken und gleichzeitig in kolonialistischen Denkgewohnheiten befangen bleiben und zu einem gewissen Grade kolonialistische Texte verfassen. Was hier an ›Winnetou I‹ vorgeführt wird, müsste mit ähnlicher Sorgfalt zumindest auf eine repräsentative Auswahl des Œuvres ausgedehnt werden, denn bekanntlich nahm unser Autor in verschiedenen Phasen seiner Produktion und für verschiedene Segmente des Lesepublikums immer wieder andere Posen an, so dass es sich völlig verbietet, summarisch von ›seiner Einstellung‹ etwa zum Islam oder zu China zu sprechen – weist doch selbst innerhalb der aus Erzählungen verschiedenen Alters zusammengestückelten ›Winnetou‹-Trilogie das Indianerbild eine irritierende Inkonsistenz auf. Eine unleugbare – und psychologisch hochsignifikante – Konstante der May'schen Phantasien aber ist das ›Empowerment‹ von Menschen aus benachteiligten sozialen Verhältnissen, Menschen mit körperlichen Handicaps und Menschen, die Schuld auf sich geladen haben. Nicht nur, auf dass sich der *Sohn der Deutschen* mit wilden Tieren und wilden Menschen messe, wählt er Schauplätze ohne allzu fest etablierte gesellschaftliche Normen, sondern auch um den von der Zivilisation Zurückgesetzten und Verstoßenen einen plausiblen Raum zu bieten, in dem sie sich vorurteilsfrei entfalten können.

Noch einmal kommt in der literaturwissenschaftlichen Abteilung dieses Jahrbuchs Helmut Schmiedt zu Wort, und noch einmal steht eine Szene aus ›Winnetou I‹ im Mittelpunkt. Hier handelt sich der junge Old Shatterhand durch eine lehrerhafte Bemerkung zum weiblichen Dekorum eine unerwartet temperamentvolle Replik der Häuptlingstochter Nschotschi ein, die dem Vertreter des fortschrittlichen Abendlandes in einem großen Bogen von der Tierquälerei in Küche, Sport und Labor bis zur Sklaverei die Doppelmoral seiner eigenen Gesellschaft um die Ohren schlägt. Der so gemaßregelte Erzähler macht keine beeindruckende Figur, und man könnte auf die Idee kommen, er verdanke die vielzitierten Einsichten, die er später in der ›Einleitung‹ des Romans festhielt, nicht zuletzt der Belehrung, die er als Greenhorn von der schönen Mescalera empfing. Schmiedts Analyse zeigt, wie komplex die heute gerne als ›Intersektionalität‹ bezeichnete Überlagerung kultureller und geschlechtlicher Machtstrukturen diesen Dialog macht, verstärkt noch durch die unausgesprochene emotionale Beziehung der beiden Kontrahenten.

Ein Einzelfall ist es freilich keineswegs, dass der Ich-Erzähler Kritik an der europäischen Kultur zu hören bekommt, die er sachlich nicht so entschieden zurückweisen kann, wie er es seinem persönlichen Stolz und seiner Vaterlandsliebe schuldig wäre. In ›Old Surehand III‹ bringt der Osagenhäuptling Schahko Matto den deutschen Westmann durch eine eloquente Klage über den fortgesetzten Betrug der Weißen an den Indianern in Verlegenheit, und wie sich Nscho-tschi überraschend über die Gourmetzubereitung von Aalen und Krebsen zu äußern wusste, so kennt der Osage nun Komitees und Lynchjustiz. *Was sollte und was konnte ich ihm antworten, nämlich als ehrlicher Mann antworten?*[5] Winnetou kommt seinem Blutsbruder zu Hilfe. In ›Ein Blizzard‹ ist es der Apachenhäuptling selbst, dem der Zorn eine erbitterte Bemerkung über die Ungerechtigkeit der Kolonialgeschichte entpresst. Was kann Scharlih darauf entgegnen? *Nichts. Uebrigens hätten wir jetzt auch keine Zeit zu einer Auseinandersetzung über diese traurige Frage gefunden, denn wir sahen am Horizonte vor uns eine Reiterschar auftauchen ...*[6] – Glück gehabt.

Eine orientalische Parallele ist die flammende Philippika gegen europäische Machtpolitik im Türkenreiche, die Kara Ben Nemsi in Bulgarien von Schimin zu hören bekommt. Auch der einfache Dorfschmied stellt sich bei dieser Gelegenheit als weitgereister Mann und kluger Beobachter heraus, weiß von der »Streusandbüchse« des Heiligen Römischen Reiches und vom Großen Spiel zwischen England und Russland und führt gar den Landraub an den amerikanischen Ureinwohnern als Parallele an. Auf seine

Frage »*(H)abe ich recht oder nicht?*« antwortet der Deutsche ausweichend: »*Ich könnte dir in manchem widersprechen.*« – »*So thue es!*« – »*Wir haben nicht Zeit dazu.*« Indem er dem *Nemtsche* Redlichkeit bescheinigt, dafür aber Armenier, Juden und Griechen zu den Ausbeutern rechnet, gibt sich Schimin als Sprachrohr des Autors zu erkennen, der ausnahmsweise die Eitelkeit der Pädagogik opfert, indem er sein Helden-Ego ganz ungewohnt klein beigeben lässt. »*Kannst du mich widerlegen?*«, begehrt der Schmied noch einmal zu wissen. – »*Ja, ich kann es*«, beteuert Kara Ben Nemsi und macht sich sogar anheischig, seine Sicht der Dinge zu beweisen. – »*So thue es! Doch halt!*« *Es ließ sich von fern her der Schritt eines Pferdes vernehmen.*[7] Gerade noch einmal davongekommen …

Schmiedt selbst lässt die Frage unbeantwortet, ob Karl May die grausame Hinrichtung Rattlers in ›Winnetou I‹, gegen die sich Old Shatterhand auf der Oberfläche des Textes ausspricht, durch die Argumente Nschotschis auf Umwegen legitimiere. Dies ist, wenn nicht im Sinne einer moralischen Maxime für das offizielle Protokoll, so doch auf der Ebene der literarischen Zweckmäßigkeit ganz sicher der Fall. Das ›Outsourcing‹ von Verantwortung gehört zu jenen raffinierten Manövern, mit denen das Charakteramalgam namens Karl May zwischen den Interessen seiner diversen Identitäten laviert: Sobald der nach Liebe und Bewunderung dürstende Autor das epische Ich der Reiseerzählungen unmissverständlich mit seiner bürgerlichen Existenz gleichsetzte, reifte es über Nacht zu einer an Bildung und Tugend exemplarischen Gestalt. Die Mutlosigkeit des Hotelgastes, der die ›Inn-nu-woh‹-Episode für uns niederschreibt, und die etwas schlüpfrigen Reden des ›Leïlet‹-Erzählers waren Herrn Dr. Karl May aus Dresden nicht anzulasten, doch für die Entscheidungen Old Shatterhands und Kara Ben Nemsis musste er vor seinen Verehrern geradestehen, und so verfiel er auf die geniale Strategie, weniger vorbildliche Charakterzüge und Funktionen in andere Figuren auszulagern. Gewiss wünscht ein zivilisierter Europäer selbst einen hartgesottenen Verbrecher nicht am Marterpfahl zu sehen oder eigenhändig ums verwirkte Leben zu bringen. Der Autor hingegen kann für die Dramaturgie seiner Abenteuergeschichten eine Dosis Brutalität ganz gut gebrauchen, und so findet der karitative Westmann, der seinen Widersacher nach jedem Meuchelmordversuch wieder mit vexierender Langmut laufen ließ, verlässlich Gelegenheit zu frommem Erschauern, wenn ihm die göttliche Vorsehung den Gauner endlich durch dessen eigene Spießgesellen oder einen tragischen Unfall vom Halse schafft. Gewiss lehnt es der Effendi ab, das Ebenbild Gottes durch Peitschenhiebe zu entwürdigen, aber das gar so häufige Auftreten der Prügelstrafe legt nahe, dass der Effendi hinter dem Effendi das Verdreschen seiner Feinde heimlich ebenso goutierte wie der aufbrausende Hadschi Halef

Omar (und vermutlich kein ganz kleiner Teil der Leserschaft), und den Kenner täuschen die Pronomina nicht darüber hinweg, dass auch der kleine Mann mit der Kurbatsch zur ersten Person gehört. Und just so kann Karl May durch den Mund einer scheinbar wenig qualifizierten, obschon unverkennbar respektablen Figur Kritik an der Vivisektion von Tieren und der westlichen Kolonialpolitik üben und gleichzeitig der Form halber klarstellen, dass ›er‹ die Anwürfe seines (unleugbar begabten, aber naturgemäß des nötigen Weitblicks ermangelnden) einheimischen Gesprächspartners unverzüglich gebührend widerlegt haben würde, wenn damals nicht dummerweise ein Pferd um die Ecke gekommen wäre …

Auf dem östlichen Schauplatz verfolgt J o h a n n e s Z e i l i n g e r das Motiv des religiösen Leichentransports, das auf seinem langen Wege von authentischen Augenzeugenberichten zu Karl Mays ›Reise-Erinnerung‹ ›Die Todes-Karavane‹ immer grausigere Züge annimmt und sich schließlich zu einer Horrorvision von Hitze, Schmutz, Verwesungsgestank und dämonischer Gewalt auswächst. Und auch hier kommt die koloniale Thematik ins Spiel, denn nicht nur aus Freude an effektvoller Zuspitzung und Steigerung der Gefahr, und mehr als nur unkritisch-abschreibend, trägt der Reiseschriftsteller mit seiner mehrfach aufgegriffenen Seuchenschilderung zum Klischeekomplex von der unhygienischen Rückständigkeit und Irrationalität des islamischen Orients bei. (Aus Schimins Mund verkündet er hingegen: »*Der Islam verhindert den Kulturfortschritt nicht*«[8] – daher sprachen wir oben von Posen.) Dem aufgeklärten und aufklärend wirkenden Europa stellt er den verantwortungslosen Fatalismus der osmanischen Obrigkeit und den pathologischen Fanatismus der Schiiten gegenüber. So tief sitzt das Vorurteil gegen die Schia, dass May die Ausnahmefigur eines edlen Persers, den unglücklichen Hassan Ardschir Mirza, für seine christliche Leserschaft nur dadurch aufwerten kann, dass er in äußerst unwahrscheinlicher Weise einen bekennenden Islam-Hasser aus ihm macht. Wenn Nscho-tschi, Schahko Matto und Schimin in den oben angeführten Szenen aussprechen, was der Autor seiner eigenen Kultur nicht selbst ins Gesicht sagen möchte, so bestätigt hier eine kulturell kompetente Romangestalt die Diagnose, die der deutsche Reisende anderswo als eigene Meinung vertritt: der Islam lasse es an Liebe fehlen und versündige sich besonders an der Seele des Weibes.

Auf biographischer Ebene interpretiert Zeilinger die Pest-Erkrankung der beiden Ich-Facetten im düsteren Mittelteil des Orientromans als Verarbeitung einer affektiven Störung des Autors. Dafür spricht zweifellos die lebensgefährliche Typhus-Infektion derselben Protagonisten im dritten Band des ›Silberlöwen‹ von 1902, die ausdrücklich das Gemüt affiziert. In dieser psychologischen Deutung des physischen Geschehens trifft sich

Mays Alterswerk interessanterweise mit dem nur ein Jahr zuvor erschienenen Erstlingsroman Thomas Manns, was umso mehr auffällt, als in den medizinischen Quellen beider Autoren zwar von Mattheit und Apathie, nicht jedoch von einer Identitätskrise die Rede ist: Thomas Mann literarisierte für seine hanseatische Familienchronik einen Artikel aus ›Meyers Konversations-Lexikon‹;[9] Karl May besaß ebendiese fünfte Auflage, scheint seine Beschreibung des Krankheitsverlaufs aber aus dem ›Brockhaus‹ übernommen zu haben.[10] Im letzten Teil der ›Buddenbrooks‹ beginnt ein Kapitel mit dem ominösen Satz: »Mit dem Typhus ist es folgendermaßen bestellt.« Am Anfang steht, so erfahren wir, »eine seelische Mißstimmung«,[11] und bei aller Virtuosität der Sprache behandelt Mann die körperliche Symptomatik aus dem Lexikon beinahe als Nebensache: Im Grunde ist die Krankheit eine metaphysische Attacke des Todes auf das Lebendige, und über Sieg oder Niederlage entscheidet (auch bei fachgerechter ärztlicher Behandlung) die transzendentale Verfasstheit des Patienten, die Stärke des Schopenhauer'schen Willens in ihm, die Zähigkeit und Lust seiner Bindung ans bunte, erdige Diesseits. »In die fernen Fieberträume, in die glühende Verlorenheit des Kranken wird das Leben« nämlich, wenn es darauf ankommt, »hineinrufen mit unverkennbarer, ermunternder Stimme«[12] – und dies geschieht im Hohen Hause der Dschamikun buchstäblich, indem der Ustad an Halefs Krankenlager *ganz auffallend laut und deutlich* ruft: »*Du bist Hadschi Halef Omar, der Scheik der Haddedihn!*«[13] Für den kritischen Augenblick hat man per Eilboten den Sohn des Patienten auf seinem vertrauten Hengst herbeigeholt – »*Dadurch wird seine Seele vielleicht festgehalten werden.*«[14] –, und da neben Sohn und Pferd und Sihdi auch noch die geliebte Hanneh nach Halefs fiebrig entirrender Seele greift, kann der Typhuskranke im letzten Moment ins Land des Lebens zurückgerufen werden. Nach der Logik der Allegorie hätte Mays Hadschi-Komponente hier wohl sterben sollen[15] – wie der kleine, späte Hanno Buddenbrook, dessen morbide Konstitution »zusammen(zuckt) vor Furcht und Abneigung bei der Stimme des Lebens«.[16] Vielleicht fand zwischen den Zeitgenossen May und Mann doch mehr Wechselwirkung statt, als das Schweigen des einen und die gönnerhafte Bemerkung des andern: »Ich glaube, ich würde mir ein Billet kaufen.«[17] erkennen lässt …

Noch zwei weitere Beiträge beschäftigen sich aus politischer Warte mit unserem Autor. M a l t e   R i s t a u stellt den Lieferungsroman ›Der beiden Quitzows letzte Fahrten‹ von 1876/77, an dem Karl May als zweiter von vier Verfassern beteiligt war, in den Zusammenhang der Hohenzollern-Propaganda des jungen Kaiserreichs. Beim Vergleich mit der Hauptquelle ergibt sich, dass der nicht mehr ganz junge, aber noch am Anfang seiner literarischen Laufbahn stehende May für Münchmeyers kurzlebige Zeit-

schrift ›Feierstunden am häuslichen Heerde‹ zwar bereitwillig vaterländische Klischees bediente, sich aber für die historischen Spezifika des Stof-
fes herzlich wenig interessierte: Er lässt bereits hier seine Protagonisten
bevorzugt abseits komplexer gesellschaftlicher Konstellationen in arche-
typischen Landschaften agieren, motiviert Konflikte bereits hier lieber
durch persönliche Charakteristika als durch eine aufwendige politische
Analyse und behilft sich, wie schon sein Vorgänger Friedrich Axmann, mit
Versatzstücken der Schauerromantik. (Es ist sicher nicht zuletzt Axmann
zu verdanken, wenn May später immer wieder gesellschaftlich geachtete
Figuren in ihrer Freizeit als ›Samiel‹ oder ›schwarzer Perser‹ umgehen
lässt und bis zum ›Silberlöwen‹ seine Verschwörer nächtens in verrufenen
Ruinen versammelt.) Etwaige Zweifel an der Sendung der preußischen
Monarchie und etwaige Residuen adoleszenter Aufsässigkeit behielt der
vorbestrafte Untertan tunlichst für sich.

Kein Wunder, dass sich die sozialdemokratische Bewegung schwertat
mit dem Volksschriftsteller ... Die Belege, die Thilo Scholle aus dem
SPD-nahen Schrifttum bis 1933 zusammengetragen hat, zeigen, dass May
kaum je als schwer malochender *Self-man* aus dem Handwerkermilieu und
nur selten nach seinem Erholungswert für den kurzen Feierabend des In-
dustrieproletariats gewürdigt, vielmehr zumeist, genau wie in der Kritik
aus dem konservativen und katholischen Lager, als antipathischer Aufschneider und greller Geschmacksverderber abgetan wurde. Hinzu kamen
recht pauschale weltanschauliche Vorbehalte gegen die aufdringliche Moral seiner Geschichten und das unablässige »Morden (...) von Wilden und
Wild«. In der reichlich arbeiterfern geführten Debatte über die geistige
Hebung des Arbeiters, die lange um eine tragfähige (thematische, stilistische, ökonomische) Definition von ›Schundliteratur‹ ringt, mangelt es
zwar nicht an Stimmen, die der Jugend ihre Leseabenteuer gönnen, doch
eskapistische Indianer- und Beduinengeschichten, so fürchtet man, könnten Realitätssinn und Reformgesinnung schwächen. Anstelle der Unwahr-
heiten Karl Mays empfiehlt mancher Sozialdemokrat folglich die lebens-
echten Berichte realer Helden der Wissenschaft – und vergisst dabei, dass
europäische Geographen, Ethnologen und Archäologen auf ihren Erkun-
dungs- und Beschaffungsreisen den ideologischen, kommerziellen und
militärischen Interessen ihrer imperialistischen Geldgeber in der Regel
viel konkreter zuarbeiteten als ein noch so reaktionärer Apachenfreund in
seiner Schreibstube. Übrigens muss, wer entrüstet aufzulisten weiß, wie
viele Personen im ›Waldröschen‹ durch Gift oder Gase ums Leben kommen (angeblich 219 – ausnahmsweise nicht einmal von der Jahrbuch-
Redaktion nachgeprüft), Mays irrwitzigsten Text sehr eingehend studiert
haben ...

Wie nahe seine fiktionalen Welten, und zwar nicht erst die kraftvoll ima-
ginierten Allegorien des Spätwerks, sondern bereits die Fieberträume der
Kolportage, ja selbst die so realistisch und rational daherkommenden ›Rei-
seerlebnisse‹, der Phantastik im Sinne moderner Marktkategorien stehen,
wurde in den vergangenen Jahren (und Jahrbüchern) mehrfach hervorgehoben. Der Autor selbst nahm die Vorrechte des schlichten ›Märchener-
zählers‹ in Anspruch, als die Rolle des wissenschaftlich gebildeten Welt-
reisenden für ihn unhaltbar wurde, und mit derselben, denkbar harmlos
konnotierten Bezeichnung ›Märchen‹ weist man heute gerne die Vorstellung zurück, Mays Mescaleros müssten sich an historischen Realitäten
messen lassen. Einige kreative Fortspinnungen seiner Erzählstoffe haben
die Schwelle zur Magie inzwischen eingeständlich überschritten. F r i e d -
h e l m S c h n e i d e w i n d , selbst Verfasser und Herausgeber phantastischer
Texte, fragt nach dem Einfluss des sächsischen Phantasten auf die aktuelle
Szene und hat unter seinen deutschsprachigen Kolleginnen und Kollegen
immerhin 33 gefunden, die Karl May nicht nur kennen, sondern ihren eigenen Angaben nach von seinen Geschichten geprägt wurden. Allerdings
wird sich, auch abgesehen davon, dass eine solche freiwillige Selbstaus-
kunft weder objektiv noch repräsentativ sein kann, eine erschöpfende Geschichte der Wirkung, die Karl Mays Erzählstil auf seine schreibende Mit-
und Nachwelt ausübte, niemals zusammenstellen lassen: Viel stärker als in
der publizierten Literatur, die sich ja schon zu seinen Lebzeiten von den
traditionellen Formen löste und nach dem Zweiten Weltkrieg ganz neuen
Tendenzen folgte, muss sich sein Typen- und Szenenvorrat, vor allem aber
der theatralisch-pädagogische Habitus des Ichs mit seinem unerschütterli-
chen Selbst- und Gottvertrauen zumindest bis in die 80er Jahre des 20.
Jahrhunderts in Schulaufsätzen, Tagebüchern und Pubertätspoesie niedergeschlagen haben – und wer die Rollenspiele der Kindheit mit Stoff versorgt hat, wird auch in den sublimierten Spielchen der Erwachsenen noch
für ein paar Jahrzehnte fortwirken.

Karl May als rezeptiven Wortbenutzer, als erfolgreichen Wortverbreiter
und nicht zuletzt als kreativen Wortschöpfer für die historischen Corpora
der deutschen Sprache besser sichtbar zu machen, wäre eine der prakti-
schen Umsetzungen von T h o m a s G l o n i n g s Gedanken zum Wort-
schatzprofil der ›Winnetou‹-Trilogie. Umgekehrt kann die Sprachwissenschaft, vor allem durch elektronisch gestützte Analysemethoden, zur
literarischen und didaktischen Erschließung der gewaltigen Textmenge
beitragen, die Karl May im Lauf seines Lebens als Erzähler, als Korres-
pondenzpartner, als Impresario seiner selbst und als Prozesspartei produ-
ziert hat. Angesichts der Tatsache, dass er seine Wirkungswelten aus Wörtern erbaute, dass er neben einer stilistisch schon bald unverwechselbaren,

leicht mundartlich getönten Hochsprache gerne auch mehr oder weniger authentische Dialekte einsetzte, exotische Terminologie aus höchst unterschiedlichen Vorlagen popularisierte und derart folgenreich mit Fremdsprachen spielte, ist von linguistischer Seite ja noch immer erstaunlich wenig zu Karl May geschehen. Gloning zeigt exemplarisch, wie die Wahl bestimmter Wortschatzelemente zur logischen Strukturierung des Textes, zur Charakterisierung von Figuren und zur Steuerung der Leserreaktion beiträgt. Die anderweit üblich gewordene, oft anachronistische Fahndung nach diskriminierenden Ausdrücken erinnert uns daran, dass durch Originaltexte Karl Mays oder von ihnen inspirierte Medienerzeugnisse auch Menschen mit der Sprache des 19. Jahrhunderts in Berührung kommen, die über wenig Erfahrung mit anderen Kulturdenkmälern ähnlichen Alters verfügen und für das Verständnis der primären Textbedeutung, das jeder subjektiven Exegese vorausgehen sollte, auf eine Glossierung angewiesen sind. In sehr naher Zukunft werden der Vermittlung von Mays Werken nicht mehr nur geschmackliche und ideologische Moden im Wege stehen, sondern die massive Veraltung des lexikalischen Materials und der grammatischen Strukturen, derer er sich bediente. Shakespeares Pointen funktionieren ja längst nur noch auf dem Umweg über einen Kommentar.

Leider nicht zum Abdruck gelangt der ganz auf die Dortmunder Zeche zugeschnittene Eröffnungsvortrag von Iuditha Balint über die Arbeit im und am Text des ›Verlornen Sohns‹. (Zumindest einer der von Scholle zitierten Quellentexte erkennt auch im Kolportageschriftsteller einen ausgebeuteten Arbeiter.) Und Alexander Braun hat seine hörenswerten Ausführungen zur Repräsentation des ›Wilden Westens‹ im Comic jüngst an anderer Stelle publiziert.[18]

Unser Frontispiz zeigt ein bekanntes Motiv von der Orientreise, aufgenommen wohl am 23. Mai 1900 am biblischen Gestade des Sees Genezareth. Die Postkarte selbst, die Klara May am 10. Januar 1906 an Fräulein Elise Frauendorfer, »Stadtschreiberstochter« im oberbayerischen Moosburg, richtete, ist in der ersten Auflage der ›Karl-May-Chronik‹ von Sudhoff und Steinmetz noch nicht verzeichnet; sie ging dem Vorwortverfasser kürzlich von privater Seite zu. Illustriert sie nicht ganz trefflich das Hauptthema dieses Jahrbuchs, diese Abbildung des etwas schmächtig wirkenden Touristen May, der sich im weißen Tropenanzug mit Stöckchen und Helm durchs Heilige Land tastete und mit seinem ägyptischen Diener (2. v. l.) einen deutschen Dienstvertrag abschloss …?

Nicht nur die darin vorgestellten Forschungsergebnisse, sondern schon das Zustandekommen dieses 54. Jahrbuchs, das keinem der Beteiligten materiellen Gewinn bringt und dem Redaktionsteam viel unsichtbare und zuweilen undankbare Recherche- und Koordinationsarbeit abverlangte, beweisen es: Die Zeit Karl Mays ist nicht vorbei. Er beschäftigt, bestrickt, befremdet, betrifft auch die ›Kinder‹ der unseren. Gestritten hat man schon immer über ihn: War er ein Lebenskünstler oder ein Scharlatan? Ein hochfliegender Überwinder trister Realitäten oder ein kleinlicher Streithansel? Ein konfessioneller Opportunist oder ein überkonfessioneller Visionär? Nun reden wir also eine Weile darüber, ob er Mitläufer eines obsoleten Rassismus oder ein Pionier des modernen Antirassismus war ... Unter Menschen schließt das eine das andre nicht aus.

1   Unveröffentlichter Brief an Karl May vom 24. Februar 1910; Archiv der Verlegerfamilie Schmid. Für die freundliche Zitiererlaubnis habe ich, wie so oft, Herrn Bernhard Schmid (Bamberg) zu danken.

2   Wer hat Angst vor Winnetou? Karl May im Spannungsfeld postkolonialer Diskurse. Ein interdisziplinäres Symposium der Karl-May-Gesellschaft, der Karl-May-Stiftung und der Universität Potsdam. Hrsg. von Andreas Brenne/Florian Schleburg/Laura Thüring. München 2024.

3   Einen noch immer aktuellen Überblick über Mays diverse politische Einstellungen bietet Hartmut Wörner: Gott, König und Vaterland. Wie und warum Karl May in seinem ersten Großroman an den Säulen seines Weltbildes rüttelte. In: Jahrbuch der Karl-May-Gesellschaft 2015. Husum 2015, S. 141–194.

4   Karl May: Gesammelte Reiseerzählungen Bd. XXX: Und Friede auf Erden! Freiburg i. Br. o. J. [1904], S. 219; Reprint Bamberg 1984.

5   Karl May: Gesammelte Reiseerzählungen Bd. XIX: Old Surehand. 3. Band. Freiburg i. Br. o. J. [1896], S. 83–86 (85); Reprint Bamberg 1983.

6   Karl May: Ein Blizzard. In: Ders.: Gesammelte Reiseerzählungen Bd. XXIII: Auf fremden Pfaden. Freiburg i. Br. 1897, S. 578; Reprint Bamberg 1984.

7   Karl May: Gesammelte Reiseromane Bd. IV: In den Schluchten des Balkan. Freiburg i. B. o. J. [1892], S. 68–70; Reprint Bamberg 1982. In der Zeitschriftenfassung ›Der letzte Ritt‹ war Schimins Anklage sogar noch etwas umfangreicher (Hinweis von Gunnar Sperveslage); vgl. Deutscher Hausschatz. XI. Jg. (1884/85), S. 819f.

8   May: In den Schluchten des Balkan, wie Anm. 7, S. 68.

9   Vgl. Thomas Mann: Buddenbrooks. Verfall einer Familie. Kommentar von Eckhard Heftrich und Stephan Stachorski unter Mitarbeit von Herbert Lehnert. Große kommentierte Frankfurter Ausgabe Bd. 1.2. Frankfurt a. M. 2002, S. 414 u. 673–682.

10 Brockhaus' Conversations-Lexikon. Allgemeine deutsche Real-Encyklopädie. 13. vollständig umgearbeitete Auflage. 6. Bd. Leipzig 1883, S. 885f. Für diese Quelle sprechen beispielsweise der Vergleich der Petechien mit dem Masernausschlag, die Formulierung *livid-dunkle Färbung*, der geöffnete Mund des Patienten, die Verwendung des Adjektivs *moderig* für seinen Geruch und die *wochenlange Betäubung*; vgl. Karl May: Gesammelte Reiseerzählungen Bd. XXVIII: Im Reiche des silbernen Löwen. 3. Band. Freiburg i. Br. o. J. [1902], S. 153, 208, 266 u. 278; Reprint Bamberg 1984.

11 Thomas Mann: Buddenbrooks. Verfall einer Familie. Herausgegeben und kritisch durchgesehen von Eckhard Heftrich unter Mitarbeit von Stephan Stachorski und Herbert Lehnert. Große kommentierte Frankfurter Ausgabe Bd. 1.1. Frankfurt a. M. 2002, S. 828.

12 Ebd., S. 831.

13 May: Im Reiche des silbernen Löwen. 3. Band, wie Anm. 10, S. 307.

14 Ebd., S. 273. Man vergleiche die Erläuterungen des Ustad (ebd., S. 324–326) mit der Beschreibung in Mann, wie Anm. 11, S. 830–832.

15 Vgl. Klara May: Mit Karl May durch Amerika. Radebeul 1931, S. 27.

16 Mann, wie Anm. 11, S. 832.

17 Zitiert nach Dieter Sudhoff/Hans-Dieter Steinmetz: Karl-May-Chronik. Bd. V 1910–1912. Bamberg/Radebeul 2006, S. 570.

18 Alexander Braun: Staying West. Comics vom Wilden Westen. Wattenheim 2024. Vgl. auch die Rezension von Malte Ristau: Staying West – Karl Mays Enkel. Eine Neuvermessung von Comics nach Karl May. In: Mitteilungen der Karl-May-Gesellschaft 219/2024, S. 53–56.

MALTE RISTAU

Ritter, Räuber und ein besonderer Fürst
*Karl May und der Start der Hohenzollern in Brandenburg**

Als Karl May im Mai 1874 nach mehrjähriger Haft freikam, zeigte sich
Deutschland gründlich verändert. Im Königreich Sachsen geboren und
aufgewachsen, war er nun Bürger des Deutschen Reiches. Kein Ereignis
im 19. Jahrhundert hat, so formuliert es der Historiker Jürgen Kocka, »die
öffentlichen Emotionen der Deutschen stärker bewegt (…) als die Gründung des Reichs«.[1] Der von vielen gewünschte Nationalstaat war nach einem Sieg gegen Frankreich geschaffen und im Januar 1871 mit einer durch
Fürsten vollzogenen Proklamation Wilhelms I. zum Kaiser inszeniert worden. Der performative Akt in Versailles gemahnte an mittelalterliche Riten
und löste eine Welle sakral aufgeladener Erinnerungsstätten aus. Die Suche nach identitätsstiftenden Symbolen in der durch enormen Wandel und
Konjunkturschwankungen aufgewühlten Nation verband sich mit den
nachwirkenden Sehnsüchten einer seit der Romantik ausgebildeten Mittel-
alterverehrung. Effektheischend wurden sogenannte Nationaldenkmäler
ausgestaltet wie die Burg auf dem Kyffhäuser oder die Pfalz in Goslar. Den
dortigen Kaisersaal der restaurierten Pfalz schmückte ein großflächiges
Gemälde, das die Wiedererstehung des Deutschen Reiches propagiert.[2] In
der Mitte eines Triptychons reitet Wilhelm I.; auf seiner linken Seite se-
kundieren ihm Bismarck und Moltke und über ihm demonstrieren mittelalterliche Herrscher, darunter u. a. Barbarossa, Kontinuität. Die von Wilhelm II. veranlasste Siegesallee in Berlin zog mit mehreren Dutzend
Denkmälern von Persönlichkeiten eine Linie, die bis ins Hochmittelalter
zurückreichte. Ungeachtet anachronistischer Imaginationen entwickelte
sich Deutschland zu einer in Industrie, Technik und Wissenschaften unge-
mein dynamischen Nation. Vollendung der Alphabetisierung und techni-
sche Fortschritte besorgten ein Aufblühen der Medien mit neuen Jobs. Für
May eröffnete sich damit eine zweite Lebenschance; er nutzte ab März
1875 sein Talent als Redakteur. Zum ersten Mal konnte er sich den Lebens-
unterhalt auskömmlich verdienen. In den ersten Jahren, Gründerjahre

---

* Vortrag, gehalten am 6. Oktober 2023 auf dem 27. Kongress der Karl-May-Gesellschaft in Dortmund.

waren es für Deutschland wie für den Autor, verfasste er neben ›Geographischen Predigten‹, Erzgebirgischen Dorfgeschichten sowie Urformen der Reiseerzählungen historisch ausgerichtete Werke besonderer Art. Bis 1885 beteiligte sich May damit literarisch an der Verkündung einer vorgeblichen Sendung der Hohenzollern: Nach Kaiser Friedrich Barbarossa (1122–1190) sei die Bedeutung des Reiches verfallen und erst ab 1414 von den Hohenzollern schrittweise wiederhergestellt worden. Selbst in Bayern oder Sachsen verbreitete sich bei vielen Menschen die Ansicht, die Hohenzollern hätten Deutschland auf den Höhenpunkt historischer Größe geführt und diese Absicht seit dem Mittelalter schicksalhaft verfolgt.

Die Stimmung wurde nicht staatlich verordnet, allerdings von staatlichen Institutionen gefördert. Sie spross in Organisationen, Vereinen und Parteien und verbreitete sich über Medien und Kunst aller Art. Einwände kamen aus den Reihen der SPD sowie von linksliberalen und katholisch-demokratischen Stimmen. Wilhelm I. personifizierte die neue Gemeinsamkeit und der Vollzug der Reichseinheit wurde zum Sinnbild deutscher Machtentfaltung. May zeigte sich empfänglich für solche Vorstellungen und fügte sich vorerst ohne Vorbehalt ein. Selbst nach nachdrücklichen Wandlungen bekräftigte er die Haltung dem Grunde nach in seiner 1910 veröffentlichten Autobiografie mit einer vormodernen Verknüpfung einer heute sonderlich wirkenden Dreifaltigkeit: *Also Gott, König und Vaterland, in diesen Worten liegt das wahre Glück; das wollte und mußte ich mir merken!*[3] Von der Idee des Gottesgnadentums war noch der bis 1918 amtierende Kaiser Wilhelm II. beseelt. Er schwärmte für das Mittelalter und benannte bei seinem Amtsantritt einen Urahnen aus dem 15. Jahrhundert als Vorbild für sein Rollenverständnis. Über den erfolgreichen Einstieg jenes Fürsten in der Mark Brandenburg hatte einige Jahre zuvor, 1876, Karl May seinen ersten Roman geschrieben. Friedrich von Hohenzollern hatte eine von den Quitzows angeführte Adelsopposition bezwungen und mit dem herausgehobenen Amt eines Kurfürsten einen wichtigen Schritt des Aufstiegs vollzogen, der nun zur Zäsur (v)erklärt wurde. Dem Meinungsklima gemäß orakelte May über Friedrich in seinem Werk: *Es war ihm die hohe und allerdings schwere Aufgabe geworden, den Marken eine rühmliche Zukunft zu geben; er hatte erkannt, welche Wege er zu wandeln habe und welche Mittel er anwenden müsse ...*[4] Es spricht aufgrund von Stellen aus anderen Werken nachweislich einiges dafür, dass der Schriftsteller mit dieser Charakterisierung sein politisches Credo für sein zeitgenössisches Kaiserreich ausgesprochen hat. Dem so glorifizierten Fürsten stellte May jedenfalls fiktional für das Jahr 1414 nicht von ungefähr ein 1871 wirksames Gespann an die Seite. Um der Pointe willen doppelte er es und kleidete die Personen in Rüstungen: gleich zwei Moltkes und zwei

Bismarcks. Der Roman sagt so viel über Mentalitäten seiner Entstehungszeit aus wie über die Epoche, in der er handelt.

Etwa 90 km nordwestlich von Berlin setzt Mitte Februar 1414 Mays
einzige im Mittelalter angesiedelte Geschichte ein:

Trat man auf der östlichen Seite aus dem Walde heraus, so gelangte man … nach
dem Dorfe Dechtow, dessen Häuser mit ihrem halbverwitterten und vom Alter
dunklen Lehmwerke wenig einladend von der weißen Schneefläche abstachen.[5]

Der düstere Anschein soll wohl einen Eindruck von der allgemeinen Stimmung in der Mark vermitteln, von deren Aufhellung May künden will. Im
Weiteren geht es um stolze Ritter, skrupellose Räuber und einen besonderen Fürsten. Ein derartiger Stoff war seinerzeit weitaus populärer als heute.
Sir Walter Scott war wegen seiner Ritterromane über Großbritannien hinaus beliebt und entsprechende Werke von Adalbert Stifter oder Wilhelm
Hauff wurden hierzulande gleichfalls viel gelesen. Ein Vetter des württem-
bergischen Königs ließ 1842 eine dem gleichnamigen Buch Hauffs getreue
Märchenburg ›Lichtenstein‹ in neogotischem Stil errichten. Kaiser Wilhelm II. erklärte bisweilen, dass in jüngeren Jahren ›Ivanhoe‹ sein Lieb-
lingsroman gewesen sei.[6] Mit der höfischen Literatur der Minnesänger
oder der Artus-Epik aus dem Hochmittelalter hatten diese Stoffe nur die
Bezugsepoche gemein. Das gilt desgleichen für die frühmittelalterlichen
Sagen, die um Helden wie Siegfried von Xanten oder Dietrich von Bern
kreisten. Die Literatur des Hochmittelalters hatte ein ritterliches Idealbild
entwickelt, wozu die Aventiure zählte, das Unternehmen abenteuerlicher
Fahrten um der Bewährung, der Ehre oder der Minne willen. In der Realität setzten eher materielle Güter bzw. Sold Anreize für fahrende Ritter.
Einen Sonderfall stellten die »bewaffneten Wallfahrten« (Hans Wollschläger) ins Heilige Land dar,[7] zu denen Tausende Ritter aufbrachen. Das Wort
›Fahrten‹ in Mays Romantitel spielt auf jene Gebräuche an. Die Ritterepik
begründete die europäische Literatur in den Volkssprachen, wurde wiederentdeckt in der Romantik und im erwachenden Nationalbewusstsein mit
Volkstradition gleichgesetzt. Anfang der 1870er Jahre schließlich wurde
diese Idee in rund 750 Romantiteln in Deutschland vertreten und zunehmend national aufgeladen. Vielen Autoren kam es darauf an, »die historische Kontinuität des Reiches abzusichern«, und die Geschichte geriet zum
»Medium für die Behandlung aktueller Gegenwartsprobleme«.[8] So fun-
gierte die hochmittelalterliche Auseinandersetzung zwischen Kaisertum
und Papsttum zur Folie für den sogenannten Kulturkampf in Deutschland.
Als hätte sich der zeitliche Blick geweitet, fanden in der populären Literatur die Epoche der Staufer oder selbst stilisierte Geschicke der Germanen

als ruhmhafte Vorgeschichte durch Autoren wie Gustav Freytag oder Felix
Dahn Berücksichtigung. Hauptpersonen waren stets edle Ritter, ritterliche
Fürsten und Gegenspieler mit finsteren Zügen.

Zur Genese von Mays Roman

Ob Karl May derartige Romane gelesen hat, ob er das Genre schätzte, ist
nicht überliefert. Wohl nicht aus eigenem Antrieb musste er sich dann über
eigentümliche Ritter kundig machen, weil er einen spätmittelalterlichen
Stoff übernahm. Der 33-Jährige hatte bei dem Dresdner Verleger Münch-
meyer eine Stelle angetreten; er betreute Medien des Verlags, die Unterhaltung für untere soziale Milieus offerierten. Für ein Periodikum von
Münchmeyer sollte er einen historischen Lieferungsroman fortschreiben,
den er möglicherweise vorher redaktionell betreut hatte. Der nach 50 Folgen von seinem Autor Friedrich Axmann nicht fortgesetzte Roman ›Fürst
und Junker‹ war gemäß Untertitel in der ›Jugendzeit des Hauses Hohenzollern‹ angesiedelt.[9] Die Handlung des Romans beginnt im April 1411 und
endet im Februar 1414. Parallel schrieb Axmann für das ›Deutsche Familienblatt‹ den ab 1876 erscheinenden Roman ›Das Testament des großen
Kurfürsten‹.[10] Diesen Hohenzollern-Roman führte Heinrich Goldmann im
November 1876 nach dem plötzlichen Tod von Axmann weiter. Eine Fort-
führung des ursprünglich von Axmann unter dem Titel ›Dietrichs von Quitzow letzte Fahrten‹ geplanten anderen Romans erschien ab November 1876
in der von May konzipierten Gazette ›Feierstunden am häuslichen Heerde‹.
Der 1992 erstmals im Rahmen der Historisch-kritischen Ausgabe (HKA)
neu aufgelegte Roman hieß nunmehr ›Der beiden Quitzows letzte Fahrten‹.[11] Der programmatisch gemeinte Untertitel wurde beibehalten. Für
May bedeutete die Fortsetzung der Handlung ab Februar 1414 eine undankbare Aufgabe, denn die aus Sicht der Nachgeborenen bemerkenswerten Ereignisse hatte Axmann geschildert und mit der Eroberung der Burg Friesack abgeschlossen. Mays Storyline wirkt auch deshalb uninspiriert und
manches Geschehen beliebig. Immerhin bildete 1414 für viele Zeitgenossen Mays ein bedeutsames Jahr der Erinnerungskultur, an dessen Bekanntheit er anknüpfen konnte. Der Autor setzt im Februar 1414 ein, einige Tage
nach dem Fall von Friesack. Die anschließenden Kapitel wirken zeitlos und
manche spielen ohne zwingende Begründung fern von Brandenburg; ein
Kapitel handelt realhistorisch – ohne Zeitangabe bei May – Ende 1413,
ohne als Rückblick gemeint zu sein. Im Vergleich zu Axmann formuliert
May weniger geschichtspolitisch ambitioniert und seine Ausführungen lassen geringeres Wissen vermuten. Er konzentriert sich auf private Konstel-

lationen und vernachlässigt die ›Hauptaktionen‹. Dabei berücksichtigt May
(fast) alle denkbaren Klischees, die landläufig mit dem Mittelalter verbunden werden. Woher bezog der Autor seine Kenntnisse über das ferne Mittelalter? Erste Eindrücke aus Ritter-Geschichten anderer Qualität hatte May
nach eigener Aussage als Kind in einer Leihbücherei gesammelt.

In seiner Autobiografie behauptet der Autor eine Lektüre der Titel *Bruno
von Löweneck, der Pfaffenvertilger. Hans von Hunsrück oder der Raubritter als Beschützer der Armen ... Botho von Tollenfels, der Retter der
Unschuldigen*.[12] Manche Stereotypen daraus mögen sich in seiner Erinnerung erhalten haben. Die für seinen Auftrag erforderlichen Kenntnisse
über Zustände, Ereignisse und Lebensweisen im spätmittelalterlichen
Brandenburg konnte May aus jener Trivialliteratur jedenfalls nicht beziehen. Der junge Redakteur griff wie sein Vorgänger auf ein zeitgenössisches
Populärgeschichtswerk zurück. Karl Friedrich Klöden (1786–1856) hatte
den Einstieg der Hohenzollern in Brandenburg einem breiten Publikum ins
Gedächtnis gerufen. Ab 1837 sind die vier Bände im Zuge einer zuneh-
menden historischen Vergewisserung in mehreren Auflagen erschienen.
May übernahm die allgemeine Sicht, manche Details und einige Personen.
Klödens Bücher behandeln den Zeitraum von 1370 bis 1426 chronologisch; nicht nur zahlreiche eingebaute Dialoge zwischen historischen Personen ähneln der Methodik einer Geschichts-Doku aus dem Fernsehen.
Die Quitzows stellte Klöden durchaus respektvoll vor. Zwar spricht er von
»gefährliche(n) Menschen«, aber er nennt Dietrich einen »großartigen
Charakter«, dem er am Ende bescheinigt, dass er die »F r e i h e i t   d e s   I n -
d i v i d u u m s« gegenüber Friedrich als dem »Vertreter der gesellschaftlichen Ordnung« vertreten habe.[13] In seinen Aussagen stützte er sich auf
Engelbert Wusterwitz (1385–1433), den er sogar in seinem Opus kom-
mentierend auftreten lässt. Dieser zeitgenössische Chronist und Syndikus
kannte die Quitzows aus eigenem Erleben und hatte gegen sie aus Sicht der
geplagten Städte mit der Kraft seiner Feder Partei genommen. Friedrich
erklärte er folgerichtig rückblickend zum Befreier:

Ja Gott, durch bitte der armen bewogen, hat ihn als von der höhe gesandt, welcher, do er nu den betrüblichen zustand der Marcke, unerträgliche gewalt und
mannigfaltige unterdrückung der armen leute, so von Quitzowen und andern
adel geschehen.[14]

Der so kreierte Nimbus des Hohenzollern als Befrieder des Landes ließ
sich 450 Jahre später formen und gebrauchen. Die bedeutendsten deutschen Historiker der Zeit, Leopold von Ranke, Johann Gustav Droysen
und Otto Hintze, erklärten Friedrichs Erfolg zum Beginn einer unwider-

stehlichen Erfolgsgeschichte. Geschichtliche Fakten wurden so arrangiert, dass eine plausible Traditionsreihe entstand. Konservative und National-liberale unterstellten Friedrich eine nationale Reichsidee sowie eine Aura, die Autoren wie Axmann und May popularisierten. Gudrun Keindorf hat im ›Jahrbuch der Karl-May-Gesellschaft‹ 1999 Mays Geschichtsbild auch anhand der Quitzows dargelegt, ohne seine apologetische Sicht der Ho-henzollern in Frage zu stellen.[15]

Der Roman mit dem eigenwilligen, für May einzigartigen Fokus hat in der Karl-May-Gesellschaft ab und an Aufmerksamkeit gefunden. Aner-kennend äußerte sich Christoph Lorenz 1979 in den ›Mitteilungen‹, indem er den Text als »interessante Talentprobe«[16] charakterisierte. Siegfried Au-gustin wertete ihn im ›Jahrbuch‹ 1991 als »Gesellenstück« über Gebühr auf und sah Vorproben für Mays weiteres Schaffen.[17] Demgegenüber ord-nete der editorische Bericht der HKA den Roman vorsichtiger den Arbei-ten zu, die Mays »Entwicklungsweg zur Literatur dokumentieren«.[18] Rudi Schweikert überlegte 1994 in den ›Mitteilungen‹, ob die ständigen Sze-nenwechsel ein »artistisches Bauprinzip« seien.[19] Nun kann oder soll sogar qua üblicher Definition der Gattung ein Roman komplex ausfallen. Mehre-re Erzählstränge, verstrickte Figurenkonstellationen und zeitliche Sprünge sind nicht ungewöhnlich. Voraussetzung für das Gelingen ist schriftstelle-risches Geschick, über das May noch nicht verfügte. Der Autor reiht einen Überfall mit Gefangennahmen an den nächsten, denen bei Gelegenheit Befreiungen folgen. Zwischendurch beraten sich die Parteien, und die Schauplätze wechseln abrupt. Der Zerfall in Fragmente gestaltet eine Lek-türe unübersichtlich. May musste die Handlungsfäden am Ende nicht zu-sammenführen, weil er sich neu orientierte und im März 1877 bei Münch-meyer ausschied. Den Romantorso übernahm Heinrich Goldmann, der ebenfalls vorzeitig starb. So stammt der Schluss von einem Dritten, fortan N. N. genannt, der unbekannt geblieben ist. In der HKA sind die Fortfüh-rungen angefügt; sie betragen fast 40 % des Gesamttextes. Gelesen haben Mays Text 1876/77 wenige Menschen. Die Zeitschrift wurde im Herbst 1877 mit dem Ende des ersten Jahrgangs eingestellt. Der Roman geriet in Vergessenheit, wurde Anfang der 1930er Jahre wiederentdeckt und dem Karl-May-Verlag zugänglich gemacht.

Erst 1960 bestückte der Herausgeber Roland Schmid die Gesammelten Werke (GW) mit einer stark geänderten Version des Romans. Die grundle-gende Bearbeitung folgte Vorschlägen von Franz Kandolf: Es sei »(…) das allein Richtige, wenn man zwei oder drei Einzelerzählungen aus dem Ro-man herausschält (…) und ihnen so gut wie möglich eine Abrundung gibt«.[20] Der Bearbeiter zerlegte das Korpus in drei Episoden; auf eine Klam-mer wurde verzichtet. Die weitgehenden Eingriffe betrafen Fehlangaben

(z. B. über den Tod Dietrichs), getilgt wurde neben den Namen Moltke und Bismarck vieles von May und komplett entfielen die Kapitel von Goldmann. Der Einstieg ist neu und am Ende entdeckt nun ein Protagonist Nordamerika. Das Ergebnis kommentierte Arno Schmidt anlässlich einer umfassenden Betrachtung der GW in der ›FAZ‹ sarkastisch: »(…) dann der ziemlich apokryfe Band 69, ›Ritter und Rebellen‹ (…) – wünsche ›Frohe Stunden‹ damit«.[21] Das Vorwort wertete indes den Band als »weiteres Beispiel dafür, daß May (…) auch auf geschichtlicher Grundlage zu arbeiten und bunte Gestalten und Ereignisse zu formen verstand«.[22] Von einem May-Text lässt sich freilich kaum noch sprechen. Da um 1960 das Rittertum in der nunmehrigen Zielgruppe der jüngeren Leser recht beliebt war, hoffte der Verlag auf einen zusätzlichen Erfolgstitel. Das recht eindrucksvolle, aber düster anmutende Cover erinnert mit der Rüstung aus blau angelaufenem Stahl an Mays Beschreibung des Ritters Suteminn. Das Bild stammt von Zdeněk Burian, der es zu einem anderen Anlass entworfen hatte. Immerhin erreichte das Buch à la longue eine Auflage von 268 000 Exemplaren. Das an medial präsenten Figuren – Prinz Eisenherz, Ivanhoe oder Sigurd – ausgerichtete Ritterbild seinerzeit konnte nicht getroffen werden. Weder die Quitzows noch der frühe Hohenzoller waren für die Leser 1960 bekannte Größen, und der historische Hintergrund galt, anders als 1876, nicht mehr als heroischer Auftakt einer glorreichen Geschichte.

Das Alte Reich und Brandenburg im Spätmittelalter

Als die Landesgeschichte Brandenburgs im Mittelalter in den 2000ern neu vermessen wurde, gerieten die Quitzows mit in den Blick. Clemens Bergstedt und Uwe Michas bemühten sich um ihre Rehabilitierung als freiheitsbewusste Ritter, die sich zwar ziemlich robust, doch regelkonform verhalten hätten.[23] Sie äußerten sich verschiedentlich zu Karl May und befanden, dass er sich die auf die Hohenzollern ausgerichtete Mythenbildung zu sehr zu eigen gemacht und sich daran beteiligt habe, die Quitzows in Misskredit zu bringen. Ob Mays Wiedergabe der Verhältnisse angemessen war und an welchen Stellen er aus schriftstellerischer Freiheit oder weltanschaulichem Eifer überzeichnet hat, ist zu prüfen. Der Mythos des neuen Kaiserreichs von 1871 gründet jedenfalls in der Mark Brandenburg, die im Mittelalter an der Peripherie eines alten Kaiserreichs lag. Das Heilige Römische Reich verstand sich in der Nachfolge des antiken Römischen und trug erst ab 1495 zunehmend und seit 1512 offiziell den Zusatz ›deutscher Nation‹. Im späten Mittelalter erstreckte sich das Gebilde weit über den deutschsprachigen Raum hinaus von Lübeck bis Siena, von Antwerpen bis Wien, von

Marseille bis Stettin. Aus über 300 politischen Territorien unterschiedlicher Größe und Bedeutung, Sprache und Kultur setzte sich ein politischer Verbund zusammen, in dem sehr unterschiedliche Interessen aufeinandertrafen. May erwähnt in seinem Roman das Herzogtum Pommern, das Erzbistum Magdeburg und die Grafschaft Ruppin. Auf Reichstagen traten die Repräsentanten zusammen; die sieben herausgehobenen Kurfürsten wählten den deutschen König. Der Gewählte war dann derjenige, den der Papst zum Kaiser salben sollte; die beiden weltlichen Würden hatte Otto I. 962 politisch verbunden. Der deutsche König verfügte über so viel Einfluss und Aktionsradius, wie es die Hausmacht und das Geschick im Bilden von Bündnissen zuließen. Um die Position wetteiferten Vertreter mächtiger Dynastien; um 1400 waren es Wittelsbacher und Luxemburger. Da sich die Kurfürsten mitunter nicht einmütig zeigten, gab es Anfang des 15. Jahrhunderts mit Jobst, Wenzel und Sigismund vorübergehend »drei Könige, in peinlicher Parallele zu den drei Päpsten, die das Konzil von Pisa 1409 zurückgelassen hatte. Und alle drei waren Luxemburger!«[24] Jobst starb, Wenzel verzichtete und Sigismund, den May mehrfach erwähnt, reüssierte. Sigismund hat einen späteren Dualismus in Mitteleuropa begründet: durch die Belehnung eines Hohenzollern mit Brandenburg und die Hochzeit seiner Tochter, die den Habsburger Albrecht von Österreich heiratete, der Sigismund im Amt folgte.

Politische Territorien mit Strukturen im modernen Sinne entwickelten sich erst langsam. Fürstliche Rechte stellten sich als lose verkoppelte Summe einzelner juristischer Titel dar; ambitionierte Landesfürsten betrieben eine Homogenisierung. Die Wirksamkeit eines Fürsten bewies sich für May an dessen Verhalten:

... unbeirrt um den verbissenen Grimm der Feinde und die kriechenden Lobhudeleien sogenannter Freunde, mit Kraft und unausgesetzter Rüstigkeit ... einzig und allein nur den Stimmen seiner hohen Verpflichtungen folgend.[25]

Das Urteil der Zeitgenossen über den König ergab sich anspruchsvoller aus vier Kriterien: 1. inwieweit er »äußere Gefahren vom Reich fernhielt«;[26] 2. die Reichskirche in Kooperation mit dem Papst organisierte; 3. Interessen der Fürsten und Städte mit guten Kompromissen und gelegentlichem Machtwort ausbalancierte; 4. durch Gerichte und Verwaltungen für bestmögliche Sicherheit sorgte.[27] Ein tieferes Verständnis und Interesse für solche Gesichtspunkte mit politischen Implikationen zeichnete May im Unterschied zu den ebenfalls im 19. Jahrhundert publizierenden Schriftstellern Gustav Freytag oder Willibald Alexis nicht aus. Die Verhältnisse im Alten Reich thematisiert May nicht und politisches Geschehen jenseits der Reichsgrenzen, den Deutschen Orden oder das Papsttum betreffend, zieht er nur heran, wenn er seine Protagonisten charakterisieren will. Eher beiläufig ist bei ihm die Rede von benachbarten Fürsten(tümern) sowie vom Städtebund der Hanse. Neue Ausprägungen von Produktion und Handel, manifestiert im Wandel der Städte in Brandenburg, fanden bei May ebenso wenig einen Niederschlag wie das aufstrebende Bürgertum. Seine Hauptpersonen sind für die Zeit typische Adelige: der Fürst sowie diverse Ritter, darunter die Anführer der Räuber. Zum Adel des Reiches rechneten ab Mitte des 14. Jahrhunderts

etwa 3 Prozent der Bevölkerung (…). Bis zur Mitte des 14. Jahrhunderts hatten sich grundsätzlich zwei Adelskategorien herausgebildet: einerseits der Hochadel (…), andererseits der zahlenmäßig weit umfangreichere Nieder- oder Ritteradel. Beide Gruppen waren in sich keineswegs homogen (…).[28]

Zur ersten Kategorie zählen bei May neben Friedrich der Bischof von Brandenburg und der Graf von Ruppin. Sie treten in kurzen, aber tonangebenden Rollen auf, die ihrem Status entsprechen. Zur niederen Kategorie des ritterlichen Adels gehören die Quitzows und ihre Gegenspieler Suteminn/Moltke oder Henning von Bismarck. Da die Landesfürsten noch nicht über ständige Streitkräfte verfügten, waren sie auf Söldner und auf die Loyalität des niederen Adels angewiesen.

Alle Ritter begriffen ihr Dasein als Lebensspiel nach eigenen Regeln. Wie es auf Adelssitzen zugehen konnte, mit Lebensumständen und Bediensteten, Symbolen und Ritualen, Festen, Falknerei und Waffen, erfährt der Leser der ›Quitzows‹ variantenreich. Manche vertrauten Topoi wie Turniere hat May zu Recht nicht aufgegriffen. Eine repräsentative Hofkultur war dem brandenburgischen Adel um 1400 fremd. Ein förderliches höfisches Leben in einer Residenz existierte nach dem Tod Karls IV. 1378 nicht mehr. Erst die Hohenzollern führten prägende Sitten und repräsentative Baukunst (wieder) ein. Im gesamten Reich dehnten die Landesherren Schritt für Schritt ihren Einfluss auf Kosten unterer Herrschaftsträger – Ritter und Städte, Bischöfe und Äbte – aus. Während sich die zunehmend selbstbewussten Stadtbürger im 15. Jahrhundert im Zweifel auf wirtschaftlichen Erfolg konzentrierten, stemmte sich mancher Ritter vergeblich gegen die Zeitläufe. Der prominenteste Fall war in Württemberg Götz von Berlichingen, dessen bemerkenswerten Aktivitäten Goethe ein literarisches Denkmal gesetzt hat. Kaum bekannt ist, dass sich parallel zu den Vorgängen in Brandenburg ein entfernter Verwandter Friedrichs in Schwaben ausgesprochen aufrührerisch und räuberisch aufführte. König Sigismund verhängte 1418 die Reichsacht über ihn und ließ seine Burg 1423 zerstören. Die Mehrzahl der Ritter wählte den Fürstendienst am Hofe oder im Militär als Option. Solcherart konnten »nicht nur das Sozialprestige erhalten (…), sondern auch die (…) funktionale Entwertung kompensiert und politischer Einfluß ausgeübt werden«.[29] May hat die unterschiedlichen Muster, Widerstand und Anpassung, personifizierend und in der Sache zutreffend geschildert.

Bis in das 16. Jahrhundert hinein hatten selbst Adelige und Stadtbürger nur eine vage Vorstellung von der Beschaffenheit Brandenburgs. Auf der Karte sieht die Region im Unterschied zum heutigen Bundesland in West-Ost-Richtung gedehnt und in Nord-Süd-Richtung gestaucht aus. Aus der anfangs wenig bedeutenden Grenzmark im Nordosten des Reiches war 1356 eines der Kurfürstentümer geworden, in dem etwa 200 000 Menschen lebten. Im heutigen Bundesland sind es 2,6 Millionen. Den Askaniern folgten im Mittelalter Kurfürsten der Wittelsbacher und Luxemburger, die viel Kraft in ihre Konkurrenz um die Königskrone im Reich steckten. Da sie in der Mark wenig präsent waren, blieb Brandenburg die Rolle als weniger bedeutsames Nebenland. In knapp 100 Jahren wechselten sich 23 Personen im Amt des Markgrafen bzw. Verwesers ab. Lediglich von 1356 bis 1378 machte sich eine kurze Erholung mit Karl IV. bemerkbar, der genügend Präsenz zeigte. Der Kaiser war Markgraf von Brandenburg und König von Böhmen, dem Kernland der Luxemburger. In Franken ebnete Karl den Weg der Hohenzollern, indem er sie in die Führungsgruppe der Reichsfürsten erhob. Seinem Hauptsitz Prag stellte er mit Tangermünde 1374 eine zweite Residenz für den Norden an die Seite. Dort ließ Karl ein Register erstellen, auf das Friedrich mit Gewinn zurückgreifen konnte. Das Landbuch verzeichnet Informationen über rund 850 Städte, Dörfer, Klöster und Burgen. Die einzigartige Quelle gibt Aufschluss über Besitz und Einkünfte, Abgaben und Dienstpflichten. Sie enthält viele Fundstellen zu den Quitzows. Vierzig Jahre nach Erstellung des Registers lässt Karl May im März 1414 in Tangermünde den Erfolg seines Fürsten ausgiebig feiern:

… Freude und Jubel herrschte über diesen kraftvollen Griff der markgräflichen Faust in die schädlichen Wirren des Faustrechtes … Darum ging es heut … gar laut und fröhlich in den Schankstätten und Herbergen der Stadt Tangermünde her …[30]

Fehden und Räuberei

Die Tangermünder Bürger hatten Grund zum Feiern, weil es einen politischen Einschnitt gegeben hatte, der sich auf ihr Leben spürbar auswirkte. Zuvor blickten Brandenburg und das Reich insgesamt auf ein Jahrhundert mit vielen Krisen zurück: Epidemien und Klimaschwankungen, Missernten, Überschwemmungen und Hungersnöte. Ein Schisma belastete die Kirche, und das Königtum wurde meist als schwach wahrgenommen. Brandenburg galt als desolater Landstrich, was May gebührend in Rechnung stellt. Jederzeit konnte es mangels verlässlicher rechtswahrender Institutionen geschehen, dass der Friede aufgekündigt und eine Fehde angesagt wurde. Ein 1354 von Karl IV. reichsweit verkündeter Landfrieden hatte keine dauerhafte Abhilfe geschaffen. Von ihm und seinen Nachfolgern eingesetzte Hauptleute mit Polizeibefugnis konnten oder wollten an den Zuständen nichts ändern. Überfälle und Rechtsunsicherheit hatten seit dem Tod Karls 1378 so zugenommen, dass Städte ihre Verteidigung durch Gräben und Wälle, Landwehren genannt, verstärkten. Von Klöden übernahm May Beispiele, wie einheimische Ritter im Zusammenspiel mit Fürsten aus benachbarten Territorien vom Machtvakuum profitierten, Besitz und Einfluss aus- und das einträgliche Fehdewesen überdehnten. Ursprünglich spielte die Fehde als rechtmäßiges Verhalten bei verletzter Ehre, geschädigtem Besitz oder geraubtem Leben eine anerkannte Rolle im ständischen Selbstverständnis. Aus der Perspektive der städtischen Bürger, der Bauern und der Reisenden wurde das immer weniger regelbasierte Verhalten als Räuberei wahrgenommen. Die Menschen im 14. und 15. Jahrhundert sprachen von Stegreifrittern oder Strauchrittern; der Begriff Raubritter kam erst in der frühen Neuzeit in Gebrauch. May gebraucht die Bezeichnungen synonym und fügt *Wegelagerer* und *Buschklepper* hinzu.[31] Er bezieht sich nicht – Historiker bescheinigen zu Recht[32] – auf finanzielle Nöte als Motiv der bei ihm auftretenden Ritter. Diese sind bei ihm gierig auf Beute, jedoch nicht knapp an Ressourcen. Angetrieben werden sie durch Geltungsbedürfnis, Eigennutz und Streitsucht. Der Ritterspiegel des Johannes Rothe, die umfangreichste ritterliche Standeslehre des Mittelalters in deutscher Sprache, teilte 1415 die Ritter in drei Gruppen: 1. diejenigen ohne Güter, die »ehrlos (…) rauben und morden«; 2. diejenigen mit Gütern, die sich gleichfalls »vom Rauben und anderen unehrlichen Sachen« nähren, sowie 3. diejenigen, die »edel« sind und sich »für eine gerechte Sache« einsetzen.[33] Wenn bei May von Strauchrittern und Wegelagerern die Rede ist, so meint er damit Angehörige der 1. und 2. Gruppe. Der Autor legt die kritische Etikettierung Dietrichs Söhnen in den Mund, die sich auf Distanz zu ihrem Onkel Claus von Quitzow und ihrem Vater begeben, weil deren Verhalten nicht ihrem tugendhaften Ehrenkodex, der 3. Gruppe aus dem Ritterspiegel, entspricht.

Mit dem Rechtstitel der Fehde wurden Überfälle auf Kaufmanns- und Pilgerzüge, Entführungen mit dem Ziel, Lösegeld zu bekommen, Erpressung von Schutzgeldern und das Niederbrennen von Dörfern begründet.

Ein Drohbrief von Dietrich von Quitzow an ein märkisches Dorf um das
Jahr 1404 verdeutlicht den Geist:

> Wisset, Schulze [d. h. Ortsvorsteher] und Bauern in Blanckenburg, wenn Ihr mir
> nicht von Stund an 16 Schock böhmischer Groschen (…) als meine Rente ent-
> richtet (…) und wenn Ihr nicht auch von Stund an mit Euren Wagen nach Böt-
> zow kommt und mir Holz anfahrt, so will ich Euch nehmen alles, was Ihr habt.[34]

An Fehden war in der Regel wie in Mays Roman »eher eine niedrige zwei-
stellige Zahl an Kriegern beteiligt (…), oft nicht mal ein halbes Dutzend«.[35]
Die Quellen sprechen parallel von einer starken Zunahme herkömmlicher
Straßenräuber, die sich aus entwurzelten Landleuten oder marodierenden
Söldnern rekrutierten. Die Übergänge zwischen Fehden und Banditentum
waren fließend. Es sind Banden dokumentiert, an deren Spitze Ritter stan-
den. Einer von ihnen, Hans von der Osten, endete auf dem Schafott. Ein
anderer war Düwel von Soltwedel, der »seine Bande Des Teufels Eidge-
nossen nannte«.[36] Von einem ›Sozialbanditentum‹ (Eric Hobsbawm) à la
Robin Hood konnte in beiden Fällen keine Rede sein. Der entsprechende
Spin bei May erscheint insofern gerechtfertigt. Ganz anders hat Clemens
Bergstedt im ›Jahrbuch‹ 2012 das Institut der Fehde ehrenrettend streng
von der Räuberei geschieden. Bergstedt sieht das von May inkriminierte
Handeln der Ritter im Anschluss an eine Interpretation von Georg Wilhelm
von Raumer aus dem Jahr 1837 als »weitgehend im Einklang mit den
rechtlichen Normen des späten Mittelalters«[37] und nennt es »eine selbstverständliche und unvermeidliche Realität«.[38] Eine »rücksichtslose Pla-
ckerei der armen Leute«[39] lautet das Fazit hingegen, das der renommierte
Rechtshistoriker Karl Kroeschell gezogen hat, und der Mediävist Johannes
Schultze zählt Fehden »neben den Seuchen« zu »den größten Übeln, welche (…) die Mark Brandenburg heimsuchten«.[40] Die Fehden trugen erheblich dazu bei, dass eine große Zahl von Bauernstellen verwaiste und der
Handel beträchtlich abnahm.

Sigismund und Friedrich

De facto war das Fehdewesen so dereguliert, dass Brandenburg zu einem
›failed state‹ geworden war. Die zeitgenössischen Zeugnisse stimmen darin überein, dass die Raubtaten um 1400 ein unerträgliches Ausmaß angenommen hatten. Anfang des 15. Jahrhunderts änderten sich politische Rahmenbedingungen und der von Karl May gepriesene Fürst kam als
Parteigänger des neuen Königs ins Spiel. Karls IV. Sohn Sigismund wurde

1411 als deutscher König anerkannt – erst 1433 errang er die Würde des Kaisers – und erhielt die Kurwürde von Brandenburg zurück. Sigismund regierte 27 Jahre als König und wehrte einige politisch-militärische Anfechtungen erfolgreich ab, darunter eine Fronde von Kurfürsten und Angriffe der Türken. May lässt, einer Sichtweise seiner Zeit folgend, den König durch seinen Protagonisten Henning von Bismarck als »*Schwächling Sigismund*«[41] deklarieren, den Friedrich sozusagen an die Hand nehmen muss. Nachdem der Herrscher von Historikern lange so betrachtet wurde, sehen heute Mediävisten die »europäische Geschichte der ersten Hälfte des 15. Jhs. (…) in hohem Grad durch die Politik Sigmunds geprägt«.[42] Bei der von ihm maßgeblich gesteuerten größten Kirchenversammlung des Mittelalters wurde ein lähmendes Schisma beendet. In Konstanz verschwammen 1414–18 »die Grenzen zwischen Konzil, königlicher Hofhaltung und Reichstag«.[43] Eine Delegation der Brandenburger Stände suchte im Frühjahr 1411 den König in Ungarn auf, einem Königreich, das er seit 1387 ebenfalls regierte. Die Brandenburger Repräsentanten führten Klage über die Zustände in der Mark und erbaten Abhilfe. Ostentativ ferngeblieben waren die Spitzen des Adels, die für die Zustände verantwortlich gemacht wurden. Da sich Sigismund aufgrund europäischer Verpflichtungen nicht selbst um die Mark kümmern konnte, ernannte er im Juli 1411 den Nürnberger Burggrafen Friedrich VI. als Dank für wirksame Dienste zum Statthalter mit landesherrlichen Rechten. Anders als im Untertitel des Quitzow-Romans formuliert, hatten die Hohenzollern ihre ›Jugendzeit‹ schon länger hinter sich gelassen.

Schwäbische Annalen bekunden die Familie erstmals für 1061. Seit 1192 übten Hohenzollern das achtbare Reichsamt des Burggrafen von Nürnberg aus und 1363 bestätigte ihnen der König den Aufstieg in den Hochadel. Sie zeigten sich fortan aktiv und stets an der Seite der Erfolgreichen; zu den Großen des Reiches zählten sie noch nicht. Für den Zeitgeist des Reiches ab 1871 interessant wurde das Geschlecht erst mit seinem politischen Start in Brandenburg; insofern mag man vom Ende einer Adoleszenz sprechen. Auch aus Sicht heutiger Historiker bedeutete das für Mays Roman konstitutive Jahr 1414 eine bedeutsame Wende. Friedrich I. von Brandenburg (1371–1440) war ein Urahn des von May hochgeschätzten Wilhelm I. Seit 1397 sind die Ambitionen des politischen Aufsteigers auf einen Platz in der ersten Reihe der Reichsfürsten offenkundig. Er war »ein Mann von großer Bildung; (…) (k)ampfgewandt im Gefecht (…) und auch juristisch bewandert, zudem ganz offenbar auch ein Redner von Format«.[44] Belegt ist sein maßgeblicher Anteil an Sigismunds Erhebung zum König und an dessen Erfolgen in militärischen Konflikten. May lässt vor dem Hintergrund des seit 1871 in Deutschland laufenden Kulturkampfes mit der katholischen Kirche seine Figur Henning von Bismarck fabulieren, dass Friedrich den Papst in seine Schranken weisen werde:

>»... wagt es den mächtigsten Mann der Christenheit, den Beherrscher von Millionen und Abermillionen Gewissen, den Stellvertreter Gottes auf Erden beim Schopfe zu nehmen, um ihn zur Rechenschaft zu ziehen vor den Augen des gesammten Volkes!«*[45]

Tatsächlich war Friedrich auf dem Konzil ab November 1414 daran beteiligt, ein Schisma mit drei Päpsten aufzulösen. In seiner fränkischen Heimat hatte er sich als fähiger Verwalter des Fürstentums Ansbach bewiesen und die wirtschaftliche Entwicklung befördert. Den Landfrieden hatte er regional um 1400 durchgesetzt, beizeiten mit Druck. Gleiches wollte er in Brandenburg praktizieren, wo er im Juni 1412 eintraf. Nun musste er sich in einer Region behaupten, die durch Übergriffe benachbarter Fürsten sowie durch das Verhalten »märkischer Adeliger, die wie heutige Warlords agierten, völlig zerrüttet« war.[46] Als Erstes wehrten seine Truppen im Oktober einen Einfall der von den Quitzows ermutigten Pommern in der Nähe von Kremmen ab. Als Nächstes musste sich Friedrich gegen den hinhaltenden Widerstand empörter Adeliger durchsetzen, den May beispielhaft schildert.

Die Frondeure pochten auf vorgebliche Rechte und wollten Angeeignetes nicht verlieren. Zudem zeigten sie sich verärgert, dass Friedrich Spitzenpositionen mit loyalen Dienstmannen aus Franken besetzte. So erschienen die Opponenten erst nach längerem Zögern und Aufrüsten ihrer Burgen im April 1413 zu einem Hoftag in Berlin. Als Wortführer trat Kaspar von Putlitz auf; Dietrich von Quitzow war nicht angereist. Nach wechselseitigen Anwürfen und Nadelstichen eskalierten bald die Spannungen. May schildert Situationen, bei denen Claus von Quitzow und andere trotzig oder sogar gewalttätig auf formgerechte Mahnungen reagieren und den Statthalter grundsätzlich in Frage stellen:

>»Wir Ritter in den Marken und der Priegnitz aber haben mehr zu thun gehabt, als uns die Finger mit Eurer Dinte schmutzig zu machen und mögen das Geschreibsel deshalb auch nicht gern leiden.«
...
>»... sagt dem Herrn von Zollern, wir hätten ihm nichts zu sagen, weil auch er uns nichts zu sagen hat!«*[47]

Ihr Nicht-Anerkennen der Autorität und fortwährendes Missachten des durch den König ausgerufenen Landfriedens verschärften die Ritter durch Bündnisse mit Gegnern von außen. Über Monate anhaltende Raubzüge

unter Führung von Dietrich und Johann von Quitzow im Gebiet des Erz-
bistums Magdeburg lieferten Friedrich zusätzliche Gründe für einen Stra-
tegiewechsel. Er schloss ein Bündnis mit Städten sowie Bischöfen und zog
einflussreiche Adlige, etwa den bei May auftretenden Carl von Uchtenha-
gen, auf seine Seite. Sie hatten die Zeichen der Zeit eher als die Quitzows
erkannt. Was bei May mehrfach als eine Frage des Charakters erscheint –
*»bin kein Quitzow, hochwürdiger Herr, und ehre den Grafen von Zollern,
obgleich er den Meinen wehe thun mußte«*[48] – und als eine Entscheidung
pro oder contra Ordnungsfaktor Hohenzoller, war eine Frage des politischen Weitblicks.

Friedrich reüssierte in knapp 18 Monaten mittels geschickter Diploma-
tie und harter Hand. Die Gefangennahme des Kaspar von Putlitz im November 1413 kündigte den Fall der Widerständigen an. Um die Freundschaft des Hochangesehenen und als Militär Gefürchteten – das Urteil
Mays bestätigen Historiker – hatten

*die Parteien sich stets sorgsam bemüht ..., so daß selbst der Kaiser ihn mit Auf-
merksamkeiten bedachte und auch der Markgraf sich bemühte, seine Freundschaft zu erwerben; aber er (wollte) ... seinen alten, langjährigen Verbündeten
die Treue nicht brechen ... Deshalb hielt er zu ihnen gegen den Landesherrn und
fiel dem Bischofe von Brandenburg in dessen Gebiet.*[49]

Weitere Anführer der Empörung wurden im Januar 1414 vom König ge-
ächtet und Hilfe durch die Pommern blieb aus. Friedrich und seine Unter-
stützer setzten frappierend geschwind das Netzwerk ihrer Gegner schach-
matt. Deren fünf wichtigste Burgen wurden im Februar 1414 gleichzeitig
belagert. Am 10. Februar erzielte Friedrich den entscheidenden Triumph
über seine Kontrahenten. Nach kurzer Belagerung war *Friesack, das gewaltige, feste Bollwerk seiner* [d. i. Dietrichs] *bisherigen Macht, ... so
plötzlich in Trümmer gesunken.*[50] Die Kapitulation erlangte zu Zeiten
Mays einen Symbolcharakter ähnlich dem Fall Sedans 1870. Am Vortag
der Erstürmung seiner Burg Plaue geriet Johann von Quitzow am 19. Februar in Gefangenschaft. Mit seinem konsequenten Durchgreifen leitete
Friedrich das Ende der unabhängigen Ritterschaft ein. Als wichtigste Mitstreiter Friedrichs in der entscheidenden Phase weist May abweichend von
Klöden nicht Franken, sondern zwei Ritter aus der Region aus. Gemessen
an seiner anfangs zitierten emphatischen Huldigung nimmt der Autor den
Fürsten kaum in den Blick. Angeboten hätten sich bei Klöden detailreiche
Beschreibungen von Situationen wie in Konstanz mit der Verleihung der
Kurwürde oder in Berlin mit der Huldigung durch die Landstände. May
lässt Friedrich nur sehr dosiert bei wenigen Anlässen auftreten, die aller-

dings Leadership ausdrücken: die fiktive Beauftragung Suteminns sowie, beides faktual, die Verurteilung eines Ritters, der Regeln gebrochen hat, und die Verkündigung eines Landfriedens. So edel, wie ihn May beschreibt, war der vormalige Burggraf sicher nicht und war nicht so ohne Tadel, wie ihn Wusterwitz und Mays Gewährsmann Klöden dargestellt hatten. Indes hatte Friedrich »nicht nur die Logik des Erfolgs für sich, sondern außerdem die geschichtliche Vernunft«.[51] Anders sah es mit seinen Widersachern aus, von denen May die Bedeutsamen berücksichtigte.

Die Quitzows

Wenige Tage nach dem Fall von Friesack lässt May zwei Ritter über Kremmen auf Schloss Bötzow an der Havel zutraben,

wo zu der Zeit ... Herr Werner von Holzendorf hauste. Er war ein gar mannhafter Ritter, wacker im Streite, bieder und treu von Character und nur etwas jähzornigen Gemüthes. Er hatte stets zu den Quitzows gestanden, die sich in aller Noth und Fährlichkeit auf ihn verlassen konnten, und wir haben gesehen, wie er Herrn Dietrich ... gegen seinen Verfolger in Schutz genommen ... hat.[52]

Der historisch belegte Holzendorf war ein vom Statthalter eingesetzter und damit zur Loyalität verpflichteter Hauptmann, gehörte dennoch zu den Anführern der Adelsopposition. An Holzendorfs Seite reitet der aus seiner Burg geflüchtete Dietrich von Quitzow, den er vor Suteminn bewahrt hat. Dietrich findet auf Bötzow – historisch belegt – erste Zuflucht, wo er *sich augenblicklich seiner ritterlichen Kleidung entledigen und das Gewand eines gewöhnlichen Reisigen anlegen mußte, um so wenig als möglich erkannt zu werden.*[53] Die Vorfahren der beiden Reiter werden im 13. Jahrhundert als noch nicht geadelte Dienstmannen wie viele ihrer späteren Standesgenossen aus dem heutigen Niedersachsen gekommen sein. Aus ursprünglichen Berufskriegern entwickelte sich die märkische Ritterschaft. Erstmals in Urkunden bezeugt sind die Quitzows in der Prignitz für 1271. Aus dieser Zeit stammt ein mittlerweile im Brandenburger Dommuseum ausgestelltes Kirchenfenster, das den Adelsstolz eines Paares, Conrad und Margarethe von Quitzow, ausdrückt. Die Glasmalerei symbolisiert den Willen zum weiteren Aufstieg, indem sie Posen sozial höher Gestellter nachvollzieht. Ende des 14. Jahrhunderts mehren sich Quellenbefunde mit Informationen über Ämter, Kreditgeschäfte, Handel sowie eine Machterweiterung als Pfandinhaber landesherrlicher Burgen. Ihre beeindruckende Karriere machte die Quitzows über die Mark hinaus bekannt und ermöglichte ihnen eine führende Rolle unter den Gegenspielern des Landesherrn.

Theodor Fontane hat daher die Phase um 1400 »›Quitzowzeit‹«[54] genannt. Er widmete sich den Quitzows im fünften Band seiner ›Wanderungen durch die Mark Brandenburg‹ einige Jahre nach May ausführlich. Wer die Abläufe bei May zu unbestimmt und unübersichtlich findet, mag Fontane zu Rate ziehen, der den Stoff chronologisch sortiert und etwas abwägender urteilt. Fontanes Fazit zu 1414 lautete 1889: »Denn ein Großes war es, als unter dem Hinschwinden einer Willkür übenden Adelsmacht die Gesetzlichkeit hier einzog und mit dieser Gesetzlichkeit eine neue Zeit begründete.«[55] Fontane akzentuierte den Wert der Gesetzlichkeit gegenüber der historischen Mission, der vorherrschenden Deutung, der sich May angeschlossen hatte. Ungeachtet einer gewissen Sympathie für die aus der Provinzialität herausstechenden Ritter stuft Fontane sie doch nachdrücklich als Landfriedensbrecher ein. Er wertet den Sieg Friedrichs in einer eigenen Nachdichtung einer spätmittelalterlichen Ballade ganz ähnlich wie Wusterwitz, Klöden und May als Vollstreckung göttlichen Willens: »Gott selber in seiner Majestät / Hat ihn uns erwecket.«[56] Mithin taugt der Schriftsteller nicht zum entlastenden Kronzeugen für Bergstedt und Michas, die sich auf ihn berufen. Fontane wertete wesentliche Quellen und Literatur von Wusterwitz bis Klöden aus, machte sich kundig über Sagen, Legenden und Balladen (zwei zitiert er in voller Länge). Anders als May besuchte er wesentliche Orte, darunter die Überreste der wahrscheinlichen Stammburg Quitzöbel, die May nicht erwähnt. Derart gut gerüstet, erzählte Fontane die Historie der Familie Quitzow von 1295 bis in das 19. Jahrhundert. Beträchtliche Aufmerksamkeit widmete er nicht zuletzt ihren Schlössern, deren Zahl May zu hoch bezifferte. Dieser folgte Klöden und kolportierte *vierundzwanzig Schlösser, welche sich in den Händen der Quitzow's befunden hatten ...*[57] Gesichert überliefert für 1410 sind auch durch Fontane immerhin mindestens 14, die über Brandenburg verstreut lagen.

In die tonangebende Gruppe der Schlossgesessenen in der Mark waren die Quitzows 1375 aufgestiegen. Das waren etwa zwei Dutzend Familien, die über Burgen im klassischen Sinne, also Anlagen mit Palas, Bergfried und Wirtschaftsgebäuden, gesichert durch Mauern und Gräben, verfügten.[58] In der Folge hatten die Quitzows Einfluss und Besitzungen mit Geschick und Gewalt so vermehrt, dass sie zu den mächtigsten Grundherren gehörten. Mit ihren Burgen kontrollierten sie folgenreich wichtige Verkehrsadern. In den zeitgenössischen Quellen werden namentlich die Brüder Dietrich und Johann oft als verantwortlich für Raub und Plünderungen genannt, deren Vater Kuno sich schon als »ebenso bedenkenloser wie

erfolgreicher Schlagetot«[59] einen Namen gemacht hatte. Nicht von unge-
fähr erinnert seit 1877 am Berliner Rathaus eine Relieftafel an leidvolle
Erfahrungen, die die Bürger mit diesen Quitzows gemacht hatten. Weil
Berlin die Zahlung von Schutzgeld verweigerte, überfiel Dietrich im
Herbst 1410 die Stadt ohne die vorgeschriebene Fehdeansage, raubte Vieh
und Güter und steckte einige Viertel in Brand. Die Brüder zeichnete neben
Skrupellosigkeit eine beachtliche Kompetenz in militärischen Angelegenheiten aus. Deshalb wurden sie regelmäßig von benachbarten Fürsten engagiert. Ihre Ressourcen und ihre Fähigkeiten prädestinierten sie dazu,
»zum stärksten Widersacher der markgräflichen Gewalt« zu werden.[60] Eine politische Provokation bedeutete 1408 ihre Besetzung von Köpenick,
einer wichtigen Landesburg und Zollstation. Im gleichen Jahr überfielen
und entführten sie den Herzog von Mecklenburg-Stargard, der sich mit
dem Markgrafen von Brandenburg treffen wollte. Anschließend wagte für
einige Zeit »niemand mehr, das Schwert gegen die Brüder zu ziehen«.[61]
    Den Scheitelpunkt ihrer Bedeutung hatten die Quitzows 1410 erreicht,
was May im Rückgriff auf eine fast wortgleiche Passage bei Klöden anerkennt:

*Groß war die Berühmtheit der Quitzows gewesen, groß die Vorstellung von ihrer
Macht, ihrer Tapferkeit und Klugheit; sie waren theils hierdurch, theils durch
ihren großen Anhang und ihre weitgehenden Verbindungen die Wichtigsten des
Landes gewesen ..., und als es bekannt geworden war, daß sie an der Spitze einer ausgebreiteten Adelsverbindung standen, ... so zitterten Friedrichs Freunde
für ihn ...*
    *Die mächtigste Familie des Landes, groß durch Güterbesitz, hohe Eigen-
schaften und allgemein anerkannten Ruf, hatte er wie durch Zauberei in wenig
Wochen gestürzt ...*[62]

Ein heftiger regionaler Konflikt entbrannte, dessen auslaufende Ereignisse bis 1417 May und Goldmann berücksichtigen. Die politisch bestimmten Kampfhandlungen stehen in Mays Roman am Rande. Die Kraft
der Quitzows brach sich an der Initiative des neuen Landesherrn, der »so
unerbittlich gegen starke Burgen vorging, auf denen sich widerspenstige
Ritter bisher unangreifbar wähnten«.[63] Neben den Belagerungen kam es
in der Realität nur zu kleineren Scharmützeln zwischen wenigen Gewappneten, was May zutreffend wiedergibt. Eine gewichtige Rolle spielte eine mauerbrechende Bombarde, die unter hohem logistischem Aufwand an mehrere Einsatzorte gebracht wurde. Das Interesse des Autors
fand »(d)ie große Donnerbüchse, welche sie die »faule Grethe« nennen«,[64] zweimal, wenn auch nur knapp bemessen. Der militärisch unbe-

darfte Schriftsteller zeigte dafür eine gewisse Faszination. Der von May bemühte Name des Geschützes – er findet sich bei Axmann, jedoch nicht bei Klöden – war eine Erfindung aus späterer Zeit. Diverse Maler verdichteten im Motiv der Beschießung Friesacks ihre Sicht einer Zeitenwende. Parallel zu Friesack fielen innerhalb von nur drei Wochen alle wichtigen Stützpunkte an Friedrich und seine Helfer. Über das weitere Schicksal Dietrichs informieren verlässliche Quellen. Anders als von Goldmann oder N. N. erzählt, kam er nicht in einem Gefecht bei Angermünde 1415 ums Leben, seine Leiche wurde nicht nach Burg Stavenow geschafft und dort bestattet. Stattdessen verdingte sich Dietrich in Pommern als Söldnerführer. Bei May ist beiläufig von Stettin die Rede.[65] Dietrich beteiligte sich 1415 an einem erneuten Einfall der Pommern in Brandenburg. Nachdem gegen ihn wiederum die Reichsacht verhängt worden war, musste er nach Mecklenburg ausweichen. Dort wurde der Geächtete ebenfalls ausgewiesen und fand schließlich als mitteloser Flüchtling Unterschlupf bei Verwandten, wo er 1417 starb. Begraben wurde Dietrich im Kloster Marienborn, unweit von Helmstedt, wo eine Grabplatte an ihn erinnert. Kandolf hat das von Wusterwitz/Klöden Überlieferte in der Ausgabe der GW ausgeschmückt.

Die alten Vorgänge gerieten weitgehend in Vergessenheit und fanden erst im 19. Jahrhundert einen breiten Widerhall. Zwischen 1870 und 1900 entstanden in Brandenburg und Berlin Denkmäler und Gedenksteine, die Friedrich würdigten. In Literatur und Kunst ist vielfältig auf den Fundus der Erinnerungskultur, das heißt auf Chroniken, Balladen und Volkslieder, zurückgegriffen worden. Für ein großes Publikum stilisierten Autoren wie Willibald Alexis in Romanen, Ernst von Wildenbruch in einem vielbesuchten Theaterstück sowie Maler wie Anton von Werner die Quitzows mit deutschlandweiter Aufmerksamkeit zum »Synonym für Brandenburgs Niedergang« und den Erfolg Friedrichs zur »ersten sittlich bemerkenswerten und quasi vornationalen Tat« der Hohenzollern.[66] Während manche Kritik an dem grassierenden Borussismus laut wurde, so etwa von Theodor Fontane in Theaterkritiken, machten sich Axmann und May derartige Überzeichnungen zu eigen. Insbesondere Dietrich von Quitzow geriet bei ihnen durch die Zuschreibung als Räuberhauptmann über Gebühr in sozialen Verruf. Insoweit trifft die oben angesprochene Kritik von Bergstedt und Michas zu. Ungeachtet dessen bestätigt das Urteil der maßgeblichen Historiker heute, nicht mehr von den Hohenzollern beeindruckt, die grundsätzliche Interpretation Mays: Die Quitzows haben geltendes Recht vielfach gebrochen und Friedrich hat für Bürger und Bauern, Pilger und Reisende Sicherheit hergestellt. Schon Ende des 19. Jahrhunderts verringerte sich die literarische Resonanz des Themas deutlich und versickerte mit einem begrenzten Nachhall in den 1930ern. May war mit den Quitzows in der Hochzeit der Aufmerksamkeit für diese Familie in sein erstes umfangreiches literarisches Stück gestartet.

Der (historische) Gehalt des Romans

May musste die Vorgeschichte und das Geschick maßgeblicher Personen bei Axmann berücksichtigen. Dessen Roman beginnt im April 1411 im Spreewald. Axmann erzählt dicht und bei aller Vielfalt von Personen und Anliegen recht stringent. Gewalt stellt er drastischer dar als May, die Schilderung von Orten gerät ihm anschaulicher und sein Repertoire an mittelalterlichem Kolorit ist größer und wirkt kundiger; es fallen mehr Äußerungen mit politischer Ausrichtung. Wer trägt die Handlung? Der junge Botho Winß aus Berlin, Sohn des reichsten Berliner Kaufmanns und begeistert vom Liedschatz der deutschen Minnesänger, kommt dunklen Geheimnissen auf die Spur. In einer als Räuberhöhle genutzten Ruine aus wendischer Zeit erlebt Botho einen Räuberhauptmann, den Schwarzen Dietrich, und erfährt von vertauschten Kindern und entführten (adeligen) Müttern. Eine Hexe spielt eine Rolle, und rassistisch stigmatisierte Wenden – »kleine schmutzige Gestalten«[67] – werden als Helfer Dietrichs vorgeführt, »von denen einer Abscheu erregender und tückischer ausschaute, als der andere.«[68] Honorige Berliner Bürger bekämpfen die Räuberbande und stoßen auf eine Verschwörung, die sich gegen den angekündigten Statthalter richtet. Deren Anführer sind Dietrich und Hans von Quitzow sowie Kaspar von Putlitz. Noch lässt sich nur vermuten, dass Dietrich in einer Doppelrolle auftritt. Nach einem Fest in Berlin nehmen die Quitzows Geiseln, darunter den Bürgermeister; die Konflikte verschärfen sich. Die Bühne ist bereitet für den Antritt Friedrichs. Im Folgenden wechseln sich Scharmützel und Überfälle ab mit der Verfolgung persönlicher Ziele. Axmann überzeichnet ein kleines Gefecht im Oktober 1412 als gewichtige Schlacht und berichtet kontrafaktisch von einem Sieg Dietrichs bei Kremmen über Friedrichs Soldaten. In Berlin scheitern Verhandlungen an der Sturheit der opponierenden Ritter. Eine wesentliche Schlappe für die Aufständischen bedeutet die Festnahme des Kaspar von Putlitz am 30. November 1413, die May, zeitlich verschoben auf 1414, erneut erzählen wird. Im Februar 1414 werden die Hauptburgen der Opposition eingenommen. Dietrich entkommt aus Friesack und Botho wird vor der Burg zum Ritter geschlagen. Bei May hören wir von Botho nicht mehr. Am Ende zieht Axmann mit einigem Pathos Bilanz: »Nur mit Bewunderung kann man die unaufhörlichen Fortschritte der Hohenzollern verfolgen (…)«.[69]

Damit war die Tonalität für die Fortsetzung gegeben. Zeitlich bleibt
May nach dem datierbaren Beginn Mitte Februar 1414 unbestimmt. Sein
Erzähltes handelt über einige Monate an realen Orten in einer unbestimmt
ausgedrückten Zeit. Wie Axmann hat er Lesefrüchte aus den Bänden von
Klöden entnommen und ordnet sie einigermaßen willkürlich an.[70] Das betrifft historische und geografische Schilderungen, Abläufe, Situationen
und Personen. Gleich das erste Kapitel, in dem Dietrich von Quitzow zuerst auftritt, orientiert sich an Passagen aus dem 23. Kapitel des dritten
Bandes von Klöden. Die Art der Einführung von Suteminn an dieser Stelle
verdeutlicht, dass May einen neuen Handlungsstrang mit neuen oder neu
akzentuierten Figuren anstrebte. May beginnt mit Fluchtstationen Dietrichs; dann konzentriert er sich auf erfundene Verbrechen und ihre Ahn-
dung, private Schicksale und ihre Aufklärung. Die bei Axmann präsenten
historischen Ereignisse bleiben bei May eher blasse Kulisse. In ein imagi-
niertes Mittelalter mit passendem Personal phantasiert der Autor, strecken-
weise spannend, Räuberpistolen und Romanzen hinein, eine Prise Hanse
und Vitalienbrüder, sowie humoristische Einsprengsel mit Personen, die er
durch markante Merkmale charakterisiert. Zuhauf präsentiert er merkwür-
dige Typen und lässt sie chargieren. Ohne Zwang wiederholt May rassistische Zuschreibungen Axmanns gegenüber Slawen, indem er ihnen *ab-
schreckende Häßlichkeit* mit *widerlichen Zügen* und einen *Ausdruck
geistiger Verkommenheit mit thierischer Sinnlichkeit*[71] nachsagt. Juden benennt May mit dem von Antisemiten verwendeten Schimpfnamen *Itzig*[72]
und *Zigeuner* diffamiert er, indem er ihnen pauschal und unwidersprochen
Rosstäuscherei vorwerfen lässt.[73] Es treten reichlich Ritter auf, ihre Knechte und Söldner; Räuber sind selbstverständlich dabei, diverse Schankwirte,
Kaufleute, Scholaren, ein Burgkaplan und ein Bettelmönch. Das Spektrum
seiner Frauenrollen beschränkt May, ahistorisch und im Unterschied zu
Klöden, auf Leidende und Liebende. Der Schriftsteller nimmt sich diverse
Freiheiten heraus. Die historischen Grundlagen, die Konstellationen der
Akteure sowie die politischen Ergebnisse, stellt er indes grosso modo angemessen dar.
    Zu Beginn der Handlung ist Friesack gerade gefallen und der politische
Streit im Grunde entschieden (historisch: Februar 1414). May richtet sein
Interesse vorrangig auf unpolitisches Treiben räuberischer Ritter, Auf-
räumarbeit durch die Guten, das Entwirren von privaten Geheimnissen,
auf ›Sühne‹ und ›Abrechnung‹ – so heißt es in Kapitelüberschriften –, auf
die Perspektive einer Versöhnung. Claus von Quitzow und andere Ritter
planen mit einem von May als ausgesprochen bigott gezeichneten Priester
einen Überfall auf einen Kaufmannszug. Überfallene Juden müssen ebenso befreit werden wie der Sohn des Statthalters (nicht historisch). Dietrich

flieht über Zufluchtsorte in Brandenburg weiter nach Pommern (historisch September 1414). In Tangermünde beraten Bismarck und Suteminn über die Sicherung des Erreichten. Kaspar von Putlitz will einen Gefolgsmann des Statthalters überfallen, wird selbst gefangengenommen und auf Ziesar festgesetzt. Die Gefangennahme übernimmt May im Detail von Klöden, verschiebt den Zeitpunkt von (historisch) November 1413 auf einen ungenannten Termin 1414. In Ziesar erscheint Sohn Joachim von Putlitz, der sich in die Nichte des Bischofs verliebt, der Friedrich unterstützt. Privates Glück stiftet bei May politische Allianzen; so macht er das Große im Kleinen sichtbar. Die Söhne Dietrichs, Dietz und Cuno, nehmen Partei für Friedrich, der für sie Moral und Zukunft verkörpert. Sie folgen einem alternativen Leitbild von Ritterlichkeit, distanzieren sich vom Raubrittertum und decken Verbrechen ihres Vaters auf. Die Lösung des politischen Konfliktes verläuft romantauglich über die Verständigung einer jüngeren Generation der Familien Quitzow und Putlitz mit Friedrich. Die Annäherung entspricht den historischen Abläufen, den Antrieb für die geänderte Haltung verlagert der Autor aber aus der Politik auf die Moral. Die Persönlichkeit Friedrichs überhöht May den damaligen Neigungen entsprechend dahingehend, »in dem Begründer der Hohenzollerndynastie ein schöpferisches Genie, den Bahnbrecher einer neuen Zeit zu sehen (...)«.[74]

May folgt der bei Klöden angelegten klaren Polarisierung. Wie Axmann fügt er der politischen eine sittliche Dimension hinzu, die letztlich dominiert. Er stellt den charakterlich positiv dargestellten Figuren, an der Spitze Friedrich, die Bismarcks und Moltkes, die unbedingt negativ konnotierten Raubritter entgegen. Beide Sorten von Adeligen sind gleichermaßen stark und mutig; die Unterschiede liegen im Charakter begründet. Die Häupter der Oppositionellen werden von einem Dienstmann ihres Unterstützers Holzendorf dezidiert als Raubgesellen charakterisiert, denen nach und nach durch loyale Ritter das Handwerk gelegt wird: »... *ich muß doch bekennen, daß ich nie Freude gehabt habe an dem Thun und Treiben der Quitzows und ihrer Verbündeten; es ist viel Gewalt und Ungerechtigkeit dabei und das Ende war vorauszusehen«.*[75] Der Romantitel kleidet Dietrichs Abstieg als ›Fahrten‹ in eine Metapher. Der Leser verfolgt keine ritterliche Fahrt, keine Aventiure. Stattdessen geht es um einen Geächteten, der Lehenspflichten missachtet und ritterliche Tugenden verletzt hat. Vor seinen Verfolgern flieht Dietrich quer durch Brandenburg und über die Grenze. Er trotzt seinem Schicksal stolz und verwegen, und May verleiht ihm zuweilen die tragischen Züge, die Klöden anklingen lässt. Gewiss führte der geschichtliche Dietrich kein geheimnisvolles Doppelleben wie Mays fiktiver Schut auf dem Balkan, als einflussreicher Ritter, bei manchem hoch angesehen, und bisweilen schwarz maskierter Räuberhauptmann (›Schwarzer Dietrich‹). Den Schwarzen Dietrich rüstet May mit unehrenhaften Waffen, nämlich Fleischermesser, Kampfstock und Schärfstahl, aus. Wie Axmann begnügt sich May nicht mit einer simplen Etikettierung Dietrichs als Raubritter, sondern er stellt ihn als ausgetauschten Doppelgänger vor. Damit erzeugt er Anklänge an einen Schauerroman. Der Austausch bleibt für die Handlung ohne Konsequenz.

Wer sollen die ›beiden Quitzows‹ im Titel des Romans sein? Vom historisch bedeutsamen Johann berichtet May nur nebenbei, dass er vom Markgrafen gefangengenommen worden war. Anders als im Fall Kaspar von Putlitz verschafft er ihm keinen, dem historischen Verlauf widersprechenden, Auftritt. Stattdessen ist ausführlich von dem bärbeißigen Claus von Quitzow die Rede, der aber als Hauptfigur nicht recht taugt. Die im (Unter-)Titel ausgedrückten ursprünglichen Intentionen hat der Autor womöglich aus den Augen verloren. Zwei Männern versucht er Profil zu geben, die Friedrich maßgeblich unterstützen:

> »Und wer sind die Männer, die er [d. i. Friedrich] sich zu diesem verwegenen Vorhaben ausersehen hat? Niemand nennt sie im großen Reiche ... Beide aber werden ohne Wanken und mit treuen Kräften an ihrem Werke schaffen ...«[76]

Als strategischen Berater Friedrichs stellt May zum Auftakt Henning von Bismarck vor, der im weiteren Verlauf in einigen Abenteuern praktische Umsicht und Stärke beweist. Claus von Bismarck wird nur erwähnt und Olaf von Moltke spielt keine nennenswerte Rolle. Otto von Moltke alias Suteminn soll wie sein Nachfahre, der Feldherr der Einigungskriege 1866 und 1870/71, »das scharfe, schneidige Schwert sein«.[77] Im markgräflichen Quartier vor den Mauern der zerstörten Burg Friesack entspann sich zwischen den drei Männern [Friedrich, Suteminn/Moltke und dem Grafen von Lindow] ein Gespräch, dessen Inhalt von Wichtigkeit sein mußte ...[78]

Durch historisch nicht belegte Episoden zur Mitwirkung seiner Bismarcks und Moltkes stellte der Autor die Verknüpfung mit zeitgenössischer Befindlichkeit sicher. Derartige Personifizierung erfüllte einen publikumswirksamen Sinn, Quasi-Vorfahren der zeitgenössischen Idole in entscheidenden Rollen auftreten zu lassen. Für die Epoche sind die beiden Adelsfamilien in der Region nachweisbar: die Bismarcks im altmärkischen Stendal, die Moltkes im benachbarten Mecklenburg. Klöden erwähnt Angehörige der Familien, die mit Mays Gestalten aber nichts gemein haben.

Den von Axmann bzw. Klöden übernommenen, kräftig ausgeschmückten und als Moltke offenbarten Suteminn präsentiert May als herausstechende Figur. Geheimnisvoll, uneingeschränkt heroisch und vom Äußeren

her imponierend führt der Autor Suteminn ein. Seine Beschreibung fällt
wie aus dem Lehrbuch aus. Ross und Harnisch konnten sich seinerzeit lediglich Wohlhabende leisten und die Waffen eines Ehrenhaften durften nur
Schwert, Lanze und Dolch sein. Unmissverständlich ist also die Art der
Waffen, mit denen May Suteminn ausstattet:

> *Es war eine kolossale Gestalt auf einem ebenso gewaltigen Streitrosse. In der*
> *Rechten hielt er eine baumstarke Lanze, unter deren Spitze ein kleines Fähnlein*
> *flatterte, dessen Farbe … grad so wenig zu erkennen war, wie das Zeichen, wel-*
> *ches den mächtigen Schild schmückte, der seine linke Seite bedeckte. Ein unge-*
> *wöhnlich langes und breites Schwert hing ihm von der Hüfte nieder, und ein*
> *doppelschneidiges Messer … war in lederner Scheide durch eine Kette an den*
> *starken Leibgurt befestigt.*
> *…*
> *… seine aus blau angelaufenem Stahle gefertigte Rüstung war von so eigen-*
> *thümlicher und zugleich vorzüglicher Arbeit, daß sie recht gut als Merkzeichen*
> *dienen konnte …*[79]

Der starke, gebildete und weitgereiste Suteminn gemahnt an Mays spätere
Gestalten Karl Sternau und Old Firehand, ohne dass er zur Identifikation
sonderlich einlädt. Über den Edelmann lässt May anerkennend äußern,
dass er für den Deutschen Ritterorden in Preußen gegen Polen gekämpft
habe. So ordnet May Suteminns Parteinahme für Friedrich geschichtspolitisch in eine größere Perspektive ein: die 1618 erfolgte Verbindung Brandenburgs und Preußens unter den Hohenzollern. Persönlich treibt Suteminn ein »Rachewerk« gegen Dietrich.[80] Dramaturgisch geschickt stellt
der Schriftsteller ein spannendes Aufeinandertreffen an den Anfang, bei
dem sie die Klingen kreuzen. Einen vergleichbaren Konflikt konstruierte
May im Roman ›Die Liebe des Ulanen‹: die Offiziere von Königsau (GW:
Greifenklau) versus Frankreich respektive Kapitän Richemonte. Dort si-
chert die Auseinandersetzung den durchgehenden Spannungsbogen, was
May bei den Quitzows nicht schafft. Weder die politische Mission Suteminns verfolgt der Autor konsequent noch die persönliche Rache. Dabei
hätte er beides anhand von Klödens Erzählung in einen stringenten Ablauf
einordnen und das Potenzial ausreizen können, das in der noch bestehenden und von jenem mit Aktionen geschilderten Freiheit Dietrichs bis 1417
lag. So berichtet Klöden u. a. von der Zerstörung Nauens und der Eroberung der Burg Wredenhagen durch Dietrich im August 1415. Letztlich
kann May weder den Titel noch den Untertitel des Romans wirklich füllen
und ausformen; beides misslingt ihm.

Schon nach dem vierten der 13 Kapitel, die May formuliert hat, treten
Suteminn, Friedrich und Dietrich nicht mehr auf; erst Goldmann führt sie

wieder ein. In jedem Kapitel werden neue Hauptpersonen mit in der Folge recht niedrigem Profil in Szene gesetzt, was die Unübersichtlichkeit vergrößert. Räuberische Taten und private Aufklärungen überlagern die politischen Konflikte. Der Text von May bricht, zeitlich unbestimmt, mit der Entdeckung des Verstecks der Räuber ab. Goldmann und N.N. führten die verstreuten Fäden zusammen und ohne zeitliche Angaben passabel zu Ende. In ihren Kapiteln misslingt ein Überfall auf einen für Friedrich bestimmten Geldtransport des Grafen Warwick. Claus von Quitzow findet dabei (ahistorisch) den Tod. In Tangermünde gibt es ein weiteres Strategiegespräch von Suteminn, den May vernachlässigt hatte, mit Henning von Bismarck »über die dringende Nothwendigkeit, dem Unwesen des Raubritterthums ein Ende zu machen und für Sicherung des Lebens und Eigenthums auf den öffentlichen Straßen zu sorgen«.[81] Schließlich berichtet der Verfasser von der Ernennung Friedrichs zum Kurfürsten und lässt an Friedrichs Seite Suteminn und Bismarck in einen Krieg gegen Pommern (historisch 1420) ziehen. Zu ihnen gesellen sich die Putlitze (historisch) sowie Dietrichs Söhne (historisch: Johann von Quitzow). In der Schlacht von Angermünde triumphieren sie gegen die Pommern, auf deren Seite Dietrich kämpft und fällt (historisch falsch). Am Ende erfährt der Leser, dass sich auf einem Schloss der Moltkes in Mecklenburg von Zeit zu Zeit die Bismarcks und andere prominente Beteiligte gesellig einfinden. Ein solches Muster hat auch May in späteren Werken wie ›Kong-Kheou, das Ehrenwort‹ oder ›Der Oelprinz‹ mehrfach gewählt.

Schauplätze: Burgen, Schlupfwinkel und Residenzen

Mit dem historischen Geschehen in Brandenburg wenig oder nichts zu tun haben Mays Episoden mit Ausflügen nach Pommern, nach Bristol in England sowie auf die Insel Neuwerk. Sie bleiben kaum verknüpft mit der Rahmenhandlung. Das eigentümliche Zwischenstück ›Unter den Vitalienbrüdern‹ hätte als Kern eines eigenen Romans oder einer Novelle wie der zu dem von May porträtierten französischen Korsaren Robert Surcouf getaugt. Theodor Fontane hatte ab 1880 einen Roman zu dem reizvollen Stoffkreis rund um die Likedeeler und ihren Anführer Störtebeker begonnen, den er nie zu Ende führte. Bei May ist es Suteminns Bruder Olaf, der ein Kaperschiff für die Hanse führt. Hier interessieren allerdings die Auseinandersetzungen in Brandenburg. In der Mark bewegen sich Mays Personen selten und nur kurz in Städten oder in kleineren Orten wie Angermünde und Güntersberg. In der Hauptsache sind sie unterwegs auf dem Lande: auf einsamen Landstraßen, in Wäldern wie dem Zootzen, in

schmucklosen Dorfkrügen sowie markant in oder auf dem Weg zu trutzi-
gen Burgen. Neben gewappneten Rittern ist die Burg »die prägnanteste
mittelalterliche Metapher«.[82] Unerlässliches Requisit eines Ritterromans
ist eine Burg, die landläufig mit einem Bergfried, mit Wassergräben, Mauern und Toranlage, einer Kapelle und einem Kerker verbunden wird. Diesen Grundsatz hat May beherzigt und mit eigenen Vorstellungen zu gehei-
men Gängen und finstern Gewölben angereichert. Im Roman ist die Rede
von breiten Gräben und festen Mauern, hohen Türmen, rasselnden Zug-
brücken, starken Fallgattern und eisenbeschlagenen Flügeln mächtiger Tore.[83] Burgen dienten als Wohn- und Wehrbauten, als Stätten von Wirtschaft
und Verwaltung sowie als Statussymbole; eine Burg durfte nicht jeder anlegen. Noch etwa 100 Anlagen mit aufstrebendem Mauerwerk sind in
Brandenburg erhalten. Wesentlich mehr sind für die Vergangenheit belegt,
von denen die meisten ziemlich klein waren. Über die Zeit wurden die Gebäude veränderten Ansprüchen auf Repräsentation und Wohnkultur angepasst. Ein kräftiger Schub setzte mit der Renaissance ein. Im 16. Jahrhundert war wehrhafter Schutz im Innern nicht mehr vonnöten. Der Umbau
der Berliner Stadtburg in ein Schloss regte den märkischen Adel dazu an,
die älteren Anlagen aufzugeben oder umzubauen.

Was sind die wesentlichen Schauplätze, die May wohl allesamt nicht
persönlich kannte, sondern bei Klöden ausgewählt hat? Welchen Stellenwert haben sie im Roman und was ist von ihnen geblieben? Auffällig ist,
dass Berlin weder als Schauplatz noch mit den Bürgern, ihren Gilden und
Zünften die Rolle spielt, die die Stadt 1414 tatsächlich hatte. Nicht zu Berlin gehörte die in der frühen Neuzeit zur Zitadelle umgebaute Burg Spandau. Auf der eindrucksvollen Festung stechen an mittelalterlichem Gemäuer der Palas sowie der hohe Turm hervor, heute das älteste Bauwerk
Berlins. Ein solcher Bergfried diente dazu, Feinde zu erspähen oder einzu-
schüchtern und als Wohn- und Rückzugsort. Spandau sicherte wichtige
Handelswege und bildete ab Ende des 14. Jahrhunderts ein Hoflager der
Landesherren, die ihre Herrschaft noch vorwiegend reisend ausübten. Eine
außerordentliche Gerichtssitzung, die Friedrich für einen prominenten Fall
exemplarisch veranlasste, fand in Spandau auf der Zugangsbrücke der inneren Burg statt. Recht wurde öffentlich gesprochen, damit möglichst viele Menschen teilhaben und berichten konnten. So stellt May die Szene dar,
die mit Beteiligung Friedrichs historisch belegt ist:

Werner von Holzendorf ... hatte einen offenen Feind des Markgrafen, auf wel-
chem die kaiserliche Acht ruhte, in seinen Schutz genommen und sollte nun über
diese That zur Rechenschaft gezogen werden. Nach damaligem Gebrauche wur-
de die Verhandlung auf öffentlicher Dingstätte vorgenommen ...[84]

Vor der Schloßbrücke stand ... ein ziemlich hoher Stuhl mit zwei vergoldeten Knöpfen; er war für den Richter bestimmt. Auf dem Tische lag ein weißer Stab, und hinter dem Stuhle hing ein Heerschild an einer fest in den Boden gestoßenen Lanze. Das Alles waren die Attribute der damaligen Gerichtsstätte ...[85]

Angeklagt, aber nicht erschienen war Holzendorf. Nach geltendem Lehensrecht musste er *»... unserm Herrn* [d. i. Friedrich] *die vorgenannten Schlösser und Güter abtreten und unverzüglich zurückgeben«.*[86] Zu den so verfügten Anwesen gehörte das schon mehrfach angesprochene Bötzow. Der Prozess erregte, wie Karl May erzählt, *Aufsehen weit über die Marken hinaus*[87] und festigte die Autorität Friedrichs.[88]

Von den bei May aufgeführten Burgen ist manche pittoreske Ruine erhalten. Originalsubstanz mischt sich mit Umgebautem und an etlichen Stellen fallen überkommene Wehrtürme ins Auge. Ein stattliches Exemplar verweist in Putlitz/Prignitz auf das Rittergeschlecht, über dessen Exponenten May respektvoll berichtet. Der prominente Ritter war seit Jugendtagen befreundet mit Dietrich und Johann von Quitzow. Seine Hauptburg wurde Mitte des 13. Jahrhunderts errichtet, im Dreißigjährigen Krieg zerstört und 1806 bis auf Turm und Mauerreste abgetragen. Im Elbe-Havel-Dreieck finden sich mehrere Festen, die bei May wie in alten Quellen als Orte benannt werden, zu denen die Quitzows Gefangene und Beutegut brachten. In Kletzke sind verfallene Reste geblieben. Das frühe Lehen der Quitzows galt in Chroniken um 1400 und noch einige Jahrzehnte danach weit über die Region hinaus als »en grot rofhus«, als große Räuberhöhle.[89] Bei May mehrfach aufgerufener Schauplatz mit finsterem Kerker ist die ab 1356 belegte Burg Stavenow, von der Haupthaus und Wassergraben noch existieren. Sie gehörte Claus von Quitzow, der, anders als von Goldmann dargestellt, den bekannteren Verwandten Dietrich um viele Jahre überlebte. Noch länger genoss jene Burg einen zweifelhaften Ruf. Der Sohn Dietrichs, der sich tatsächlich auf die Seite Friedrichs begab, erhielt von diesem im Roman 1414, nach den Quellen erst 1421, Stavenow und Johanns Burg Plaue, die im 18. Jahrhundert durch einen Barockbau ersetzt wurde. Später eiferte dieser Sohn dem Vater nach und lieferte sich noch in hohem Alter manche Händel. Bis zu seinem Tod 1486 unternahm er von der Eldenburg im äußersten nordwestlichen Zipfel von Brandenburg aus Raubzüge ins Mecklenburgische. Das schlug sich in Quellen nachdrücklich nieder, da vielfach »gegen dieses ›Raubschloß‹« protestiert wurde.[90] Einige mittelalterliche Bausubstanz ist dort so gut erkennbar wie bei Lenzen an der Elbe.

Diese Burg gehörte ab 1385 nacheinander Dietrich von Quitzow, Kaspar von Putlitz und Johann von Quitzow. Jener hatte sie 1399 an seinen Verbündeten Putlitz abgetreten, der sie 1421 an Johann von Quitzow verkaufte.

Ein Inventarverzeichnis aus dem 15. Jahrhundert weist ein Torhaus, ein
altes und ein neues Ritterhaus, zwei steinerne Häuser sowie mehrere Wirt-
schaftsgebäude aus. Auf einer Anlage dieser Größe haben damals etwa 30
Menschen gelebt: die Familie des Burgherrn, Knechte, Mägde, Diener und
bisweilen ein Kaplan. Für Kämpfe standen selten mehr als eine Handvoll
Bewaffnete und vielleicht fünf Pferde bereit. Von drei wichtigen Lokalitä-
ten ist nichts erhalten geblieben. Schloss und Dorf Bötzow an der Havel,
zeitweiliger Zufluchtsort Dietrichs, wurden im Dreißigjährigen Krieg nie-
dergebrannt. Seit langem erstrecken sich dort Schloss und Stadt Oranien-
burg. In Friesack im Havelland würdigt ein Denkmal Friedrich I. Es war
1912 in Anwesenheit von Kaiser Wilhelm II. eingeweiht worden. Nach
1945 verschwand es und wurde 2012 von der Stadt neu errichtet. Die
Hauptfeste Dietrichs war während der Belagerung zerschossen worden.
Sie wurde später auf-, dann umgebaut und 1956 durch die DDR-Behörden
endgültig abgerissen. Am Stadtpark bildet noch altes Mauerwerk einen
überwachsenen Hügel. Davor erinnert seit 2003 ein hölzernes Standbild an
Dietrich von Quitzow. Ein ähnliches Los wie Friesack erlitt *das feste
Schloß Garlosen*; es hatte laut May

*von je her das Schicksal gehabt, unruhigen Geistern, die entweder dem Landes-
herrn oder den Landstraßen gefährlich wurden, zum Aufenthalte zu dienen und
wurde jetzt besessen von vier Männern, die ihr Schwert gut zu führen verstanden
und am liebsten den Wein tranken, den Andre bezahlt hatten.*[91]

Gemeinsam mit Claus von Quitzow planen die Ritter von dem Kruge (historisch) dort Überfälle. In einem versteckten Grabgewölbe verbergen sie
ihre Beute und Gefangene.
   Das Versteck der Räuberbande des Schwarzen Dietrich, im Roman
Sinnbild der schlimmen Zustände in der Mark, soll sich der Leser bei dem
Flecken Ketzin, 22 km nordwestlich von Potsdam, vorstellen. In einer ab-
gelegenen Klosterruine auf *eine(r) kleine(n) Insel*[92] in einer *seeartigen Erweiterung der Havel*,[93] nicht wie Axmann in einer zerstörten Wendenburg,
platzierte der Schriftsteller den finsteren Ort, der »*in dem weiten Umkreise
so verrufen ist, daß sich Niemand in ihre Nähe wagt ..., und der Bau, welcher kaum zur Hälfte fertig war, ist liegen geblieben und nach und nach in
Trümmer zerfallen*«.[94] Unter dem Gemäuer befindet sich die Stätte, in die
man über geheime Zugänge, eine hohle, 1000-jährige Eiche, einen Brun-
nenschacht und am Ende durch einen Stollen gelangt: Dietz von Quitzow

*befand sich in einem zwar nicht zu hohen, aber desto längeren und breiteren
Saale, dessen Decke von massigen Pfeilern getragen wurde. Die ... Flamme der*

Fackel vermochte nur einen geringen Theil dieses mächtigen Raumes nothdürf-
tig zu beleuchten, trotzdem aber waren ganze Reihen von starken Tafeln und
Bänken zu erkennen, welche sich von einem Ende bis zum andern zogen und
keineswegs leer standen, sondern alle die werthvollen Beutegegenstände tru-
gen, welche hier aufgehäuft lagen.[95]

Der Schauplatz gehört zum Inventar des klassischen Schauerromans. Walter Scott hat dieses Genre meisterhaft verbunden mit dem des eigentlichen
Ritterromans. May erreicht nicht die Qualität Scotts, doch unterhaltsam
sind seine Darstellungen. Die von ihm beschriebene Havelinsel findet sich
bei Ketzin. Eine Ruine ist dort nicht vorhanden. Allerdings liegt am Rand
des Ortes Ketzin eine Wallanlage aus slawischer Zeit, wie sie Axmann behauptete. In der von May gemeinten Gegend existiert außerdem ein sagen-
umwobenes Sumpfland ›Diebesgrund‹, wo im hier in Rede stehenden 15.
Jahrhundert eine Bande ihr Raubgut versteckt haben soll. Johann von Quitzow wurde in diesen Sümpfen gefangengenommen. Nahebei erinnert ein
1905 aufgestellter ›Hohenzollernstein‹ an den Einzug Friedrichs mit einer
Inschrift. Klöden hat den Vorgang im Wortlaut ähnlich so erzählt:

Nachdem er alles in Richtigkeit gebracht, was er für seine Erblande in Franken
anzuordnen hatte, brach er mit einem großen Gefolge von Nürnberg auf, um sich
nach der Mark zu begeben, die er zum erstenmale sehen sollte. Er ging über
Wittenberg (…), überschritt die Brandenburgische Grenze, und zog am St. Jo-
hannistage 1412 den 24sten Juni in Brandenburg ein.[96]

In Berlin gab es mit dem Hohen Haus eine Repräsentanz der Kurfürsten;
sie blieb vorerst zweite Wahl. Zu seiner Residenz wählte Friedrich Tangermünde an der Elbe. Mit seiner Familie nutzte Friedrich ab 1412 die Burg
und bewohnte sie mit rund 100 Bediensteten und Bewaffneten. Der von
Kaiser Karl V. in den 1370er Jahren repräsentativ ausgebaute Ort stellt bei
May den hellen Kontrapunkt zur düsteren Klosterruine Dietrichs dar. Der
Sitz der Guten im Roman ist für Historiker ein eindrucksvoller Erinne-
rungsort europäischer Geschichte. Die Altstadt ist nach wie vor von einer
Mauer mit diversen Türmen mittelalterlich anmutend umrahmt. Wilhelm II.
hat die Anlage Ende des 19. Jahrhunderts mit viel Aufwand restaurieren
lassen. Ein Denkmal Friedrichs wurde im Park der Burg aufgestellt, die
ebenfalls wiederhergerichtet wurde. Sie hat ihren an das Spätmittelalter
erinnernden Eindruck mit Palas, Bergfried und wuchtigem Tor bewahrt.
Über das beeindruckende Gesamtbild der damals wohlhabenden Hansestadt und die erhobene Kaiserburg schweigt sich der Schriftsteller aus.
Zum Bau der Häuser kombinierten in dieser Zeit Vermögende, Kaufleute

und Ritter, Fachwerk mit Steinbau; die Dächer waren noch mit Stroh ge-
deckt. In der Art hat sich der Leser das von Mauern umschlossene Haus
vorzustellen, in dem der geheimnisvolle Suteminn lebt. Ausführlich stellt
May das Gebäude vor, von dem die Bürger ehrfurchtsvoll sprechen;[97] die
Verortung hat May von Klöden übernommen. Ein Moltke ist Suteminn bei
Klöden freilich nicht, und es ist Mays Einfall, ihn durch Henning von Bismarck im ersten Kapitel in Tangermünde aufsuchen zu lassen: *»So geh'
und sag', Herr Friedrich schicke mich!«*[98] Nun geht es darum, den Papst,
»von dem man nichts als Laster und Verbrechen zu berichten hat«, auf dem
Konzil *»zur Rechenschaft zu ziehen«*.[99] Das Gespräch der beiden Ritter
knüpft an den Auftrag an, den Suteminn von Friedrich vor Friesack erhalten hat. Zeitgenössische Leser werden bei dieser Passage weniger an den
in Konstanz 1418 aufgelösten mittelalterlichen Streit gedacht haben, als an
den Kulturkampf, den die deutsche Regierung bis 1887 führte. Im März
1414, der Aufstand war niedergeschlagen, erließ Friedrich in Tangermünde ein von May so wie bei Klöden nachdrücklich gewürdigtes Landfrie-
densgesetz:

*Mit dieser Verordnung war eine Drohung ausgesprochen worden gegen die beu-
tesüchtige Ritterschaft, die es sich zur Hauptaufgabe gestellt hatte, den fried-
fertigen Bürger und Handelsmann seines Eigenthums und rechtmäßigen Gewin-
nes zu berauben, und in ihr lag der Anbruch einer geordneten Zeit garantirt ...
... das Lob des Herrn Friedrich von Zollern ward verkündigt von Haus zu
Haus, von Stube zu Stube.*[100]

Südlich von Tangermünde residierte im von Experten heute als »Juwel der
märkischen Baukunst«[101] bezeichneten Ziesar ein wichtiger Verbündeter
des Statthalters. Das Schloss in Ziesar war

*als eines der festesten im ganzen Lande bekannt ... und (gehörte) zu der Zeit, von
welcher wir erzählen, dem Bischof von Brandenburg, Johann von Waldow ...
    Die Familie dieses Mannes war eine der ... ältesten und angesehensten des
Landes, und Friedrich hatte seine Ergebenheit schon in vielfachen Diensten erprobt.*[102]

In Ziesar spielt das Kapitel ›Ein Leu im Käfige‹ aus dem Originaltext, das
für die Ausgabe der GW zur Erzählung ›Wildwasser‹ umgearbeitet wurde.
Um eine Höhenburg auf steilem Felsen, wie May schreibt, handelt es sich
nicht. Eine Außenmauer mit sieben Türmen und ein Wassergraben ge-
währten früher Schutz. Erhalten geblieben ist der innere Kern mit Torhaus
und Kapelle, Palas und Bergfried. Im noch vorhandenen Kerker wurde bei

May, wie in der Realgeschichte, Kaspar von Putlitz gefangen gehalten. Das Verlies wirkt bei einer Visite nicht so düster wie von May beschrieben: Hinter einer *kleinen, niedrigen Thür* findet sich ein *enger, lichtloser Raum, kaum so hoch, daß ein Mann in ihm zu stehen vermochte.*[103] Putlitz war auf einem Raubzug, wie May gemäß Klöden darstellt, in eine Falle geraten. Der im Land hoch angesehene Bischof Waldow war auf Vorschlag Friedrichs erst 1415, also zwei Jahre nach dem von May erzählten Ereignis, auf dem Konstanzer Konzil zum Bischof ernannt worden. Mays Urteil, der Markgraf *hatte seine Ergebenheit schon in vielfachen Diensten erprobt,*[104] trifft hingegen zu. Putlitz wurde 1416 auf Fürsprache von Friedrich I., der mit einflussreichen Familien den Ausgleich suchte, in die Freiheit entlassen.

Was im Mittelalter weiter geschah

Zur Königskrönung Sigismunds in Aachen ließ sich Friedrich im November 1414 von fränkischen Gefolgsleuten und neu gewonnenen Brandenburgern begleiten. Anschließend verhandelte er auf dem Konzil in führender Position kirchliche und politische Belange Europas mit. Dort wird er tatsächlich dem Earl of Warwick begegnet sein, dem (historisch belegten) Gesandten Englands. Bei May unterstützt Warwick Friedrich in Brandenburg in ähnlicher Form wie Lord Henry Lindsay den mexikanischen Präsidenten Juarez im ›Waldröschen‹.[105] Für eine Parteinahme des realen Warwick in Brandenburg gibt es keinen Beleg und in seiner Biografie weder Anlass noch Zeitfenster. Am 18. April 1417 belehnte Sigismund in Konstanz Friedrich (als Burggraf der ›VI.‹ und als Kurfürst der ›I.‹) erblich mit Brandenburg. Die Feierlichkeiten bei dieser endgültigen Investitur »stellten alle bisherigen Verleihungszeremonien in den Schatten«.[106] Der Ablauf ist von damaligen Chronisten mit vielen Einzelheiten überliefert worden. May, Goldmann und N. N. gehen auf den von Klöden geschilderten Vorgang nicht ein. Damit versäumen sie eine naheliegende Gelegenheit, Friedrich eindrucksvoll in der Rolle vorzuführen, die ihm 1876 von vielen Seiten bescheinigt wurde. Stattdessen fabuliert May Begebenheiten, die mit dem Fokus seines Romans, Titel oder Untertitel, wenig oder nichts zu tun haben. Es stellt sich die Frage: War es Unvermögen beim Umgang mit einem historischen Stoff, Desinteresse an der politischen Dimension des Themas oder Unkonzentriertheit, weil die eigene Lebensplanung ablenkte? Die Auseinandersetzung in der Mark jedenfalls war 1414 entschieden und gegen auswärtige Feinde wurde bald gemeinsam gestritten. Zu Beginn des Jahres 1416 versicherte sich Friedrich der wichtigsten Adelsfamilien,

indem er Lehnsbesitz bestätigte und zunächst eingezogene Burgen zurück-
gab. Der Fürst benötigte den einheimischen Adel »nicht nur für eine spä-
terhin offensiv nach Norden [gegen Mecklenburg und Pommern] gerichte-
te Restitutionspolitik, sondern (...) auch (...) mit Blick auf die im 14.
Jahrhundert immer selbstbewusster gewordenen Städte«.[107] Die politische
Aussöhnung erläutert May anhand ausgedachter privater Entscheidungen.
Historiker beglaubigen »Eheverbindungen« und verweisen zusätzlich auf
die Möglichkeiten, »die aus einem gepflegten Hofleben (...) für eine inte-
grative Politik erwuchsen«.[108]

Zwischen 1417 und 1420 erzielte Friedrich einige Erfolge gegen Meck-
lenburger und Pommern. Er stützte sich dabei zunehmend auf Vertreter des
märkischen Adels. »Brandenburger«, so Hans Bentzien, »ist er nicht geworden. Sein Verdienst lag darin, daß er den Landesadel für sein Haus
gewinnen konnte.«[109] Kaspar von Putlitz und Johann von Quitzow kämpften 1420 gegen die Pommern an seiner Seite. Das ist eine andere Geschichte, die nicht mehr von May, sondern von Goldmann und N. N. erzählt wurde. Während Dietrich bis zu seinem Tod 1417 als Söldnerführer von
umliegenden Territorien aus agierte, erlangte Johann die Gunst des Kurfürsten. Dies hielt ihn bis zu seinem Tode 1437 nicht davon ab, gelegentlich in alte Verhaltensweisen zurückzufallen. Als er 1422 einen Kaufmannszug der Hanse überfallen wollte, geriet er in einen Hinterhalt, wurde
gefangengenommen und kam erst »(g)egen ein hohes Lösegeld«[110] wieder
frei. Bis zu seinem Tod gehörte der anders als sein Bruder anpassungsfähi-
ge Ritter zu den führenden Adeligen in Brandenburg. Klöden widmet ihm
im 4. Band noch manche Seite und dabei erschließt sich die mögliche Herkunft des von Axmann/May bemühten ›Schwarzen Ritters‹. Es ist Johann,
den Klöden 1421, mit schwarzem Harnisch gerüstet, in einem Feldlager
von Friedrich als ›Schwarzen Ritter‹ auftreten lässt; ein Raubritter ist er
hier nicht.[111] Kurz darauf wurde Johann von Friedrich in seine Position
wieder eingesetzt, so wie die Mehrzahl der auch bei May genannten Kontrahenten.

Fünf Jahre und fünf Monate – so lange, oder besser: so kurz – weilte
Friedrich insgesamt in Brandenburg. Weil 1420 das Fürstentum Kulmbach
durch Erbschaft an ihn fiel, musste er drei unverbundene Gebiete regieren.
Für die 500 Kilometer lange Strecke zwischen Ansbach und Tangermünde
benötigte ein Reisender mit der Kutsche mindestens zwei Wochen be-
schwerlicher Reise durch diverse Territorien. Ein stetiges Pendeln war
unter den Bedingungen nicht möglich. Von 1415 bis 1425 hielt sich der
Kurfürst nur noch sporadisch in Brandenburg auf. Friedrich bevorzugte
seine fränkische Heimat; anders als seine Vorgänger behielt er in Brandenburg die Kontrolle. Mehrfach vertrat ihn seine tatkräftige Frau. Mays

apodiktisch anmutende Aussage über *eine bessere Zukunft* mit *Ordnung und öffentliche(r) Sicherheit* für das Land *unter der weisen, strengen und gerechten Regierung Friedrichs*[112] wird durch die heutige Forschung bestätigt, die Friedrich für die Zeit nach dem Landfrieden von Tangermünde 1414 übereinstimmend die Fähigkeit zum Kompromiss und eine vorausschauende Verwaltung bescheinigt.[113] Ende 1418 stand Friedrichs politische Bedeutung auf dem Zenit. Zeitweise vertrat er den König in einem in vielerlei Konflikte verstrickten Reichsgefüge. Das gute Verhältnis trübte sich zwischen 1421 und 1426, denn Friedrich stellte sich gegen Sigismund und versuchte zudem, in Polen Einfluss zu gewinnen. Sein Bemühen scheiterte, von Brandenburg aus im Osten eine Königskrone zu erringen. Dieses Ziel erreichte erst ein Nachfahre 280 Jahre danach. Friedrich setzte im Januar 1426 seinen Sohn Johann, dessen (fiktive) Entführung May erzählt, als Statthalter ein und kehrte nicht mehr nach Brandenburg zurück. Er starb 1440 auf der Cadolzburg nahe Nürnberg und wurde in der Klosterkirche Heilsbronn begraben. Gemessen an seinen Plänen blieb seine Wirkung begrenzt. Immerhin erfuhren durch ihn die Hohenzollern die entscheidende Aufwertung, was ja der Anlass für Mays Roman war:

(…) mit jenem 18. April 1417 (…) wurde die Herrschaft der Hohenzollern in Brandenburg endgültig amtlich, begann ihr Aufstieg zum führenden deutschen Adelsgeschlecht, der erst am 9. November 1918 mit der Ausrufung der Republik endete.[114]

Friedrichs unmittelbare Nachfolger blieben in Brandenburg in Vollzeit präsent. Sie erwarben in den nächsten Jahrzehnten große Gebiete im Norden und Süden der Mark, festigten ihre Stellung und verlagerten ihren Sitz 1451 nach Berlin. Den Adel versuchten sie zu zivilisieren und an sich zu binden, indem sie die Söhne in Tangermünde, Berlin oder Franken für Hofdienst, Verwaltung und Militär ausbildeten. Die Reichsreform von 1495, zu der ein dauerhafter Landfrieden gehörte, beendete das Fehdewesen, das »zur kaum kaschierten Form des Straßenraubs verkommen« war.[115] In Brandenburg war es nach drakonischen Strafaktionen mit Raubrittern und Wegelagerern endgültig vorbei. Die Quitzows vermochten nach dem Tod von Dietrich (1417) bzw. Johann (1437) nicht mehr bestimmend aufzutreten und versanken, das vermerkt Theodor Fontane, im Durchschnitt der märkischen Junker: »Wir begegnen, von 1437 an, dem Quitzownamen durch vier Jahrhunderte hin unausgesetzt in Stellungen von m i t t l e r e r Bedeutung, sei's in der Verwaltung, sei's in der Armee.«[116] Demgegenüber dauerte der langgestreckte Aufstieg der Hohenzollern mit einigen Pausen 500 Jahre an. Gegen eine historische Zwangsläufigkeit hin zur Kaiserwürde von 1871 sprechen die lange Dauer, diverse Rückschläge und unterschiedliche politische Präferenzen. Die angesprochene Reichsreform reduzierte noch im 15. Jahrhundert den politischen Stellenwert Brandenburgs und erst im 17. Jahrhundert gab es erneut Bedeutungszuwächse. Sowohl der Große Kurfürst als auch der Soldatenkönig respektierten die Autorität der Habsburger als Kaiser. Friedrich dem Großen lag im 18. Jahrhundert ein Streben nach jener Würde bzw. einer deutschen Mission so denkbar fern wie seinen beiden Nachfolgern. Für die Kaiserproklamation 1871 wurde ungeachtet dessen der 18. Januar ausgewählt, um Kontinuität zu suggerieren. Genau 170 Jahre zuvor hatte ein Hohenzoller den Thron in Preußen bestiegen und im Osten ein Königtum geschaffen, das Friedrich I. um 1420 vergeblich angestrebt hatte.

Die Erfüllung der historischen Sendung wurde ab 1871 von Historikern beglaubigt und in allen Bereichen der Kultur gepriesen. Im 20. Jahrhundert ist den Deutschen die von May 1876 ausgedrückte Begeisterung gründlich vergangen; die Hohenzollern wurden 1918 davongejagt. Ob Mays Applaus Ausdruck selbst ausgebildeter Überzeugung war, naive Übernahme von Gelesenem oder Anpassung an Lesererwartungen, lässt sich nicht beantworten. Ähnliche Positionen hat der Schriftsteller auf jeden Fall in späteren Werken und als mittlerweile sozial Etablierter vertreten. Nicht nur Gudrun Keindorf plädiert dafür, man müsse Mays Weltbild »aus seiner Zeit heraus verstehen«.[117] Diese Haltung ignoriert, dass schon damals viele Menschen anders dachten, nicht nur Sozialdemokraten, und sie erschwert eine kritische Betrachtung heute. Mehr Unbehagen als Mays Passion für Friedrich I. lösen seine Stereotypen aus, von denen ich einige zitiert habe. Diese Sentenzen sind wie manches andere von May nicht akzeptabel. In der Fassung der GW sind sie nicht mehr enthalten. Das mittelalterliche Geschehen überhöhte May zumindest an einer Stelle in einer Weise ideologisch, die dem 50 Jahre älteren Altpreußen Klöden fernlag. Sein Anklang an das Vokabular der völkischen Rechten erschreckt bei der Lektüre der von ihm Henning von Bismarck in den Mund gelegten deklamatorischen Worte:

»Seit es Weltgeschichte giebt,« fuhr er fort, »ist es zum ersten Male, daß der Norden zum Bewußtsein seiner Kräfte kommt und an der Sendung zu arbeiten beginnt, die ihm von dem Herrn der Welten anvertraut worden ist. Finsterniß bedeckt das Erdreich und Dunkel die Völker, aber es wird, es muß der Schleier reißen ...«[118]

Diese Gesinnung, nach 1900 ins Maßlose gesteigert, begründete zwei Weltkriege mit.

Sanfter Apologet des Kaiserreichs

Bis 1885 führte May mit einiger Emphase Stationen der Geschichte Brandenburg-Preußens mit anekdotischer Evidenz aus. Dem Mittelalter hat sich May kein zweites Mal zugewandt. Mit jener Epoche konnte er anscheinend nichts Rechtes anfangen. Im 18. Jahrhundert siedelte May neun Erzählungen an, die er mit mehr Stringenz und Prägnanz formulierte als die ›Quitzows‹. An die Stelle des Harnischs traten die Uniformen von Husaren und Ulanen. Alles Weitere spielte dann im 19. Jahrhundert, ganz überwiegend nach 1860, was für May Zeitgeschehen bedeutete. Mehrfach entfaltete May wie 1876 historische Parallelräume zur Reichsgründung von 1871. Keine Erwähnung fand bei ihm, dass die Bevölkerung in beinahe jeder Generation einen hohen Preis für die betriebene Politik zahlen musste. Wie andere Autoren stützte er den Eindruck, dass sich eine Nation in ihren Kämpfen und im Wirken großer Persönlichkeiten beweise. Wilhelm I. von Preußen tritt im ›Waldröschen‹ (GW: ›Trapper Geierschnabel‹) ähnlich respektvoll dargestellt auf wie Friedrich I. in den ›Quitzows‹. Dieser spätere deutsche Kaiser fand außerdem als solcher in diversen Geschichten Mays respektvolle Erwähnung in Kommentaren von Arabern, Türken und sogar von Winnetou, in ›Der Sohn des Bärenjägers‹. Zwei seinerzeit gefeierten Paladinen früherer Herrscher, Leopold von Anhalt-Dessau und Gebhard Leberecht von Blücher, widmete May besondere Aufmerksamkeit. Manche Wortwahl und Sicht verstören retrospektiv. Der Alte Dessauer, ein brutaler Menschenschinder, der sein Fürstentum ruinierte, wäre heute kein Vorbild mehr für die Bundeswehr.[119]

Es lässt sich bei der Lektüre einiges lernen über deutsche Vergangenheit und Geschichtsbewusstsein. Widersacher des 1871 realisierten Reichsgedankens erleiden bei May Niederlagen oder werden gedemütigt. Nach den ›Quitzows‹ geht es über Brandenburg hinaus, zuerst innerdeutsch – versus Hannoveraner, Sachsen, Österreicher –, dann gegen das als Erbfeind angesehene Frankreich. Zwei Kriege mit Frankreich lieferten May Stoff für seinen Roman ›Die Liebe des Ulanen‹. Der von 1870/71 ist im Untertitel ›Original-Roman aus der Zeit des deutsch-französischen Krieges‹ gemeint; eine Rückblende spielt 1814/15. Diese erscheint seit 1929 unter dem vom Karl-May-Verlag gewählten Einzeltitel ›Der Weg nach Waterloo‹. May feierte hier epochale Erfolge und personifizierte sie in privaten Schicksalen. Die Ergebnisse sah er in moralischer Überlegenheit der Deutschen begründet. Dass seine Apologien im Zeitmaßstab gemäßigt ausfielen, exkulpiert ihn nur begrenzt. Die von ihm mitbetriebene Konstruktion einer politischen Mission mit triumphalem Ausgang ist seit langem obsolet. Für ›Des Glückes Unterpfand‹ betont die deutsche Nationalhymne der

Weimarer Republik und der Bundesrepublik nicht *Gott, König und Vaterland* (May 1910), sondern ›Einigkeit und Recht und Freiheit‹.

Seit 1871 entwickelte sich Deutschland zu einer dynamischen Industrienation mit Spitzenleistungen in Wissenschaft und Forschung, modernen Großunternehmen, einem vergleichsweise fortschrittlichen Wahlrecht, einer um Beteiligung ringenden Arbeiterschaft und spürbaren Verbesserungen des Sozialstaats. Dieser durchaus widersprüchliche Aufbruch mit Fortschritten, den Hedwig Richter unter die Leitlinien Massenpolitisierung und Inklusionsrevolution[120] fasst, schlug sich so gut wie nicht in Mays Büchern nieder. Während sich sein privater Aufstieg parallel zu dem des Reiches entwickelte, entfaltete May seine eskapistische Agenda in entfernten Wunschräumen. Er bekannte sich weiter loyal zum Deutschen Reich; patriotischen Stolz drückte er dünkelhaft, indes zivil aus. Der Schriftsteller hielt Abstand zum aggressiven Kolonialkurs, zum völkisch aufgeladenen Nationalismus und zur militärischen Aufrüstung. Deutsche Helden eigener Art, Migranten und abenteuerlustige Reisende, machten ab 1881 seinen Ruhm aus. Sie trugen weder eine Rüstung noch eine Uniform und sie hatten keinen Part im Zuge einer nationalen Mission. Klischees und Vorurteile finden sich in seinem Hauptwerk weiterhin, wenn auch seltener und weniger verunglimpfend. In seinem kaum gelesenen Spätwerk warb der Schriftsteller schließlich für Frieden und Verständigung. Für die entstehende Demokratie in Deutschland zeigte May in seinen Werken keine Neigung. So oder so bleibt der Schriftsteller interessant für diejenigen, die sich mit wichtigen Befindlichkeiten der Deutschen und ihren Folgen auseinandersetzen wollen. Es spricht nichts dagegen, weiter Karl May zu lesen. Es sollte jedoch mit Bedacht geschehen.[121]

1 Jürgen Kocka: Das lange 19. Jahrhundert. Arbeit, Nation und bürgerliche Gesellschaft (Gebhardt. Handbuch der deutschen Geschichte Bd. 13). Stuttgart 2001, S. 80.

2 Zum Kult um die Hohenzollern siehe Thomas Stamm-Kuhlmann: Die Hohenzollern. Berlin 1995, S. 7–30. Von ›erfundenen Traditionen‹ spricht Markus Blaich mit Blick auf das Ausschmücken der restaurierten Pfalz in Goslar (Die Ausmalung des Kaisersaals in der Pfalz Goslar als »Nationaldenkmal« des Wilhelminischen Kaiserreichs. »Erfundene Traditionen« von Heinrich III. bis Wilhelm I.? In: Burgen und Schlösser. 63. Jg., H. 4/2022, S. 205–223).

3 Karl May: Mein Leben und Streben. Freiburg i. Br. o. J. [1910], S. 46; Reprint hrsg. von Hainer Plaul. Hildesheim/New York 1975. Der Kontext legt nahe, dass May sich so von der demokratischen Revolution 1848 distanzierte.

4 Karl Mays Werke. Historisch-kritische Ausgabe. Abt. I. Bd. 4: Der beiden Quitzows letzte Fahrten. Zweite, verbesserte Auflage. Hrsg. von Hermann Wiedenroth in Zusammenarbeit mit Ralf Harder. Bargfeld 2007, S. 45f.

5 Ebd., S. 9. Die Beschreibung von Landschaft, Dorfkrug und Situation übernimmt May weitgehend von Karl Friedrich Klöden: Die Mark Brandenburg unter Kaiser Karl IV. bis zu ihrem ersten Hohenzollerschen Regenten, oder: Die Quitzows und ihre Zeit. Dritter Theil. Berlin 1836, S. 427–431. Klödens Band beginnt im Sommer 1410 und endet im Sommer 1414.

6 Kaiser Wilhelm II. Aus meinem Leben 1859–1888. Berlin/Leipzig 1927, S. 65.

7 So der Titel seiner Monografie (Hans Wollschläger: Die bewaffneten Wallfahrten gen Jerusalem. Geschichte der Kreuzzüge. Zürich 1973).

8 Helge Nielsen: Der Bürgerliche Realismus. In: Geschichte der deutschen Literatur. Band II: Vom 19. Jahrhundert bis zur Gegenwart. Hrsg. von Bengt Algot Sørensen. München 1997, S. 62–99 (74). Zur Genese des historischen Romans vgl. auch: Peter Sprengel: Geschichte der deutschsprachigen Literatur. 1870–1900. Von der Reichsgründung bis zur Jahrhundertwende. München 1998, S. 176–184 sowie Benedikt Jeßing: Das 19. Jahrhundert. In: Geschichte des deutschsprachigen Romans. Hrsg. von Volker Meid. Stuttgart 2013, S. 305–444, besonders S. 369–386.

9 Friedrich Axmann: Fürst und Junker. Historischer Roman aus der Jugendzeit des Hauses Hohenzollern. In: Deutsches Familienblatt. 1. Jg. (1875/76); Reprint Ubstadt 1990; Neusatz in Friedrich Axmann: Fürst und Junker. Historischer Roman. 3 Bände. Bamberg/Radebeul 2001. Über Axmann informieren das Vorwort von Peter Krassa im 1. Band, S. 5–26 sowie Robert Ciza: Der Tod eines Schriftstellers. Ergänzendes zu Friedrich Axmann. In: Karl-May-Welten VI. Hrsg. von Roderich Haug/Bernhard Schmid. Bamberg/Radebeul 2021, S. 97–107.

10 Friedrich Axmann: Das Testament des großen Kurfürsten. Roman aus der vaterländischen Geschichte. In: Deutsches Familienblatt. 2. Jg. (1876/77); Reprint Ubstadt 1988.

11 Karl May: Der beiden Quitzows letzte Fahrten. In: Feierstunden am häuslichen Heerde. 1. Jg. (1876/77); Reprint der Karl-May-Gesellschaft. Hamburg 1994.

12 May: Mein Leben und Streben, wie Anm. 3, S. 73.

13 Die Zitate an dieser Stelle stammen aus Klöden, wie Anm. 5, Vierter Theil. Berlin 1837, S. 41, 495 und 497.

14 Zit. nach Wolfgang Neugebauer: Preußische Geschichte als gesellschaftliche Veranstaltung. Historiographie vom Mittelalter bis zum Jahr 2000. Paderborn 2018, S. 40. Zu Wusterwitz vgl. auch Jan Winkelmann: »Ja Gott, durch bitte der armen bewogen, hat ihn als von höhe gesandt […]«. Burggraf Friedrich, der erste Hohenzoller in der Mark Brandenburg. In: Das Mittelalter endet gestern. Beiträge zur Landes-, Kultur- und Ordensgeschichte. Heinz-Dieter Heimann zum 65. Geburtstag. Hrsg. von Sascha Bütow/Peter Riedel/Uwe Tresp. Berlin 2014, S. 65–88. Wusterwitz gilt zusammen mit Heinrich Stich, Abt des Klosters Lehnin, nach wie vor in der Geschichtswissenschaft als Hauptinformant über die Zeit um 1400 in Brandenburg.

15 Allgemein zu Mays Verortung: Gudrun Keindorf: Ein deutscher Traum? Überlegungen zu Karl Mays Verhältnis zum ›Kaiserreich‹. In: Jahrbuch der Karl-May-Gesellschaft (Jb-KMG) 1999. Husum 1999, S. 204–247.

16 Christoph F. Lorenz: Karl Mays »Der beiden Quitzows letzte Fahrten« als historischer Roman. In: Mitteilungen der Karl-May-Gesellschaft (M-KMG) 41/1979, S. 24–28 (27).

17 Siegfried Augustin: ›Der beiden Quitzows letzte Fahrten‹. Karl Mays literarisches Gesellenstück. In: Jb-KMG 1991. Husum 1991, S. 250–286 (250).

18 Ralf Harder/Hermann Wiedenroth: Editorischer Bericht. In: May: Quitzows letzte
    Fahrten, wie Anm. 4, S. 577–584 (581).

19 Rudi Schweikert: Warum bringt Karl May Richard von Warwick in ›Der beiden Quit-
    zows letzte Fahrten‹ aufs Tapet? Hinweis auf Edward Bulwer-Lyttons ›The Last of the
    Barons‹. In: M-KMG 101/1994, S. 15f. (16).

20 Zit. nach Siegfried Augustin: Einleitung. In: Feierstunden, wie Anm. 11, S. 3–32 (30f.).

21 Arno Schmidt: Gesammelte Werke in 70 Bänden. In: Frankfurter Allgemeine Zeitung,
    25. 3. 1961, S. 34.

22 [Vorwort] in: Karl May's Gesammelte Werke Bd. 69: Ritter und Rebellen. Historische
    Erzählungen. 30. Tausend. Bamberg 1960, S. 6.

23 Clemens Bergstedt: »Alle preisen seinen Namen«. Markgraf Friedrich I. in der Dar-
    stellung des Engelbert Wusterwitz. In: Die Mark Brandenburg unter den frühen Hohen-
    zollern. Beiträge zur Geschichte, Kunst und Architektur im 15. Jahrhundert. Hrsg.
    von Peter Knüvener/Dirk Schumann. Berlin 2015, S. 60–73. Ausführlicher ders.: Die
    Quitzows im Bild der märkischen Geschichte. Berlin 2011. Zuletzt: Ders.: Raubritter.
    In: Berliner Geschichte. Ausgabe 30 (2022), S. 24–31. Ähnlich wie Bergstedt argu-
    mentiert Uwe Michas: Die Quitzows. Räuber oder Rebellen? Berlin 2022.

24 Ferdinand Seibt: Glanz und Elend des Mittelalters. Eine endliche Geschichte. Berlin
    1999, S. 336.

25 May: Quitzows letzte Fahrten, wie Anm. 4, S. 45f.

26 Hartmut Boockmann/Heinrich Dormeier: Konzilien, Kirchen- und Reichsreform (1410–
    1495) (Gebhardt. Handbuch der deutschen Geschichte Bd. 8). Stuttgart 2005, S. 153.

27 Vgl. ebd.

28 Christian Hesse: Synthese und Aufbruch (1346–1410) (Gebhardt. Handbuch der deut-
    schen Geschichte Bd. 7b). Stuttgart 2017, S. 182.

29 Ebd., S. 187.

30 May: Quitzows letzte Fahrten, wie Anm. 4, S. 48f.

31 Zum Beispiel ebd., S. 169.

32 Vgl. Boockmann/Dormeier, wie Anm. 26, S. 146f.

33 Neuhochdeutsche Wiedergabe des Ritterspiegels zit. nach Hans Bentzien: Unterm
    roten und schwarzen Adler. Geschichte Brandenburg-Preußens für jedermann. Berlin
    1992, S. 29. Zur Haltung der Quitzow-Söhne betreffend Ritterpflichten siehe May:
    Quitzows letzte Fahrten, wie Anm. 4, S. 335.

34 Quellen zur brandenburgisch-preußischen Geschichte. Band 1: Von den Anfängen bis
    zum Jahre 1415. Hrsg. von Hans Bahr. Leipzig 1914, S. 103f.

35 Michas, wie Anm. 23, S. 93.

36 Donald Lyko/Frank Mühlenberg: Türme, Tore, stolze Bürger. Der altmärkische Han-
    sebund. Stendal 2008, S. 46.

37 Clemens Bergstedt: ›Die Quitzows‹ in Geschichtsschreibung und Literatur. In: Jb-
    KMG 2012. Husum 2012, S. 229–258 (232).

38 Clemens Bergstedt: Raubritter. In: Brandenburgische Erinnerungsorte – Erinnerungs-
    orte in Brandenburg. Bd. 1. Hrsg. von Matthias Asche u. a. Berlin 2021, S. 75–84 (76).
    Verständnisvoll gegenüber den Quitzows urteilt auch Michas, wie Anm. 23. Dezidiert
    parteilich im Sinne der Hohenzollern argumentieren aktuell Lutz Partenheimer/André
    Stellmacher: Die Unterwerfung der Quitzows und der Beginn der Hohenzollernherr-
    schaft über Brandenburg. Potsdam 2014.

39 Karl Kroeschell: Deutsche Rechtsgeschichte 2 (1250–1650). Reinbek 1973, S. 161.
40 Johannes Schultze: Die Mark Brandenburg. Dritter Band: Die Mark unter Herrschaft der Hohenzollern (1415–1535). Berlin 1963, S. 180.
41 May: Quitzows letzte Fahrten, wie Anm. 4, S. 57.
42 Boockmann/Dormeier, wie Anm. 26, S. 27.
43 Ebd., S. 37; Hesse, wie Anm. 28, S. 274 nennt das Konzil »ein Weltereignis«.
44 Wolfgang Neugebauer: Die Hohenzollern. Band 1: Anfänge, Landesstaat und monarchische Autokratie bis 1740. Stuttgart u. a. 1996, S. 32. Vgl. außerdem zur Person Friedrichs Felix Escher: Die Mark Brandenburg unter den frühen Hohenzollern. Eine historische Einführung. In: Die Mark Brandenburg unter den frühen Hohenzollern, wie Anm. 23, S. 17–59.
45 May: Quitzows letzte Fahrten, wie Anm. 4, S. 56.
46 Steffen Schlinker: Die Belehnung Burggraf Friedrichs VI. mit dem Kurfürstentum Brandenburg 1415 und 1417. In: Burggraf Friedrich VI. von Nürnberg und die Belehnung der Burggrafen von Nürnberg mit dem Kurfürstentum Brandenburg im Jahre 1417. Hrsg. von Mario Müller/Georg Seiderer. Ansbach 2019, S. 123–143 (126).
47 May: Quitzows letzte Fahrten, wie Anm. 4, S. 309. In einer anderen Szene, ebd. S. 92, prügelt Werner von Holzendorf einen Boten Friedrichs.
48 Ebd., S. 303. So äußert sich Joachim von Putlitz gegenüber Bischof Johann von Waldow.
49 Ebd., S. 267.
50 Ebd., S. 86.
51 Rolf Schneider: Ritter, Ketzer, Handelsleute. Brandenburg und Berlin im Mittelalter. Berlin 2012, S. 150.
52 May: Quitzows letzte Fahrten, wie Anm. 4, S. 85. Die Passage findet sich weitgehend übereinstimmend bei Klöden, Dritter Theil, wie Anm. 5, S. 428–431. Bei May rettet Holzendorf zu Beginn Dietrich vor Suteminn.
53 May: Quitzows letzte Fahrten, wie Anm. 4, S. 85.
54 Theodor Fontane: Wanderungen durch die Mark Brandenburg Bd. 5: Fünf Schlösser. Altes und Neues aus Mark Brandenburg. Hrsg. von Gotthard Erler/Rudolf Mingau unter Mitarbeit von Therese Erler. Berlin 1994, S. 11. Michas, wie Anm. 23, sieht den Zenit der Quitzowbrüder für 1410.
55 Fontane: Wanderungen, wie Anm. 54, S. 142.
56 Theodor Fontane: Der Quitzowen Fall und Untergang. 1414 (Nach dem Alt-Märkischen). In: Ders.: Balladen und Gedichte. München 1962, S. 196–199 (196).
57 May: Quitzows letzte Fahrten, wie Anm. 4, S. 44. Die Zahl 24 findet sich bei Klöden, Dritter Theil, wie Anm. 5, S. 422.
58 Vgl. Burgenlandschaft Brandenburg. Hrsg. von Stefan Breitling/Christof Krauskopf/ Franz Schopper. Petersberg 2013 sowie Uwe Tresp: Kriegswesen und Kriegsführung in der spätmittelalterlichen Mark Brandenburg. In: Im Dialog mit Raubrittern und schönen Madonnen. Die Mark Brandenburg im späten Mittelalter. Hrsg. von Clemens Bergstedt u. a. Berlin 2011, S. 130–141.
59 Schneider, wie Anm. 51, S. 143.
60 Helmut Assing: Die Landesherrschaft der Askanier, Wittelsbacher und Luxemburger (Mitte des 12. bis Anfang des 15. Jahrhunderts) In: Brandenburgische Geschichte. Hrsg. von Ingo Materna/Wolfgang Ribbe. Berlin 1995, S. 85–168 (163).

61 Michas, wie Anm. 23, S. 91.

62 May: Quitzows letzte Fahrten, wie Anm. 4, S. 44.

63 Partenheimer/Stellmacher, wie Anm. 38, S. 20.

64 May: Quitzows letzte Fahrten, wie Anm. 4, S. 88 sowie S. 19: ... *auf dem Windmüh-
    lenberge, stand die große Donnerbüchse, welcher ganz vorzugsweise der Fall Frie-
    sacks ... zu verdanken war.*

65 Ebd., S. 188.

66 Peter-Michael Hahn: Geschichte Brandenburgs. München 2009, S. 33. Die Rolle
    Friedrichs I. in Wildenbruchs Theaterstück soll die Selbstdarstellung Wilhelms II.
    stark beeinflusst haben.

67 Axmann: Fürst und Junker, wie Anm. 9; Reprint, S. 2; Bamberg/Radebeul, 1. Teil,
    S. 33.

68 Ebd.; Reprint, S. 4; Bamberg/Radebeul, 1. Teil, S. 41.

69 Ebd.; Reprint, S. 790; Bamberg/Radebeul, 3. Teil, S. 390.

70 Vgl. zu Klöden Augustin: ›Der beiden Quitzows letzte Fahrten‹, wie Anm. 17, S. 255–
    257 und ders.: Einleitung, wie Anm. 20, S. 5–31.

71 May: Quitzows letzte Fahrten, wie Anm. 4, S. 320.

72 Ebd., S. 40; abschätzig über Juden S. 39f.

73 Ebd., S. 283; diskriminierend über sogenannte Zigeuner.

74 Schultze: Mark Brandenburg, wie Anm. 40, S. 33.

75 May: Quitzows letzte Fahrten, wie Anm. 4, S. 89.

76 Ebd., S. 57.

77 Ebd., zur Rollenverteilung von Bismarck und Moltke; siehe auch S. 52 zu Henning
    von Bismarck.

78 Ebd., S. 21.

79 Ebd., S. 10f. Die entsprechende Beschreibung bei Klöden findet sich im Vierten Theil,
    wie Anm. 13, S. 301f. Zur Ausrüstung des Schwarzen Dietrich vgl. May: Quitzows
    letzte Fahrten, wie Anm. 4, S. 71f.

80 May: Quitzows letzte Fahrten, wie Anm. 4, S. 15.

81 Ebd., S. 504 [Text von Goldmann]. Bei Klöden, Dritter Theil, wie Anm. 5, S. 253 ist
    zu lesen:»Sicherheit der Straßen lag Friedrich ganz besonders am Herzen (…)«. Das
    Urteil wird von heutigen Historikern geteilt.

82 Olaf B. Rader: Die Burg. In: Die Welt des Mittelalters. Erinnerungsorte eines Jahr-
    tausends. Hrsg. von Johannes Fried/Olaf B. Rader. München 2011, S. 113–126 (113).

83 Zur Beschreibung der Burg Garlosen siehe May: Quitzows letzte Fahrten, wie Anm.
    4, S. 30; zu Raubzügen von dort aus siehe ebd., S. 39.

84 Ebd., S. 135.

85 Ebd., S. 137.

86 Ebd., S. 141.

87 Ebd., S. 142.

88 May übernimmt in seiner Ausführung die Darstellung bei Klöden, Dritter Theil, wie
    Anm. 5, S. 439–445. Laut Klöden war Holzendorf am Ende »ein treuer Anhänger
    Friderichs geworden«, Klöden, Vierter Theil, wie Anm. 13, S. 495.

89 Johannes Schultze: Die Mark Brandenburg. Zweiter Band: Die Mark unter Herrschaft
    der Wittelsbacher und Luxemburger (1319–1415). Berlin 1961, S. 201. Ähnlich Jan
    Feustel: Die Quitzows. Raubritter und Gutsherren. Berlin 1998, S. 80.

90 Jan Feustel: Von Brudermord und Judenklemme. Der sagenumwobene Quitzowturm in Eldenburg. In: Die Mark Brandenburg Nr. 44/2002, S. 28–36 (35).

91 May: Quitzows letzte Fahrten, wie Anm. 4, S. 22.

92 Ebd., S. 149.

93 Ebd., S. 148.

94 Ebd., S. 157.

95 Ebd., S. 388.

96 Klöden, Dritter Theil, wie Anm. 5, S. 152.

97 May: Quitzows letzte Fahrten, wie Anm. 4, S. 46.

98 Ebd., S. 51.

99 Ebd., S. 56. Vgl. Klöden, Dritter Theil, wie Anm. 5, S. 478.

100 May: Quitzows letzte Fahrten, wie Anm. 4, S. 48f. Die von May vorgenommene Verortung von Suteminn in Tangermünde wie auch dessen Interesse an Alchemie sind durch Klöden, Vierter Theil, wie Anm. 13, S. 303f. überliefert.

101 Thomas Langer/Mario Müller: Das Denkmal Bischofsresidenz Burg Ziesar in der Kulturlandschaft Brandenburgs. In: Bischofsresidenz Burg Ziesar. Das Haus – Das Denkmal – Das Museum. Hrsg. von Clemens Bergstedt/Thomas Drachenberg/Heinz-Dieter Heimann. Berlin 2005, S. 55–65 (59).

102 May: Quitzows letzte Fahrten, wie Anm. 4, S. 266.

103 Ebd., S. 273.

104 Ebd., S. 266. An anderer Stelle lässt der Autor den Bischof durch den Neffen des Kaspar von Putlitz rühmen: »... ein gar strenger und tapferer Herr, der das Schwert ebenso gut zu führen versteht, wie den Krummstab.« (Ebd., S. 282)

105 Richard Beauchamp, 13. Earl of Warwick, hatte 1410 für den Deutschen Orden gekämpft, vertrat die Interessen Englands auf dem Konstanzer Konzil und nahm als Gesandter an der Krönung Sigismunds in Aachen teil.

106 Jörg K. Hoensch: Die Luxemburger. Eine spätmittelalterliche Dynastie gesamteuropäischer Bedeutung 1308–1437. Stuttgart 2000, S. 259. Neugebauer: Die Hohenzollern, wie Anm. 44, S. 35 fasst die Abläufe plastisch zusammen.

107 Winkelmann, wie Anm. 14, S. 75.

108 Neugebauer: Die Hohenzollern, wie Anm. 44, S. 43f.

109 Bentzien, wie Anm. 33, S. 27. Zur Verständigung mit den ehemaligen Opponenten vgl. zudem Schultze: Mark Brandenburg, wie Anm. 40, S. 16.

110 Michas, wie Anm. 23, S. 169.

111 Klöden, Vierter Theil, wie Anm. 13, S. 361–369.

112 May: Quitzows letzte Fahrten, wie Anm. 4, S. 142.

113 Siehe zu diesem Aspekt vor allem die Beiträge in: Burggraf Friedrich VI. von Nürnberg, wie Anm. 46, und Neugebauer: Die Hohenzollern, wie Anm. 44, S. 38f.

114 Andreas Conrad: Frieden dank Friedrich. In: Der Tagesspiegel, 16. April 2017, S. 12.

115 Frank Otto: Um Macht und Ehre. In: Kaiser. Ritter. Hanse. Deutschland im Mittelalter. Geo Epoche Nr. 25 (2007), S. 64–77 (77).

116 Fontane: Wanderungen, wie Anm. 54, S. 83.

117 Keindorf, wie Anm. 15, S. 204.

118 May: Quitzows letzte Fahrten, wie Anm. 4, S. 56.

119 Ausführlich dazu Malte Ristau: Von Friesack (1414) bis Sedan (1870). Das Kaiserreich, Karl May und der Zeitgeist. In: Jb-KMG 2022. Husum 2022, S. 79–118 sowie

speziell ders.: Fürst Leopold überzeugt heute nicht mehr. Ein mehrschichtiger Blick auf den Alten Dessauer bei Karl May. In: Jb-KMG 2018. Husum 2018, S. 239–282.

120 Hedwig Richter: Aufbruch in die Moderne. Reform und Massenpolitisierung im Kaiserreich. Frankfurt a. M. 2021, S. 13f.

121 Vgl. zu dieser Sicht Malte Ristau: Ein bemerkenswerter Fall deutscher Geschichte. Seit über 100 Jahren wirken Karl Mays Geschichtsbilder. In: Geschichte für heute 3/2023, S. 69–82; sowie ders.: Wie tauglich sind Karl Mays Werte 2023? In: Karl May & Co. Nr. 173, September 2023, S. 13–17.

JOHANNES ZEILINGER

Karl Mays Todeskarawane
*Dramatisches Seelenprotokoll oder koloniale Propaganda?**

Ohne Zweifel zählt der großangelegte, sechsbändige Orientzyklus, dessen erzählerische Qualität oft genug gerühmt worden ist, zu Mays besten Werken, und so soll stellvertretend für viele Beurteilungen Claus Roxins Feststellung genügen, dass May sich hier auf einem literarischen Niveau bewegte, »das er in seinen Reiseerzählungen nur noch gelegentlich erreicht und nie mehr übertroffen hat«.[1] Tatsächlich begründete diese Schilderung einer Verbrecherjagd über drei Kontinente Mays Ruhm und seinen materiellen Wohlstand, und ihr gebührt daher ein zentraler, wenn nicht gar der zentrale Platz in seinem umfangreichen Œuvre. Zunächst erschien die Erzählung ab Januar 1881 als Fortsetzungsroman in der Zeitschrift ›Deutscher Hausschatz‹, und besonders ein Abschnitt, überschrieben mit dem Titel ›Die Todes-Karawane. Reise-Erinnerung von Karl May‹, erfuhr in der weiteren Rezeption eine ungewöhnliche Beachtung.[2] Schon 1920 wurde die Episode in einem – seinerzeit allerdings erfolglosen und heute verschollenen – Stummfilm verarbeitet; Jahrzehnte später lobte sie Roxin als »literarisch die beste«[3] des sechsbändigen Romans, und auch der Germanist Hermann Wiegmann gibt in seinem Werkartikel zum Orientzyklus dieses Qualitätsurteil ab.[4]

Aus den Bergen Kurdistans verlagert sich die Handlung der Erzählung, begleitet von einer »Spirale von Unglücksfällen und Bedrohungen, von Gefangennahme und Entkommen, von Fehlern und Versagen, von Verwundungen und Todesfällen treuer Gefährten«,[5] in die Ebene Mesopotamiens. Dort trifft Kara Ben Nemsi auf eine Karawane pilgernder Schiiten, die sterbliche Überreste von Glaubensbrüdern mit sich führen, um sie in Kerbela unweit des Grabmals von al-Ḥusain b. ʿAlī, einem Enkel des Propheten Muḥammad, bestatten zu lassen. *Die Toten*, so May in seiner Schilderung,

---

* Erweiterte Fassung des Vortrags, gehalten am 5. Oktober 2023 auf dem 27. Kongress der Karl-May-Gesellschaft in Dortmund.

liegen in leichten Särgen, welche in der Hitze zerspringen, oder sie sind in Filz-
decken gehüllt, die von den Produkten der Verwesung zerstört oder doch durch-
drungen werden; und so ist es denn kein Wunder, daß das hohläugige Gespenst
der Pest auf hagerem Klepper jenen Todeszügen auf dem Fuße folgt. Wer ihnen
begegnet, weicht weit zur Seite aus, und nur der Schakal und der Beduine schlei-
chen herbei: der eine, angezogen von dem Geruche der Verwesung, und der
andere, herbeigelockt von den Schätzen, welche die Karawane mit sich führt,
um sie am Ende der Wallfahrt den Händen der Grabeshüter zu übergeben.[6]

Für die Reisenden ist vor allem der durchdringende Verwesungsgeruch das
Ekelhafte an der Begegnung; die eigentliche Gefahr aber, so May weiter,
ist der Hauch der Pest, der von den verwesenden Leichen ausgeht. Kein
Wunder daher, dass einst, als die Karawane noch durch Bagdad ziehen
durfte, sich die Pest über die Kalifenstadt verbreitete: ... *die Seuche be-*
gann zu wüten, und Tausende fielen der muhammedanischen Gleichgültig-
keit zum Opfer, die sich mit dem schlechten Troste behilft, daß ›alles im
Buche verzeichnet stehe‹.[7] Überhaupt sei das heutige Bagdad ein einziges
Dreckloch: *Schmutz, Staub, Trümmer und Lumpen überall.*[8] Ein Drittel der
Stadt bestehe nur aus

Friedhöfen, Pestfeldern, Sumpflachen und modrigem Häuserschutt, wo der Aas-
geier mit anderem Gelichter sein Wesen treibt. Die Pest stellt sich alle fünf oder
sechs Jahre ein und fordert ihre Opfer stets nach Tausenden. Der Moslem zeigt
auch solchen Fällen gegenüber seine unheilbringende Indolenz. »Allah sendet
es; wir dürfen nichts dagegen thun,« sagt er.[9]

In seltsamem Kontrast zu dieser Gleichgültigkeit aber schildert May die
Verursacher dieser periodisch wiederkehrenden Katastrophen: die schiitischen Pilger. In *ihren dunklen Augen glühte der Fanatismus,*[10] und unver-
söhnlich ist ihr Hass auf alle Andersgläubigen. Quasi als pars pro toto beschreibt Karl May einen entsetzlich anzusehenden schiitischen Bettler,
dessen Schenkel und Arme *in höchst widerlicher Weise* von Messern
durchbohrt waren, und auch

in die Unterarme, Waden, in den Hals, durch Nase, Kinn und Lippen hatte er von
Zoll zu Zoll lange Nägel getrieben; an den Hüften und im Unterleibe bis herauf
zu den Hüften hingen, in das Fleisch eingebohrt, eiserne Haken, an denen
schwere Gewichte befestigt waren; alle andern Teile seines Körpers waren mit
Nadeln bespickt, und in die nackt rasierte Kopfhaut hatte er lange Streifen ge-
schnitten; durch jede Zehe und jedes Fingerglied war ein Holzpflock getrieben,
und es gab an seinem ganzen Körper keine pfenniggroße Stelle, welche nicht
eine dieser schmerzhaften Verwundungen aufzuweisen hatte.[11]

Nun hatte Kara Ben Nemsi alias Mays Ich schon in anderen Ländern, in Indien etwa, mit Büßern, die sich selbst Schmerzen zufügen, *immer Mitleid gefühlt; diesem fanatisch dummen Menschen aber hätte ich wahrhaftig lieber eine Ohrfeige als ein Almosen gegeben ...* [12]

Zu dieser Tat kommt es aber nicht mehr, da die Kräfte des Deutschen am Schwinden sind: *Ich fühlte mich körperlich sehr müde und geistig niedergeschlagen, ohne daß ich für dieses Accablement eine Ursache hätte angeben können.* [13] Das hohläugige Gespenst der Pest, Begleiter der Pilgerkarawane, hat bereits seinen Schatten auf Kara Ben Nemsi geworfen: *Dieser Zustand hatte, wie ich später erkennen mußte, seinen Grund in einer Inkubation, deren Ausbruch mir beinahe tödlich geworden wäre.* [14]

Bei den Trümmern Babylons angelangt, findet die Krankheit Kara Ben Nemsis ihren Höhepunkt, und kein Zweifel, es ist die Pest:

Ich verbrachte eine schlimme Nacht. Bei fast normaler Hautwärme hatte ich einen schnellen, zusammengezogenen und ungleichen Puls; das Atmen ging kurz und hastig; die Zunge wurde heiß und trocken ...,

dazu kommt

ein Schmerz, den ich in den Achselhöhlen, am Halse und im Nacken fühlte. Infolge dieses Zustandes ... war ich bei Anbruch des Tages eher wach als Halef und bemerkte nun, daß sich bei mir Beulen unter den Achseln und am Halse, ein Karfunkel im Nacken und rote Petechien-Gruppen auf der Brust und an den innern Armflächen entwickelten. Jetzt hielt ich mein Schicksal für besiegelt ... [15]

Ein Schnitt in die Eiterbeule, dazu frische Luft, kaltes Wasser und Vertrauen in die eigene robuste Natur bringen ihm zwar Heilung, jedoch kein Ende der Gefahr, denn nun erkrankt Freund Halef ebenfalls an der Pest, und bei ihm entwickelte sich

die schwerste, die biliöse Form der Pest, in welcher alle Zufälle mit vermehrter Heftigkeit auftreten.
... Es war eine Zeit, an welche ich mit Schauder zurückdenke, obgleich ich sie hier am besten übergehe. [16]

Auch Halef gesundet wieder, und dann drängt es die Reisenden, *so bald wie möglich die Gegend zu verlassen.* [17] Erst in Damaskus wird der Erzählfaden wieder aufgenommen.

Zu den Stärken des Orientromans gehört auch der sorgfältig recherchierte geografische und historische Rahmen. Dieses Qualitätsmerkmal fand aber bei den Interpretationen der Todeskarawanenepisode nur beiläufige Erwähnung; exemplarisch kann auch hier Roxin zitiert werden, der als Hintergrund, ja als Leitmotiv der Erzählung den Verlust der Liebe, sprich Mutterliebe, benennt und somit den Todeskarawanentext als eine Auseinandersetzung Mays mit seinen Eltern deutet: »Aber nicht nur die Trennung von der Mutter, auch der Vater-Sohn-Konflikt bestimmt das Geschehen.«[18] Für Hermann Wohlgschaft, der zwei Fassungen einer überaus umfangreichen May-Biografie erarbeitet hat, ist der Orientzyklus »als verschlüsselte Biographie, als maskierte ›Erinnerungen‹ an Mays tatsächliche Lebens-›Reise‹«[19] zu lesen, und so bestehe der Roman – wie überhaupt Mays ganzes literarisches Werk – aus immer wieder neuen und überhaupt zahllosen Spiegelungen jeglicher Art; Personen, Handlungen, Orte – alles wird als Camouflage realer Ereignisse gedeutet.

Geradezu besessen von seinem detektivischen Furor war der May-Forscher Walther Ilmer, für den die Romanhandlung, aber auch das handelnde Personal seelisches und personelles Spiegelgeschehen ist, allerdings nicht von May beabsichtigt, sondern »der Kontrolle durch das bewußt formende Vernunftdenken entzogen«.[20] Die Reise nach Kerbela ist seiner Meinung nach eine »(a)nschauliche Beschreibung des Zustandes, in dem der Ende Juli 1869 aus der Haft entwichene Karl May sich bis zur Einlieferung ins Zuchthaus Waldheim im Mai 1870 befindet«.[21] Damals habe May unter einem Schuldkomplex gelitten, da er als steckbrieflich gesuchter und anschließend als rechtmäßig verurteilter Verbrecher seinem Vater nur Schande gebracht hatte. Waldheim aber, zunächst ein Ort des Grauens und des Todes und als Pesterkrankung literarisiert, wurde zum Ort der Heilung, denn May verlässt genesen und geläutert das Zuchthaus. Wie genau nun die Heilung vonstattengegangen ist, kann auch Ilmer nicht erklären, und so lässt er May reichlich pathetisch durch ein Wunder retten, durch das »von Gott gesandte Wunder Karl May«.[22] Und weiter:

Die Justiz zermalmte ihn nicht; sie beließ ihm, was ihn von Natur auszeichnete: Seinen Wesenskern (Halef), sein Streben zum Höheren (Kara Ben Nemsi), sein begnadetes Talent (Rih) – und seine Energie (den Henrystutzen) …[23]

Nun ist für viele Schriftsteller das eigene Leben ein willkommener Steinbruch, dem oft reichlich Material für das Erzählwerk entnommen wird, und auch May war ganz sicher hier ein fleißiger Arbeiter. Auch wenn das Schreiben für manche Traumen seines Lebens einen therapeutischen Effekt hatte, in erster Linie war er ein fantasiebegabter und kreativer, dazu auch sehr fleißiger Schriftsteller, kurz: ein erzählerisches Genie. Der Erzählung ›Die Todes-Karavane‹ gab er den Untertitel ›Reise-Erinnerung von Karl May‹, und so wollte er sie gelesen und verstanden wissen: als authentische Schilderung eines erlebten Abenteuers. Für den Leser war die Erzählung nicht Fantasieprodukt oder gar verschlüsselte Biografie, sondern ein unverfälschtes Bild aus dem Orient, das sein Weltbild und sein Urteil über fremde Länder samt ihren Einwohnern formte.

Heute wissen wir, dass sich hier Karl May bei Amand von Schweiger-Lerchenfelds Sammelband ›Der Orient‹, erschienen im Jahr 1882, bediente. Dort heißt es: »Die L e i c h e n k a r a w a n e n nach den schiitischen Passionsstätten sind einzig in ihrer Art auf unserem, an Ungeheuerlichkeiten und Thorheiten so gesegneten Planeten.«[24] Bereits drei Jahre zuvor hatte Schweiger-Lerchenfeld in der ›Deutschen Rundschau für Geographie und Statistik‹ von den schiitischen Leichenkarawanen berichtet und in den Beitrag einen recht bösen Angriff gegen die türkische Nation eingeflochten:

Ein Volk, das trotz der enormen Fortschritte, die im Laufe der Zeit ringsum platzgegriffen, beharrlich glaubt, auf sich selbst angewiesen bleiben zu müssen, das seine Verwahrlosung und Barbarei höher schätzt als die mühsame abendländische Culturarbeit (...) – ein solches Volk von Narren und Egoisten kann selbstverständlich keinen Sinn für Humanismus und Menschenachtung haben.[25]

Diesem Urteil zumindest schloss May sich nicht an.

Nun war aber Schweiger-Lerchenfeld ebenso wie Karl May nie Augenzeuge einer schiitischen Leichenkarawane gewesen; seine Schilderungen stützten sich auf einen Bericht des Theologen und Kunsthistorikers Julius Braun, aus dem ich nur kurz zitiere:

Gewöhnlich hängen zwei von diesen filzgedeckten Särgen auf jeder Seite eines Maulthiers, oder nur einer, und dann sitzt noch ein Treiber oben. Man kann sich denken, wie der Zustand dieser Leichen und ihre Ausdünstung ist, wenn sie unter persischer und babylonischer Sonne bereits monatlang auf dem Weg sind. Nur die Karavenenknechte selber versichern, es sei lediglich Jasmin- und Rosenduft, was die Leichen so frommer und so vornehmer Männer aushauchen.[26]

Doch auch Braun schrieb nicht aus eigener Erfahrung, sondern stützte sich auf den Bericht des ungarischen Orientalisten Hermann Vámbéry, der, verkleidet als sunnitischer Derwisch, im Herbst 1862 auf seinem Weg nach Turkestan eines Nachts (tagsüber zu reisen, war wegen der Hitze zu an-

strengend) auf einen schiitischen Leichenzug traf, der sich schon von weitem durch einen durchdringenden Geruch bemerkbar machte:

Die Perser kannten schon die Ursache dieses Gestankes; man ritt besser zu, der
Geruch wurde immer heftiger und heftiger und als ich, von Neugierde geplagt,
mich erkundigte, erhielt ich zur Antwort, dass dieses eine Todten-Karavane wäre.
Eine Todten-Karavane, dachte ich mir, das ist doch sonderbar, und ich drang in
meinen Nachbarn, mir Aufschluss zu geben. Doch der schrie mir immer zu: »»Eile, eile‹‹« und nach kräftigem Ansporen des schon genug gepeinigten Eselchens
gelang es mir, in Gesellschaft der Uebrigen die aus ungefähr 40 mit Särgen bela-
denen Pferden und Maulthieren bestehende Karavane, die von drei berittenen
Arabern geleitet wurde, zu erreichen und wie es alle Welt that, so schnell als möglich zu passiren. Es war ein fürchterlicher Anblick, als ich einen der Reiter, der
Nase und Mund verbunden trug, mit seinem falben, durch das Mondlicht noch
mehr entstellten Gesichte zu Augen bekam und trotz des unausstehlichen Geru-
ches konnte ich mich einiger Fragen nicht enthalten. Der Araber erzählte mir, dass
er diese Todten schon 10 Tage lang führe und noch mehr als 20 Tage zurückzule-
gen habe, bevor er Kerbela erreiche, den Ort, wo diese hingeschiedenen Frommen
aus Liebe zu Imam Hussein sich begraben lassen. (...) Der Todte wird oft erst zwei
Monate nach seinem Hinscheiden dahin transportirt und da man aus ökonomischen Rücksichten drei bis vier Särge auf ein und dasselbe Maulthier laden will,
so werden die eifrigen Perser zwischen vier Brettern so eng als möglich zusam-
mengepfercht, und ob beleibt oder nicht, darauf wird wenig gesehen. Alles wird
plattgedrückt und bei Ankunft in Kerbela kann so mancher Dickwanst als schlan-
ker Kerl in die Ewigkeit spazieren. Im Winter ginge dies noch an; aber man stelle
sich vor, welche Ausdünstungen diese frommen Leichen in einer Julihitze Persi-
ens verbreiten. Dabei müssen noch die Rechtgläubigen sich immer des Rufes:
»Ach, wie stinkt es« enthalten, denn der Leichengeruch der frommen Pilger wird
für Rosen und Ambraduft gehalten. Doch das hinderte nicht mir zu erzählen, dass
die arabischen Leichensammler, die dieses traurige Geschäft betreiben, es nie länger als einige Jahre aushalten und selbst die Thiere, was doch wunderbar genug
ist, können nur selten zum Transporte dieser Waare abgehärtet werden.[27]

Der Band von Vámbéry befand sich auch in Mays Bibliothek;[28] auf den
entsprechenden Seiten fehlen aber Vermerke oder Annotationen aus seiner
Feder; möglicherweise erwarb er ihn erst nach dem Verfassen des Orientzyklus. Trotzdem kann er ihn zuvor in einer Bücherei eingesehen haben,
und so können wir den Band mit einem Fragezeichen in das Quellenwerk
Mays einordnen. Dies umso mehr, als nur Vámbéry den Leichengeruch
wie eben auch May als ›Ambraduft‹ bezeichnet.

Die Verehrung der Gräber von Heiligen oder Märtyrern ist in vielen Kon-
fessionen Brauchtum des religiösen Volkslebens; besonders ausgeprägt ist

sie bei den Schiiten, den Anhängern von Muḥammads Schwiegersohn ʿAlī b. ʾAbī Ṭālib, der als vierter Kalif (und erster Imam der Schiiten) im Januar 661 beim Gebet vor der Moschee von Kufa ermordet wurde. Sein Tod sicherte seinem Kontrahenten Muʿāwiya die Würde des rechtmäßigen Nachfolgers des Propheten; das Kalifat wurde nun erblich und verblieb für lange Zeit in der Familie der Umayyaden. Dagegen opponierte verständlicherweise die Schia, die Partei des ermordeten Kalifen, denn seine Söhne waren über ihre Mutter Fāṭima, die jüngste Tochter Muḥammads, die einzigen leiblichen Nachfahren des Propheten. Zuerst wurde Ḥasan, der älteste Sohn, von seinen Anhängern zum Gegenkalifen ausgerufen, der aber verzichtete für eine recht üppige Apanage auf das Amt, leistete Muʿāwiya den Treueeid und verlebte einen behaglichen Ruhestand im Hedschas. Sein jüngerer Bruder Ḥusain war anders veranlagt, kämpferisch und entschlossen, und übernahm die Führung eines Aufstands gegen die umayyadischen Usurpatoren. Er scheiterte aber kläglich. Am 10. Oktober 680, am Aschura, dem 10. Muharram 61 islamischer Zeitrechnung, kam es in der Ebene von Kerbela zu einem höchst ungleichen Kampf; mit dem Koran in der Linken und einem Schwert in der Rechten ritt Ḥusain mit seinen wenigen Gefährten in den sicheren Tod. Seitdem befinden sich Sunniten und Schiiten in unversöhnlicher Gegnerschaft. Ḥusains Tod verlieh der Schia den Glorienschein des Martyriums, und die Schlacht von Kerbela, so unbedeutend sie in militärischer Hinsicht auch war, wurde zu einem zentralen Trauma sowie Narrativ der schiitischen Geschichtsbetrachtung und Glaubenslehre. Alljährlich ist auch heute noch Aschura, der Tag von Ḥusains Martyrium, für die Schiiten ein Tag der Trauer, und sein Grabmal in Kerbela wurde zu ihrem bedeutendsten Heiligtum.

Nicht weit davon entfernt, in Nedschef,[29] befindet sich das Grab seines Vaters ʿAlī, und in der Nähe dieser heiligen Stätten – von der Schia als ›Heilige Schwellen‹, als ›al-ʿAtabāt al-Muqaddasa‹ bezeichnet – begraben zu liegen, galt den Schiiten immer schon für besonders erstrebenswert, da ihrer Überzeugung nach der Imam ʿAlī »das Eingangsrecht zum Paradies besitzt und am Tag des Jüngsten Gerichts dort sein wird, um den Schiiten zur Seite zu stehen und für sie bei der Abrechnung zu bitten«.[30] Die erste prominente Persönlichkeit, die sich dort im Jahr 983 begraben ließ, war ʿAḍud ad-Daula, der seinerzeit über weite Gebiete des Iraks und des Irans herrschte. Auf seinem Grabmal, das er sich in Nedschef errichten ließ, stand: »Dies ist das Grabmal des ʿAḍud ad-Daula. Er liebt die Nachbarschaft dieses frommen Imam, weil er die Erlösung wünscht am Tag, da jede Seele über sich Rechenschaft ablegen muß.«[31] Tausende und Abertausende folgten seinem Beispiel, und so kam es, dass der Transport von Verstorbenen zu den ›ʿAtabāt‹ – ›naql al-ǧanāʾiz‹ oder ›naql al-ʾamwāt‹

genannt[32] – kontinuierlich zunahm, bis er Mitte des 19. Jahrhunderts seinen Höhepunkt erreichte. Der Friedhof von Nedschef – Wadi as-Salam, Tal des Friedens – gilt heute als der größte der Welt.

Einen der ersten Berichte über den Transport von Leichen nach Kerbela überlieferte der englische Forscher William Kennett Loftus, der in den Jahren 1849 bis 1852 als Mitglied der ›Turco-Persian Frontier Commission‹ die Grenzregion beider Länder intensiv bereiste. Seiner Schätzung nach wurden jedes Jahr 5 000 bis 8 000 Leichen aus Persien und Umgebung herbeigebracht,

to be buried in the ground consecrated by the blood of the martyred khálif. The dead are conveyed in boxes covered with coarse felt, and placed two on each side upon a mule, or one upon each side, with a ragged conductor on the top, who smokes his klaliyún and sings cheerily as he jogs along, quite unmindful of his charge. Every caravan travelling from Persia to Bághdád carries numbers of coffins; and it is no uncommon sight, at the end of a day's march, to see fifty or sixty piled upon each other on the ground.[33]

Abb. 1: Darstellung der Todeskarawane bei Loftus

Beim Vergleich der authentischen Schilderungen von Loftus und Vámbéry mit den paraphrasierenden Darstellungen von Schweiger-Lerchenfeld und May, die ein, zwei Dekaden später verfasst wurden, fällt auf, dass die Nacherzähler einen deutlich aggressiveren Duktus wählten. Galten die Leichentransporte den Augenzeugen als skurriler, vielleicht auch unappetitlicher Brauch einer obskuren Religionsgemeinschaft, wurden sie nun plötzlich zu einem Gefahrenmoment hochstilisiert. Karl May schuf den Terminus ›Todeskarawanen‹, und er wie Schweiger-Lerchenfeld behaupteten, anders als die Forscher vor Ort, die Leichenzüge brächten Abertausenden von unschuldigen Menschen den Tod. Wie kam es zu dieser neuen Sichtweise?

Anfang des 19. Jahrhunderts versetzte eine bis dato unbekannte Erkrankung, die sich, von Asien her kommend, in Windeseile über den ganzen europäischen Kontinent ausbreitete und binnen kurzem gar den Norden wie Süden Amerikas erreichte, die Bevölkerung der Welt in großen Schrecken. Ein milde Variante dieser Erkrankung, die mit einem überfallartigen Brechdurchfall einherging, war schon seit der Antike bekannt und hatte, da im Erbrochenen oft eine gallige Färbung beobachtet wurde, den Namen Cholera erhalten. Während die klassische Form, oft auch als Brechruhr bezeichnet, gewöhnlich nach zwei, drei Tagen folgenlos ausheilte, erwies sich die aktuelle, nun Asiatische oder Orientalische Cholera genannt, als verheerende, geradezu mörderische Weltseuche, deren Ursache damals völlig unbekannt blieb.

Wirklich neu war diese Erkrankung auf der Erde freilich nicht: Jahrhundertelang war sie im indischen Ganges-Delta heimisch und verließ ihr endemisches Terrain erst mit der Expansion der Britischen Ostindien-Kompanie, die auf dem indischen Subkontinent durch Kriege und Hungersnöte weiträumige Migrationsbewegungen auslöste, so die Lebensbedingungen der einheimischen Bevölkerung verschlechterte und damit die Voraussetzung für einen Wandel von der Endemie zur Pandemie schuf. Britische Truppen, aus Indien kommend, schleppten 1821 die Seuche nach Maskat ein, und von dort verbreitete sie sich in den Nordosten Afrikas. Wenige Jahre später trat sie in Moskau auf, und russische Truppen, die nach Polen versetzt wurden, um dort den Novemberaufstand niederzuschlagen, brachten schließlich die Asiatische Cholera nach Europa. Vergeblich versuchten die Mitgliedsstaaten des Deutschen Bundes mit einem ›Cordon sanitaire‹, einem militärischen Sperrgürtel, das Eindringen der Seuche zu verhindern: Im Mai 1831 vermeldete Königsberg die ersten Choleratoten, bald darauf Pommern und dann Berlin. Hier sollen der Philosoph Georg Wilhelm Friedrich Hegel und General August Neidhardt

von Gneisenau, Befehlshaber der preußischen Armee, der Krankheit zum
Opfer gefallen sein; auch Gneisenaus Nachfolger im Amt, Carl von Clau-
sewitz, starb bald darauf in Breslau an der Pandemie. Im gleichen Jahr
wütete die Cholera in Wien, ein Jahr später in Paris, dann in London und
bald darauf in New York. Die kurze Zeitspanne von der Ansteckung bis
zum Tod, die hohe Sterblichkeitsquote sowie die Ungewissheit über die
Verbreitungsform machten die Cholera zu einer existenziellen Bedrohung
der Menschheit. Da hier kein Arzt erklärend oder gar heilend eingreifen
konnte, war dies – wie bei allen Seuchen – die Stunde der Verschwörungs-
theoretiker wie auch der Quacksalber. Rahel Varnhagen schrieb ihrem
Bruder von Gerüchten, zwei Juden hätten in Berlin die Brunnen vergiftet
und in Königsberg sei es zu ersten Ausschreitungen gegen Mitglieder ihrer Religionsgemeinschaft gekommen. Und im pommerschen Stargard
schuf der Sanitätsrat Carl Mampe ein Mittel gegen die Cholera, indem er
Bittertropfen mit Alkohol versetzte und in Apotheken anbot. Gegen Cholera halfen sie, wie sich bald zeigte, ganz und gar nicht, hatten aber, je
nach Dosierung, eine euphorisierende bis berauschende Wirkung und
machten ihren Erfinder zu einem reichen Mann.[34]

Die Cholera wurde auf Grund ihrer raschen Ausbreitung in Europa schnell
als globales Problem erkannt, das, da auch beliebig grenzüberschreitend,
nicht mehr allein auf nationaler Ebene, egal von welchem Land, bekämpft
werden konnte. Hier war Frankreich gesundheitspolitischer Vorreiter: In
Paris fanden 1851 und 1859 internationale Sanitätskonferenzen statt, bei
denen die Cholerapandemie Anlass wie Hauptthema der Verhandlungen
war. Erstmals nahmen an diesen Tagungen neben Diplomaten auch hoch-
rangige Wissenschaftler teil, die allerdings das Zentralproblem im Verständnis wie der Bekämpfung der Pandemie, die eigentliche Ursache der
Erkrankung, nicht klären konnten. Wie auch bei der Pest existierten zwei
konkurrierende und gleichermaßen fehlgehende Erklärungsmodelle: einerseits der Übertragungsweg durch ›Miasmen‹, faulige Ausdünstungen,
eine schon in der Antike formulierte Theorie, andererseits, etwa seit der
Renaissance vermutet, die Ansteckung durch einen wie auch immer gearteten Kontagionsstoff, der die Krankheit durch direkte Körperberührung
oder per Kontakt mit Gegenständen wie zum Beispiel Kleidern verbreitete.
Generell favorisierten die meisten Wissenschaftler die Kontagionstheorie,
die immerhin durch die Einführung einer Quarantäne Erfolge in der Unter-
brechung von Ausbreitungsmechanismen vorweisen konnte. Besonders
Großbritannien als imperiale Seemacht vertrat eine antikontagionistische
Position, da es freie Handelswege zur Erhaltung seiner Wirtschaftskraft
benötigte und jede Einschränkung als Ärgernis betrachtete. Seine Vertreter

sahen die Cholera »as a divine wind sent on earth to punish those who did not know how to look after their own health«.[35] Verständlich daher, dass beide Konferenzen ohne praktische Ergebnisse endeten.

Erst die dritte internationale Sanitätskonferenz, die 1866 in Konstantinopel abgehalten wurde, erbrachte praktische Konsequenzen, führte aber auch zu einer deutlichen Konfrontation zwischen den europäischen Delegierten, die zahlenmäßig weit überwogen, und den Abgesandten der muslimischen Länder. Im Jahr zuvor war es in Mekka zu einer Katastrophe gekommen, als 30 000 Menschen, ein knappes Drittel aller Pilger, an Cholera starben, und heimkehrende Hadschis die Krankheit nach Suez verschleppten, von wo sie den Weg nach Europa fand – und dies, die eigene Bedrohung, nicht das Sterben Fremder in der Ferne, erschreckte die Europäer. In früheren Zeiten waren die Pilger auf ihrer Wallfahrt wochen-, ja monatelang durch trockene Wüstengebiete unterwegs gewesen; wer krank war oder wurde, starb auf dem Weg, und diese natürliche Quarantäne fiel nun, da die Dampfschifffahrt die Reisezeit von Indien nach Dschidda oder von dort nach Suez drastisch verkürzte, weg. Schon 1838 wurde anlässlich einer Pestepidemie in Konstantinopel auf französischen Druck und Initiative hin der ›Conseil de Santé‹ gegründet, eine Behörde, die im Osmanischen Reich die Gesundheitsverhältnisse überwachen sollte und vor allem auf die Bekämpfung von Seuchen fokussiert war. Jetzt, im Jahr 1866, stand der Suezkanal gerade vor seiner Vollendung, und die kommende Verbindung zwischen Mittelmeer und Indischem Ozean, von vielen sehnsüchtig als Meilenstein einer neuen Verkehrsordnung erwartet, drohte zur Einfallspforte der furchtbaren Pandemie zu werden. Während man in Europa die zunehmende Mobilität der Menschen als Zeichen des zivilisatorischen Fortschritts sah, erhielt das gleiche Phänomen im muslimischen Orient eine negative, ja gefahrvolle Konnotation. Ein Konferenzdokument gibt zu bedenken:

the population most of the time itinerant and nomad cross the borders unceasingly and in great numbers at a hundred different points. These populations only subject themselves to material force and do not have the least respect for the law, be it sanitary or civil; on the contrary, they do everything they can to violate it.[36]

Als Übeltäter wurden unter anderem die muslimischen Pilger ausgemacht, und so einigten sich die europäischen Mächte auf der Sanitätskonferenz auf die Formel, »das religiöse Zentrum des Islams als Brutstätte einer Europa bedrohenden Seuche zu sehen«.[37]

Die Cholera betraf alle, da waren sich die meisten Fachleute einig, doch die vorgeschlagenen Maßnahmen zur Bekämpfung der Pandemie sahen

keine gleichberechtigte Welt vor, in der man sich einheitlich um die gesamte Menschheit kümmerte:

Instead, debates revolved around how traditional barriers against epidemics
could be lowered while at the same time keeping Europe secure from the impor-
tation of the disease. The goal of the conferences was therefore not to eradicate
cholera but to keep it from spreading while at the same time safeguarding trade
and imperial traffic.[38]

Damit wurde wieder einmal die Ungleichheit der Welt zementiert: Nicht
das Schicksal der Menschen, hier der Pilger, interessierte auf den Konferenzen, sondern die Bedrohung der westlichen Welt. Parallelen zu einem
globalen Problem unserer Zeit sind nicht zu übersehen: Auch heute versucht der Westen einen politischen Spagat, der nur seinem Wohlstand,
nicht aber der Bekämpfung der sozialen Ungleichheit in dieser Welt
dient. Einerseits ist die Sicherstellung der freien Handelsströme eine
Grundbedingung für das Funktionieren der globalen Wirtschaft, andererseits wird eine enorme Kreativität bei Abschottung der wirtschaftlich
starken Länder vor ›Drittweltmigranten‹ aufgebracht. Damals verpflich-
tete sich das Osmanische Reich, an seiner Ostgrenze vom Schwarzen bis
hinab zum Roten Meer an den wichtigsten Handelsrouten Quarantäne-
stationen einzurichten und die Pilger- wie auch Handelsströme zu kont-
rollieren.

Auf der Konferenz wurde auch die Überführung von Leichen ins Osmanische Reich thematisiert. Den türkischen Sunniten waren die schiitischen
Leichentransporte immer schon ein Ärgernis gewesen, für Bagdad allerdings und insbesondere Kerbela stellten sie einen wichtigen wirtschaftlichen Faktor dar. Nun wurde die alles entscheidende Frage »Can the dead
bodies of cholera patients import or transmit cholera?«[39] Verhandlungs-
punkt der Tagung. »In Europe«, so das Fazit der Experten,

there is no reason to fear that the dead bodies of cholera patients may transport
the disease from one place to another, for the reason that when they are conveyed to a distance, it is with such precautions as to avert all danger; but it is not
the same in Asia, where, in obedience to certain religious customs, it is usual in
many countries to convey dead bodies to great distances. In this respect, the
question is specially interesting with regard to Turkey.
  We know, in fact, that every year, at a fixed time, the Persians come in pilgrimage to certain consecrated places in the environs of Bagdad, and that they
have the custom of bringing with them a great number of dead bodies in all de-
grees of decomposition, from bones enclosed in sacks or boxes, to the dead of
the day before placed in badly joined coffins. These human remains, which

exhale an infectious odor, are brought to receive sepulture near the venerated tombs of the great saints of Islamism.[40]

Und weiter: »Often enough, too, these pilgrims bring with them the cholera, which spreads more or less in Bagdad and throughout the province.«[41] Belege aber, dass die importierten Leichen als Krankheitsüberträger anzuschuldigen wären, konnte die Kommission nicht anführen; sie blieb jedoch vorsichtig: »although it is not proved by conclusive facts that the dead bodies of cholera patients can transmit cholera, it is prudent to consider them as dangerous.«[42]

Als im Jahr 1870 der persische Schah Nāṣer ad-Dīn als Pilger die heiligen Stätten im Irak besuchte, kam es auch zu einem Treffen mit Midhat Pascha, dem damaligen Gouverneur von Bagdad, und nun konnten erstmals erfolgreiche Verhandlungen über die Praktiken der schiitischen Leichentransporte geführt werden. Schließlich unterzeichneten die Reformer und Staatsmänner Ḥān Mošīr ad-Daula auf persischer und Midhat Pascha auf osmanischer Seite am 8. Januar 1871 einen Vertrag über die Überführung von Leichen, um den Gefahren durch die aus dem Iran gebrachten Leichen zu begegnen, die öffentliche Gesundheit zu schützen und die Grenzregion in die neue hygienisierte internationale Ordnung einzubeziehen. Die Leichname wurden dabei in zwei Kategorien eingeteilt, in ›feuchte‹, also frische Leichen und ›trockene‹ Leichen, die mindestens drei Jahre zuvor verstorben und begraben sein mussten. Nur ›trockene‹ Leichen, sprich deren exhumierte Knochen, durften nun in das Osmanische Reich eingeführt werden, und als Bestätigung musste ein offizielles und datiertes Beerdigungsdokument vorgelegt werden; ohne diese Bescheinigung durften die Überreste weder den Iran verlassen noch in die Türkei einreisen. Die auf dem Landweg überführten Gebeine mussten durch Kermanschah auf persischer Seite und die Grenzstadt Khanaqin auf osmanischer Seite transportiert werden, damit sie von Ärzten untersucht werden konnten. Falls im Iran ansteckende Krankheiten grassierten, durften Pilger und Leichen überhaupt nicht einreisen. In den zwölf Jahren nach dem Vertragsschluss zwischen Midhat Pascha und Ḥān Mošīr ad-Daula wurden – so die Zahlen der ›Administration sanitaire de l'Empire Ottoman: Bilans et statistiques‹ – im Durchschnitt jährlich 5 744 Leichen aus dem Iran in den Irak gebracht, während die durchschnittliche Zahl der Pilger und Besucher 37 665 pro Jahr betrug.[43] Die Regelung galt im Übrigen auch für den innertürkischen Leichentransport; so durften im Irak Verstorbene nur innerhalb von zwölf Stunden nach ihrem Ableben als ›feuchte‹ Leichen nahe den heiligen Stätten begraben werden. War dies nicht möglich, durften auch im osmanischen Irak Tote erst nach drei Jahren exhumiert und nach Nedschef oder Kerbela geschafft werden.

In den Jahren von Januar 1881 bis April 1884 leitete der aus dem Libanon stammende und in Deutschland aufgewachsene Arzt Dr. Lamec Saad die osmanische Quarantänestation von Khanaqin. Just in dieser Zeit erschienen im ›Deutschen Hausschatz‹ die ersten Teile von Karl Mays großangelegtem Orientroman, der uns hier interessierende Teil ›Die Todes-Karavane‹ in den Monaten März bis November 1882. Während in deutschsprachigen Ländern die ›Hausschatz‹-Leser atemlos schaudernd Kara Ben Nemsis Abenteuer in Mesopotamien mitverfolgten, erlebte und beschrieb Saad die Realität.

Das Wenige, was wir über diesen Arzt wissen, liest sich aber, so ein biografischer Abriss, »fast wie eine Geschichte von Karl May«,[44] und dies ist Grund genug, an dieser Stelle den ungewöhnlichen Lebenslauf des heute vergessenen Quarantänearztes etwas ausführlicher darzustellen. Lamec Saad wurde am 9. Februar 1852 wenige Kilometer östlich von Beirut in Abadiyeh in den Ausläufern des Libanongebirges geboren; seine Eltern, der Kaufmann Saad Lamec Abu Salemi und Gattin Jasmin, waren maronitische Christen und kamen 1860 bei den landesweiten Massakern an Christen ums Leben. Zwei Jahre später begegnete ihm – wohl in einem Beiruter Waisenhaus – der Orientalist Dr. Laurenz Reinke, der den zehnjährigen Knaben nach Deutschland mitnahm; dort gab er ihn in Münster seinem gleichnamigen Onkel, dem Domherrn und Theologieprofessor Laurenz Reinke, in Obhut. Der Junge sollte nach dem Willen seines Ziehvaters zum Theologen herangebildet werden, um später in seinem Ursprungsland als Priester wirken zu können, und legte auf einer Privatschule das Abitur ab. Zum geistlichen Stand fühlte er sich jedoch nicht berufen, dagegen mangelte es ihm nicht an Abenteuerlust, und so schloss er sich einem Projekt an, das im Osmanischen Reich eine Eisenbahnlinie plante. Anschließend war er nach eigenen Angaben einige Zeit »in Syrien, Aegypten und Kleinasien mit Privatarbeiten beschäftigt«,[45] bis er nach Deutschland zurückkehrte und an der Universität Würzburg das Studium der Medizin begann. Dieses schloss er im Jahr 1880 erfolgreich mit einer Dissertation ab, und da er in seiner Wahlheimat keine Betätigung als Arzt fand, reiste er erneut in die Türkei und wurde dort von der ›Administration Sanitaire de l'Empire Ottoman‹ als Quarantänearzt angestellt. Sein erster Einsatzort war Khanaqin, nordöstlich von Bagdad im Irak gelegen, damals eine kleine, trostlose Grenzstadt zwischen dem Osmanischen Reich und dem Iran und nur deshalb von Bedeutung, da alle Reisenden nach Bagdad und vor allem alle Pilger, die zu den heiligen Stätten der Schiiten wallfahrten, diesen Ort passieren mussten.

»Mein Dienst«, so Saad in seinen Lebenserinnerungen,

bestand in der Leitung des administrativen Teiles und der ärztlichen Kontrolle über die aus Persien kommenden Pilger und Reisenden, sodann hatte ich alle vierzehn Tage einen Sanitätsbericht über die Gesundheitsverhältnisse in meinem Bezirk an die Inspektion nach Bagdad einzuschicken. Ein jeder Pilger hat 10 Piaster und für jede eventuell mitgebrachte Leiche eine Taxe von 50 Piastern zu bezahlen, wofür er seinen Passierschein, teskere genannt, erhält. Kinder unter sieben Jahren und Militär bis zum Hauptmann sowie Arme sind frei. Die Leichen müssen, wenn sie aus Persien kommen, luftdicht in Blechsärgen verschlossen sein, Sind [sic] sie dies nicht, so muss es in Khanekin geschehen, ehe der Weitertransport erfolgen kann. Skelette werden in Kisten oder Säcken befördert. Um der Taxe zu entgehen, verstecken die Perser überall wo sie können, sei es in Futtersäcken, unter den Kleidern der Weiber, zwischen Gepäck oder Waren, die menschlichen Knochen in einer sehr raffinierten Weise.[46]

Abb. 2: Dr. Lamec Saad

Anders als Schweiger-Lerchenfeld und May, die mit düsteren Farben die
Ankunft der Pilgerscharen malten, schildert Saad undramatisch und sachlich das Nahen der Karawane:

Schon vor Ankunft der Pilgerkarawane wimmelt der Platz vor der Quarantäne
von Menschen. Müßiggänger aller Art, bakkals (Krämer), sarrafs (Geldwechs-
ler), Soldaten, Zollbeamte, alle treiben sich auf dem Platze herum und wenden
ihre Blicke voll Ungeduld in der Richtung der persischen Grenze.
    Endlich ertönt der Ruf: »Sauar geldi« (die Pilger kommen). Langsam, in
langen Zügen naht die Karawane, die Tiere mit den Totenkisten beladen, Reiter zu Pferde, zu Esel, auf Maultieren oder auf Kamelen. An der Seite dieser
bunten Menge gehen die unbemittelten Pilger zu Fuß, den Stock in der Hand
und den Brotsack auf dem Rücken. Die tiefste Stille herrscht unter dieser aus
allen Völkern Irans zusammengesetzten Menge. Nur von Zeit zu Zeit hört
man die Stimme eines Derwischs, der mit fliegenden Haaren, mit der Der-
wischmütze, einem Tiger-, Gazellen- oder Steinbockfell bekleidet und der
Bettelschale aus Kokos (Keschkul) in der Hand, bei allen um eine Gabe nach-
sucht. Er ruft unaufhörlich: »Ja hak!« (o Göttliche Wahrhaftigkeit!) oder »Allah maudschud!« (Es gibt einen Gott!). Manche Derwische sind auch halbnackt und barhäuptig.
    An der Spitze der Karawane befindet sich ein tschausch als Vorreiter, der
meistens ein »seid«, Nachkomme des Propheten ist; er hält als Zeichen seiner
Würde in der Hand eine Lanze, an deren Spitze ein Fähnlein mit dem persischen
Wappen flattert, ein Löwe mit der aufgehenden Sonne.[47]

Über den Transport der Leichen schrieb Saad:

Sie werden meistens mit Filz umwickelt, an zwei seitlichen Stangen befestigt
und quer über den Rücken eines Maultieres gelegt. Gewöhnlich überläßt man
dem Maultiertreiber alles weitere, zuweilen begleiten Verwandte oder Diener
die Leiche. Nicht selten sieht man nur Totenkarawanen ankommen. Die Turk-
manenpilger beladen oft ein Pferd mit drei oder vier Skeletten, indem sie zugleich das Tier reiten. Die Frauen betreiben gern einen sonderbaren Schmuggel,
sie verstecken die Skelette in ihren weiten Kleidern, einen Teil über die Brust,
einen anderen zwischen den Beinen. Die Zahl dieser, die wir in flagranti ertapp-
ten, war nicht gering, sie waren über unseren Scharfblick sehr erstaunt. Die äu-
ßerste List, welche die Perser anwenden, um sich der Zahlung der Taxe zu ent-
ziehen, besteht darin, daß sie die Knochen ihrer Anverwandten pulverisieren
und in einem kleinen Sack als Mehl durchschmuggeln.[48]

Letzteres konnte, wie Saad weiter ausführt, in Einzelfällen zu unappetitli-
chen Verwechslungen führen.

Trotz nie endender Beschwerden von Seiten der persischen Regierung, die ihre Staatsangehörigen permanent benachteiligt glaubte, wurden die Bedingungen des Vertrags von 1871 vor Ort weitgehend beibehalten, auch die Sanitätssteuer blieb unverändert. Als im Jahr 1892 in Persien eine Choleraepidemie gemeldet wurde, durften weder Pilger noch Leichen die Grenze überschreiten. Für die Provinz Bagdad bedeuteten solche Epidemiezeiten herbe Verluste, da der grenzüberschreitende Handel als wichtigster Wohlstandsfaktor weitgehend zum Erliegen kam. Auch wenn sich die osmanischen Behörden aufrichtig bemühten, die Grenzkontrollen strikt durchzuführen, so wurden doch auf der 9. Internationalen Sanitätskonferenz 1894 erneut Pilger als Überträger der Cholera nach Europa angeschuldigt. Istanbul wies seinen Vertreter auf der Konferenz, Turhan Bey, ausdrücklich an, die Teilnehmer über die Ernsthaftigkeit bei der Kontrolle der Grenzen und insbesondere des Leichenverkehrs zu informieren. Alle diese Maßnahmen hatten tatsächlich bewirkt, dass Karawanen, wie sie einst Vámbéry an ihrem durchdringenden Aasgeruch identifiziert hatte, kaum mehr zu entdecken waren.[49]

Sowohl die rigorosen Kontrollen an der Grenze als auch die recht hohe Einfuhrsteuer für die Leichen führten zwangsläufig auch dazu, dass sich in Grenznähe ein neuer Beruf etablierte, der des Leichenschmugglers. Ganze Banden spezialisierten sich darauf, die Toten an den osmanischen Kontrollen vorbei an ihre Bestimmungsorte zu bringen. Auch florierte die Kunst, ›feuchte‹ Leichen möglichst schnell in ›trockene‹ zu verwandeln:

Den »frischen« Leichen wurde das Fleisch mit Messern und Steinen abgeschlagen und das Skelett anschließend mit Kalk und Arsen behandelt. Nachdem es so einige Tage in die Sonne gelegt worden war, soll es ausgesehen haben wie die Knochen eines Menschen, den der Tod vor drei Jahren ereilt hatte. Das Fleisch wurde angeblich in einen Sack gesteckt, den die Angehörigen mit sich führten.[50]

Gegen Ende des 19. Jahrhunderts hatte sich das wissenschaftliche Verständnis von Infektionskrankheiten und somit auch der beiden Killer unter ihnen, der Cholera und der Pest, fundamental gewandelt. Bereits 1849 hatten die beiden englischen Ärzte John Snow und William Budd die Ansicht vertreten, dass im Trinkwasser vorkommende, lebende Organismen Cholera auslösten, und 1854 konnte der italienische Anatom Filippo Pacini tatsächlich ein stäbchenförmiges Bakterium als Verursacher dieser Seuche beschreiben; er gab dem Erreger den Namen Vibrio cholerae. Noch aber sperrten sich einflussreiche Mediziner wie der Münchner Max von Pettenkofer, eigentlich Begründer der modernen Hygienelehre, gegen diese Feststellung; erst als es im Januar 1884 Robert Koch gelang, aus den Leichen von Choleratoten eine Reinkultur von kommaförmigen Bakterien zu isolieren, war der letzte Beweis für die bakterielle Natur der Erkrankung erbracht, die durch verunreinigtes Wasser übertragen wird.

Das Kontagium der Pesterkrankung wurde ebenfalls kurz vor der Jahrhundertwende entdeckt: 1894 beschrieben zeitgleich Alexandre Yersin und Kitasato Shibasaburō in Hongkong ein gramnegatives, unbewegliches Stäbchen, Pasteurella bzw. Yersinia pestis, als Erreger der Erkrankung. Zu diesem Zeitpunkt hatten aber beide Seuchen ihren Schrecken noch lange nicht verloren; allein 1892 kamen im ›zivilisierten‹ Hamburg, und nicht etwa im ›Dreckloch‹ Bagdad, knapp 9 000 Einwohner während einer Choleraepidemie ums Leben. Als Robert Koch, den die preußische Regierung zur Eindämmung der Seuche in die Hansestadt beordert hatte, die sanitären Verhältnisse in den Hamburger Slums sah, soll der weitgereiste Forscher bitter bemerkt haben:

Ich habe noch nie solche ungesunden Wohnungen, Pesthöhlen und Brutstätten für jeden Ansteckungskeim angetroffen (…). Ich vergesse, daß ich mich in Europa befinde.[51]

Doch nun hatte die medizinische Wissenschaft den Schleier des Unwissens gelüftet und so die Tür zur kausalen Bekämpfung von Infektionskrankheiten geöffnet. Damit wurden Jahrhunderte lang geglaubte Glaubenssätze wie die Miasmentheorie ad acta gelegt, wenngleich sie in populären Vorstellungen noch lange weiter existierten. Daher konnte schließlich im Jahr 1916 der englische Mediziner Frank G. Clemow, der das Vereinigte Königreich beim ›Conseil Supérieur de Santé de l'Empire Ottoman‹ vertrat, in der Zeitschrift ›The Lancet‹ alle Spekulationen über die Gefährlichkeit der schiitischen Leichenkarawanen ein für alle Mal beenden:

While disease has been repeatedly introduced and spread by the movements of the Shiah pilgrims, it is noteworthy that it has apparently never been so by the movements of Shiah corpses. No instance could be traced in which either plague or cholera – the two diseases mainly dealt with under the International Conventions – had been imported or diffused by these dead bodies.[52]

Damit war natürlich auch Karl Mays mehrfach formulierter Vorwurf substanzlos geworden, die ›Todeskarawanen‹, wie er die Pilgerzüge nannte, hätten Abertausenden von Menschen den Tod gebracht. Trotzdem wurde über viele Jahrzehnte das Narrativ von der Bedrohung der Welt durch schiitische Fanatiker in Mays Büchern weiter verbreitet.

Abb. 3: Die Todeskaravane auf dem Wege nach Kerbela. Nach einer Skizze gezeichnet von Albert Richter

Karl May verwendete das Motiv der ›Todeskarawane‹ in seinem Werk gleich mehrfach; erstmals, wie oben erwähnt, als Episode seines Orientromans, dann als Begleittext einer Illustration namens ›Die Todeskaravane auf dem Wege nach Kerbela. Nach einer Skizze gezeichnet von Albert Richter‹, die 1894 in der ›Illustrirten Zeitung‹ erschien.[53] Ein Jahr später wurden Illustration und Text inhaltlich unverändert in der Zeitschrift ›Alte und Neue Welt‹ abgedruckt, hier noch mit dem Untertitel ›Ein orientalisches Sittenbild von Dr. Karl May‹.[54] Beim Vergleich der Fassungen fällt auf, dass May in diesen Sachtexten seine Polemik steigerte. Über die Pilger schrieb er nun:

Der Haß dieser Anhänger Ali's und seiner Söhne hat sich auf dem Wege nach Kerbela zur Wuth gesteigert; sie triefen von Verwünschungen ihrer Gegner, und wenn ein solcher so tollkühn wäre, ihnen nicht auszuweichen, sein Leben hinge an einem Haar. Wollte er es aber gar wagen, Meschhed Ali oder Kerbela zu betreten, so würde er sicher in Stücke zerrissen und unter ihren Füßen zu Brei zerstampft.[55]

Ende 1897 griff May im zweiten Teil des ›Silberlöwen‹-Romans ein weiteres Mal das Motiv der schiitischen Leichenzüge auf. Zwar treffen Kara Ben Nemsi und Hadschi Halef, nachdem sie Bagdad Richtung Birs Nimrud verlassen, nicht mehr auf schiitische Pilger, aber die einstige Begegnung mit dem Leichenzug hat sich so sehr in die Tiefen des Gehirns beider Reisenden eingegraben, dass Halef erstaunt bemerkt: *»Sihdi, riechst du nichts? Mir ist ganz so, als ob wir uns im Pesthauche der Todeskarawane befänden.«*[56] Kara Ben Nemsi hat für dieses Phänomen wie so oft eine wissenschaftlich fundierte Erklärung parat: *»Die Erinnerung wirkt auf unsere Geruchsnerven.«*[57] Im Weiteren aber begnügte sich May nicht mit bloßen Reminiszenzen oder wörtlichen Wiederholungen aus dem Orientzyklus, sondern weitete schon quantitativ den Text um das Vierfache aus; inhaltlich verschärfte er den Ton und fügte in die Metaphorik eine Prise Religionshass mit ein.[58] Dies liest sich nun wie folgt:

Je weiter der Zug vorübergeht, desto fragwürdiger werden die Figuren, die ihn bilden. Es kommen die Aermeren, die ganz Armen, die Bettler und schließlich die Marodeure, das Gesindel. Sie gehen barfuß; ... aber ihre Augen blicken stolz, und Verachtung wohnt selbst zwischen den häßlichen Runzeln ihrer Gesichter. Sie sind die von Allah allein Begnadeten, die von ihm für die Seligkeit Auserwählten, die bevorzugten Besitzer des Himmels, und wer nicht mit ihnen humpelt, nicht mit ihnen höhnt und speit, der ist ein verdammter Sohn des Teufels, ein verfluchter Erbe der tiefsten Höllenqualen.[59]

Und zuvor bereits:

Körperlich und geistig und nicht zum wenigsten auch moralisch ganz heruntergekommen, an allen möglichen Krankheiten leidend, irren sie hungernd und dürstend umher... Da kann es freilich nicht ausbleiben, daß folgt, was Schiller, wenn auch aus anderer Veranlassung, sagt: »Da werden Weiber zu Hyänen.«[60]

Vollends manipulativ und diffamierend wird May, wenn er den verheerenden Ausbruch der Pest, die im Jahre 1831 zwei Drittel der Einwohner Bagdads dahinraffte und furchtbare sozio-ökonomische Folgen hatte, der verstockten Haltung der islamischen Geistlichkeit zuschreibt, die angeblich trotz Bitten der europäischen Bewohner einer schiitischen Pilgerkarawane den Zug durch die Stadt erlaubte. *»Das Verlangen der Christen«*, so lässt May die Mullahs urteilen,

»ist eine Versündigung gegen den Kuran. Wenn die Pest diese Ungläubigen tötet, so geschieht ihnen recht, weil sie die heilige Lehre des Islam verwerfen. Sollten aber auch Gläubige sterben, so hat es Allah gewollt, welcher die Todesstunde jedes seiner Anbeter kennt, und sie gehen alle in den Himmel ein. Es darf also der Karawane nicht verboten werden, durch die Stadt zu ziehen.« Nach

dieser Entscheidung wurde gehandelt, und die Folge war, daß die Seuche sich in einer noch nie dagewesenen Weise über die Stadt verbreitete …, und als es endlich, endlich vorüber war, hatten zwei Drittel der Einwohnerschaft den Bescheid der Mullahs mit dem Tode bezahlt.[61]

Über den Pestausbruch 1831 in Bagdad und seine Folgen gibt es den erschütternden Augenzeugenbericht des englischen – wir würden heute sagen: evangelikalen – Missionars Anthony Norris Groves, dessen Frau und Tochter der Seuche zum Opfer fielen; kein Wort in seinem Werk über eine schiitische Karawane als Verursacher der Pest, kein Wort über die verstockte islamische Geistlichkeit.[62] Wie so oft hatte damals die Epidemie ihren Weg von Ost nach West genommen, bereits 1830 Täbris heimgesucht und dann Mossul richtiggehend verwüstet; über 70 % der Stadtbevölkerung wurden dort von der Pest dahingerafft.

Der Schriftsteller Paul Wilhelm gibt wieder, wie Karl May kurz vor seinem Tod, am 20. März 1912, im Wiener Hotel Krantz zu seiner Liebe zum Orient erklärt:

»Darum bemühe ich mich in meinen Büchern, Sympathien für die Orientalen … zu erwecken. Und das ist mir, wie ich glaube, gelungen. Jeder Leser meiner Bücher weiß, was wir dem Orient schuldig sind, und ist dankbar dafür!«[63]

Liebesbeziehungen können durchaus auch grob verletzende Seiten zeigen … – in der Schilderung der Todeskarawane hat May das im 19. Jahrhundert gängige koloniale Narrativ von der Bedrohung Europas durch muslimische Pilgerzüge übernommen, auf die schiitischen Leichentransporte projiziert und dann noch grotesk überzeichnet. Wie sehr sich diese Erzählung in den Köpfen von Lesern festgesetzt hat, zeigt eine Arbeit aus dem ›Karl-May-Jahrbuch 1979‹. Dort führt Erich Möhrt aus:

So zivilisiert der Iran nach außen hin wirkt, so kultiviert der gebildete Perser zu sein scheint, unter diesem dünnen Lack von Kultur und Zivilisation lauert überall der schiitische Fanatismus in nahezu ungebrochener Kraft. (…) Was hat sich also im Grunde im Vergleich zu den Zeiten Schweiger-Lerchenfelds oder Karl Mays geändert? Nicht viel, wie wir sehen, und auf dem Gebiet fanatisch-religiöser Dummheit gar nichts.[64]

Seit der Antike, so Edward Said, »the Orient, and in particular the Near Orient, became known in the West as its great complementary opposite«.[65] Für die im Laufe vieler Jahrhunderte durch zahllose Begegnungen entstandene Literatur gelte:

Altogether an internally structured archive is built up from the literature that belongs to these experiences. Out of this comes a restricted number of typical encapsulations: the journey, the history, the fable, the stereotype, the polemical confrontation. These are the lenses through which the Orient is experienced, and they shape the language, perception, and form of the encounter between East and West.[66]

Die Lektüre der Todeskarawanenbeschreibung, egal ob von Schweiger-Lerchenfeld oder Karl May verfasst, musste seinerzeit beim Leser zwei gängige Ansichten bestätigen: Der Orient ist rückständig und für das Abendland eine Bedrohung. Vor allem ruft gerade May – *Es gibt keine Regierung und keine Autorität, die die Macht besitzt, dagegen anzukämpfen*[67] – auch nach einer ordnenden Hand, die doch nur von außen, sprich Europa kommen kann, da die osmanische Regierung unfähig zu einer effektiven Staatsführung sei. Und so legitimierten die europäischen Mächte ihren globalen Herrschaftsanspruch mit der Pflicht, dem Rest der Welt Nachhilfeunterricht in Sachen Kultur, Humanität und Zivilisation erteilen zu müssen. Es war, wie Rudyard Kipling 1899 formulierte, »the White Man's burden«,[68] die ›Bürde des weißen Mannes‹, Licht, sprich Zivilisation, auch in den dunklen Orient, zu bringen.

Ein kurzer Wortwechsel zwischen Kara Ben Nemsi und einem persischen Pilger ermöglicht aber auch eine andere Interpretation der ›intentio auctoris‹. Da Halef den Gestank der Karawane nur mit dem Zipfel seines Turbantuches vor der Nase ertragen kann, werden die Reisenden von dem Perser angeblafft:

»*Weißt du nicht, wie der Kuran sagt? Er sagt, daß die Gebeine der Gläubigen duften nach Amber, Gul, Semen, Musch, Naschew und Nardjin*).*« [Fußnote: **) Ambra, Rosen, Jasmin, Moschus, Wacholder und Lavendel.*][69]

Hier aber muss Kara Ben Nemsi dem Muslim kurz Nachhilfe in Korankunde erteilen: »*Diese Worte stehen nicht im Kuran, sondern in Ferid Eddin Attars Pendnameh; merke dir das!*«[70] Verblüfft antwortet der Pilger: »*Mann, deine Rede ist stolz! Du bist ein Sunnit.*«[71] Nun aber widerspricht Kara Ben Nemsi ihm nicht, akzeptiert also die zugewiesene Rolle und offenbart damit die Parteinahme Karl Mays im innermuslimischen Schisma zwischen Sunniten und Schiiten.

Ohne hier die Unterschiede und Rivalitäten zwischen beiden Glaubensgemeinschaften darzustellen, muss kurz auf die gravierenden politischen und religiösen Veränderungen im Irak zu Beginn des 19. Jahrhunderts eingegangen werden. Lange Zeit war Mesopotamien eine unbedeutende Pro-

vinz im Osmanischen Reich; es wurde bis 1831 von einer georgischen
Mamluken-Dynastie beherrscht, erst dann übernahm die Osmanische Regierung die direkte Verwaltung über das Land und ermunterte die nomadi-
sierenden Stammesangehörigen, sich niederzulassen und Ackerbau zu betreiben. Von einer Zunahme der landwirtschaftlichen Produktion erhoffte
sich Istanbul auch eine Erhöhung der Steuereinnahmen, um die wachsende
Entwicklung des Osmanischen Reiches in der kapitalistischen Weltwirt-
schaft finanziell zu unterstützen. Doch dieser Wechsel hin zu einer sess-
haften Lebensform ging mit einer massiven Konversion der Ansiedler zum
schiitischen Glauben einher:

However, there many questions remain unanswered and unknown aspects from
the perspective of Ottoman state in the question of how the Shiism spread quick-
ly in Iraq in the nineteenth century.[72]

Dieser rasche Wechsel eines großen Bevölkerungsanteils vom Sunniten-
tum zur Schia alarmierte die osmanische Zentralgewalt in Istanbul und
unterstrich die Notwendigkeit einer effektiveren Kontrolle der irakischen
Provinz. Der osmanische Sultan als legitimer Nachfolger der abbasidi-
schen Kalifen repräsentierte nicht nur die sunnitische Identität, sondern
verstand sich als ›ʾAmīr al-Muʾminīn‹, als ›Anführer der Gläubigen‹, für
die gesamte islamische Welt. Einzig das schiitische Persien hatte diesen
Anspruch nie akzeptiert, und so stellte das Wachstum der schiitischen Bevölkerung im Irak eine ernsthafte Bedrohung der religiösen wie weltlichen
Autorität des Sultans dar. Die Gefahr bestand, dass Persien in dieser Situation seine religiöse und politische Hegemonie auf die irakische Region
ausdehnen konnte, was zu einer Abspaltung des Irak aus der osmanischen
Herrschaft hätte führen können.

Mit vielfältigen Maßnahmen versuchte nun die osmanische Administration die Expansion des Schiismus zu unterbinden. So wurde die Heirat
zwischen Iranern und Osmanen bei Strafe verboten. Auch wurde die Reli-
gionsausübung der Schiiten reglementiert; dies betraf die Tätigkeit ihrer
Geistlichkeit, aber auch die Pilgerzüge zu den alljährlichen Passionsfeiern
am 10. Muharram. Seit dem 10. Jahrhundert schon hatten sich sunnitische
und schiitische Religionsgelehrte mit der Frage der Überführung von Leichen zur Bestattung an heiligen Stätten befasst; jetzt aber entwickelten
sich hitzige Auseinandersetzungen zwischen den Religionsgemeinschaften: »The increase in scale in the nineteenth century triggered Sunni-Shiʿi
polemics over the legal, moral, and sanitary aspects of the practice as well
as its prevalence among Shiʿis in particular.«[73] In dieser Debatte, so ließe
sich argumentieren, ergriff der sächsische Schriftsteller ganz rigoros Partei

und vertrat mit seiner polemischen Schilderung der Leichentransporte genau die Position der osmanischen Verwaltung wie auch der sunnitischen Geistlichkeit.

Zu Mays Polemik gehört auch die von ihm erfundene Figur des wohlhabenden persischen Prinzen Hassan Ardschir-Mirza, der mit seinem ermordeten Vater im Gepäck auf dem Weg nach Kerbela ist, um ihn dort an den ›Schwellen‹ zur ewigen Ruhe zu betten, gleichzeitig aber vor einer persischen Bande flieht, die sich an ihm rächen will, da er den angeblichen Mörder seines Vaters umgebracht hat. Auch wenn er als Pilger einem frommen Schiiten gleicht, gibt er sich in einem Gefühlsausbruch als Abtrünniger, ja als Feind des islamischen Glaubens zu erkennen:

»*O Mohammed, ich hasse dich, denn du hast unseren Frauen die Seele genommen und sie zu Sklavinnen der Sinnenlust gemacht; du hast dadurch unsere Kraft gebrochen, unser Herz versteinert, unsere Länder verödet und alle jene, die dir folgen, um das wahre Glück betrogen!*«[74]

Schon inhaltlich ist die Aussage unsinnig, auch blasphemisch, und sie einem Schiiten, mag er religiös auch noch so indifferent sein, in den Mund zu legen, zeugt von Unkenntnis oder bösem Mutwillen. Allenfalls können wir zur Verteidigung Mays anführen, dass er auch hier die Position eines orthodoxen Sunniten vertritt, für den alle Schiiten gottlose Abtrünnige sind.

Das fünfte Kapitel des Romans ›Von Bagdad nach Stambul‹ trägt die Überschrift ›Die Todeskarawane‹, beschreibt aber nur auf seinen ersten Seiten noch einige fußkranke und müde Nachzügler des Pilgerzuges. Das eigentliche Thema des Kapitels, ja der Höhepunkt des ganzen Bandes ist die Pesterkrankung von Kara Ben Nemsi und Hadschi Halef Omar; und all die vorherigen Abenteuer und natürlich auch die Begegnung mit der Todeskarawane sind eine allmähliche Hinführung zur Klimax der Erzählung. Historisch bzw. medizinhistorisch gesehen hätten beide Gefährten eher an der Cholera erkranken müssen, aber anstelle der damals noch etwas neumodischen asiatischen Durchfallerkrankung, wie verheerend auch immer ihre Folgen waren, wählte May einen altbekannten Erzfeind der menschlichen Spezies, die millionen- und abermillionenfache Mörderin Pest. Nun gibt es im sechsbändigen Orientroman zahlreiche Episoden, in denen der Held erkrankt; dies sind in der Regel aber Unfälle und somit oft unvermeidliche Kollateralschäden im abenteuerdurchwirkten Leben eines Helden. Die Pesterkrankung ist von einer gänzlich anderen Qualität, vor allem befällt sie simultan, oder genauer ausgedrückt sukzessive, beide literarischen Repräsentanten der Person Mays. In Kara Ben Nemsi hat May eine grandiose Wunschvorstellung seiner Persönlichkeit geformt, während er in der Gestalt Halefs mehr tatsächliche Merkmale seiner Person skizzierte, die ja auch von eher kleiner Körpergröße war, unerschrocken, oft genug aber ein Aufschneider, unüberlegt in ihren Taten und vorlaut in ihren Worten. Kurz, in der Pesterkrankung schrieb May nicht nur über literarische Gestalten, sondern über sich selbst. Und so kehren wir zurück zum Beginn dieser Ausführungen, zum von der Forschung hergestellten Bezug zwischen dem Inhalt des Romans und der Biografie Mays.

May selbst hatte erste Hinweise gegeben, dass er zumindest während seiner Adoleszenz an einer krankhaften psychischen Störung gelitten habe. In einer Eingabe an den Untersuchungsrichter Larraß beklagte er etwa, dass die Vagantenzeit ihn *vor den Strafrichter brachte, anstatt vor den Arzt und Psychologen*.[75] Verständlich also, dass es schon zu seinen Lebzeiten erste Versuche gab, den Menschen May auch pathografisch zu beschreiben, um die bizarren Seiten seines Charakters wie auch manche seiner Taten zu erklären. Diese Debatte ist bis auf den heutigen Tag mit ganz unterschiedlichen Deutungen geführt worden, und von mir wurde an anderem Ort die plausible These vertreten, May habe an einer affektiven Störung gelitten.[76] Unter diesem Begriff versammelt sich eine Gruppe von unterschiedlich ausgeprägten Störungen des Gefühlslebens, die sich in Richtung Depression bewegen oder hin zum anderen Extrem, der Manie, gesteigert sein können. Diese Stimmungsveränderung kann schnell einsetzen oder sich langsam entwickeln oder auch nur in Episoden auftreten. Auch ihre Ausprägung ist ganz unterschiedlich; affektive Störungen können in Wahnvorstellungen münden, sich aber auch auf einem niedrigeren, von der Umwelt nur schwer zu identifizierenden Niveau bewegen. Besonders betroffen sind von solchen affektiven Störungen künstlerisch begabte Menschen; diesen Erkenntnisstand fassen Frederick K. Goodwin und Kay Redfield Jamison in ihrem Standardwerk (Erstausgabe 1990) zur manisch-depressiven Erkrankung wie folgt zusammen:

There is strong scientific and biographical evidence linking mood disorders to artistic creativity. Biographies of eminent poets, composers, and artists attest to the prevalence of extremes of mood in creative individuals. Systematic studies are increasingly documenting the link as well.[77]

In Mays Vita lassen sich zahlreiche hypomanisch geprägte Episoden aufzeigen; aber auch depressives Erleben war ihm nicht fremd. In seiner Jugend entwickelte sich bei ihm nach eigenen Angaben eine *seelische (nicht etwa geistige) Depression*,[78] und im Schlusskapitel seiner Autobiografie schildert er sich als schwer depressiven Patienten:

Seit einem Jahre ist mir der natürliche Schlaf versagt. Will ich einmal einige Stunden ruhen, so muß ich zu künstlichen Mitteln, zu Schlafpulvern greifen, die nur betäuben ... Auch essen kann ich nicht. Täglich nur einige Bissen, zu denen meine arme, gute Frau mich zwingt. Dafür aber Schmerzen, unaufhörliche, fürchterliche Nervenschmerzen ... Mir ist, als müsse ich ohne Unterlaß brüllen, um Hilfe schreien ... Ich möchte am liebsten sterben, sterben, sterben ...[79]

In der Schilderung der Pesterkrankung von Kara Ben Nemsi und Hadschi Halef hat Karl May, so meine These, eigene depressive Erlebnisse literarisch verarbeitet. Vor allem in der Erkrankung Halefs, wiewohl nur mit wenigen Zeilen beschrieben, hat May einen wichtigen Hinweis zur Deutung der ganzen Episode gegeben. Halef, Mays Anima, seine Seele, wird zu Beginn der Erkrankung von einer, wie May schreibt, für die Pest *charakteristische(n) Niedergeschlagenheit*[80] ergriffen, die aber für sie keineswegs spezifisch ist, sondern bei vielen schweren Infektionserkrankungen – und nicht nur bei ihnen – auftreten kann. Aber dann entwickelt sich bei Halef alias May die *schwerste, die biliöse Form der Pest*,[81] übersetzbar etwa als ›gallige Form der Pest‹, eine Verlaufsform, die es so nie gab, auch wenn galliges Erbrechen oder gallefarbene Durchfälle bei Pestkranken auftreten können. Heute werden im Wesentlichen drei Pestformen unterschieden. Bei einer Übertragung durch Parasitenbisse entwickelt sich die klassische Beulenpest, bei der die Erreger je nach Bisslokalisation über Lymphgefäße in die Lymphknoten zumeist der Leistenregion einwandern, aber auch die Achsel- oder – wie bei Kara Ben Nemsi – die Nackenlymphknoten befallen können. Die betroffenen Knoten schwellen zu schmerzhaften Beulen, den Bubonen, an, und tatsächlich brachte hier einst eine Inzision der Knoten subjektive Erleichterung. Die Letalität der unbehandelten Beulenpest liegt bei etwa 50 %; eine Übertragung von Mensch zu Mensch ist jedoch nicht möglich. Gelangen die Erreger hingegen in die Blutbahn, entwickelt sich eine Pestseptikämie, umgangssprachlich als Blutvergiftung bezeichnet, die unbehandelt eine Letalität von 100 % besitzt. Infolge einer Blutgerinnungsstörung können hier ausgedehnte Thrombosen auch in kleinsten Blutgefäßen auftreten, die zu einer dunkelvioletten Verfärbung der befallenen Hautregionen führen; dieser Pathomechanismus verlieh einst der Pesterkrankung den Beinamen ›Schwarzer Tod‹. Auch eine dritte Form der Pest, die Lungenpest, führt unbehandelt recht schnell und sicher zum Tode; hier werden die Erreger direkt per Tröpfcheninfektion von Mensch zu Mensch übertragen.

Mays ›gallige Pest‹ ist ein Rückgriff auf die antike, von Hippokrates begründete Säftelehre des Körpers, bei der das Blut, die gelbe Galle, die schwarze Galle und der Schleim je nach Mischung über Gesundheit oder Krankheit des menschlichen Organismus entscheiden. Galen von Pergamon ordnete diesen Säften die unterschiedlichen Temperamente des Menschen zu, die bis heute populäre Gültigkeit besitzen, und seitdem unterscheiden wir uns in Sanguiniker, Choleriker, Melancholiker und Phlegmatiker. Bei Halefs galliger Pesterkrankung dominierte nicht die gelbe, sondern, wie das ihr zugeordnete charakteristische Symptom ›Niedergeschlagenheit‹ beweist, die schwarze Galle, die μέλαινα χολή, die wir in dem Wort ›Melancholie‹ wiederfinden. Wenn wir daher aus Mays Diagnose die Metapher ›Pest‹ streichen, bleibt als Erkrankung Halefs und somit seines Schöpfers die Melancholie, die Depression.

Auch den Ort der Erkrankung, die Ruinen des Turms zu Babel, hatte May klug gewählt: Die biblische Legende vom Bau des Turmes zu Babel, der den Himmel erreichen sollte, ist ein klassisches Symbol für menschliche Hybris und ihre Bestrafung. Dies freilich hat May in seiner sonst so ausführlichen Beschreibung der Ruinen Babylons verschwiegen und somit auch die Strafe Gottes, den Verlust der sprachlichen Verständigung. In der Mythomanie seiner Person, die alle wichtigen Sprachen der Welt beherrschte, repräsentiert May diesen vorbabylonischen Zustand, jetzt aber im Zustand der Depression sind all diese Fähigkeiten perdu. Der Held wurde, wie einst die Menschheit, für seinen Größenwahn bestraft und an seine Sterblichkeit erinnert.

Die Eindrücke der Jugend, so May im Orientroman,

sind niemals gänzlich zu verwischen, und die Erinnerung kann wohl schlafen, aber nicht sterben. Sie erwacht ... und bringt jene Sehnsucht über uns, an deren Weh das Gemüt so schwer erkranken kann.[82]

Zwanzig Jahre später griff er im 3. Band des ›Silberlöwen‹-Romans das Motiv dieses ganzheitlichen Zusammenbruches wieder auf; das Kapitel überschrieb er mit ›Am Tode‹. Dieses Mal ist es der Typhus, *»fast ebenso gefährlich und langwierig wie die Pest, welche uns damals dem Tode nahe brachte«.*[83] Wieder werden beide Protagonisten von der gleichen Krankheit befallen, und erneut erkrankt Halef am schwersten. Es beginnt schleichend, erneut werden über viele Seiten uncharakteristische Prodromalstadien wie Fieberschübe, Abgeschlagenheit und Unwohlsein als Zeichen der kommenden Krise eingestreut, auch jetzt ist die Urteils- und Tatkraft der beiden Helden getrübt. Als Leitmotiv der Erkrankung dient nun ein anderes Charakteristikum der Depression, die Beschäftigung mit dem Tode, die Halef zuvor in eine für ihn eher untypische Frage kleidet: *»Sihdi, wie denkst du über das Sterben?«*[84] Und dann schildert er anschaulich, wie sich allmählich das depressive Fühlen, das ihm eigentlich fremd ist, in ihm ausbreitet und langsam an Macht gewinnt:

»*Aber es ist etwas in mich hineingekrochen, was nicht hinein gehört. Es ist etwas Fremdes, etwas Ueberflüssiges, was ich nicht in mir dulden darf. Es steckt in meinen Gliedern, in den Armen, in den Beinen, in jeder Gegend meines Körpers. Ich weiß nicht, wie es heißt und was es will. Und dieses unbekannte, lästige Ding ist es, welches dich über das Sterben gefragt hat.*«[85]

Karl May schrieb seine klassischen Reiseromane in der zweiten Hälfte des 19. Jahrhunderts, zu einer Zeit, in der die westlichen Mächte, darunter das deutsche Kaiserreich, ihre Herrschaftsgebiete weltweit ausdehnten und die Zeit des Imperialismus als Höhepunkt der kolonialen Expansion begründeten. Wir dürfen uns daher nicht wundern, wenn wir im Werk Karl Mays immer wieder auf koloniale Denk- und Wahrnehmungsmuster stoßen, und seine Schilderung der schiitischen Leichenzüge war, um die Frage des Vortragstitels zu beantworten, ohne Zweifel üble Propaganda. Die Pesterkrankung allerdings, narrativ eng mit ihr verbunden, kann gut als Literarisierung einer depressiven Episode des Autors verstanden werden. Roxin konnte vor Jahren noch großzügig feststellen, Mays Werk zeichne sich »durch Toleranz und Verständnis in der Tradition Lessings und Herders«[86] aus; heute, da wir uns mit postkolonialen Diskursen auseinandersetzen, gilt genauso Helmut Schmiedts Urteil, dass dort auch »kolonialistische, rassistische und antisemitische Elemente enthalten [sind], und das nicht nur am Rande«.[87] Noch ganz in der Attitüde eines Kolonialherrn reiste Karl May 1899 mit Tropenhelm, fein gebügeltem weißen Anzug und einem einheimischen Diener zur Seite, zu dessen Pflichten es gehörte, *Herrn Dr. Karl May zu begleiten, wohin es diesem beliebt, ihm vor allen Dingen Gehorsam, Treue und Ehrlichkeit zu erweisen und sich der Ausführung keines Befehls zu weigern,*[88] in den Orient, nur um – konfrontiert mit der kolonialen Realität – verwandelt zurückzukehren. Nun überwand May, und dies unterscheidet ihn von vielen seiner Zeitgenossen, nicht nur einen Großteil seiner kolonialen Denkmuster, er wandelte sich zu einem engagierten, wenn auch letztlich erfolglosen Kritiker des westlichen Imperialismus. Und dieser gewandelte May scheint auch späte Reue über sein grobes Zerrbild der schiitischen Leichenzüge empfunden zu haben, denn für das Drama ›Babel und Bibel‹, das er (anders als seine Leser) als Höhepunkt seines literarischen Schaffens empfand, schuf er die Figur des Scheiks der Todeskarawane, hinter der sich der vielleicht ungewöhnlichste, weil perfekteste Held seines Gesamtwerks verbirgt. Schon sein Name Ben Tesalah, Sohn des Friedens, ist Programm, und Mays Beschreibung schildert ihn als eine Vision vom makellosen, geläuterten Menschen: *Nicht viel über zwanzig Jahre alt, aber doch schon volle Persönlichkeit. Edelmensch. Sehr ernst, aber mild. Ebenso selbstbewußt, aber bescheiden.*[89] Doch der Titel ist nur Tarnung, in Wahrheit ist Ben Tesalah der Scheik der Kiram, der Edelmenschen, und so darf sein Gegenspieler, der Gewaltmensch Abu Kital, Vater des Kampfes, in gewohnter Manier die Männer der Todeskarawane als *Geborne Teufel, jeder Sünde fähig*[90] oder *zerlumpte Leichenschlepper, / Die keine Menschen, sondern Bestien sind,*[91] bezeichnen.

Nur wenige Jahre nach Karl Mays Traum vom Wandel zum Edelmenschen begann der Erste Weltkrieg, die Urkatastrophe des 20. Jahrhunderts. Wollen wir wissen, wie der Weg dorthin beschritten wurde, müssen wir auch in Mays Werk die Spuren von kolonialen Anschauungen benennen; dies schulden wir nicht nur unserer intellektuellen Redlichkeit, sondern auch dem Vermächtnis des Autors.

1 Claus Roxin: Bemerkungen zu Karl Mays Orientroman. In: Karl Mays Orientzyklus. Hrsg. von Dieter Sudhoff/Hartmut Vollmer. Karl-May-Studien Bd. 1. Paderborn 1991, S. 83–112 (84).

2 Karl May: Die Todes-Karavane. Reise-Erinnerung. In: Deutscher Hausschatz. VIII./ IX. Jg. (1881/82/1882/83); Reprint in: Karl May: Die Todes-Karavane/In Damaskus und Baalbek/Stambul/Der letzte Ritt. Reprint der Karl-May-Gesellschaft. Hamburg/ Regensburg 1978.

3 Roxin, wie Anm. 1, S. 90.

4 Hermann Wiegmann: Werkartikel ›Orientzyklus‹. In: Karl-May-Handbuch. Hrsg. von Gert Ueding in Zusammenarbeit mit Reinhard Tschapke. Stuttgart 1987, S. 194.

5 Johannes Zeilinger: Autor in fabula. Karl Mays Psychopathologie und die Bedeutung der Medizin in seinem Orientzyklus. Materialien zum Werk Karl Mays Bd. 2. Husum 2000, S. 133.

6 Karl May: Gesammelte Reiseromane Bd. III: Von Bagdad nach Stambul. Freiburg i. Br. o. J. [1892], S. 287.

7 Ebd., S. 288.

8 Ebd., S. 302.

9 Ebd., S. 302f.

10 Ebd., S. 289.

11 Ebd., S. 304.

12 Ebd., S. 305.

13 Ebd., S. 299f.

14 Ebd., S. 300.

15 Ebd., S. 333.

16 Ebd., S. 341.

17 Ebd., S. 347.

18 Roxin, wie Anm. 1, S. 91.

19 Hermann Wohlgschaft: Große Karl May Biographie. Leben und Werk. Paderborn 1994, S. 173.

20 Walther Ilmer: Von Kurdistan nach Kerbela. Seelenprotokoll einer schlimmen Reise. In: Jahrbuch der Karl-May-Gesellschaft (Jb-KMG) 1985. Husum 1985, S. 263–320 (314).

21 Ebd., S. 306.

22 Ebd., S. 264.

23 Ebd., S. 314.

24 Amand von Schweiger-Lerchenfeld: Der Orient. Wien u. a. 1882, S. 374.

25 Amand von Schweiger-Lerchenfeld: Zwei Pilgerwege durch Arabien. In: Deutsche Rundschau für Geographie und Statistik. 1. Jg. (1879), S. 518–522 (521).

26 Julius Braun: Gemälde der mohammedanischen Welt. Leipzig 1870, S. 192.

27 Hermann Vámbéry: Meine Wanderungen und Erlebnisse in Persien. Pest 1867, S. 131f.

28 Vgl. Karl Mays Werke. Historisch-kritische Ausgabe. Abt. IX Bd. 2.1: Karl Mays Bibliothek. Katalog der Bibliothek von Karl May mit den Ergänzungen von Klara May sowie Vervollständigungen und Anhängen. Hrsg. von Hans Grunert/Joachim Biermann unter Mitwirkung von Volker Griese/Silvia Grunert. Bamberg/Radebeul 2021, S. 316 (Katalog Nr. KM0812).

29 Das arabische Wort Maschhad (Transliteration nach DMG Mašhad) bedeutet übersetzt ›Ort des Martyriums‹ und gilt hier nur für das Grabmal von ʿAlī b. ʾAbī Ṭālib in Nedschef. Maschhad Ali als Ortsname benennt eine Stadt im Osten Irans, in der das Grabmal des achten schiitischen Imams ʾAbū l-Ḥasan ʿAlī b. Mūsā ar-Riḍā liegt. Es ist das einzige Grab eines schiitischen Imams auf persischem Boden und gilt als wichtigster Wallfahrtsort des Landes.

30 Ibrahim al-Haidari: Zur Soziologie des schiitischen Chiliasmus. Ein Beitrag zur Erforschung des irakischen Passionsspiels. Freiburg i. Br. 1975, S. 63.

31 Zit. nach ebd., S. 62.

32 ›Naql al-ǧanāʾiz‹ und ›naql al-ʾamwāt‹ heißen übersetzt ›Totentransport‹: naql = Beförderung, Transport; ǧanāʾiz ist der Plural von ǧanāza Leiche; ʾamwāt ist der Plural von mayyit tot.

33 William Kennett Loftus: Travels and Researches in Chaldæa and Susiana; With an Account of Excavations at Warka, the »Erech« of Nimrod, Shush, »Shushan the Palace« of Esther, in 1849–52. London 1857, S. 54 (»… um in der Erde, die durch das Blut des ermordeten Kalifen geheiligt ist, begraben zu werden. Die Toten werden in Kisten transportiert, die in groben Filz gehüllt sind, und jeweils zwei oder eine werden an jeder Seite eines Maultiers befestigt, auf dem ein zerlumpter Antreiber sitzt, der, während er so dahintrottet, seine Pfeife raucht und fröhlich singt, ganz ohne Rücksicht auf seine Fracht. Jede Karawane von Persien nach Bagdad führt mehrere Särge mit sich, und es ist kein ungewöhnlicher Anblick, am Ende eines Tagesmarsches fünfzig oder sechzig übereinander gestapelte Särge auf dem Boden liegen zu sehen.«).

34 Vgl. dazu Dieter Lamping: literaturkritik.de/rahel-varnhagen-und-die-cholera-in-berlin,26989.html [3. 4. 2024].

35 Norman Howard-Jones: The Scientific Background of the International Sanitary Conferences 1851–1938. Genf 1975, S. 15 (»… als göttlichen Wind, der auf die Erde geschickt wurde, um die zu bestrafen, die es nicht verstanden, für ihre eigene Gesundheit zu sorgen.«).

36 Zit. nach Valeska Huber: The Unification of the Globe by Disease? The International Sanitary Conferences on Cholera, 1851–1894. In: The Historical Journal. Vol. 49 (2006), No. 2, S. 453–476 (462) (»Dort überquert die meist herumreisende und nomadisierende Bevölkerung unaufhörlich und in großer Zahl die Grenzen an hundert verschiedenen Punkten. Diese Bevölkerung unterwirft sich nur der realen Gewalt und hat nicht den geringsten Respekt vor dem Gesetz, egal ob es das Zivilleben betrifft oder die Gesundheit; im Gegenteil, sie tut alles, was sie kann, um es zu verletzen.«).

37 Cornelia Essner: Cholera der Mekkapilger und internationale Sanitätspolitik in Ägypten (1866–1938). In: Die Welt des Islams. Neue Serie Bd. XXXII (1992), Nr. 1, S. 41–82 (44).

38 Valeska Huber: Pandemics and the politics of difference: rewriting the history of internationalism through nineteenth-century cholera. In: Journal of Global History 15. Jg. (2020), Nr. 3, S. 394–407 (400) (»Vielmehr ging es darum, wie die traditionellen Seuchenschutzbarrieren gesenkt und gleichzeitig Europa vor der Einschleppung der Krankheit geschützt werden konnte. Das Ziel der Konferenzen war also nicht die Ausrottung der Cholera, sondern die Verhinderung ihrer Ausbreitung bei gleichzeitiger Sicherung des Handels und des Verkehrs der imperialistischen Mächte.«).

39 International Sanitary Conference: Report to the International Sanitary Conference of a Commission from that Body, to Which Were Referred the Questions Relative to the Origin, Endemicity, Transmissibility, and Propagation of Asiatic Cholera. Boston 1867, S. 55 (»Können die Leichen von Cholerakranken die Cholera einschleppen und übertragen?«).

40 Ebd. (»In Europa gibt es keinen Grund zur Befürchtung, dass die Leichen von Cholera-Patienten die Krankheit von einem Ort zum anderen übertragen könnten, denn wenn sie über größere Entfernungen befördert werden, dann mit solchen Vorsichtsmaßnahmen, die jede Gefahr ausschließen; nicht aber so in Asien, wo es aus Gehorsam gegen bestimmte religiöse Gebräuche in vielen Ländern üblich ist, Leichen über große Entfernungen zu transportieren. Dieser Punkt ist besonders relevant im Hinblick auf die Türkei. Wir wissen nämlich, dass die Perser jedes Jahr zu einer festgesetzten Zeit nach bestimmten geweihten Stätten in der Umgebung von Bagdad pilgern und die Gewohnheit haben, eine große Anzahl von Leichen in allen Graden der Verwesung mitzubringen, angefangen von Knochen, die in Säcken oder Kisten verpackt sind, bis hin zu den Toten des Vortages, die in schlecht zusammengefügten Särgen liegen. Diese menschlichen Überreste verbreiten einen ansteckenden Geruch und werden zur Bestattung in die Nähe der verehrten Gräber der großen Heiligen des Islams gebracht.«)

41 Ebd., S. 55f. (»Oft genug bringen diese Pilger auch die Cholera mit, die sich mehr oder weniger in Bagdad und in der ganzen Provinz ausbreitet.«)

42 Ebd., S. 57 (»obwohl es nicht durch eindeutige Fakten bewiesen ist, dass die Leichen von Cholera-Patienten die Cholera übertragen können, ist es ratsam, sie als gefährlich zu betrachten.«); im Original kursiv.

43 Vgl. Sabri Ateş: Bones of Contention: Corpse Traffic and Ottoman-Iranian Rivalry in Nineteenth-Century Iraq. In: Comparative Studies of South Asia, Africa and the Middle East. Vol. 30 (2010), No 3, S. 512–532 (526).

44 Peter Sieve: Ein vergessener Grenzgänger zwischen Orient und Okzident. Der Arzt und Publizist Dr. Lamec Saad (1852–1931). In: kulturland oldenburg Nr. 147/2011, S. 22–27 (23).

45 So in einem Schreiben von 1877 an den Leipziger ›Verein für Erdkunde‹: Jahresbericht für 1877. In: Mittheilungen des Vereins für Erdkunde zu Leipzig 1877. Leipzig 1877, S. 12.

46 Lamec Saad: Sechzehn Jahre als Quarantänearzt in der Türkei. Berlin 1913, S. 56f.

47 Ebd., S. 101f.

48 Ebd., S. 107.

49 Genaueres und Ausführlicheres dazu bei: Birsen Bulmuş: Plague, Quarantines and Geopolitics in the Ottoman Empire. Edinburgh 2012.

50 Anja Pistor-Hatam: Pilger, Pest und Cholera. Die Wallfahrt zu den heiligen Stätten im Irak als gesundheitspolitisches Problem im 19. Jahrhundert. In: Die Welt des Islams. Neue Serie Bd. XXXI (1991), Nr. 2, S. 228–245 (239).

51 Robert Koch in der Hamburger Freien Presse vom 26. November 1892, zit. nach: www.hamburg.de/contentblob/111730/a807a2dd5fe86b4b4652c8da43811787/data/grossbuch.pdf [6. 12. 2023].

52 F. G. Clemow: The Shiah Pilgrimage and the Sanitary Defences of Mesopotamia and the Turco-Persian Frontier [Teil IV]. In: The Lancet. Vol. 188, 9. September 1916, S. 488–491 (490) (»Während immer wieder Krankheiten durch die Wanderungen der schiitischen Pilger eingeschleppt und verbreitet wurden, muss bemerkt werden, dass dies offenbar nie durch den Transport von schiitischen Leichen geschah. Es konnte kein Fall festgestellt werden, in dem die Pest oder die Cholera – die beiden Krankheiten, die im Rahmen der internationalen Übereinkommen hauptsächlich bekämpft werden – durch diese Leichen eingeschleppt oder verbreitet wurden.«).

53 Dr. Karl May: Die Todeskaravane. In: Illustrirte Zeitung. 103. Bd. (Juli bis Dezember 1894), S. 185; Genaueres dazu bei: Wolfgang Hermesmeier/Stefan Schmatz: Die Todeskaravane. Bisher unbekannter May-Abdruck entdeckt. In: Karl May & Co. Nr. 91, März 2003, S. 8–13. Dort auch ein Faksimile des Abdrucks.

54 Karl May: Die Todeskarawane. Ein orientalisches Sittenbild von Dr. Karl May. In: Alte und Neue Welt. 30. Jg. (1896), S. 95f.; Faksimile in: Mitteilungen der Karl May Gesellschaft 24/1975, S. 3–5.

55 May: Die Todeskaravane, wie Anm. 53, S. 185.

56 Karl May: Gesammelte Reiseerzählungen Bd. XXVII: Im Reiche des silbernen Löwen. 2. Band. Freiburg i. Br. 1898, S. 2.

57 Ebd.

58 Vgl. Ulrich Schmid: Das Werk Karl Mays 1895–1905. Erzählstrukturen und editorischer Befund. Materialien zur Karl-May-Forschung Bd. 12. Ubstadt 1989, S. 153f.

59 May: Im Reiche des silbernen Löwen. 2. Band, wie Anm. 56, S. 14.

60 Ebd., S. 9.

61 Ebd., S. 12f.

62 Anthony N. Groves: Journal of a Residence at Bagdad, during the Years 1830 and 1831. London 1832.

63 Dieter Sudhoff/Hans-Dieter Steinmetz: Karl-May-Chronik. Bd. V 1910–1912. Bamberg/Radebeul 2006, S. 580f.

64 Erich Mörth: Karl May und Amand von Schweiger-Lerchenfeld. In: Karl-May-Jahrbuch 1979. Bamberg/Braunschweig 1979, S. 64–95 (67).

65 Edward W. Said: Orientalism. New York 1978, S. 58 (Seit der Antike, so Edward Said, wird im Abendland insbesondere der Nahe Orient »als ein großes komplementäres Gegenstück dargestellt«.).

66 Ebd. (Die im Laufe vieler Jahrhunderte durch zahllose Begegnungen entstandene Literatur bilde da »ein durchstrukturiertes Archiv mit einem Kern von typischen Themen: die Reise, die Geschichte, die Fabel, das Klischee, die polemische Konfrontation. Das sind die Linsen, durch die wir den Orient sehen, und sie prägen die Sprache, die Wahrnehmung und die Begegnungen zwischen Ost und West.«)
67 May: Die Todeskarawane, wie Anm. 53, S. 185.
68 So der Titel eines Gedichts (vgl. Rudyard Kipling: Die Ballade von Ost und West. Ausgewählte Gedichte englisch und deutsch. Zürich 1992, S. 126f.).
69 May: Von Bagdad nach Stambul, wie Anm. 6, S. 290.
70 Ebd.; dort stehen sie ebenfalls nicht; vgl. Florian Schleburg: Der Prophet aber hat gesagt:»Liebe deine Esel!« Karl Mays apokrypher Koran. In: Jb-KMG 2020. Husum 2020, S. 83–114 (93).
71 Ebd.
72 Erhan Bektaş: The Ottoman Response to Missionary Activities of Iranian Shiite Ulema: The Case of Iraq in the Nineteenth Century. In: Journal of Ottoman Legacy Studies. Vol. 6, November 2019, S. 505–514 (506) (»In der Fragestellung, wie der Schiismus sich im 19. Jahrhundert im Irak schnell verbreitete, bleiben jedoch viele Fragen unbeantwortet und Aspekte aus der Perspektive des osmanischen Staates unbekannt.«).
73 Yitzhak Nakash: The Shi῾is of Iraq. Princeton/Oxford 2003, S. 192 (»Das wachsende Ausmaß im 19. Jahrhundert löste zwischen Sunniten und Schiiten eine Debatte über die rechtlichen, moralischen und gesundheitlichen Aspekte dieser Praxis sowie über ihre Verbreitung insbesondere unter den Schiiten aus.«).
74 May: Von Bagdad nach Stambul, wie Anm. 6, S. 204.
75 Zit. nach: Rudolf Lebius: Die Zeugen Karl May und Klara May. Ein Beitrag zur Kriminalgeschichte unserer Zeit. Berlin-Charlottenburg 1910, S. 90; Reprint Lütjenburg 1991.
76 Zeilinger, wie Anm. 5, S. 70–89.
77 Frederick K. Goodwin/Kay Redfield Jamison: Manic-Depressive-Illness. Bipolar Disorders and Recurrent Depression. New York/Oxford ²2007, S. 406 (»Es gibt überzeugende wissenschaftliche und biografische Belege für den Zusammenhang zwischen Stimmungsstörungen und künstlerischer Kreativität. Biografien bedeutender Dichter, Komponisten und Künstler belegen die Häufigkeit extremer Stimmungslagen bei kreativen Menschen. Auch systematische Studien dokumentieren zunehmend diesen Zusammenhang.«).
78 Karl May: Meine Beichte. In: Karl Mays Werke. Historisch-kritische Ausgabe. Abt. VI Bd. 1: Mein Leben und Streben und andere Selbstdarstellungen. Hrsg. von Hainer Plaul/Ulrich Klappstein/Joachim Biermann/Johannes Zeilinger. Bamberg/Radebeul 2012, S. 309–315 (311). May wollte nicht als geisteskrank bezeichnet werden und attestierte sich daher explizit eine seelische Erkrankung als Gegensatz zu einer Geisteskrankheit.
79 Karl May: Mein Leben und Streben. Freiburg i. Br. o. J. [1910], S. 299f.; Reprint hrsg. von Hainer Plaul. Hildesheim/New York 1975.
80 May: Von Bagdad nach Stambul, wie Anm. 6, S. 340.
81 Ebd., S. 341.
82 Ebd., S. 196.

83 Karl May: Gesammelte Reiseerzählungen Bd. XXVIII: Im Reiche des silbernen Löwen.
    3. Band. Freiburg i. Br. o. J. [1902], S. 209.
84 Ebd., S. 67.
85 Ebd., S. 68.
86 Roxin, wie Anm. 1, S. 106.
87 Helmut Schmiedt: Karl May als Autor. In: Wer hat Angst vor Winnetou? Karl May im
    Spannungsfeld postkolonialer Diskurse. Ein interdisziplinäres Symposium der Karl-
    May-Gesellschaft, der Karl-May-Stiftung und der Universität Potsdam. Hrsg. von
    Andreas Brenne/Florian Schleburg/Laura Thüring. München 2024, S. 71–82 (78).
88 Zit. nach Ekkehard Bartsch/Hans Wollschläger: Karl Mays Orientreise 1899/1900. In:
    Karl May's Gesammelte Werke Bd. 82: In fernen Zonen. Karl Mays Weltreisen. Bam-
    berg/Radebeul 1999, S. 33–232 (69).
89 Karl May: Babel und Bibel. Arabische Fantasia in zwei Akten. Freiburg i. Br. 1906,
    S. 11; Reprint Norderstedt o. J. [2004].
90 Ebd., S. 46.
91 Ebd., S. 47.

STEFAN MÜHLHOFER

›Ein Kind seiner Zeit‹?
*Koloniale Aspekte in ›Winnetou‹ I–IV**

Zwischen 1500 und 1920 geriet die gesamte Welt zumindest unter die normative Kontrolle der Europäer, auch wenn die konkreten Herrschaftssysteme durchaus unterschiedlich ausfielen. Es begann mit den Entdeckungsfahrten der Portugiesen nach Afrika, setzte sich fort in der Durchdringung und Eroberung des amerikanischen Kontinents durch verschiedene europäische Mächte und fand seinen Höhepunkt im Imperialismus und Kolonialismus der europäischen Großmächte im 19. und der ersten Hälfte des 20. Jahrhunderts. Ganz Afrika, ganz Amerika, nahezu ganz Ozeanien und – schließt man die Kolonisierung Sibiriens durch Russland ein – der größte Teil Asiens waren unter der Herrschaft der Europäer. Kolonisation bedeutet dabei den Prozess der Landnahme und Besiedlung von fremdem Land, Kolonie eine besondere Form eines personell-gesellschaftlichen Personenverbandes und Kolonialismus ein Herrschaftsverhältnis.[1]

Jürgen Osterhammel und Jan Jansen definieren in ihrer kurzen Überblicksdarstellung Kolonialismus als eine

Herrschaftsbeziehung zwischen Kollektiven, bei welcher die fundamentalen Entscheidungen über die Lebensführung der Kolonisierten durch eine kulturell andersartige und kaum anpassungswillige Minderheit von Kolonialherrschern unter vorrangiger Berücksichtigung externer Interessen getroffen und tatsächlich durchgesetzt werden. Damit verbinden sich in der Neuzeit sendungsideologische Doktrinen der Selbstermächtigung, die auf der Überzeugung der kolonialen Machthaber von ihrer eigenen kulturellen und oft auch biologischen Höherwertigkeit beruhen.[2]

Das nach den Einigungskriegen 1871 gegründete Deutsche Reich mit der prägenden Gestalt des Reichskanzlers Otto von Bismarck war lange Zeit nicht an außereuropäischen Kolonien interessiert. Die wichtigste Aufgabe des neuen Deutschen Reiches war es nach Bismarck zunächst, die anderen europäischen Mächte davon zu überzeugen, dass mit der Reichsgründung die deutschen Ansprüche vollumfänglich erfüllt seien. Erst mit dem Ab-

* Vortrag, gehalten am 8. Oktober 2023 auf dem 27. Kongress der Karl-May-Gesellschaft in Dortmund.

schluss des Dreikaiserbündnisses (Deutsches Reich, Österreich-Ungarn, Russland) sowie des Dreibundes (Deutsches Reich, Österreich-Ungarn, Italien) waren die Machtstrukturen 1881/1882 für Bismarck in Europa so weit gesichert, dass das Deutsche Reich auch in den Wettstreit um Kolonien eintreten konnte. Auf der Berliner Westafrika-Konferenz 1884/1885 erhielt das Deutsche Reich dann innerhalb weniger Monate das flächenmäßig, nach dem britischen und französischen, drittgrößte Kolonialreich zugesprochen.[3] Während Nationalliberale, Freikonservative und mit Einschränkung das katholische Zentrum die Kolonialpolitik unterstützten, kam von den Linksliberalen und der SPD scharfe Kritik. Wirtschaftspolitische und außenpolitische Überlegungen bewogen letztlich wohl auch den einstigen Kolonialgegner Bismarck zu einem Politikwechsel und zu einem raschen Handeln in der Schaffung deutscher ›Schutzgebiete‹ in Afrika und Ozeanien.[4]

Der Kolonialismus und das stärker werdende Interesse im Deutschen Reich an Kolonien spielen auch in den orientalischen und amerikanischen Reiseerzählungen Mays eine gewichtige Rolle. Dabei geht es aber nicht um Herrschaftssysteme in konkreten Kolonien, sondern vor allem um koloniale Einstellungen, Verhaltensweisen und Handlungen weißer Europäer gegenüber außereuropäischen Kulturen. Dies – neben anderen Gründen – erlaubt es, für meine folgende Analyse die ›Winnetou‹-Romane als Untersuchungsgegenstand zu wählen: ›Winnetou I‹ ist bis heute das meistgelesene Werk Karl Mays und mit der ›Winnetou‹-Tetralogie als Ganzer liegt ein Komplex vor, dessen Entstehungszeit mit dem Teil ›Im fernen Westen‹, der in ›Winnetou II‹ eingearbeitet wurde, bis in das Jahr 1879 zurückreicht. Mit ›Winnetou I‹ liegt ein eigenständiges Werk von 1893 vor und mit dem 1910 erschienenen ›Winnetou IV‹ die letzte Romanveröffentlichung zu Lebzeiten Mays.[5] Zudem war die Durchdringung und Eroberung des nordamerikanischen Kontinents durch Europäer, und schlussendlich auch deren Sesshaftwerdung, das größte und auch das dauerhafteste koloniale Projekt der Neuzeit.

Im Süden der heutigen USA gab es zur Zeit der ersten europäischen Kontaktaufnahme um 1500 komplexe Gesellschaften mit klarer Arbeitsteilung, intensiver Landwirtschaft sowie ausgedehntem Handel. Die US-amerikanische Politik unternahm später jahrzehntelang den Versuch des Ethnozides, also der Zerstörung der kulturellen Identität der indianischen Nationen durch erzwungene Assimilierung.[6] Das Ziel der amerikanischen Bundespolitik war »their ultimate absorption into the body of our people«, ihr endgültiges Aufgehen in der Mehrheitsgesellschaft, wie Präsident Theodore Roosevelt 1902 in seinem Bericht zum ›State of the Union‹ freimütig einräumte.[7]

Von besonderer Bedeutung war dabei der General Allotment Act, auch Dawes Act genannt, von 1887.[8] Damit trieb der Kongress die Zwangsassimilation der Native Americans voran. Jedes indianische Familienoberhaupt bekam 160 Acres (ca. 64,75 Hektar), jeder unverheiratete Indianer 80 Acres Land zugesprochen. Zugleich verkleinerte dieser Prozess die Fläche der Reservate von 629 000 km² im Jahre 1881 auf 212 000 km² bis 1934. Denn der Verkauf von nicht an Indianer zugeteiltem ›Überschussland‹ zu Spottpreisen an den Staat, der dieses dann an weiße Siedler quasi weiterverschenkte, wurde staatlich verordnet.[9]

Schon in seiner allerersten ›Annual Message‹ sprach Präsident Theodore Roosevelt 1901 zufrieden davon, dass der Dawes Act eine mächtige »Pulverisierungsmaschine« sei, »um die tribale Masse aufzubrechen«.[10]

Wie spiegelt sich dies nun gerade in ›Winnetou I‹ wider?

Den Ich-Erzähler Karl, das Alter Ego seines gleichnamigen Autors, trieben *(u)nerquickliche Verhältnisse in der Heimat und ein, ich möchte sagen, angeborener Tatendrang*[11] in die USA. Dort kommt er als Hauslehrer in St. Louis unter und lernt den Büchsenmacher Henry kennen. Dieser sorgt dafür, dass Karl als Landvermesser bei einer Eisenbahngesellschaft angestellt wird. Karl wird also Werkzeug derer, die mit der Eisenbahn die weitere Besiedlung des amerikanischen Westens voranbringen und damit die fortschreitende Verdrängung der indianischen Nationen betreiben.

In der Truppe, die neues Land für die Eisenbahn vermessen soll, ist auch Sam Hawkens, ein skurriler Westmann. Während der Arbeiten kommt es mit den eigentlichen Bewohnern des Landes, den Mescalero-Apachen, zu einer Auseinandersetzung. Dabei wird Klekih-petra, der sich schützend vor Winnetou wirft, von einem Wachmann der Eisenbahntruppe, Rattler, erschossen. Klekih-petra war Deutscher und ein Teilnehmer der Revolution von 1848/49, auf die ich später noch einmal zurückkommen werde. Er lebte bei den Apachen und war der Ratgeber des Häuptlings Intschu tschuna und Lehrer von dessen Kindern Winnetou und Nscho-tschi. Hier ist noch einmal deutlich herauszustellen: Winnetou und seine Schwester Nscho-tschi sind von einem Deutschen erzogen worden.

Die Eisenbahntruppe holt sich bei den nun ausbrechenden Kämpfen mit den Apachen Unterstützung bei den Kiowas, den Erzfeinden der Apachen. Karl, der inzwischen den Westmann-Titel ›Old Shatterhand‹ trägt, neigt aber in seinem Herzen zu den Apachen, vor allem auch zu Winnetou. Er gerät schwer verletzt in die Gefangenschaft der Apachen und muss sich nach seiner Genesung einem Zweikampf mit Intschu tschuna stellen, den er gewinnt. Zum Schluss gibt es eine völlige Aussöhnung; Old Shatterhand und Winnetous Freundschaft wird sogar durch eine Blutsbrüderschaft besiegelt.

Nscho-tschi verliebt sich unterdessen in Old Shatterhand, der sich zu dem Zeitpunkt aber nicht verheiraten möchte, schon gar nicht mit einer Indianerin. Hier zeigt sich deutlich zweierlei: das auch bei Karl May bestehende Gefühl der Überlegenheit der aufgeklärten Europäer gegenüber den vermeintlichen Naturvölkern. Und der Glaube, dass das Christentum die einzig richtige Religion und allen anderen Religionen deutlich überlegen sei. Um vermeintliche Defizite auszugleichen, soll Nscho-tschi in die Siedlungen der Weißen ziehen, um deren Lebensart und Kenntnisse besser kennen zu lernen.

Zunächst aber darf Old Shatterhand seine Vermessungsarbeiten abschließen. Daraufhin ziehen Intschu tschuna, Nscho-tschi, Winnetou, Old Shatterhand und andere zum Nugget-tsil. Dort werden die beiden Erstgenannten bei einem Raubüberfall erschossen, drei der Täter getötet, nur der Anführer Santer entkommt und flieht.

Folgende Probleme ergeben sich bis hierher:

Ein Vergleich mit Ethnographie und Geschichte zeigt, dass Karl Mays Apachen mit der Kultur der Mescaleros nur marginale Gemeinsamkeiten haben. Doch dies ist für mich zunächst nicht einmal der entscheidende Kritikpunkt, auch wenn sich Karl May viele Jahre später dazu fast selbstironisch in ›Winnetou IV‹ geäußert hat:

Wie viele Menschen, besonders sogenannte Volks- oder gar Jugendschriftsteller, haben schon »Indianerbücher« geschrieben, ohne von dem Außen- und Innenleben der amerikanischen Rasse auch nur die geringste, positive Kenntnis zu besitzen! Und das wird dann von Andern, die noch weniger wissen, gelobt und warm empfohlen![12]

Und später:

Auch das ist einer jener Punkte, welche denen, die über die rote Rasse schreiben, ohne die hierzu nötigen Kenntnisse zu besitzen, noch völlig unbekannt sind. Die Vergangenheit der Indianer ist eben eine ganz andere, als man denkt![13]

Viel entscheidender für mich ist die eigentliche Grundkonstruktion insbesondere von ›Winnetou I‹. Ein aus Deutschland nach Amerika Ausgewanderter beteiligt sich an der Besiedlung des amerikanischen Westens und damit an der Verdrängung der indigenen Nationen. Denn der Eisenbahnbau veränderte das Bild des sogenannten ›Wilden Westens‹ fundamental. An den Schienensträngen, die die Jagdgebiete der Native Americans zerschnitten, entstanden Städte. Die Gebiete jenseits des Mississippi ließen sich jetzt nicht mehr nur mit wochenlangen Planwagentrecks erreichen,

sondern viel schneller und komfortabler in wenigen Tagen mit dem Zug.
Dieses Problem wird in keiner Weise thematisiert, Old Shatterhand darf
vielmehr, als er schon Blutsbruder Winnetous geworden ist, seine begonnenen Vermessungsaufgaben für den neuen Schienenstrang der Eisenbahn
– der das indianische Land weiter zerstören wird – zu Ende bringen und
mehr noch: Der Häuptling der Apachen, sein Sohn und seine Tochter helfen aktiv bei der Zerstörung ihrer eigenen Lebensräume. Im Kontrast hierzu hatte Intschu tschuna beim ersten Zusammentreffen mit Old Shatterhand noch sehr deutliche Worte formuliert:

*»Deine Lehren klingen sehr schön, aber sie treffen nicht oft zu. Da hat man end-
lich einmal ein junges Bleichgesicht gesehen mit einem tapferen Herzen, offe-
nem Gesicht und ehrlichen Augen, und kaum hat man gefragt, was es hier tut, so
ist es gekommen, um uns gegen Bezahlung unser Land zu stehlen. Die Gesichter
der Weißen mögen gut sein oder bös, im Innern ist doch Einer wie der Andere!«* [14]

Diese Konstellation, dass sich die durchaus positive Sicht Karl Mays auf
die indianischen Nationen nicht mit der Konstruktion der Erzählung von
›Winnetou I‹ in Deckung bringen lässt, hat mit der Grundanlage der Wild-
West-Geschichten Mays zu tun: Dort kämpfen Indianer nicht in erster Linie gegen die in ihre Territorien eindringenden Weißen, sondern vor allem:
gegeneinander!
     Zwar schreibt May in seiner Einleitung sehr richtig und ausführlich:

*Ja, die rote Nation liegt im Sterben! Vom Feuerlande bis weit über die nordame-
rikanischen Seen hinauf liegt der riesige Patient ausgestreckt, niedergeworfen
von einem unerbittlichen Schicksale, welches kein Erbarmen kennt. Er hat sich
mit allen Kräften gegen dasselbe gesträubt, doch vergeblich; seine Kräfte sind
mehr und mehr geschwunden; er hat nur noch wenige Atemzüge zu tun, und die
Zuckungen, die von Zeit zu Zeit seinen nackten Körper bewegen, sind die Kon-
vulsionen, welche die Nähe des Todes verkündigen.*
     …
     *Es war nicht nur eine gastliche Aufnahme, sondern eine beinahe göttliche
Verehrung, welche die ersten ›Bleichgesichter‹ bei den Indsmen fanden. Welcher Lohn ist den Letzteren dafür geworden? Ganz unstreitig gehörte diesen das
Land, welches sie bewohnten; es wurde ihnen genommen. Welche Ströme Blutes
dabei geflossen und welche Grausamkeiten vorgekommen sind, das weiß ein
Jeder, der die Geschichte der ›berühmten‹ Conquistadores gelesen hat. Nach
dem Vorbilde derselben ist dann später weiter verfahren worden. Der Weiße
kam mit süßen Worten auf den Lippen, aber zugleich mit dem geschärften Messer im Gürtel und dem geladenen Gewehre in der Hand. Er versprach Liebe und*

*Frieden und gab Haß und Blut. Der Rote mußte weichen, Schritt um Schritt,
immer weiter zurück.*[15]

Eine wirklich treffende Analyse, aber man sucht sie, bis auf ein paar Hinweise, dass die indianische Rasse im Aussterben begriffen ist, im eigentlichen erzählerischen Teil vergebens. Hinweise zum generellen Aussterben
finden sich etwa in ›Winnetou III‹ in einem Gespräch zwischen drei Westmännern und Old Shatterhand:

*»Seid nicht so dumm! ... Was liegt an zwei Roten, die erschossen worden sind?
Sie werden doch alle ausgerottet und ausgelöscht! Was geschehen ist, das geht
uns nichts an.«*
...
*»Vielleicht habt Ihr so viel Einsicht, zuzugeben, daß die Roten dem Unter-
gange geweiht sind?«*
»Leider kann ich das nicht bestreiten.«[16]

Auch schon im ersten Drittel von ›Winnetou I‹ äußert Klekih-petra über
Winnetou und die indianischen Nationen:

*»(I)ch konnte ihn [den roten Mann] nicht retten; aber eins zu tun, das war mir
möglich: ihm den Tod erleichtern und auf seine letzte Stunde den Glanz der
Liebe, der Versöhnung fallen lassen. ... Ich wollte, Sie könnten Winnetou kennen
lernen; er ist so eigentlich mein eigenstes Werk. Dieser Jüngling ist groß angelegt. Wäre er der Sohn eines europäischen Herrschers, so würde er ein großer
Feldherr und ein noch größerer Friedensfürst werden. Als Erbe eines Indianer-
häuptlings aber wird er untergehen, wie seine ganze Rasse untergeht. Könnte
ich doch den Tag erleben, an welchem er sich einen Christen nennt!«*[17]

Im erzählerischen Teil stellt sich somit May in eine literarische Tradition,
deren bedeutendste Vorbilder sicher James Fenimore Coopers ›Lederstrumpf‹ oder, bei Karl May näherliegend, Gabriel Ferry sind. Der Landraub der Weißen wird nur nebenbei angerissen, wie gesagt auch in ›Winnetou I‹, die Erwähnung des Themas bleibt dann aber ohne Konsequenzen.
Oder in ›Winnetou III‹, wo der Eisenbahnbau im Grundsatz nicht verurteilt, die indianische Perspektive aber zumindest angesprochen wird:

*Dieses letztere [Camp mit Befestigung] war notwendig der Indianer wegen,
welche den Bau der Eisenbahn als einen Eingriff in ihre Rechte betrachteten
und ihn auf alle Weise zu verhindern und zu erschweren suchten.*[18]

Natürlich gibt es böse, ja sogar erzböse Weiße, wie etwa Rattler und Santer.
Und auch die Fragen des ungehemmten Profites werden von May immer

wieder als Problem der Vereinigten Staaten thematisiert, doch spiegelt sich dies lediglich in der Charakterisierung einzelner, böser Personen wider.

Auch in der folgenden Handlung hat Winnetou nichts gegen Siedler im Westen. Am eindrücklichsten zeigt sich dies vielleicht bei der Schilderung von Helldorf-Settlement, einer Siedlung bayerischer Auswanderer aus dem Fichtelgebirge.

Die erste Begegnung zwischen dem Apachen-Häuptling und dem alten Vater Hillmann verläuft so:

Er nahm seine Mütze von dem ergrauten Haupte, streckte dem Häuptlinge die Hand entgegen und sagte englisch:
»Ich bin Euer Diener, Sir.«
Ich gestehe, daß diese Ergebenheitsphrase einem Indianer gegenüber mir ein kleines Lächeln abnötigte; aber sie war gut und aufrichtig gemeint. Winnetou verstand und sprach das Englische besser als gut. Er nickte freundlich, drückte dem Alten die Hand und antwortete:
»Winnetou ist Euer Freund; er liebt die Weißen, wenn sie gut sind.«[19]

Diese Diskrepanz zwischen dem Erkennen der indianischen Notlage in den USA und deren nur rudimentärer Berücksichtigung in ›Winnetou‹ I–III führt schnell zu der Frage, wie die Situation der Native Americans in den Publikationen der Zeit geschildert wird. Insgesamt lässt sich sagen, dass das Bild der aussterbenden indianischen Nationen auch in den zeitgenössischen Zeitschriften transportiert wird. Doch der Widerstand der indianischen Nationen wird dabei, anders als bei Karl May, durchaus prominent behandelt. Zwei Beispiele mögen das verdeutlichen: Als die Leipziger ›Illustrirte Zeitung‹, ein späteres Publikationsorgan Mays, 1869 das Gemälde ›Indianer, einen Zug der Pacific-Eisenbahn überfallend‹ des deutsch-amerikanischen Malers Theodore Kaufmann veröffentlichte, wurden die Indianer in der Bildbeschreibung als Verzweifelte angesehen, die »die Waffen des Schwachen, die List und Tücke, (...) gegen den übermächtigen Gegner« einsetzten, auch wenn der letztendliche Untergang der indianischen Nationen unausweichlich und notwendig sei.[20] Zwei Jahre zuvor wurde in der gleichen Zeitschrift betont, wie verlustreich die bewaffneten Auseinandersetzungen gerade für die Weißen seien:

Die Stämme, welche jetzt zu den Waffen gegriffen haben, sind im ganzen etwa 78,000 Mann stark. Mit ihren abgehärteten, kleinen Pferden sind sie ein schwer zu jagendes Wild, und die bisherige Erfahrung hat gelehrt, daß auf einen erschlagenen Indianer drei und mehr Weiße kommen (...). Der Krieg gibt an Kostspieligkeit dem großen Bürgerkriege wenig nach (...).[21]

Sehr eindrucksvoll sind auch die Berichte in der ›Gartenlaube‹ von Rudolf Cronau, der 1881 Sitting Bull begegnete, den er als »rothe(n) Napoleon« oder »Schrecken aller Weißen« bezeichnete.[22]

Wie entwickelt sich Karl Mays Blick auf die indianischen Nationen in ›Winnetou IV‹, dem so völlig anders verfassten Abschluss der Tetralogie, Teil des symbolistischen Alterswerks und sein letzter Roman? Er ist die Verarbeitung seiner Eindrücke der Amerikareise von 1908 und im Sinne der Beschreibung der Lage der Native Americans und eines Lösungsansatzes ihrer Probleme für mich eine Enttäuschung, was ich im Weiteren kurz ausführen möchte.
     ›Winnetou IV‹ beginnt in Deutschland, genauer in Radebeul. Old Shatterhand sieht seine Post durch, darunter ein *anthropologisches Fachblatt aus Oesterreich.*

Im letzteren war die Ueberschrift eines längeren Artikels durch Blaustrich hervorgehoben. Sie lautete: »Das Aussterben der indianischen Rasse in Amerika und ihr gewaltsames Verdrängen durch die Kaukasier und Chinesen.«[23]

Dass hier auch die Chinesen verantwortlich gemacht werden, ist zumindest verwunderlich, denn die Durchdringung und Eroberung des nordamerikanischen Kontinents und damit die Verdrängung der Native Americans war eindeutig das Werk der weißen Europäer. Doch Letzteres wird hier zumindest genannt. Auch beim – in der Realität ebenfalls – besuchten Grab des Sa-go-ye-wat-ha in Buffalo. Dort am Grab gibt Old Shatterhand faktisch den indianischen Nationen die Schuld an ihrem vermeintlichen Untergang und sieht gar die Weißen nur als Werkzeug Gottes:

»Daß kein Mensch, kein Volk und keine Rasse Kind und Knabe bleiben darf. Daß jede Savanne, jeder Berg und jedes Tal, jedes Land und jeder Erdteil von Gott geschaffen wurde, um zivilisierte Menschen zu tragen, nicht aber solche, denen es unmöglich ist, über das Alter, in dem man sich nur immer schlägt und prügelt, hinauszukommen. Daß der allmächtige und allgütige Lenker der Welt einen [!] jeden Einzelnen und einer jeden Nation sowohl Zeit als auch Gelegenheit gibt, aus diesem Burschen- und Bubenalter herauszukommen. Und daß endlich ein Jeder, der dennoch stehen bleibt und nicht vorwärts will, das Recht, noch weiter zu existieren, verliert. Der große Manitou ist gütig, aber er ist auch gerecht. Er wollte, daß auch der Indianer gütig sei, besonders gegen seine eigenen roten Brüder. Als aber die Indsmen nicht aufhören wollten, sich untereinander zu zerfleischen, sandte er ihnen das Bleichgesicht – – –«.[24]

Später wiederholt er diesen Vorwurf erneut, begreift zugleich aber auch nicht die Unterschiedlichkeit der verschiedenen indianischen Nationen. Die Ausbildung unterschiedlicher Nationen, die in ihrer Lebensweise, ihrer Ausprägung von Sesshaftigkeit, ihren Sprachen nicht viel gemeinsam hatten, war ja kein Ergebnis von Columbus und den Folgen.

»Habt ihr begriffen, wie es gesühnt werden muß, wenn Hunderte von kleinen und immer kleineren Indianernationen und Indianernatiönchen sich tausend Jahre lang untereinander bekämpfen und vernichten? Daß es ein millionenfacher Selbstmord war, an dem ihr zugrunde gegangen seid? Daß der Blut- und Länderdurst der Bleichgesichter nur eine Zuchtrute in der Hand des großen, weisen Manitou war, deren Schläge euch aus dem Schlaf zu wecken hatten?«[25]

Auch Tatellah-Satah erklärt die Rivalität zwischen den indianischen Nationen zum Hauptgrund für das ›Verschwinden‹ der Indigenen:

Er bewies ihnen, daß dies [das von Young Surehand und Young Apanatschka entworfene Winnetou-Denkmal] *den Untergang ihres Volkes nicht verzögern, sondern nur beschleunigen könne, weil es die anderen Stämme neidisch gegen die Apatschen reize.*[26]

Die Lösung für Karl May – ich denke, man erkennt hier durchaus den tiefen Pazifismus in Mays Spätwerk – bestand in der Schaffung einer zuvor niemals existenten indianischen Gesamtnation unter Leitung von Old Shatterhand, für die die Native Americans aber erst einmal de-indianisiert werden müssten:

»Genau ebenso wissen wir von der hier zerstäubenden roten Rasse nur, daß sie aus der Zeit und aus dem Lande des Gewaltmenschen stammt und der Zeit und dem Lande des Edelmenschen entgegenfließt, um dort in neuen Ufern neue Vereinigung zu finden.«[27]

Und das Vorbild, quasi die Verkörperung des Wandels vom Gewalt- hin zum Edelmenschen, ist hier Winnetou, der Germane im Gewand eines Plains-Indianers:

»Es ist wahrlich keine Herabsetzung, wenn ich von ihm behauptete, er sei nicht Gelehrter oder Künstler, nicht Schlachtensieger oder König gewesen, denn er war mehr als das Alles: Er war Mensch! Er war Edelmensch! Und er war der erste Indianer, in dem die Seele seiner Rasse aus dem Todesschlaf erwachte. In ihm wurde sie neu geboren.«[28]

Auch schrieb dieser Winnetou, wie die Bürgerlichen im deutschen Kaiserreich, ein Testament, in seinem Falle sogar ein sehr ausführliches. Beim
Öffnen der Gefäße, in denen das Testament verwahrt war, beschreibt es
May so: *Es waren lauter zusammengebundene Hefte, Manuskripte, geschrieben von Winnetous eigener, mir wohlbekannter Hand.*[29]

Und schließlich soll nach ihm eine Stadt benannt werden, die alle Native
Americans aufnimmt, eine Art Großreservat, in welcher Form auch immer:

*»Es wird!« versicherte ich. »Wenn wir wünschen, daß die Seele der roten Rasse
erwache, genügt es nicht, nur allein für ihre geistige Zukunft zu sorgen, sondern
wir müssen ihr auch eine äußere Stätte bereiten, aus welcher sie die nötige Er-
denkraft zu ziehen vermag. Das soll und wird die Stadt Winnetou sein, die Ihr
geplant habt, ohne an die Volksseele, der sie als Residenz zu dienen hat, zu
denken. Fragt euch, was für Straßen, für Plätze, für Hauser, für Gebäude wir da
brauchen! Ein Stammeshaus für jeden einzelnen roten Stamm! Einen Heimpa-
last für jeden einzelnen Clan, den größten und schönsten für den neugegründe-
ten ›Clan Winnetou‹! Wieviel Monumentalbauten ergibt schon das allein! Denkt
euch hierzu das Schloß hoch über der Stadt in würdiger Weise ausgebaut! Denkt
euch ferner, daß der ›Berg der Königsgräber‹ sich öffnen wird und ihr die Schätze, die er euch sendet, in der Weise unterzubringen habt, wie man es solchen
unvergleichlichen Reichtümern schuldig ist! Das ist nur Einiges, was ich euch
für jetzt und einstweilen sagen kann. Verlangt ihr mehr?«*[30]

Man kann bei einigen Punkten durchaus auf die Idee kommen, dass der
Shawnee Tecumseh ein Vorbild für den alle indianischen Nationen zusam-
menführenden großen Anführer gewesen sei. Schon 1979 schrieb Berndt
Banach: »Die Wirklichkeit übertrumpft sogar noch die Dichtung: An die
menschliche Grösse eines Tecumsehs zum Beispiel reicht selbst Winnetou
nicht heran.«[31] Dazu möchte ich ergänzen: Tecumseh wollte eine Allianz
aller indianischen Nationen als Bollwerk gegen die Weißen schaffen;[32] in
›Winnetou IV‹ geht es aber um eine Stadt, in der alle indianischen Nationen eingesammelt werden sollen.

Eng verknüpft mit der Frage, wie Karl May Native Americans betrachtet,
ist die, welches Bild er von deren Frauen zeichnet. Bei einer ersten Analyse wird man feststellen, dass über viele schlecht geredet wird:

*Die alte war häßlich, wie die meisten alten, roten Squaws, was eine Folge der
Ueberanstrengung ist, da die Frauen alle, selbst die schwersten Arbeiten ver-
richten müssen, während die Männer nur dem Kriege und der Jagd leben und
die übrige Zeit untätig verbringen.*[33]

Die negativen Äußerungen über indianische Frauen setzen sich fort, wenn sich Old Shatterhand über Kliuna-ai, die ›Flamme‹ Sam Hawkens', äußert:

> *»Aber, Sam, eine Indianerin!«*
> *»Was ist's weiter? Würde sogar eine Negerin heiraten, wenn sie nicht schwarz wäre.«*
> ...
> *Das menschenfreundliche Gefühl, welches er für die indianische Wittib emp-fand, verursachte mir gar keine moralischen Schmerzen und Bedenken. ... Er glich einer männlichen Pastrana mit einem Geierschnabel im Gesichte. Das war selbst für eine Indianerin zu toll.*[34]

Nscho-tschis Aussehen, durchweg als äußerst schön geschildert, wird dagegen kaum als indianisch charakterisiert:

> *Die junge war schön, sogar sehr schön. Europäisch gekleidet, hätte sie gewiß in jedem Salon Bewunderung erregt. ... Ihr einziger Schmuck bestand aus ihrem langen, herrlichen Haare, welches in zwei starken, bläulich schwarzen Zöpfen ihr weit über die Hüften herabreichte. Dieses Haar erinnerte mich an dasjenige von Winnetou. ... Von indianisch vorstehenden Backenknochen war keine Spur. ... Die feingeflügelte Nase hätte weit eher auf griechische als auf indianische Abstammung deuten können. Die Farbe ihrer Haut war eine helle Kupferbronze mit einem Silberhauch.*[35]

Bekanntermaßen verliebt sich die Schwester Winnetous dann in unseren deutschen Helden, doch Old Shatterhand sträubt sich. Auf die Frage Winnetous: *»Was für eine Squaw würde mein junger Bruder vorziehen, eine rote oder weiße?«* geht diesem durch den Kopf: *Durfte ich sagen, eine weiße? Nein, denn das hätte ihn beleidigt.*[36]

Schon vor dem Gespräch mit seinem Blutsbruder hatte Winnetou die Hoffnungen seiner Schwester auf eine Heirat mit Old Shatterhand gedämpft. Hat er gar schon zu viel des kulturellen Überlegenheitsdenkens der Europäer internalisiert, wenn er sie fragt:

> *»Aber was hast du gesehen und gehört? Was hast du gelernt? Du kennst das Frauenleben der roten Völker, aber nichts von dem, was eine weiße Squaw gelernt haben und wissen muß. Old Shatterhand sieht nicht auf den Glanz des Goldes und auf die Schönheit des Angesichts; er trachtet nach andern Dingen, die er bei einem roten Mädchen nicht finden kann.«*[37]

Man kann Winnetou hier durchaus als »deindianisiert«[38] sehen. Hier unterscheidet er sich fundamental etwa von Chingachgook und Uncas aus Coopers ›Lederstrumpf‹-Romanen, die zwar für und mit Kolonialherren arbeiten, wie übrigens alle Native Americans des nordöstlichen Waldlandes im French and Indian War,[39] dem Siebenjährigen Krieg in Nordamerika. Doch sie bleiben ihrer Kultur treu. Winnetou dagegen ist, wie Hartmut Lutz es formuliert hat, »ein deutscher Kleinbürger im Indianerkostüm«.[40] Oder wie Allison Aldridge Saur von der Chickasaw Nation auf dem Kongress in Potsdam im März 2023 sagte: Winnetou sei kein indianisches, sondern ein deutsches Problem. »Winnetou was German in 1893 and is still German today.«[41]

Später verliebt sich erneut eine indigene Frau in Old Shatterhand, Ka-koh-oto, die Tochter des Kiowa-Kriegers Sus-Homascha:

Konnte ich ihm meine eigentlichen Gründe sagen? Daß ein gebildeter Europäer nicht seine ganze Existenz dadurch vernichten kann, daß er ein rotes Mädchen heiratet? Daß einem solchen Manne die Ehe mit einer Indianerin nicht das bieten kann, was sie bieten soll und muß? Daß Old Shatterhand nicht zu den weißen Halunken gehört, die eine rote Squaw nehmen, nur um sie später zu verlassen ...?[42]

Aber ist das wirklich der Grund? Wie Karl May mit rassistischen und antisemitischen Vorurteilen und Stereotypen spielte, zeigt sich eindrücklich in einer Passage aus ›Winnetou III‹, in der er San Francisco beschreibt:

Hier geht der stolze, malerisch gekleidete Mexikaner neben dem schlichten Schwaben, der langweilige Engländer neben dem beweglichen Franzosen; der indische Kuli im weißen Baumwollenkleide begegnet dem schmutzigen polnischen Juden, der elegante Dandy dem rauhen Hinterwäldler, der handelnde Tiroler dem Goldsucher ... Hier ist zu treffen der Mongole aus den Hochebenen Asiens, der Parsi aus Kleinasien oder Indien, der Malaie der Sunda-Inseln und der Chinese vom Strande des Yang-tse-kiang.

Diese ›Söhne aus dem Reiche der Mitte‹ bilden den hervorragendsten fremdländischen Typus der hiesigen Bevölkerung. Sie scheinen alle samt und sonders über einen Kamm geschoren und über einen Leisten geschlagen zu sein. Bei allen ist die Nase kurz und gestülpt; bei allen ragt der Unterkiefer über den Oberkiefer hervor; alle haben die häßlich aufgeworfenen Lippen, die eckig hervorstehenden Backenknochen, die schief geschlitzten Augen, die nämliche Gesichtsfarbe, bräunlich grün ohne alle Schattierung, ohne eine Spur von dunkler Färbung der Wangen, hellerer Farbe der Stirne; überall sieht man in den häßlichen, nichtssagenden Zügen den Ausdruck, den man mit dem Worte l e e r bezeichnen möchte und der infolgedessen nicht einmal ein Ausdruck wäre, wenn nicht aus den zugeblinzten Augen ein Etwas blickte, welches sie alle kennzeichnet: die List.[43]

Schon früh finden sich im ›Buch der Liebe‹ klar rassistisch konnotierte Passagen:

*Leider macht sich die Hautthätigkeit des Negers durch eine scharfe, übelrie-
chende, knoblauchartige Ausdünstung bemerklich, welcher dem Nervenzarten
eine zärtliche Annäherung bedeutend erschwert. Diese Transpiration ist so pe-
netrant, daß sich ihr Geruch sogar oft den Fußtapfen des Negers für eine kurze
Zeit mittheilt.*[44]

Der gleiche abstruse Gedankengang wird dann in ›Winnetou III‹ noch einmal aufgenommen:

*Allein jedoch brachte ich es wohl besser fertig als mit Hilfe des Negers, da alle
indianischen Pferde einen unüberwindlichen Abscheu gegen die schwarze Rasse hegen, deren Ausdünstungen den Tieren zuwider ist.*[45]

Aber auch solche Zitate sind aus heutiger Sicht schwer zu ertragen:

»Sam,« – *sagte ich leise, indem ich mich zu ihm neigte, damit die Andern meine
Worte nicht hörten* – *»beflecke dich nicht mit dem Blute der Mörder, indem du
sie als Wehrlose kaltblütig niederschießest. Solche Rache entehrt einen Chri-
stenmenschen und ist Sünde. Ueberlaß sie dem Neger!«*[46]

Doch reflektiert Karl May seine Stereotypen auch dann immer wieder und
zeigt, dass er, im Gegensatz zu vielen anderen seiner Zeit, auch in der Lage
war, sie zu hinterfragen. So findet man in ›Winnetou III‹ etwa den Satz: *der
Indianer ist gegen die schwarze Rasse noch stolzer als der Weiße.*[47]

Und René Grießbach hat in den ›Mitteilungen‹ 205 und 206 gezeigt,
dass die Figur des Massa Bob in dem 1894 verfassten ›Old Surehand I‹
zwar stereotyp gezeichnet ist, aber durchaus nicht negativ.[48] Auch war Karl
May wohl nie ein Anhänger eines mörderischen Rassismus oder Antisemitismus. Selbst die intensive Lektüre von Houston Stewart Chamberlains
Machwerk ›Die Grundlagen des neunzehnten Jahrhunderts‹ verführten ihn
nicht, der Rassenkonkurrenz und dem radikalen Antisemitismus zu folgen.
Dass seine humanitären Grundüberzeugungen ihn davor bewahrten, hat
eindrucksvoll Hartmut Wörner in seiner Studie gezeigt.[49]

Trotzdem gibt es gerade im Spätwerk ein rassistisches Beispiel, das man
in der Tat nur als ausschließlich negativ gezeichnet verstehen kann. In
›Winnetou IV‹ beim Betreten der *Stube des Niggers* wird der Wirt, dessen
Vater ein Indianer und dessen Mutter eine Schwarze war, wie folgt geschildert: *Ein Riese von Person, mit indianischen Gesichtszügen, aber aufge-
stülpter Negernase und echter Mohrenhaut. Einen treffenderen Typ der
Brutalität als ihn konnte man sich wohl kaum denken!*[50]

Auch wenn es nur eine absolute Randfigur ist, überrascht ihre Darstel-

lung beim Blick in die Geschichte des Kaiserreichs nicht wirklich. Mit den
Aufständen der Herero und Nama 1904–1908 veränderte sich das Bild von
schwarzen Menschen in Deutschland fundamental. Bis dahin hatten sie
keine große Rolle im öffentlichen Bewusstsein des Kaiserreichs gespielt.
Das Bild der schwarzen Menschen war bis dahin kulturalistisch als das
eines erziehungsbedürftigen Kindes mit den Stereotypen ›Wilder‹ und ›un-
beschwerter Naturmensch‹ verknüpft. Doch die Berichterstattung in den
Medien über die Aufstände konzentrierte sich auf Darstellungen von angeblichen Gräueltaten der Herero und Nama, mit denen letztlich auch der
Genozid an ihnen begründet wurde. Die Berichterstattung über mordlüs-
terne schwarze ›Bestien‹ veränderte die öffentliche Wahrnehmung von
schwarzen Menschen hin zum »tendenziell biologistisch-rassistische(n)
Bild vom ›Neger‹ als Tier«.[51] Genau dieses Bild zeichnete Karl May auch
beim schwarzen Wirt. Deutlichstes Zeichen dieses Wandels war die sogenannte ›Hottentottenwahl‹ 1907. Im Zeichen des auch für die deutschen
Kolonialtruppen überaus verlustreichen Nama-Aufstands entfaltete das
konservative politische Spektrum eine Hetzjagd gegen die Kolonialgegner
der Zentrumspartei und vor allem der SPD. Mitgliedern der Letzteren wurde dabei gerne ›vaterlandslose Gesinnung‹ unterstellt, denn das Herz der
Sozialdemokratie sei dort, ›wo des Feindes Fahnen wehen‹.[52] Dass der
Wirt in ›Winnetou IV‹ zudem als *der eigentliche Führer der hiesigen Arbeiterschaft* bezeichnet wird, rundet das Bild an dieser Stelle ab.[53]

Was bei May vollkommen fehlt, ist eine positive Charakterisierung der
amerikanischen Demokratie, ein Lob auf die Republik, wie bei Charles
Sealsfield in den ›Lebensbildern aus der westlichen Hemisphäre‹ (1834–
1837) oder bei Friedrich Gerstäcker in seinen ›Regulatoren in Arkansas‹
(1846).

In diesem Zusammenhang kommt man dann fast unweigerlich zu Klekih-petra, dem deutschen Lehrer Winnetous und ehemaligen Revolutionär
von 1848/49. In seinem Lebensbericht an Old Shatterhand schildert er seine frühere Existenz als *Lehrer an einer höheren Schule*:

*»Mein größter Stolz bestand darin, Freigeist zu sein, Gott abgesetzt zu haben,
bis auf das Tüpfel nachweisen zu können, daß der Glaube an Gott ein Unsinn
sei. Ich war ein guter Redner und riß meine Hörer hin. Das Unkraut, welches ich
mit vollen Händen ausstreute, ging fröhlich auf, kein Körnchen ging verloren.
Da war ich der Massendieb, der Massenräuber, der den Glauben an und das
Vertrauen zu Gott in ihnen tötete. Dann kam die Zeit der Revolution. Wer keinen
Gott anerkennt, dem ist auch kein König, keine Obrigkeit heilig. Ich trat öffentlich als Führer der Unzufriedenen auf ...«*[54]

Meine Interpretation dieser Stelle unterscheidet sich deutlich von der Claus Roxins in den ›Mitteilungen‹ von 1976.[55] Roxin beruft sich dabei auf unterschiedliche Aussagen im Früh- und Spätwerk Karl Mays, die nach seiner Ansicht deutlich machen, dass, um mit Hans Wollschläger zu sprechen, Mays Werk »eine einzige Recherche nach der verlorenen Liebe war«, also in erster Linie psychologisch zu lesen ist.[56] Roxin schreibt:

> Was aber die Klekih-petra-Episode betrifft, so läßt sich zusammenfassend sagen, daß sie kein Produkt eines vernunftfeindlichen Irrationalismus und nicht einmal ein Dokument besonders konservativer Gesinnung ist. Sie ist vielmehr, wie das Religiöse fast immer bei May, ein Stück verschlüsselter Psychologie und Zeugnis einer humanen, antiimperialistischen und im Ansatz progressiv pazifistischen Haltung.[57]

Ich sehe in den Äußerungen doch vielmehr Aussagen, die die Aufklärung als Gift, die Negation Gottes als Beginn des Hochverrats an König und Obrigkeit beschreiben. Die Untertanen waren »*arm, aber zufrieden*« gewesen; nach der Revolution, ein großes Unglück, ging es ihnen jedoch ohne die Männer, die tot waren oder im Zuchthaus einsaßen, noch schlechter.[58] Die Reaktion war der Erlöser und nicht der, der auf die Aufständischen schoss und sie tötete oder ins Gefängnis steckte.

Bestätigung findet diese Interpretation vor allem zu Beginn von Mays Autobiographie ›Mein Leben und Streben‹. In einem Passus schildert May die 1848/49er-Revolution in Hohenstein-Ernstthal. Sein Vater hatte in der Revolution, so die Worte Mays, *fleißig auswärts zu tun; leider aber war seine Arbeit mehr ehrend als nährend. Es galt nämlich, den König Friedrich August und die ganze sächsische Regierung vor dem Untergange zu retten.*[59] Hainer Plaul kommentiert diese Stelle:

> Die Schilderung, die May von den revolutionären Ereignissen 1848/49 in seiner engeren schönburgischen Heimat liefert, läßt sein völliges Unverständnis gegenüber politischen und sozialen Bewegungen in einem erschreckenden Maße deutlich werden.[60]

Zudem verdreht hier May völlig die Fakten, war sein Vater doch wahrscheinlich vielmehr Mitglied des zweiten Freischarzuges, der zur Unterstützung der Revolution gegen Dresden zog. Denn an diesem beteiligten sich die Ernstthaler Weber. Dies alles ereignete sich im Rahmen des Maiaufstandes zwischen dem 3. und 9. Mai 1849, an dem Michail Bakunin an führender Stelle und Richard Wagner als dessen Freund beteiligt waren. Doch kurz vor dem Eintreffen in Dresden bekam der Freischarzug die Nachricht, dass die Revolution niedergeschlagen war.[61]

Auch in der langen Rede Fangs auf dem österreichischen Dampfer von Ceylon zu den malayischen Inseln wird das Verhältnis Mays zu den Ideen der Revolution von 1848/49 noch einmal bekräftigt. Fang selber argumentiert darin antikolonialistisch und gegen eine kulturalistische Überheblichkeit der Europäer. In diesem Zusammenhang ist interessant, was May Fang in seiner Rede als schlechte europäische Eigenschaften in den Mund legt:

»... *sie, deren angebetete Weltweisheit nicht weitergekommen ist, als nur zu der Behauptung, daß kein Gott die Welt regiere; sie, deren so laut ausposaunte Humanität nichts als nur der verkappte Egoismus ist; sie, deren staatliche Konstitutionen so vom Anarchismus, Nihilismus, Sozialdemokratismus und anderen Krankheiten, von denen wir uns frei gehalten haben, zerfressen sind, daß sie sich ihrer kaum erwehren können* ...«[62]

Aber warum, fragt man sich zunächst, hat dieser Karl May, der aus ärmlichsten Verhältnissen kommt, ein derart negatives, ablehnendes Verhältnis gegenüber sozialen Bewegungen? Die Antwort ist wohl recht einfach: Karl May wollte dazugehören, wollte Teil sein der bürgerlichen, kaiserzeitlichen Gesellschaft. Er, der sich als Schriftsteller aus dem Elend der Weber nach oben gearbeitet hatte, fühlte sich in seiner Rolle als Mitglied des Bürgertums wohl und wollte dies auf keinen Fall gefährden. Er wohnte in Radebeul bürgerlich, zur Zeit der Publikation von › Winnetou I‹ noch in der Villa Agnes, ab 1896 dann in der Villa ›Shatterhand‹. Und deshalb übernahm er schon sehr früh bürgerliche Ansichten und keine proletarischen bzw. sozialdemokratischen.[63] Bei den Fragen von Rasse, Herkunft, Frauenwahlrecht und anderem waren die Ansichten der Mehrheit im Proletariat und der Mehrheit im Bürgertum völlig unterschiedlich. Die Frage von Kolonialismus und Rassismus wurde, wie oben gezeigt, von den bürgerlichen Kräften mit dem Antisozialismus verwoben. Die Frage der Frauenemanzipation wurde sicher auch bei den Arbeitern sehr unterschiedlich gesehen, und doch war es der spätere SPD-Vorsitzende August Bebel, der 1879 seinen Longseller ›Die Frau und der Sozialismus‹ veröffentlichte und im Namen der SPD-Fraktion erstmals 1895 im Deutschen Reichstag den Antrag auf Einführung des Frauenwahlrechts einbrachte.[64] Doch alle diese Positionen konnte Karl May, auch wenn er das gewollt hätte, nicht einnehmen. Denn damit hätte er seinen unglaublichen Aufstieg vom bettelarmen Webersohn zum wohlhabenden Villenbesitzer in Gefahr gebracht. Wirklich übel nehmen kann man ihm das nicht einmal.

Und wie brüchig dieser Aufstieg war, zeigte sich spätestens ab 1902 mit den Münchmeyer-Prozessen und allen anderen gerichtlichen Auseinandersetzungen, die später folgten.[65]

*

War Karl May nun ›ein Kind seiner Zeit‹? Diese Phrase ist eine Floskel, die eine Entlastungsfunktion hat, die aber überhaupt nichts erklärt. Wer war ein Kind seiner Zeit? War es Otto von Bismarck oder war es August Bebel, die politisch und lebenswirklich in deutlich unterschiedlichen Welten lebten? Das lässt sich nicht entscheiden.

Was wir aber sagen können, ist, dass Karl May sicher eine hohe Grundsympathie für die indianischen Nationen hatte. Bei der Besiedelung des nordamerikanischen Kontinents durch Weiße erkannte er durchaus, dass die Indianer dem Untergang geweiht waren, revidierte aber nicht seine Meinung, dass die weiße Landnahme ein grundsätzlich positives Ereignis sei. Möglicherweise ist deshalb auch, anders als in anderen Publikationen der Zeit, sein Blick auf den indianischen Widerstand so eingeschränkt. Auch die Lösungsoption, alle indianischen Nationen in einer sehr europäisch wirkenden Siedlung unter Führung des weißen Sachsen Old Shatterhand zu vereinen, ist bestenfalls originell.

Rassistische Stereotypen gegenüber anderen nichteuropäischen Völkern bei Karl May sind eher im Trend der Zeit; im Gegensatz zu vielen Zeitgenossen konnte Karl May sie aber durchaus auch reflektieren. Sehr zeitgemäß ist sein Blick auf schwarze Menschen in ›Winnetou IV‹. Hier folgt er der bürgerlichen Sicht, die mit dem Aufstand der Herero und Nama in Deutsch-Südwestafrika mehrheitlich schwarze Menschen als brutale Bestien zeichnete.

Auch sein Blick auf soziale Bewegungen und die Aufklärung ist durchweg negativ. Der Aufsteiger Karl May vertrat vehement die Ansichten des kaiserzeitlichen Bürgertums, nicht die seiner Herkunftsklasse, und hoffte damit endgültig Teil dieser Schicht zu sein. Wie sehr er sich darin irrte, zeigen die Schmutzkampagnen und Prozesse am Ende seines Lebens.

Zum Schluss muss noch einmal deutlich gesagt werden, dass wir sicherlich Karl May und seine Werke mit unserem heutigen Blick, unserem aktuellen Wissen und im Rahmen der Debatten des 21. Jahrhunderts betrachten. Keiner von uns darf aber erwarten, dass Karl May, dessen ›Winnetou‹ vor über 130 Jahren erschien, diese schon aufgegriffen hätte. Dann wäre er wirklich ein mit übernatürlichen Eigenschaften ausgestatteter Superheld gewesen.

---

1 Vgl. dazu umfassend: Wolfgang Reinhard: Die Unterwerfung der Welt. Globalgeschichte der europäischen Expansion 1415–2015. München ⁵2021.
2 Jürgen Osterhammel/Jan C. Jansen: Kolonialismus. Geschichte, Formen, Folgen. München ⁹2021, S. 22.

3 Zur sogenannten Berliner Kongokonferenz siehe: Horst Gründer: Der »Wettlauf« um Afrika und die Berliner Westafrika-Konferenz 1884/85. In: Kolonialmetropole Berlin. Eine Spurensuche. Hrsg. von Ulrich van der Heyden/Joachim Zeller. Berlin 2002, S. 19–23.

4 Es gibt verschiedene Thesen zum Wandel des Anti-Kolonialisten Bismarck in einen Kolonialisten. Dem kann an dieser Stelle nicht weiter nachgegangen werden. Vgl. hierzu Thomas Nipperdey: Deutsche Geschichte 1866–1918. 2. Bd.: Machtstaat vor der Demokratie. München 1992, S. 445–453.

5 Umfassend zu den Bänden ›Winnetou‹ I–III: Helmut Schmiedt: Die Winnetou-Trilogie. Über Karl Mays berühmtesten Roman. Bamberg/Radebeul 2018.

6 Vgl. Aram Mattioli: Zeiten der Auflehnung. Eine Geschichte des indigenen Widerstandes in den USA 1911–1992. Stuttgart 2023, S. 32f.

7 Theodore Roosevelt: Second Annual Message (December 02, 1902). The American Presidency Project, www.presidency.ucsb.edu/documents/second-annual-message-16 [7. 6. 2024].

8 Transkription und einleitende Erläuterungen auf der Seite des US-Nationalarchivs: www.archives.gov/milestone-documents/dawes-act [7. 6. 2024].

9 Vgl. Mattioli, wie Anm. 6, S. 35.

10 Wörtlich: »The General Allotment Act is a mighty pulverizing engine to break up the tribal mass. It acts directly upon the family and the individual. Under its provisions some sixty thousand Indians have already become citizens of the United States.« Theodore Roosevelt: First Annual Message (December 03, 1901). The American Presidency Project, www.presidency.ucsb.edu/documents/first-annual-message-16 [7. 6. 2024].

11 Karl Mays Werke. Historisch-kritische Ausgabe. Abt. IV Bd. 12: Winnetou. Erster Band. 2., verbesserte und erweiterte Auflage. Hrsg. von Joachim Biermann/Ulrich Scheinhammer-Schmid. Bamberg/Radebeul 2013, S. 14.

12 Karl May: Gesammelte Reiseerzählungen Bd. XXXIII: Winnetou. 4. Band. Freiburg i. B. o. J. [1910], S. 164; Reprint Bamberg 1984.

13 Ebd., S. 199.

14 May: Winnetou. Erster Band, wie Anm. 11, S. 98.

15 Ebd., S. 9f.

16 Karl Mays Werke. Historisch-kritische Ausgabe. Abt. IV Bd. 14: Winnetou. Dritter Band. Hrsg. von Joachim Biermann/Ulrich Scheinhammer-Schmid. Bamberg/Radebeul 2013, S. 409–412.

17 May: Winnetou. Erster Band, wie Anm. 11, S. 111.

18 May: Winnetou. Dritter Band, wie Anm. 16, S. 304.

19 Ebd., S. 351.

20 L. P.: Indianer, einen Eisenbahnzug überfallend. Originalgemälde von Theodor Kaufmann. In: Illustrirte Zeitung. No. 1336 (6. Februar 1869), S. 102. Eine Reproduktion des Ölgemäldes (Originaltitel ›Westward the Star of Empire‹, 1867) befindet sich auf S. 101.

21 R. A.: Der Indianerkrieg in Nordamerika. In: Illustrirte Zeitung. No. 1270 (2. November 1867), S. 293f. (294).

22 Rudolf Cronau: Um die Erde. Neunter Brief: Ein rother Napoleon. In: Die Gartenlaube. Jg. 1882, No. 17, S. 276–279; Volltext unter: de.wikisource.org/wiki/Um_die_Erde_(9) [7. 6. 2024].

23 May: Winnetou. 4. Band, wie Anm. 12, S. 2.
24 Ebd., S. 60f.
25 Ebd., S. 286f.
26 Ebd., S. 434.
27 Ebd., S. 67.
28 Ebd., S. 285.
29 Ebd., S. 262.
30 Ebd., S. 601.
31 Berndt Banach: Die Rasse, die nicht gross werden durfte. Karl May und die Indianer. Sonderheft der Karl-May-Gesellschaft Nr. 19/1979, S. 24.
32 Vgl. Stephan Maninger: Roter Napoleon der Neuen Welt. Tecumseh (1768–1813). In: Kriegsherren der Weltgeschichte. 22 historische Portraits. Hrsg. von Stig Förster/ Markus Pöhlmann/Dierk Walter. München 2010, S. 202–216.
33 May: Winnetou. Erster Band, wie Anm. 11, S. 253.
34 Ebd., S. 361, 362f.
35 Ebd., S. 253.
36 Ebd., S. 367.
37 Ebd., S. 357.
38 Hartmut Lutz: »Indianer« und »Native Americans«. Zur sozial- und literarhistorischen Vermittlung eines Stereotyps. Hildesheim u. a. 1985, S. 352.
39 Vgl. Jill Lepore: Diese Wahrheiten. Eine Geschichte der Vereinigten Staaten von Amerika. München 2019, S. 112–116.
40 Lutz, wie Anm. 38, S. 354.
41 Allison Aldridge-Saur: Decolonizing Winnetou. In: Wer hat Angst vor Winnetou? Karl May im Spannungsfeld postkolonialer Diskurse. Ein interdisziplinäres Symposium der Karl-May-Gesellschaft, der Karl-May-Stiftung und der Universität Potsdam. Hrsg. von Andreas Brenne/Florian Schleburg/Laura Thüring. München 2024, S. 311–320 (311).
42 May: Winnetou. Dritter Band, wie Anm. 16, S. 481.
43 Ebd., S. 244.
44 [Karl May:] Das Buch der Liebe. Dresden o. J. [1875/76], [Erste Abteilung], S. 69; Reprint der Karl-May-Gesellschaft hrsg. von Gernot Kunze. Hamburg 1988.
45 May: Winnetou. Dritter Band, wie Anm. 16, S. 179.
46 Ebd., S. 172.
47 Ebd., S. 190.
48 René Grießbach: Masser Bob – ein Held aus der zweiten Reihe und die ambivalente Darstellung der ›Schwarzen‹ in Karl Mays Amerikaromanen (Teil 1). In: Mitteilungen der Karl-May-Gesellschaft (M-KMG) 205/2020, S. 32–41; Teil 2 in M-KMG 206/2020, S. 44–54.
49 Hartmut Wörner: Der Wegbereiter und der Lieblingsschriftsteller des ›Führers‹. Eine Studie zur Rezeption von Houston Stewart Chamberlains ›Grundlagen des neunzehnten Jahrhunderts‹ durch Karl May. Materialien zum Werk Karl Mays Bd. 9. Husum 2020, insb. S. 126f.
50 May: Winnetou. 4. Band, wie Anm. 12, S. 560.
51 Vgl. Frank Oliver Sobich: »Schwarze Bestien, rote Gefahr«. Rassismus und Antisozialismus im deutschen Kaiserreich. Frankfurt a. M./New York 2006, S. 11, 72–97.

52 Vgl. ebd., S. 286–296 (Zitate mit Quellennachweisen auf S. 289 u. 291).

53 May: Winnetou. 4. Band, wie Anm. 12, S. 558.

54 May: Winnetou. Erster Band, wie Anm. 11, S. 109.

55 Claus Roxin: Vernunft und Aufklärung bei Karl May – zur Deutung der Klekih-petra-Episode im »Winnetou«. In: M-KMG 28/1976, S. 25–30.

56 Hans Wollschläger: »Die sogenannte Spaltung des menschlichen Innern, ein Bild der Menschheitsspaltung überhaupt« (Materialien zu einer Charakteranalyse Karl Mays I). In: Ders.: Annäherung an den Silbernen Löwen. Lesensarten zu Karl Mays Spätwerk. Göttingen 2016, S. 113–241 (232).

57 Roxin, wie Anm. 55, S. 29.

58 May: Winnetou. Erster Band, wie Anm. 11, S. 110.

59 Karl May: Mein Leben und Streben. In: Karl Mays Werke. Historisch-kritische Ausgabe. Abt. VI Bd. 1: Mein Leben und Streben und andere Selbstdarstellungen. Hrsg. von Hainer Plaul/Ulrich Klappstein/Joachim Biermann/Johannes Zeilinger. Bamberg/Radebeul 2012, S. 9–265 (44).

60 Hainer Plaul: Anhang. In: Karl May: Mein Leben und Streben. Reprint hrsg. von Hainer Plaul. Hildesheim/New York 1975, S. 347*.

61 Vgl. Hainer Plaul: Der Sohn des Webers. Über Karl Mays erste Kindheitsjahre 1842–1848. In: Jahrbuch der Karl-May-Gesellschaft 1979. Hamburg 1979, S. 12–98 (78f.); Dieter Sudhoff/Hans-Dieter Steinmetz: Karl-May-Chronik. Bd. I 1842–1896. Bamberg/Radebeul 2005, S. 44.

62 Karl Mays Werke. Historisch-kritische Ausgabe. Abt. V Bd. 1: Und Friede auf Erden! Hrsg. von Joachim Biermann/Gunnar Sperveslage. Bamberg/Radebeul 2018, S. 142f.

63 Vgl. als frühes Zeugnis seiner obrigkeitstreuen Gesinnung Mays 1875 veröffentlichtes Gedicht ›Rückblicke eines Veteranen am Geburtstage Sr. Majestät des K ö n i g s A l b e r t von Sachsen‹. In: Ders.: Mein Leben und Streben, wie Anm. 59, S. 429–431.

64 Vgl. August Bebel. Sein Leben in Dokumenten[,] Reden und Schriften. Hrsg. von Helmut Hirsch. Köln/Berlin 1968, S. 290f.

65 Siehe dazu: Jürgen Seul: Old Shatterhand vor Gericht. Die 100 Prozesse des Schriftstellers Karl May. Bamberg/Radebeul 2009.

HELMUT SCHMIEDT

Die Strafpredigt einer schönen Frau
Ein interkultureller Disput in ›Winnetou I‹

I.

Nscho-tschi, die Schwester Winnetous, ist eine der populärsten Figuren in Karl Mays literarischem Kosmos. Diese Feststellung wirkt einigermaßen erstaunlich, wenn man bedenkt, dass sie darin nur einen einzigen Auftritt hat. Er findet statt im ersten Band des ›Winnetou‹-Romans (1893), und auch dort ist Nscho-tschi nur vorübergehend zu entdecken: Der Text umfasst in der historisch-kritischen Ausgabe, nach der hier zitiert wird, insgesamt rund 500 Druckseiten;[1] Nscho-tschi wird auf der Seite 252 als Pflegerin des schwerverletzten Old Shatterhand eingeführt, und von ihrem Tod, verursacht durch Schüsse weißer Banditen, erfährt man bereits auf der Seite 404. Sie ist also in weniger als einem Drittel des Buches leibhaftig präsent. Dass sie danach aus Mays Kunst-Welt nicht völlig verschwindet, ist vor allem dem vierten Band des ›Winnetou‹ zu verdanken, dem Nachzügler der Amerika-Romane (1909), in dem ihrer liebevoll gedacht wird.

Nun ist Karl May mit seinem Werk zu einem intermedialen Phänomen geworden, und so lässt sich die erstaunliche Bekanntheit dieser Figur vermutlich nicht zuletzt auf die französische Schauspielerin Marie Versini zurückführen, die Nscho-tschi in den Karl-May-Filmen der 1960er Jahre zweimal verkörpert hat: in ›Winnetou 1. Teil‹ (1963) und in ›Winnetou und sein Freund Old Firehand‹ (1966). Versini übernahm, wie ihre Kollegen Lex Barker und Ralf Wolter, auch in anderen, nicht in Nordamerika spielenden Filmen der Serie Rollen, aber dem Publikum ist sie vor allem, wie Barker und Wolter, durch ihre Wildwestauftritte in Erinnerung geblieben. Sie war »ein absoluter Kultstar der 60er Jahre – Identifikationsfigur einer ganzen Generation jugendlicher Kinobesucher«,[2] war auf der Titelseite der damals ungeheuer einflussreichen Jugendillustrierten ›Bravo‹ zu bewundern und heimste die entsprechenden Preise ein. Ihr Ruhm hielt, zumindest unter den vielen Filmfreunden der Karl-May-Szene, lange an. Das 2002 veröffentlichte Buch, aus dem gerade zitiert wurde, begegnet dem Leser mit einem Cover, auf dem fünf männliche ›Karl-May-Stars‹ Marie Versini in ihrer Rolle als Nscho-tschi einrahmen, und es lag nahe, dass noch einmal zehn Jahre später Katharina Maiers eindrucksvolle Untersuchung über

die Frauengestalten in Mays Werk sich ebenfalls mit Marie Versini
schmückte und im Titel auf die von ihr gespielte Figur zurückgriff.[3]
 Um Nscho-tschis Bekanntheit stände es also ohne Marie Versinis Aus-
strahlungskraft und Schauspielkunst erheblich schlechter, aber dies darf
nicht zu dem Umkehrschluss verführen, dass Winnetous Schwester im
›Winnetou‹-Roman eine unbedeutende Figur ohne literarisches Gewicht
sei und nur als familiäres Anhängsel des Titelhelden existiere: Ihr in quantitativer Hinsicht geringfügiges Auftreten entspricht nicht der Bedeutung,
die man ihr bei einer Analyse des Textes zuerkennen muss. Wir wollen in
diesem Zusammenhang eine Szene genauer betrachten, die womöglich zu
den bemerkenswertesten gehört, die May je geschrieben hat, denn sie weist
einen schillernden, in viele Richtungen interpretationsbedürftigen Charakter auf, ganz so, wie man es von großer Literatur erwartet, die ja – mancher
hat es in der Schule gelernt – das Lesepublikum zum Denken anregen soll.
 Die Szene findet statt, als Old Shatterhand und Winnetou ihr vorheriges
Gegeneinander soeben überwunden haben; das Ritual der Blutsbrüderschaft und die Entdeckung, dass Nscho-tschi sich in Old Shatterhand verliebt hat, stehen noch bevor. Jetzt soll erst einmal der Bösewicht Rattler, der
Klekih-petra erschossen hat, von den Apachen zu Tode gefoltert werden,
wie Old Shatterhand von Nscho-tschi erfährt. Sie teilt ihm mit, dass Rattler
das schlimmste Bleichgesicht« sei, das *»den Apachen jemals in die Hände
geraten ist«*, und deshalb *»alle Martern, die wir kennen«*, werde ertragen
müssen. Old Shatterhand hält das für *»unmenschlich«* (S. 314) und ist überdies zutiefst irritiert, als er erfährt, dass Nscho-tschi der aufwendigen Hinrichtung persönlich beiwohnen möchte. Der damit beginnende Dialog ist
es, der hier untersucht werden soll, und er ist nicht zu lang, als dass wir ihn
nicht in voller Länge wiedergeben könnten (S. 314–317):

»Könntest du dabei sein, es mit ansehen?«
    »Ja.«
»Du, ein Mädchen!«
*Ihre langen Wimpern senkten sich. Sie richtete den Blick einige Zeit zur Erde,
hob ihn dann wieder, sah mir ernst, beinahe vorwurfsvoll in die Augen und antwortete:*
    »Wunderst du dich darüber?«
    »Ja. Ein Weib soll so etwas nicht ansehen können.«
    »Ist es so bei euch?«
    »Ja.«
    »Wirklich?«
    »Ja.«
*»Du sagst die Unwahrheit, bist aber doch kein Lügner, denn du sagst sie un-
absichtlich, unwissentlich. Du irrst dich.«*

»*So willst du das Gegenteil behaupten?*«

»*Ja.*«

»*Dann müßtest du unsere Frauen und Mädchen besser kennen als ich!*«

»*Vielleicht kennst du sie nicht! Wenn eure Verbrecher vor dem Richter stehen, so können andere Leute mit zuhören. Ist es so?*«

»*Ja.*«

»*Ich habe gehört, daß es da mehr Zuhörerinnen als Zuhörer gibt. Gehört eine Squaw dorthin? Ist es schön von ihr, sich von ihrer Neugierde nach einem solchen Orte treiben zu lassen?*«

»*Nein.*«

»*Und wenn bei euch ein Mörder hingerichtet wird, wenn man ihn aufhängt oder ihm den Kopf abschlägt, sind dann keine weißen Squaws dabei?*«

»*Das war früher.*«

»*Jetzt ist es ihnen verboten?*«

»*Ja.*«

»*Und den Männern auch?*«

»*Ja.*«

»*Also ist es allen verboten! Wäre es allen noch erlaubt, so würden auch die Squaws mitkommen. Oh, die Frauen der Bleichgesichter sind nicht so zart, wie du denkst. Sie können die Schmerzen sehr gut ertragen, aber die Schmerzen, welche Andere, Menschen oder Tiere, erdulden. Ich bin nicht bei euch gewesen, aber Klekih-petra hat es uns erzählt. Dann ging Winnetou nach den großen Städten des Ostens, und als er zurückkehrte, berichtete er mir alles, was er gesehen und beobachtet hatte. Weißt du, was eure Squaws mit den Tieren tun, die sie kochen, braten und dann essen?*«

»*Nun?*«

»*Sie ziehen ihnen die Haut[1] [Fußnote: Bei den Aalen] bei lebendigem Leibe ab; sie ziehen ihnen auch, während sie noch leben[2] [Fußnote: Bei den Krebsen], den Darm heraus und werfen sie in das kochende Wasser. Und weißt du, was die Medizinmänner der Weißen tun?*«

»*Was meinst du?*«

»*Sie werfen lebendige Hunde in das kochende Wasser, um zu erfahren, wie lange sie dann noch leben, und ziehen ihnen die verbrühte Haut vom Leibe. Sie schneiden ihnen die Augen, die Zungen heraus; sie öffnen ihnen die Leiber; sie quälen sie auf noch viele andere Arten, um dann Bücher darüber zu machen.*«

»*Das ist Vivisektion und geschieht zum Besten der Wissenschaft.*«

»*Wissenschaft! Klekih-petra ist auch mein Lehrer gewesen; darum weiß ich, was du mit diesem Worte meinst. Was muß euer großer, guter Geist zu einer Wissenschaft sagen, welche nichts lehren kann, ohne daß sie seine Geschöpfe zu Tode martert! Und solche Martern nehmen eure Medizinmänner in ihren Wohnungen vor, wo die Squaws doch mit wohnen und es sehen müssen! Oder hören sie nicht das Schmerzgeheul der armen Tiere? Haben eure Squaws nicht Vögel in Käfigen in ihren Zimmern? Wissen sie nicht, welche Qual dies für den Vogel ist? Sitzen eure Squaws nicht zu tausenden dabei, wenn bei Wettrennen Pferde zu Tode geritten werden? Sind nicht Squaws dabei, wenn Boxer sich zerflei-*

schen? *Ich bin ein junges, unerfahrenes Mädchen und werde von euch zu den ›Wilden‹ gerechnet; aber ich könnte dir noch vieles sagen, was eure zarten Squaws tun, ohne daß sie dabei den Schauder empfinden, den ich fühlen würde. Zähle die vielen Tausende von zarten, schönen, weißen Frauen, welche ihre Sklaven zu Tode gepeinigt und mit lächelndem Munde dabei gestanden haben, wenn eine schwarze Dienerin totgepeitscht wurde! Und hier haben wir einen Verbrecher, einen Mörder. Er soll sterben, so wie er es verdient hat. Ich will dabei sein, und das verurteilst du! Ist es wirklich unrecht von mir, daß ich so einen Menschen ruhig sterben sehen kann? Und wenn es ein Unrecht wäre, wer trägt die Schuld, daß die Roten ihre Augen an solche Dinge gewöhnt haben? Sind es nicht die Weißen, welche uns zwingen, ihre Grausamkeiten mit Härte zu vergelten?«*

»Ich glaube nicht, daß ein weißer Richter einen gefangenen Indianer zum Marterpfahle verurteilen wird.«

»Richter! Zürne mir nicht, wenn ich das Wort sage, welches ich so oft von Hawkens gehört habe: Greenhorn! Du kennst den Westen nicht. Wo gibt es hier Richter, nämlich das, was du mit diesem Worte meinst? Der Stärkere ist der Richter, und der Schwache wird gerichtet. Laß dir erzählen, was an den Lagerfeuern der Weißen geschehen ist! Sind die unzähligen Indianer, welche im Kampfe gegen die weißen Eindringlinge untergingen, alle schnell an einer Kugel, an einem Messerstiche gestorben? Wie viele von ihnen wurden zu Tode gemartert! Und doch hatten sie nichts getan als ihre Rechte verteidigt! Und nun bei uns ein Mörder sterben soll, der seine Strafe verdient hat, soll ich meine Augen davon abwenden, weil ich eine Squaw, ein Mädchen bin? Ja, einst waren wir anders; aber ihr habt uns gelehrt, Blut fließen zu sehen, ohne daß wir mit der Wimper zucken. Ich werde gehen, um dabei zu sein, wenn der Mörder Klekihpetras seine Strafe erleidet!«

Ich hatte die schöne, junge Indianerin als ein sanftes, stilles Wesen kennen gelernt; jetzt stand sie vor mir mit blitzenden Augen und glühenden Wangen, das lebende Bild einer Rachegöttin, die kein Erbarmen kennt. Fast wollte sie mir da noch schöner als vorher vorkommen. Durfte ich sie verurteilen? Hatte sie unrecht?

»So geh,« sagte ich; *»aber ich gehe mit.«*

Die Szene findet dann noch einen kleinen Nachhall in einem unmittelbar folgenden kurzen Gespräch zwischen Old Shatterhand und Sam Hawkens. Als dieser erfährt, was Rattler bevorsteht, will auch er das makabre Schauspiel unbedingt miterleben. Shatterhands Hinweis auf die dabei geplante *»Grausamkeit«* weist er nüchtern zurück: *»Der Kerl hat den Tod verdient und wird auf indianische Weise hingerichtet; das ist alles!«* (S. 318). Ebenso wenig akzeptiert es Hawkens, dass man bei der Beurteilung von Rattlers Verbrechen die Betrunkenheit des Täters als *»Milderungsgrund«* betrachten müsse:

»Ja, da drüben bei Euch im alten Lande, da sitzen die Herren Juristen zu Ge-
richt und rechnen einem Jeden, dem es beliebt, in der Betrunkenheit ein Verbre-
chen zu begehen, den Schnaps als Milderungsgrund an. Verschärfen sollten sie
die Strafe, Sir, verschärfen! Wer sich so sinnlos betrinkt, daß er wie ein wildes
Tier über seinen Nebenmenschen herfällt, der sollte doch doppelt bestraft wer-
den.« (S. 319)

II.

Die erste Beobachtung, die sich bei der Lektüre des Gesprächs zwischen
Nscho-tschi und Old Shatterhand aufdrängt, ist die, dass es hier um den
Kern dessen geht, was May im ›Winnetou‹-Roman und darüber hinaus in
seinen Abenteuererzählungen generell behandelt. Sie führen ja in der Regel einen aus Deutschland stammenden Mann in ferne Länder und kon-
frontieren ihn mit den Angehörigen fremder Ethnien, Kulturen und Religionen; ein großer Teil der geschilderten Ereignisse, handfeste ›Action‹
inklusive, ist nicht verständlich ohne diese Hintergründe. Es geht also fast
immer um das, was man interkulturelle Begegnungen nennt, und der Disput zwischen Nscho-tschi und ihrem Gesprächspartner deutet an, welches
Konfliktpotenzial schon auf einer sehr grundsätzlichen Ebene in ihnen
steckt.

Ein aufmerksamer Leser des ›Winnetou I‹ wird darüber hinaus rasch
feststellen, wie viele präzise ausgeprägte Verbindungslinien zwischen dieser Szene und anderen Stellen des Romans bestehen. Eine davon spricht
Nscho-tschi explizit an, als sie erwähnt, dass Sam Hawkens im Zusammenhang mit Old Shatterhand häufig das Wort *Greenhorn* verwendet. Ihre
Beobachtung bestätigt sich wenige Augenblicke später bei der Begegnung
zwischen Shatterhand und seinem bisherigen Mentor, denn da tut es Hawkens ein weiteres Mal: *»Was Ihr doch für ein Greenhorn seid, geliebter*
Sir!« (S. 318). Ebenso werden die beiden Gespräche der Ich-Figur durch
den Blick auf *»Richter«* (S. 317) bzw. *»die Herren Juristen«*, die *»zu Ge-*
richt (sitzen)« (S. 319), miteinander verknüpft, auch wenn die inhaltlichen
Details unterschiedlich sind.

Vor allem aber fällt auf, dass Nscho-tschis Ausführungen etliche der Beobachtungen und Überlegungen enthalten, die May in der ›Einleitung‹ des
Buches zur Sprache bringt: Dort reflektiert er seitenlang über das traurige
historische Schicksal der Indianer und verleiht seinen Gedanken durch die
abschließende Unterschrift *Der Verfasser* (S. 12) höchste Autorität. Zur
übergreifenden Einordnung der historischen Abläufe verweist er auf ein
grausames Gesetz, das *durch die ganze Schöpfung geht und in der ganzen*

irdischen Natur Geltung hat, nämlich: *daß der Schwächere dem Stärkeren
weichen muß* (S. 10). Bei Nscho-tschi tritt diese darwinistisch geprägte
Sicht auf, als sie Old Shatterhands Argumentation mit den weißen Richtern
widerspricht:»*Der Stärkere ist der Richter, und der Schwache wird gerichtet*«; so gehe es zu im »*Westen*« (S. 317). Dass die *Massacres*, die die
weißen Invasoren Nordamerikas *unter den Roten angerichtet* (S. 11) haben, deren Charakter zum Schlechten hin verändert haben, lesen wir in der
Einleitung; Nscho-tschi stellt analog dazu die rhetorische Frage:»*Sind es
nicht die Weißen, welche uns zwingen, ihre Grausamkeiten mit Härte zu
vergelten?*« (S. 317). In der Einleitung heißt es: *Wollte der Rote sein gutes
Recht geltend machen, so antwortete man ihm mit Pulver und Blei* (S. 10);
Nscho-tschi spricht, als sie auf die vielen von Weißen getöteten Indianer
verweist, davon, diese hätten doch »*nichts getan als ihre Rechte verteidigt*« (S. 317). *Der Verfasser* benennt verschiedenste schreckliche Maßnahmen, mit denen die Invasoren ihren Vernichtungsfeldzug betrieben
haben, wie die gezielte Verabreichung von Alkohol und die Übertragung
von Krankheiten; Nscho-tschi führt an, die Indianer seien häufig nicht
schnell und vergleichsweise schmerzlos umgebracht, sondern »*zu Tode gemartert*« (S. 317) worden.

Die Argumentation der Einleitung und die Nscho-tschis weisen also etliche, z. T. bis in die Wortwahl reichende Parallelen auf, und das ist schon
insofern bemerkenswert, als der Autor der Einleitung und Old Shatterhand
nach der Suggestion des Textes ein und dieselbe Person sind; wenn Shatterhand sich mit Nscho-tschi kontrovers auseinandersetzt, begegnen ihm also
einige der Überlegungen, die er in seiner Funktion als Erzähler später der
Schilderung seiner Erlebnisse voranstellen wird. Nicht vergessen werden
darf freilich, wozu die jeweiligen Passagen dienen sollen: Die Einleitung
mündet in die Erklärung, das Ich wolle mit Hilfe persönlicher Erfahrungen
den geschundenen Indianern in Gestalt Winnetous *das wohlverdiente
Denkmal setzen* (S. 12), während Nscho-tschi begründen möchte, warum
die geplante Tötung Rattlers in der vorgesehenen Form angemessen ist und
es auch passend erscheint, dass »*ein Mädchen*« (S. 315) ihr zusieht. Die
Einleitung befasst sich mit dem Status und Zweck des vorliegenden Textes; Nscho-tschis Argumentation ist ein inhaltlicher Bestandteil des Textes.

Ein weiterer Aspekt grundsätzlicher Natur, der bei dieser Szene ins Auge sticht, ist ihr Aufbau. Das Gespräch beginnt damit, dass Old Shatterhand schwere Vorwürfe erhebt: Er tadelt die geplante Form der Hinrichtung Rattlers und zudem den Umstand, dass Nscho-tschi, die Frau, diesem
entsetzlichen Schauspiel beiwohnen will. Shatterhand befindet sich also
rhetorisch zunächst in der Offensive, aber das Blatt wendet sich ganz
schnell, indem Nscho-tschi nach kurzem Überlegen – *Sie richtete den*

Blick einige Zeit zur Erde (S. 315) – ihre Sicht der Dinge vehement und
wortreich verteidigt und dabei die Kultur, die Old Shatterhand vertritt, umfassend attackiert, ohne dass dieser wirkungsvoll zu antworten vermag.
Nscho-tschi führt also gewissermaßen einen erfolgreichen verbalen Ge-
genangriff und spannt dabei geschickt einen weiten Bogen, der bei Gerichtsverhandlungen und öffentlichen Hinrichtungen beginnt, Besonderheiten der Wissenschaft ebenso umfasst wie Praktiken des Alltagslebens
– Essenszubereitung, Tierhaltung in Käfigen, sportliche Wettkämpfe – und
schließlich beim Thema Sklaverei landet, deren schrecklichste Seiten
Nscho-tschi unverblümt benennt; dabei verliert sie den Ausgangspunkt,
die Rolle der Frauen im Zusammenhang mit kulturspezifischen Brutalitä-
ten, nie aus dem Blick. Schon an den Sprechanteilen ist zu erkennen, dass
Shatterhand all dem wenig entgegenzusetzen hat. Abgesehen von zwei
knappen inhaltlichen Einwänden – öffentliche Hinrichtungen gebe es inzwischen nicht mehr, und die *»Vivisektion«* (S. 316) diene der Wissenschaft – beschränkt er sich auf kurze, teilweise nur ein Wort umfassende
Reaktionen. Am Ende des Gesprächs antwortet er überhaupt nicht mehr
inhaltlich auf das, was Nscho-tschi sagt, und das Ganze endet mit Fragen
des Erzählers an die Leser, ob sie nicht recht habe – auch sie bleiben unbeantwortet. Es sei noch einmal darauf hingewiesen, dass Nscho-tschis
Ausführungen letztlich einer Rechtfertigung der bevorstehenden Folterung Rattlers dienen.

Die gesamte Konstruktion wirkt umso erstaunlicher, wenn man bedenkt,
welche Personen sich hier gegenüberstehen. Zunächst einmal geht es um
einen Mann und eine Frau; es entspricht nicht gerade den Erwartungen, die
man den üblicherweise männlich dominierten Helden- und Abenteuergeschichten entgegenbringt, dass bei einer elementar wichtigen Problematik
die Frau derart engagiert und offensiv redet, ohne dass ihr von einem Mann
entschieden in die Parade gefahren wird. Das gilt erst recht, wenn man bedenkt, dass dieser Mann Mays Ich-Held ist: Der erweist sich ja durchgängig nicht nur als überaus leistungsfähig in physischen Angelegenheiten,
sondern imponiert auch auf der intellektuellen Ebene, und diese Überlegenheit spiegelt sich in seiner oft unwiderstehlichen Rhetorik. ›Winnetou I‹
bietet dafür zahlreiche Beispiele, aber auch manch andere Stelle in Mays
Abenteuererzählungen, wie etwa der erste, die Fehsenfeld-Reihe eröffnen-
de Dialog in ›Durch die Wüste‹, in dem Kara Ben Nemsi seinem Begleiter
Halef, der ihn zum Islam bekehren will, kurzerhand eine Lehrstunde in
Sachen Islam erteilt. Es hat also einiges zu bedeuten, wenn das Ich einmal
nichts zu sagen weiß. Allerdings gibt es auch dafür in ›Winnetou I‹ noch
andere Beispiele, und das markanteste betrifft ebenfalls die Konflikte zwischen Indianern und Weißen: Als Intschu tschuna Old Shatterhand seine

Tätigkeit als Vermesser vorhält, mit der er dem an den Einheimischen begangenen Landraub zuarbeite, schweigt dieser, da er *keine Worte zu meiner Verteidigung hätte finden können ... Der Häuptling hatte recht* (S. 98).

Was lässt sich nun über die Szene sagen, wenn man sie analytisch noch etwas genauer unter die Lupe nimmt? Welche Details treten da hervor, und kann man am Ende so etwas wie eine zentrale Aussage, einen tieferen Sinn erschließen?

Wir blicken zunächst auf eine radikale Betrachtungsweise des Umgangs mit derartigen Texten. Wenn man einem sehr speziellen Kultur- und Literaturverständnis anhängt, das heute eine gewisse Popularität genießt, hätte Karl May diese Passage niemals schreiben dürfen; er hätte eigentlich überhaupt keine Texte schreiben dürfen, deren Plots in fernen, ihm persönlich völlig unbekannten Ländern angesiedelt sind. Nach diesem Verständnis sollten Schriftsteller sich nur Themen widmen, zu denen sie aufgrund ihrer Lebensgeschichte einen authentischen, d. h. unmittelbar persönlichen Zugang haben, denn ohne diese Voraussetzung können sie nichts zustande bringen, was den geschilderten Sachverhalten gerecht wird. Insbesondere verbietet sich eine solche Tätigkeit, wenn zwischen der Welt des Schreibenden und der, die er beschreibt, ein Machtgefälle existiert, wie in diesem Fall. May stellt demnach ein Musterbeispiel des vielzitierten alten weißen Mannes dar, der sich mit europäisch-kolonialistischer Hybris über ferne Verhältnisse äußert, von denen er nichts versteht, und dass er einer Angehörigen der indigenen Völker detailliert in den Mund legt, wie sie die eigene Lebenswelt deutet und die Verhältnisse seiner Herkunftskultur beurteilt, bildet einen Gipfel der Anmaßung und eine geradezu perverse Form kultureller Aneignung. Das hier angesprochene Problem wurde, weit über die Zirkel der Literaturinteressenten hinaus, im Januar 2021 international diskutiert, als nach dem Auftritt der schwarzen Schriftstellerin Amanda Gorman bei der Amtseinführung des amerikanischen Präsidenten Joe Biden die These vertreten wurde, ihre Gedichte dürften in andere Sprachen nur von Personen übersetzt werden, deren Lebenserfahrung der der Autorin einigermaßen entspreche; andernfalls werde den von ihr geschriebenen Texten Gewalt angetan.

Der Verfasser dieses Aufsatzes hält ein solches Konzept für abwegig. Es ignoriert, dass die fiktionale Literatur seit jeher – schon Aristoteles hat sich in seiner ›Poetik‹ entsprechend geäußert – keineswegs zur Wiedergabe historischer Wirklichkeit verpflichtet ist, sondern der Macht der Phantasie huldigen darf und insofern weitgehend unabhängig von der Identität des Schreibenden ist, davon, wie weit er über persönliche Erfahrungen in Bezug auf sein Thema verfügt. Man kann das auf Kunst jeglicher Art beziehen: »Die eigene Herkunft, das eigene Sein zu transzendieren war einer ihrer höchsten Ansprüche.«[4] Es gäbe, wenn man der Authentizität wegen stets nur über die aus eigener Erfahrung unmittelbar zugänglichen Themen arbeiten dürfte, keine übergreifende Kommunikation mehr, keine Möglichkeiten zur Erweiterung eng begrenzter Perspektiven, und das kulturelle Leben zerfiele in isolierte Bestandteile und käme vielleicht am Ende ganz zum Erliegen. Natürlich muss man sich, wenn anders verfahren wird, bei allen interkulturellen Begegnungen der kulturellen Differenzen bewusst sein, und man sollte – darauf hat das ansonsten eher dubiose Konzept der kulturellen Aneignung zu Recht hingewiesen – viel stärker, als es früher der Fall war, auf die sie möglicherweise prägenden Machtverhältnisse achten, die zu sehr fragwürdigen und auch rätselhaften Ergebnissen führen können. Gerade denen wollen wir nachgehen, wenn wir nun Mays Text zu einem legitimen literarischen Erzeugnis erklären und auf seine verschiedenen Facetten schauen, Widerhaken eingeschlossen.

Genauere Beachtung verdient zunächst noch einmal der oben schon angesprochene Aspekt: dass ein Mann und eine Frau miteinander reden und dabei die Aktivität deutlich von ihm auf sie übergeht. Auffällig erscheint in diesem Zusammenhang noch eine andere Verlagerung. Es ist, von einer kleinen Bemerkung über die sich senkenden *langen Wimpern* (S. 315) und den anschließenden vorwurfsvollen Blick Nscho-tschis abgesehen, vom Äußeren der Frau, von ihrer physischen Erscheinung, lange nicht die Rede; Nscho-tschi gewinnt Kontur zunächst ausschließlich durch das, was sie spricht. Das ändert sich aber am Ende sehr entschieden, als zum einen Nscho-tschi ihren Entschluss bekräftigt hat, der Hinrichtung Rattlers zuzuschauen, und zum anderen Old Shatterhand gegen ihre Darlegungen in der Sache gar nichts mehr zu sagen weiß: Plötzlich ist von der körperlichen Attraktivität der jungen Frau die Rede, von *blitzenden Augen und glühenden Wangen* und davon, sie erscheine Old Shatterhand jetzt *(f)ast ... noch schöner als vorher* (S. 317).

Nicht nur radikalen Feministinnen dürfte in den Sinn kommen, dass Old Shatterhand an dieser Stelle offenbar in ein weit verbreitetes männliches Verhaltensmuster verfällt: Wenn Männer auf der intellektuellen Ebene mit Frauen nicht zurechtkommen, wenden sie sich deren körperlicher Erscheinung zu. Diese Verlagerung findet, da die Herren der Schöpfung dem Vernehmen nach eine Unterlegenheit gegenüber dem weiblichen Geschlecht ungern eingestehen, in unzähligen Alltagsszenen statt, erst recht in Situationen, da die Hierarchie eigentlich umgekehrt ist, und in zahllosen Witzen wird sie mit komischem Effekt reproduziert: »»Hast du schon bemerkt, welche guten Argumente unsere neue Kollegin oft vorträgt?‹ – ›Ja, vor allem zwei hervorstechende im oberen Bereich‹« – Pardon! Derart derb äußert sich das männliche Ich hier nicht, aber unverkennbar ist, dass in dem Augenblick, da

die vielleicht größte Standpauke [zu finden ist], die Old Shatterhand alias Kara
Ben Nemsi während seiner Existenz im Mayversum jemals zu hören bekommt
– und das aus dem Mund eines achtzehnjährigen Indianermädchens[5],

der Text plötzlich einen physischen Akzent in Bezug auf die Sprecherin
setzt, der mit den inhaltlichen Aspekten des von ihr Gesagten nichts zu tun
hat.

Es gibt noch eine andere elementare Seite der Beziehung zwischen
Männern und Frauen, die in diesem Dialog eine Rolle spielt. Wenn Old
Shatterhand im Hinblick auf die Folterung Rattlers fordert, Nscho-tschi
müsse dieser schrecklichen Veranstaltung fernbleiben, denn »(e)in Weib
soll so etwas nicht ansehen können« (S. 315), argumentiert er unausgesprochen mit der traditionsreichen These von den höchst unterschiedlichen
Geschlechtscharakteren. Zu diesem Konzept gehört unter anderem, dass
Frauen generell über einen weicheren, empfindsameren, weniger belast-
baren Charakter im Vergleich zum Mann verfügen, eine Eigenheit, die sie
zwar prädestiniert für die Aufgaben einer fürsorglichen Hausfrau und Mutter, aber fernhalten soll von einer Teilhabe an den harten und rüden Seiten
des Lebens, für die der Mann zuständig ist. Insbesondere die Genderfor-
schung will von dieser dichotomischen Konstruktion natürlich nichts mehr
wissen: Es handle sich dabei keineswegs um eine Feststellung biologisch
fundierter Differenzen oder anthropologischer Konstanten, sondern um
kulturelle Zuschreibungen, mit denen Männer ihre gesellschaftliche Do-
minanz absichern wollten.

Nscho-tschi lässt sich nicht auf die von Shatterhand vorgegebene Argumentation ein. Zunächst relativiert sie seine Forderung mit vielen Hinweisen auf das ihr doch ganz und gar zuwiderlaufende Verhalten von Frauen
aus der Kultur, mit der er engstens verbunden ist, führt also gewissermaßen positivistisch Gegenbeispiele zu der These von den Geschlechtscharakteren an, und dann kommt sie darauf zu sprechen, ihr Verhalten gegenüber Rattlers Qualen sei historisch bedingt: »Ja, einst waren wir anders;
aber ihr habt uns gelehrt, Blut fließen zu sehen, ohne daß wir mit der Wimper zucken.« (S. 317) Wie Frauen mit den rauen Seiten des Lebens umgehen, ist demnach keine Frage des mit der Geburt festgelegten Geschlechts,
sondern der geschichtlichen Erfahrung und kulturellen Prägung – ein aus
heutiger Sicht ausgesprochen progressiver Standpunkt.

Es lohnt sich, auch die vom Erzähler in engster Union mit dem Ich-Helden ins Spiel gebrachte physische Attraktivität Nscho-tschis noch weiter
zu betrachten, denn dabei handelt es sich um eine vertrackte Angelegenheit, bei der der Aspekt des sexistischen Ausweichmanövers nur einer unter mehreren ist.

Wir gehen aus von einer übergreifenden Feststellung: Wer wahrhaft schön ist bei May, hat meistens recht mit dem, was er sagt. Hinter diesem Konstrukt steckt ein alter, bis auf die griechische Antike zurückzuführender Gedanke, dessen Wertschätzung im 18. und 19. Jahrhundert ihren Höhepunkt erreichte: die Überzeugung von der Einheit des Wahren, Schönen und Guten.[6] Diese drei Elemente sind demnach unverbrüchlich miteinander verbunden; echte Schönheit kann nicht lügen, das Gute hat die Wahrheit stets auf seiner Seite usw. In Goethes Gedicht ›Epilog zu Schillers Glocke‹ ist in diesem Sinne die Rede vom »Ewige(n) des Wahren, Guten, Schönen«;[7] wenn man die Rolle bedenkt, die einerseits Schillers Text und andererseits die Weisheiten Goethes in der deutschen Kulturgeschichte spielen, ist eine solche Bemerkung ein Ritterschlag für das Gewicht dieser Trias. Freilich wird sie gegen Ende des 19. Jahrhunderts von der ästhetischen Avantgarde mehr und mehr in Frage gestellt; aber wir wissen, dass Mays ästhetische Überzeugungen häufig eher älteren Vorstellungen verpflichtet sind,[8] und so liegt es nahe, auch an dieser Stelle an das Althergebrachte zu denken.

Der Zusammenhang deutet sich in ›Winnetou I‹ an früherer Stelle an, da May Personen einführt, die er als besonders wertvoll ausweist: Winnetou und seinen Vater. Intschu tschunas Name lautet in der Übersetzung nicht zufällig *Gute Sonne* (S. 95); der Häuptling strahlt *etwas wirklich Edles* aus, sein *Auge besaß einen ruhigen, beinahe milden Ausdruck* (S. 94), und als er wenig später Old Shatterhands Tätigkeit als Landvermesser anprangert – die Szene wurde schon erwähnt –, muss dieser einräumen, dass der Indianer recht hat. Winnetou gleicht ihm in vieler Hinsicht, aber sein Gesicht *war fast noch edler als dasjenige seines Vaters ... Ich fühlte, daß er ein guter Mensch sei* (S. 95). Es handelt sich also um Personen, bei denen eine Einheit von attraktivem Äußeren, ethisch hochstehender Gesinnung und dem richtigen Standpunkt bei dem Problem, um das gerade gestritten wird, zutage tritt, und damit entsprechen sie den Idealen der alten Trias. Eine Bestätigung für diese gibt es auch ex negativo, da, wo alles anders ist: Der Kiowa-Häuptling Tangua, einer der Bösewichter des Romans, verfügt über *strenge, finstere Gesichtszüge und ein paar Raubtieraugen* (S. 167), und es wird sich bald zeigen, dass er ein sittlich minderwertiger, zu Lüge und Betrug neigender Mensch ist.

Unter diesen Vorzeichen lässt sich die am Ende des Gesprächs zwischen Nscho-tschi und Old Shatterhand vermerkte Schönheit der jungen Frau noch verblüffend anders interpretieren als oben geschehen: als Bestätigung dafür, dass sie mit ihren Ausführungen ins Schwarze trifft. Die Schönheit der Sprecherin unterstützt indirekt die These, dass sich in Old Shatterhands stetig zunehmendem Schweigen gegenüber Nscho-tschis Kritik an

Gebräuchen seiner Kultur eine latente Zustimmung andeutet. Keine der vorherigen Interpretationen wird damit ad absurdum geführt: Wir erkennen hier vielmehr eine weitere Nuance des Textes, auch wenn nicht alles perfekt zueinander passt.

Noch komplizierter wird es, wenn wir uns auf Details der Nscho-tschi nachgesagten Schönheit konzentrieren. Die Bemerkung, sie erscheine Old Shatterhand jetzt *(f)ast noch schöner als vorher* (S. 317), lässt vermuten, dass der Erzähler sich schon einmal über ihre physische Attraktivität geäußert hat, und so verhält es sich tatsächlich. Gleich bei der Schilderung ihrer ersten Begegnung wird eine Reihe von Einzelheiten genannt, die das Urteil begründen, Nscho-tschi sei *schön, sogar sehr schön. Europäisch gekleidet, hätte sie gewiß in jedem Salon Bewunderung erregt.* Von dem künstlichen Schmuck, mit dem sich dem Erzähler zufolge Indianerinnen gern ausstatten, ist bei ihr nichts zu bemerken; ihr *einziger Schmuck bestand aus ihrem langen, herrlichen Haare, welches in zwei starken, bläulich schwarzen Zöpfen ihr weit über die Hüften herabreichte.* Zu ihrem Gesicht heißt es:

Von indianisch vorstehenden Backenknochen war keine Spur. Die weich und warm gezeichneten vollen Wangen vereinigten sich unten in einem Kinn, dessen Grübchen bei einer Europäerin auf Schelmerei hätte schließen lassen. ... Die feingeflügelte Nase hätte weit eher auf griechische als auf indianische Abstammung deuten können. Die Farbe ihrer Haut war eine helle Kupferbronze mit einem Silberhauch. (S. 253)

Mehrfach betont die knapp eine Seite umfassende Schilderung, wie sehr Nscho-tschi ihrem Bruder gleicht, und so weiß Old Shatterhand auch sofort, dass dieses Verwandtschaftsverhältnis existiert, ohne dass es ihm jemand gesagt hätte.

Der wiederholte Bezug auf Europäisches in den zitierten Sätzen ist nicht belanglos, denn er ergänzt sinnvoll eine zentrale Beobachtung über die junge Frau: Ihre Schönheit verdankt sich dem Umstand, dass sie in wesentlichen Punkten keineswegs einer typischen Indianerin gleicht, von ihrer Abneigung gegen Schmuckgegenstände über ihre Physiognomie bis zur Hautfarbe. Bei den Beschreibungen Intschu tschunas und Winnetous finden sich ähnliche Elemente, an der schon zitierten Stelle und im Fall Winnetous auch darüber hinaus. So wird im zweiten Band des Romans zu seinen Backenknochen dasselbe registriert wie über diejenigen Nscho-tschis: Sie *standen kaum merklich vor*; auch die Assoziation zu einem großen Reich der europäischen Antike findet sich, hier allerdings mit Bezug auf das gesamte Gesicht, das in diesem Fall *römisch*[9] wirkt. Kein Zweifel: »Winnetou und seine Angehörigen sehen partiell durchaus unindianisch aus.«[10]

Man wird diese Eigenheit bei einer kritischen Gesamtwürdigung der May'schen Indianerdarstellung stets berücksichtigen müssen. Im Zusammenhang mit dem jetzigen Thema hat sie einen besonderen Effekt: Auch sie verstärkt das Gewicht der Bemerkungen Nscho-tschis. Zu Old Shatterhand spricht nach dem von der sinnlichen Wahrnehmung geprägten Eindruck nicht etwa die Repräsentantin einer ganz und gar separaten Welt, deren Urteil ob der gewaltigen Distanz zwischen den Eigenheiten der exotischen Gefilde und denen der europäischen Kultur kaum Relevanz besäße, sondern eine tendenziell europäisch und damit kompetent wirkende Person. Die rationale Ergänzung zu diesem Eindruck der Nähe und Verlässlichkeit bildet Nscho-tschis Aussage über die mündlichen Quellen ihres Wissens: Klekih-petra, bei dem es sich bekanntlich um einen politischen Flüchtling aus Deutschland handelt, hat sie ebenso mit soliden Informationen versorgt wie Winnetou, der die *großen Städte des Ostens* (S. 316) aus eigener Erfahrung kennt. Winnetous Schwester redet, wenn sie die Kultur der Weißen angreift, nicht einfach so dahin; sie tritt auf mit dem gut begründeten Anspruch, über die thematisierten Verhältnisse Bescheid zu wissen, und dass die Schöne auch äußerlich einer Europäerin gleicht, verleiht dem Gesagten suggestiv eine zusätzliche Autorität, die sich auf der intellektuellen Ebene im schon skizzierten geschickten Aufbau ihrer Argumentation bestätigt.

Allerdings ist auch das nicht der Weisheit letzter Schluss, denn die wenigen Bemerkungen, die May in der Gesprächsszene über Nscho-tschis Schönheit macht, passen keineswegs perfekt zu ihrer früheren Beschreibung. Der Erzähler selbst hält das ausdrücklich fest, indem er einen Unterschied markiert zwischen dem bisherigen Eindruck, seine Gesprächspartnerin sei *ein sanftes, stilles Wesen*, und ihrem aktuellen Auftreten. Nunmehr erinnert ihn Nscho-tschi mit ihren *blitzenden Augen und glühenden Wangen* an eine *Rachegöttin, die kein Erbarmen kennt* (S. 317).

Der Begriff Rachegöttin verweist auf Figuren, die in der griechischen Mythologie unter dem Namen Erin(n)yen und in der römischen als Furien bekannt sind. Sie reagieren mit ihren Aktivitäten auf schlimme Missetaten, beispielsweise im Fall des Orestes, den sie in den Wahnsinn treiben, weil er die eigene Mutter getötet hat. Die Maßnahmen »der Rache und Vergeltung«, die sie ergreifen, dienen also durchaus der Herstellung von Gerechtigkeit in der Welt; aber dabei handeln sie oft maßlos bis ins Extrem und verfolgen ihr Ziel »mit grausamen Methoden«.[11] In der heutigen Verwendung des Worts ›Furien‹ hat sich dieser Akzent mittlerweile einseitig durchgesetzt.

Mays Formulierung von der erbarmungslosen Rachegöttin deutet an, dass auch er in erster Linie auf diese Komponente setzt. Zwar verbleibt

Nscho-tschi mit ihrer neuen Etikettierung innerhalb des Kulturkreises, dem Old Shatterhand entstammt; aber sie wird hier doch in eine Randposition gerückt, die nicht mehr ideal zu den Charakteristika passt, durch die sich ihr Verhalten vorher ausgezeichnet hat.

Noch einen Schritt weiter geht May mit einer Eigencharakterisierung der jungen Frau: Sie sei *»ein junges, unerfahrenes Mädchen und werde von euch zu den ›Wilden‹ gerechnet«* (S. 316), könne sich aber dennoch kompetent über die angesprochenen Streitpunkte äußern. Hier kommt beiläufig der Gedanke an die partielle Vorbildlichkeit der sogenannten Edlen Wilden ins Spiel, ein Konzept des europäischen Denkens, das die Unverdorbenheit einer naturnahen, von den Schattenseiten der Zivilisation noch nicht korrumpierten Moral und Lebensführung herbeibeschwört: Nscho-tschi beruft sich indirekt auf die Geradlinigkeit und Aufrichtigkeit jener außereuropäischen, einer anderen Kultur angehörigen Spezies von Menschen, denen Hinterhältigkeit und egoistisches Kalkül völlig fremd sind. Wer sich dieses Konzept einmal anschaulich vor Augen führen will, lese Christian Fürchtegott Gellerts Gedicht ›Inkle und Yariko‹, in dem das von Uneigennützigkeit, wahrer Zuneigung und kindlichem Vertrauen getragene Verhalten einer jungen indigenen Frau aus exotischem Territorium mit dem auf brutale Weise profitorientierten eines europäischen Geschäftsmanns scharf konfrontiert wird. Wir wollen nicht gar zu viel an Bedeutung in wenige Worte hineinlegen, aber es scheint, als ob May mit den zuletzt zitierten Stellen, so unterschiedliche Inhalte sie auch transportieren, einen Gegenpol zur vorherigen Europäisierung Nscho-tschis ins Spiel bringt: Mit der Rachegöttin hakt es da ebenso wie, in ganz anderer Tradition, mit der Assoziation der Edlen Wilden.

Und nun? Worauf läuft das alles hinaus? Das Gespräch zwischen Nscho-tschi und Old Shatterhand hat es sozusagen in sich, und wie das so ist bei literarischen Texten und Textstellen, die es in sich haben, lädt sie zu den verschiedensten Deutungen ein. Die Befunde, die der genaue Blick ergibt, stehen nebeneinander, ergänzen einander, widersprechen sich.

Unter Gender-Aspekten betrachtet, verfügt Nscho-tschi ganz gewiss über eine sehr »eigene Stimme«[12] und bringt als Frau ihren sonst so souveränen männlichen Gesprächspartner derart in Bedrängnis, dass er am Ende gar nichts mehr zu sagen weiß und sogar dem Leser seine Ratlosigkeit eingesteht; dass er zu dem typisch männlichen Mittel greift, auf die Körperlichkeit der schönen Frau auszuweichen, lässt sich als deren endgültiger Triumph deuten, allerdings mit dem einschränkenden Zusatz, dass die männlichen Reflexe immerhin erkennbar intakt bleiben. Nscho-tschis Schönheit ist, wenn man die Szene mit der verbindet, in der sie vorgestellt wird, ein außerordentlich facettenreiches Phänomen. Da ist eine Indianerin, deren attraktives Äußeres sie von dem für typisch indianisch befundenen Aussehen grundsätzlich entfernt. Just in dem Moment aber, da sie mit klugen Worten die Kultur kritisiert, der sie angenähert wird, rückt sie dann doch wieder in engere Verbindung zum ›Wilden‹, und zwar gleich doppelt und in entgegengesetzter Hinsicht: durch den Vergleich mit den als zügellos geltenden Figuren der antiken Mythologie und mit der Anspielung auf die von europäischen Intellektuellen hochgeschätzten Edlen Wilden einer fernen Welt. ›Schön‹ bleibt Nscho-tschi allerdings in jedem Fall, und das unterscheidet sie auch in ihrer kurzen Wildheitsphase vom Kiowa-Häuptling Tangua. Der wirkt durchgängig aufgeregt und wild, aber in seinem Fall lässt sich das Charakteristikum, lassen sich *finstere Gesichtszüge und ein paar Raubtieraugen* nicht mit einer edlen Gesinnung à la Nscho-tschi verbinden, sondern an primitive *Raub- und Kampfeslust* (S. 167) denken.

Man kann lange darüber streiten, was diese abwechslungsreiche, vielschichtige Darstellung denn nun für den Inhalt dessen besagt, was Nschotschi ausführt: Gibt sie ihr recht bei der vehementen Strafpredigt gegen die europäische Kultur? Aber die läuft schließlich, wie sich am Ende noch einmal unmissverständlich zeigt, konsequent auf eine Rechtfertigung der qualvollen Hinrichtung Rattlers hinaus, und da taucht das nächste Dilemma auf: Ist es vorstellbar, dass ein von May verfasster Text so etwas – und sei es auf Umwegen – legitimiert, entgegen den von Mays heroischem Ich mehrfach vorgetragenen Einwänden gegen diese Grausamkeit?

Statt diese Fragen mit einem einfachen Ja oder Nein zu beantworten, sollte hier eine Erkenntnis grundsätzlicher Natur bedacht werden: dass Karl Mays Abenteuergeschichten unter ideologischen Aspekten nicht so einfach auf den Begriff zu bringen sind, wie viele Kommentatoren meinen, sondern sich durch ein rabiates, oft verwirrendes Hin und Her zwischen verschiedenen Positionen auszeichnen. Es ist letztlich eine radikal durchgehaltene »Widersprüchlichkeit«,[13] was sie auszeichnet; alle Deutungen greifen zu kurz, die May entweder zu einem veritablen Rassisten und Kolonialisten degradieren oder zu einem makellosen Vorbild für interkulturelle Beziehungen auf der Basis uneingeschränkten gegenseitigen Respekts befördern. Vielleicht lässt sich zu der besprochenen Szene sagen, dass er hier die konstruktive Brüchigkeit seines Bildes von fernen Ländern und Kulturen einschließlich der ihm innewohnenden Dynamik besonders konzentriert zur Geltung bringt; dass er – mit wie viel eigener Reflexion auch immer – einen Reflexionsraum eröffnet, in dem sich beispielhaft zeigt, wie sehr bei einer Gesamtwürdigung seines Werks einfache Formeln und prägnant einseitige Urteile untauglich sind.

III.

Zuletzt war die Rede von Reaktionen, die Mays Werk geerntet hat, also
von dem, was man Rezeptions- oder Wirkungsgeschichte nennt. Zu ihr
gehören im weiteren Sinne auch die verschiedenen posthumen Bearbeitungen seiner Texte, denn das, was da jeweils geändert, gestrichen oder auch
hinzugefügt wurde, ist ja weniger philologischer Dienst am Werk als ein
Resultat der Einstellungen, mit denen Verleger, Herausgeber und Bearbeiter ihm begegnen. Sie sind, pauschal gesagt, meistens darauf aus, bessere
Verkaufsmöglichkeiten durch eingängigere Textversionen zu schaffen;
auch politische Motive können unter bestimmten Voraussetzungen eine
Rolle spielen. Dabei ist zu bedenken, dass die Verbreitung der diversen
bearbeiteten Fassungen in der Summe mittlerweile diejenige der zu Mays
Lebzeiten veröffentlichten weit übertroffen hat. Während die obige Analyse der von ihm autorisierten Version des Gesprächs zwischen Old
Shatterhand und Nscho-tschi gilt, sollen deshalb jetzt noch Varianten inspiziert werden, die sich in verschiedenen Bearbeitungen aus der Zeit nach
Mays Tod finden, also nicht von ihm selbst zu verantworten sind. Wie geht
man da mit den Besonderheiten dieser Textpassage um?

Das erste, unter politisch-historischen Aspekten besonders interessante
Prüfobjekt soll die Ausgabe von ›Winnetou I‹ sein, die kurz nach der Rehabilitierung Mays in der DDR erschien. Bekanntlich war Karl May dort
lange Zeit ein verpönter Autor: Er galt als politisch inakzeptabel, seine
Texte wurden – mit einer winzigen Ausnahme – nicht gedruckt, die Ein-
fuhr und Verbreitung existierender May-Bücher wurde nach Möglichkeit
unterbunden. Später änderte sich diese Haltung im Zuge der Annäherung
an das, was man als fortschrittliche, bürgerlich-humanistische Traditionen
ansah: Die Karl-May-Filme wurden im Fernsehen der DDR gezeigt, in
Radebeul und Hohenstein-Ernstthal gab es plötzlich Museen, die sich May
widmeten, und auch eine May-Ausgabe begann im Verlag Neues Leben zu
erscheinen. 1982 wurde ›Winnetou I‹ veröffentlicht, »unter Zugrundelegung der 1893 im Verlag Friedrich Ernst Fehsenfeld herausgegebenen Ori-
ginalfassung Karl Mays«.[14]

Die Formel »unter Zugrundelegung« bedeutet konkret, dass man wei-
testgehend wörtlich den von May autorisierten Text reproduzierte, aber
auch einige Veränderungen vornahm. Diese betrafen vor allem ideologisch
heikle Passagen. Das wohl markanteste Beispiel bildet die Vergangenheit
Klekih-petras, der in Mays Original Old Shatterhand ausführlich erzählt,
er habe sich einst an der Revolution von 1848 beteiligt, sein damaliges
Wirken aber nun kritisch sieht und zutiefst bereut (vgl. S. 107–112). Davon
ist in der DDR-Ausgabe nichts übriggeblieben: Hier erklärt Klekih-petra

lediglich in ein paar vagen Sätzen, er habe in Deutschland »viel falsch gemacht«[15] und sich deshalb nach Amerika begeben; offenbar wollten die Verantwortlichen der DDR-Ausgabe eine positiv konnotierte Figur nicht mit Aussagen zu Wort kommen lassen, die ein aus dem Geschichtsverständnis der DDR mit Sympathie bedachtes historisches Ereignis abwertend beurteilen.

Prüft man die Szene zwischen Nscho-tschi und Old Shatterhand, so ergeben sich keine größeren Veränderungen.[16] Da die Edition auf Fußnoten durchgängig verzichtet, fehlen zwar auch die beiden mit den genauen Benennungen der malträtierten Tiere, aber ansonsten wird der Text präzise und vollständig wiedergegeben. Offenbar erschien die Stoßrichtung der Anklagen Nscho-tschis unbedenklich; sie zielten ja, politisch gesehen, auf Missstände in den Verhältnissen der kapitalistischen Gesellschaft, und eine solche Tendenz war in der DDR sehr willkommen.

Gekürzte Ausgaben des ›Winnetou I‹, die vor allem ein jugendliches, an umfangreiche Leseerfahrungen mit Romanen noch nicht gewöhntes Publikum anlocken sollen, neigen hingegen dazu, an dieser Stelle exzessiv zu streichen. In Bearbeitungen solcher Art konzentriert man sich auf die handfesten Aspekte des Geschehens, auf das, was oben schon einmal ›Action‹ genannt wurde; ausufernde Reflexionen, Beschreibungen und auch langwierige Gespräche erscheinen da oft hinderlich. In diesem Sinne wird schon seit langem immer verfahren, wenn man literarische Werke des im weitesten Sinne abenteuerlichen Genres für ein jugendliches Publikum zurechtstutzt; ›Robinson Crusoe‹, James Fenimore Coopers ›Lederstrumpf‹-Erzählungen und zahllose andere Beispiele ließen sich anführen. Die meisten Menschen, die sich der Kenntnis solcher ›Klassiker‹ rühmen, dürften diese zunächst in derart einschneidend gekürzter Form kennengelernt haben.[17]

Analog dazu verfährt die von Carl-Heinz Dömken besorgte Fassung des ›Winnetou I‹, die der Karl-May-Verlag vor ca. zwei Jahrzehnten in der Reihe ›Abenteuer Winnetou‹ für junge Leser auf den Markt brachte. Hier wird Old Shatterhand von Nscho-tschi über Rattlers Hinrichtung einfach nur informiert, redet darüber aber weder mit ihr noch mit Sam Hawkens und begibt sich an den Ort des bevorstehenden Geschehens: »Wenig später kamen meine Gefährten, Nscho-tschi und ich an den Platz.«[18] Eine weitere Version aus dem Verlag Hase und Igel, die sich mit einem Begleitheft für Lehrkräfte als Material für den Schulunterricht empfiehlt, belässt es, was Nscho-tschi betrifft, ebenfalls bei einer puren Mitteilung; allerdings eilt Shatterhand danach immerhin »(a)ufgeregt« zum Ort des Geschehens, begegnet Hawkens, und dieser sagt etwas, das sehr an Mays Originaltext erinnert: »So schrecklich es ist, (...) nach ihren Gesetzen sind die Indianer

völlig im Recht. Und Rattler, der so sinnlos betrunken war, dass er einen
Menschen ohne jeden Grund ermordet hat, verdient es nicht besser.«[19]
Etwas anders verfährt die Bearbeitung von Engelbert Gressl, die dessen
Namen von vornherein deutlicher zur Geltung bringt, als es bei den beiden
anderen Verantwortlichen geschieht.[20] Sie enthält in gekürzter Form die
beiden kontrovers verlaufenden Gespräche zwischen Old Shatterhand einerseits und Nscho-tschi sowie Sam Hawkens andererseits und greift teilweise wörtlich auf Mays Formulierungen zurück. Allerdings entfallen dabei sämtliche Bezüge auf die alltäglichen kulturellen Praktiken der Weißen.
Bei Hawkens bedeutet dies, dass er zwar auch hier die These vertritt, Rattlers exzessives Trinken vor seinem Verbrechen solle eher zu einer Ver-
schärfung der Strafe führen, aber – wie der Hawkens der gerade zuvor erwähnten Version – im Gegensatz zum Originaltext nichts sagt über die in
Shatterhands Heimat tätigen Juristen. Nscho-tschi verzichtet auf sämtliche
anklagenden Worte über die Welt, für die Old Shatterhand steht, und argumentiert in Gressls Text ausschließlich mit der Schuld Rattlers und der
historischen Situation, in der sich die Indianer befinden: Rattler »ist das
schlimmste Bleichgesicht, das den Apachen jemals in die Hände gefallen
ist«; viele Indianer, die nur ihr Land verteidigt hätten, seien »zu Tode gemartert (worden)«; die Weißen »haben uns dazu gebracht, so grausam zu
sein. Die roten Männer und Frauen kämpfen einen verzweifelten Kampf
um ihre Heimat.« Dann endet die Passage mit einer bemerkenswerten Ergänzung des May'schen Originals. Während dort die abschließenden Fragen, was von Nscho-tschis Worten zu halten sei, unbeantwortet bleiben,
gibt Gressls Ich-Erzähler ein Urteil ab: »Nein, ich durfte sie nicht dafür
verurteilen, dass sie so dachte.« Um es noch einmal hervorzuheben: Abgesehen von der Klage über die Brutalität der »weiße(n) Eindringlinge«[21]
gegenüber den Indianern sagt Nscho-tschi nichts von dem, was sie in Mays
Text den Weißen vorhält; insofern bildet Old Shatterhands Verständnis für
sie bei Gressl also keineswegs eine explizite Bestätigung der groß angelegten Anklage, mit der die ›echte‹ Nscho-tschi ihren Gesprächspartner konfrontiert.

Die allermeisten heute lebenden May-Leser dürften Mays Texte durch
die nach dem Zweiten Weltkrieg erschienene sogenannte Bamberger Ausgabe des Karl-May-Verlags kennengelernt haben. Bei den allermeisten
Bänden dieser Reihe wiederum handelt es sich bekanntlich ebenfalls um
posthum mehr oder weniger einschneidend bearbeitete Fassungen, wobei
zu bedenken ist, dass in manchen Fällen nacheinander mehrere Bearbeitungen ein und desselben May-Textes vorgelegt worden sind. Das ist auch
bei ›Winnetou I‹ so, und deshalb sollen nun noch zwei Bamberger Varianten dieses Bandes im Hinblick auf unsere Szene inspiziert werden. Eine –

es ist die, in der der Verfasser des vorliegenden Textes ›Winnetou I‹ erstmals begegnet ist – ist im Copyright-Vermerk auf das Jahr 1951 datiert,[22] die andere auf 1992.[23]

Zwischen den Texten dieser beiden Bände gibt es generell zwar einige deutliche Veränderungen sowohl inhaltlicher als auch stilistischer Art,[24] aber in der Szene, die uns beschäftigt, sind keine zu finden. Umso bemerkenswerter erscheint, was die vergleichende Lektüre zwischen ihnen und der Erstveröffentlichung zutage fördert.

Am Anfang und am Ende des Gesprächs Nscho-tschi/Old Shatterhand zeigen sich keinerlei größere Abweichungen. Nur in Nuancen unterscheidet sich der Wortlaut, z.B. am Schluss, da in Mays Original Nscho-tschi *das lebende Bild einer Rachegöttin* (S. 317) genannt wird, in den Bearbeitungen aber jeweils »das lebendige Bild«.[25] Das ist nicht ganz dasselbe: In *lebende(s) Bild* klingt die auch Tableau vivant genannte Darstellung von Szenen aus der Bildenden Kunst durch reale Menschen an, einst ein gesellschaftlich-kulturelles Vergnügen, das zu Mays Lebzeiten sehr beliebt war; wenn man in der von ihm gewählten Formulierung einen Bezug darauf erkennen will, ergeben sich noch einmal neue Erfordernisse zur Interpretation der gesamten Passage. Es bleibe dahingestellt, ob die Bearbeiter diese Implikation nicht bemerkt haben und lediglich ihrem Stilempfinden folgten oder ob sie der Meinung waren, Mays Anspielung passe nicht in den Zusammenhang. Kurz nach der kleinen Textänderung endet die Szene hier wie dort mit denselben beiden unbeantworteten Fragen.

Gravierend schon in quantitativer Hinsicht ist ein Eingriff, der zwischendurch erfolgt. Bis zu der Stelle, an der Nscho-tschi berichtet, ihr Wissen über die Verhältnisse bei den Weißen verdanke sie Klekih-petra und Winnetou, tauchen keine auffälligen Unterschiede auf. Als aber Nscho-tschi im Original auf die Tiere zu sprechen kommt, die *»eure Squaws ... kochen, braten und dann essen«* (S. 316), geht es auseinander. Die Bamberger Bearbeitung streicht nämlich komplett den Hinweis auf dieses Thema einschließlich der Qual, der Aale und Krebse ausgesetzt sind, und ebenso verfährt sie bei den in der Vorlage folgenden Beispielen für das Fehlverhalten der Weißen: Über die wissenschaftlichen Experimente, die Vogelhaltung in Käfigen, das Boxen und die Wettrennen, bei denen Pferde zu Tode kommen, lesen wir in den Veröffentlichungen von 1951 und 1992 nichts mehr. Stattdessen fügen die Bearbeiter etwas ein, das bei May nicht zu finden ist. Nachdem Nscho-tschi ihre Quellen genannt hat, findet sich der neue Hinweis »Sie war in Eifer geraten«,[26] der entgegen Mays Vorlage die Erregung vorwegnimmt, die Old Shatterhand am Ende der Szene wahrnimmt, und dann lassen sich die Bearbeiter ein eigenes Beispiel für die Missetaten der Weißen einfallen: »Sind nicht Squaws anwesend, wenn man wütende Stiere auf Menschen und Pferde losläßt? Jubeln sie nicht Beifall, wenn dabei Blut fließt und sich die Opfer des gehetzten Tieres in Schmerzen krümmen?«[27] Anschließend folgt in allen Versionen Nscho-tschis Selbstcharakterisierung als unerfahrenes Mädchen, und die Texte laufen nun wieder parallel weiter, einschließlich der düsteren Blicke auf das Thema Sklaverei.

Was ist der Effekt dieser Änderungen? Man kann nicht sagen, dass sich in den Bearbeitungen das Verhältnis zwischen den beiden Gesprächspart-nern grundsätzlich anders darstellt als im Original. Ebenso wenig ist die – für manche empfindlichen Leser möglicherweise unangenehme – Drastik in den Darlegungen der jungen Indianerin getilgt worden; das krasseste ihrer Beispiele ist sicherlich das Totpeitschen von Sklavinnen, das von weißen Frauen lächelnd beobachtet wird, und daran hat die Bearbeitung nichts verändert. Welchen Grund mag es dafür geben, dass die Bamberger Verantwortlichen von Nscho-tschis vorherigen Anklagepunkten nichts wissen wollen und dafür auf den von Karl May gar nicht vorgesehenen Stierkampf zu sprechen kommen?

Eine über allen Zweifel erhabene Antwort auf diese Frage kann es nicht geben, da keinerlei detaillierte Unterlagen über die Bearbeitertätigkeit an einzelnen Stellen vorliegen. Man darf jedoch Vermutungen anstellen, in-dem man nach Gemeinsamkeiten der gestrichenen Untaten sucht und Fol-gerungen daraus zieht. Nscho-tschi beginnt ihre Strafpredigt mit Hinwei-sen auf Frauen in Deutschland, die von unrühmlicher Neugier in Gerichtsverhandlungen und zu öffentlichen Hinrichtungen getrieben wer-den; Shatterhand kann den zweiten, gewiss erheblicheren dieser Vorwürfe mit Hinweis auf die Abschaffung öffentlich zelebrierter Todesstrafen halb-wegs entkräften. Was bleibt, ist die vergleichsweise geringfügige Sünde der Anwesenheit deutscher Frauen bei Prozessen. Anschließend behält Nscho-tschi im Original ihre Blickrichtung bei, denn ihre Beispiele bezie-hen sich zunächst einmal allesamt auf die Heimat des Helden: Die von ihr angeprangerte Essenszubereitung gibt es dort genauso wie die wissen-schaftlichen Experimente mit lebenden Tieren, die gänzlich unangemesse-ne Tierhaltung in Käfigen und die dubiosen Sportwettkämpfe mit blutigen und tödlichen Folgen. Es sind also Missstände in Deutschland, die von Winnetous Schwester als Beispiele für die Schattenseiten in Old Shatter-hands Kultur angeführt werden, bevor sie den Blick nach Amerika wendet und über die Sklaverei und den Genozid an den Indianern redet; Deutsch-land steht mit im Zentrum ihrer kritischen Ausführungen. Indem die Be-arbeiter nun aber die auf dieses Land bezogenen Anklagepunkte weit-gehend fallen lassen und dafür den Stierkampf ins Spiel bringen, den der gemeine Leser vermutlich mit dem fernen Spanien assoziiert, und anschließend Nscho-tschis Amerika-Kritik beibehalten, ergibt sich ein eindeutiger Effekt: Deutschland rückt in ein deutlich freundlicheres Licht; die bearbeitete Nscho-tschi hat da nunmehr nur wenig zu beanstanden.

Die Hypothese drängt sich auf, dass die Bamberger Bearbeiter zwar Nscho-tschis Klagen über die Kultur der Weißen im Kern bestehen lassen wollten – mit allen Konsequenzen, die sich gemäß der obigen Analyse daraus ergeben –, dass sie aber Mays deutsches Publikum, an das ja seine Werke in erster Linie adressiert waren und sind, schonen und ihm den Eindruck ersparen wollten, die eigene Lebenswelt sei ein zentraler Gegenstand der Philippika. Auf Deutschland trifft in der Gegenwart des Geschehens nur der relativ harmlose Vorwurf unappetitlicher weiblicher Neugier zu, dessen zweiter, gravierenderer Teil im Blick auf die abgeschafften öffentlichen Hinrichtungen schon im Konjunktiv zu finden ist; ansonsten richtet Nscho-tschi in der Bearbeitung ihre aggressiv-kritische Aufmerksamkeit auf Vorgänge, für die Deutsche keine unmittelbare Verantwortung tragen. Das Deutschland der Bearbeitungen ist ein schöneres Land als das des Originals.

1 Karl Mays Werke. Historisch-kritische Ausgabe. Abt. IV Bd. 12: Winnetou. Erster Band. Hrsg. von Joachim Biermann/Ulrich Scheinhammer-Schmid. Zweite, verbesserte und erweiterte Auflage. Bamberg/Radebeul 2013. Zitate aus diesem Band werden im Text durch Seitenzahlen in Klammern nachgewiesen.

2 Michael Petzel: Karl-May-Stars. Bamberg/Radebeul 2002, S. 286.

3 Vgl. Katharina Maier: Nscho-tschi und ihre Schwestern. Frauengestalten im Werk Karl Mays. Bamberg 2012.

4 Ijoma Mangold: Alles so schön keimfrei hier. Warum die Künstler sich nicht mehr trauen, die Bürger zu erschrecken und den gesellschaftlichen Konsens aufzustören. In: Die Zeit, Nr. 17, 20. 4. 2023, S. 47.

5 Maier, wie Anm. 3, S. 33.

6 Vgl. Gerhard Kurz: Das Wahre, Schöne, Gute. Aufstieg, Fall und Fortbestehen einer Trias. Paderborn 2015.

7 Johann Wolfgang Goethe: Epilog zu Schillers Glocke. In: Berliner Ausgabe. Poetische Werke. Gedichte und Singspiele II. Berlin/Weimar ³1979, S. 92–95 (93).

8 Vgl. Hans-Rüdiger Schwab: Karl Mays Ästhetik. In: Karl May im Aufbruch zur Moderne. Vorträge eines Symposiums der Karl-May-Gesellschaft, veranstaltet von 2. bis 4. März 2012 im Literaturhaus Leipzig. Hrsg. von Hartmut Vollmer/Florian Schleburg. Bamberg/Radebeul 2012, S. 180–226.

9 Karl Mays Werke. Historisch-kritische Ausgabe. Abt. IV Bd. 13: Winnetou. Zweiter Band. Hrsg. von Joachim Biermann/Ulrich Scheinhammer-Schmid. Zweite, verbesserte und erweiterte Auflage Bamberg/Radebeul 2014, S. 56.

10 Helmut Schmiedt: Die Winnetou-Trilogie. Über Karl Mays berühmtesten Roman. Bamberg/Radebeul ²2019, S. 138.

11 Eric M. Moormann/Wilfried Uitterhoeve: Lexikon der antiken Gestalten. Mit ihrem Fortleben in Kunst, Dichtung und Musik. Stuttgart 1995, S. 261.

12 Maier, wie Anm. 3, S. 19.

13 Helmut Schmiedt: Karl May als Autor. In: Wer hat Angst vor Winnetou? Karl May im Spannungsfeld postkolonialer Diskurse. Ein interdisziplinäres Symposium der Karl-May-Gesellschaft, der Karl-May-Stiftung und der Universität Potsdam. Hrsg. von Andreas Brenne/Florian Schleburg/Laura Thüring. München 2024, S. 71–82 (81).

14 Karl May: Winnetou. Band I. Berlin(-Ost) 1982, S. [4].

15 Ebd., S. 106.

16 Ebd., S. 312–315.

17 Zu dieser Problematik und den drei im Folgenden abgehandelten gekürzten Versionen von ›Winnetou I‹ vgl. Helmut Schmiedt: Literaturbericht I. In: Jahrbuch der Karl-May-Gesellschaft (Jb-KMG) 2004. Husum 2004, S. 219f.; ders.: Literaturbericht. In: Jb-KMG 2010. Husum 2010, S. 269–274.

18 Karl May: Blutsbrüder. Gekürzte Fassung von ›Winnetou I‹. Bamberg/Radebeul 2003, S. 211.

19 Karl May: Mein Blutsbruder Winnetou. Bearbeitet von Christian Somnitz. Mit zeitgenössischen Illustrationen von Josef Ulrich. Garching b. München 2009, S. 174.

20 Engelbert Gressl: Freunde am Marterpfahl. Karl Mays Winnetou neu erzählt. Bd. 1. Wien 2008.

21 Ebd., S. 179.

22 Karl May's Gesammelte Werke Bd. 7: Winnetou. Erster Band. Bamberg 1951. 715.–729. Tausend. Im Impressum findet sich der Vermerk: »Herausgegeben von Dr. E. A. Schmid« (S. 4).

23 Karl May's Gesammelte Werke Bd. 7: Winnetou. Erster Band. Bamberg/Radebeul 1992. 3798. Tausend. Im Impressum findet sich der Vermerk: »Nach der 1960 von Hans Wollschläger revidierten Fassung neu herausgegeben von Lothar Schmid« (S. 4).

24 Vgl. Claus Roxin: »… die rote Nation liegt im Sterben!«. Winnetou I in neuer Bearbeitung. In: Mitteilungen der Karl-May-Gesellschaft 95/1993, S. 49.

25 May: Winnetou. Erster Band, 1951, wie Anm. 22, S. 361; May: Winnetou. Erster Band, 1992, wie Anm. 23, S. 343.

26 Ebd., S. 360 und 341.

27 Ebd., S. 360 und 342. Die Versionen ab dem 3793. Tausend ersetzen entsprechend der reformierten Rechtschreibung »losläßt« durch »loslässt«.

ANNA M. HORATSCHEK

›Literarischer Rassismus‹ bei Joseph Conrad und Karl May?
*Ein exemplarischer Vergleich**

Die Titelfrage meines Beitrages lautet: ›Literarischer Rassismus‹ bei Joseph Conrad und Karl May? Das ist eine andere Frage als diejenige, die in der Diskussion um kulturelle Aneignung und Rassismus aus Anlass des Kinderfilmes ›Der junge Häuptling Winnetou‹ und um den Rückzug eines begleitenden Kinderbuches durch den Ravensburger Verlag im Sommer 2022 die deutschen Gemüter medienweit bewegte, nämlich: War Karl May ein Rassist? Die Antwort darauf ist weniger eindeutig, als sich sowohl die Kritiker als auch die Verteidiger des Autors aus dem Sachsenland wünschen mögen. Sie lautet: Nein, aber … Oder auch: Ja, aber … Dieses ›Aber‹ wird im Zentrum meines Beitrags stehen, denn der Kritik an seinem Werk als rassistisch wird man nicht gerecht, indem sie als bösartige »Hetze«[1] oder »bilderstürmerische(s) Vorgehen einer kleinen Zahl sich als besonders zeitgemäß gebärdender Aktivisten«[2] verunglimpft wird, wie es verschiedentlich von Karl-May-Anhängern wahrgenommen und dargestellt wird. Die Einwände sind das Ergebnis von Entwicklungen sowohl in der politischen Wirklichkeit als auch im akademischen und nicht-akademischen Umgang mit literarischen Texten und sollten entsprechend reflektiert werden.

Spätestens seit dem sogenannten ›Cultural Turn‹ in den Literaturwissenschaften, der den Kanon der literaturwissenschaftlich rezipierten Werke auf den Populärsektor ausdehnte, gilt auch Karl Mays Werk als ›literarisch‹ und wird entsprechend kritisch analysiert. Für die Karl-May-Forschung hat das langjährige Mitglied der Karl-May-Gesellschaft, der Germanist Prof. Dr. Volker Klotz, wesentlich dazu beigetragen, »dass May sich allmählich als respektierter Gegenstand der fachwissenschaftlichen Beschäftigung etablieren konnte«.[3] Hartmut Wörner wendet in seiner Rezension der Monographie von Sven Fritz zu Houston Stewart Chamberlain diesen Paradigmenwechsel kulturwissenschaftlich, wenn er darauf verweist,

* Überarbeitete Fassung des Vortrags, gehalten am 6. Oktober 2023 auf dem 27. Kongress der Karl-May-Gesellschaft in Dortmund.

dass die nach dem Aufschwung mit dem Leipziger Symposium der KMG 2012
›Karl May im Aufbruch zur Moderne‹ eher rudimentäre Forschung zu Karl
Mays (…) Einbettung in die geistigen Strömungen seiner Zeit dringend konse-
quenter vorangetrieben werden sollte.[4]

Wörner bezieht sich in seinem Hinweis thematisch auf die Nähe Karl
Mays zu proto-nazistisch und nationalistisch gesinnten Kreisen, aber seine
Aussage lässt sich ohne Einschränkung auf den Umgang Karl Mays mit
rassistischen Diskursen seiner Zeit übertragen.

In diesem Sinne werde ich den ikonischen Roman ›Winnetou I‹ mit Methoden der kulturwissenschaftlich orientierten Literaturwissenschaft und
der Postkolonialen Forschung, die sich vor allem mit den Auswirkungen
des Kolonialismus auf die Identitätsbewegungen der Gegenwart und mit
der Literatur aus ehemaligen Kolonien auseinandersetzt, lesen. Dabei be-
ziehe ich Thesen der ›Critical Philosophy of Race‹ sowie Forschungen, die
sich mit Identität und Alterität, also mit der individuellen und kollektiven
Konstruktion von Selbst- und Fremdbildern befassen,[5] in meine Überlegungen ein und knüpfe vor allem an die englischsprachige Rezeption von
Joseph Conrad und Karl May an, zumal dort Forschungen zu Rassismus
und zu den Native Americans – auch mit Bezug auf Karl May – ausgepräg-
ter und umfangreicher sind als in Deutschland.

Tatsächlich merken viele Kritiker*innen mit Erstaunen an, wie wenig
theoretisch fundierte Forschung es zum Thema Rassismus bei Karl May in
Deutschland gibt – insbesondere vor dem Hintergrund der ebenfalls mehrfach diskutierten typisch deutschen Begeisterung für die sogenannten ›Indianer‹ in Karl Mays Büchern,[6] die in der Sekundärliteratur mit dem von
Hartmut Lutz kreierten Begriff des ›Indianthusiasm‹ – als Übersetzung des
deutschen Wortes ›Indianertümelei‹ und zusammengesetzt aus ›Indian‹
und ›enthusiasm‹/Begeisterung, also ›Indigeisterung‹ –, bezeichnet wird.
Lutz selbst definiert diesen Begriff als »a yearning for all things Indian, a
fascination with American Indians, a romanticizing about a supposed Indian essence (…) [that] tends to historicize Indians as figures of the past«.[7]
In dem Sammelband von Lutz, Strzelczyk und Watchman wird ›German
Indianthusiasm‹ verstanden als »an idealized and romanticized fascination
with, and fantasies about, Indigenous peoples of North America that has its
roots in the nineteenth-century German colonial imagination«.[8] Das Problem besteht darin, dass dieses Interesse in den meisten Fällen ausschließlich den fiktionalen ›Indianern‹ gilt und sich nicht auf die gegenwärtige
Situation von Native Americans erstreckt.[9] Verschiedentlich wird der ›Indianthusiasm‹ als Motiv für den relativ späten Beginn einer rassismuskritischen Rezeption in Deutschland angeführt, verbunden mit der histori-

schen Inanspruchnahme von Karl Mays Werk für einander geradezu ausschließende politische Ideologien: von »der – bis heute andauernden – Anziehung Karl Mays auf das national-völkische Lager«[10] bis zur deutschen Linken, da seine »Sympathien (…) in aller Regel auf der Seite der Unterdrückten liegen – jedenfalls solange, wie sie nicht als soziale Revolutionäre gegen die bürgerliche Gesellschaft auftreten«.[11]

Diese Situation wird seit einigen Jahren auch von indigenen Aktivist*innen wie Red Haircrow und Drew Hayden Taylor scharf und wirkmächtig kritisiert,[12] so dass Penny konstatiert: »Native Americans have gained the ultimate authority to mediate representations of Indianness«,[13] allerdings – wie bereits angemerkt – auf widersprüchliche Weise. So werden die (Show-)Aktivitäten von Silkirtis Nichols (1923–2016), einem Cherokee und Choctaw, und von Murray Small Legs, einem Blackfoot, der in der Nähe von Potsdam lebt und Workshops und Tanzvorführungen in Deutschland anbietet, sehr unterschiedlich bewertet.[14] Ein ähnlich disparates Bild zeigt sich bei Museumsausstellungen zu Native Americans in Deutschland.[15]

Widersprüche zwischen Aussagen eines historischen Autors und seinem Werk sind in der Literatur nicht selten. So wird seit 50 Jahren mit Bezug auf Joseph Conrads Kurzroman ›Heart of Darkness‹ von 1899 ein ähnliches Missverhältnis wie bei Karl May zwischen anti-rassistischen Äußerungen des Autors und rassistischen Passagen in seinem literarischen Werk diskutiert. Conrad gilt als unbestrittener Klassiker der englischen Literatur, war jedoch nie das Objekt ideologischer oder identifikatorisch motivierter individueller und kollektiver Verklärung wie Karl May, weshalb die Aufarbeitung rassistisch-imperialistischer Aspekte in seinem Werk größtenteils ohne die emotionale Betroffenheit stattfand, die häufig sowohl die Kritik als auch die Verteidigung des Werkes und der Person von Karl May in Deutschland prägt. Aus diesem Grund werde ich der Analyse von Karl Mays ›Winnetou I‹ eine exemplarische Interpretation von Joseph Conrads ›Heart of Darkness‹ mit Blick auf die Rassismusfrage als Modell für den methodischen Zugriff auf ›Winnetou I‹ voranstellen.

Mein Beitrag ist folgendermaßen aufgebaut:

I.   Wie funktioniert Literatur? Drei Bausteine
II. Die Wichtigkeit von Gänsefüßchen: Von Rasse zu ›race‹
III. Ungewollte Widerworte: Der Text widerspricht seinem Autor
    a. Joseph Conrad: ›Heart of Darkness‹ (1899)
    b. Karl May: ›Winnetou I‹ (1893)
IV. The Blame Game: Die Schuldfrage
V.   Same same but different: Joseph Conrad und Karl May aktuell

I. Wie funktioniert Literatur? Drei Bausteine

Helmut Schmiedt spricht in seiner Studie der ›Winnetou‹-Romane von der auffälligen »Dreieinigkeit aus Ich-Held, Erzähler und Autor«.[16] Genau diese Dreieinigkeit führt jedoch in der kritischen Diskussion der Romane zu Kommunikationsproblemen, wenn z. B. der Autor mit der Erzählfigur der Romane oder der Text mit der Autorintention identifiziert wird. Die literaturwissenschaftliche Analyse differenziert daher Phänomene, die in der (Lese-)Erfahrung als Einheit erscheinen; bei einem literarischen Text sind das vor allem die drei Aspekte Text, Autor und Rezipient, also Leser. Da diese Unterscheidung für meine Frage und meine Argumentation wichtig ist, werde ich den Textanalysen einen kurzen Exkurs über diese drei Kernbegriffe vorschalten.

1. Der Text

Was ist das Besondere an literarischen Texten? Helmut Schmiedt widmet dieser Frage in seinem ›Winnetou‹-Buch ein ganzes Kapitel[17] und hebt besonders die dichterische Freiheit hervor: Ein literarisches Werk muss sich nicht an historische Fakten halten. Deshalb ist es für die Beurteilung von Mays ›Winnetou‹-Romanen erst einmal unwichtig, dass es die Blutsbrüderschaft nicht bei den amerikanischen Ureinwohnern, sondern bei den Germanen und einigen Völkern in Fernost gab.[18] Es ist unwichtig, dass die als Apachen bezeichneten Native Americans gar keine Häuptlingsstruktur kannten, sondern in lockeren Familienverbänden lebten, die sich zur Jagd oder für Raubzüge zusammentaten.[19] Es ist in Ordnung, diese ›Apachen‹ als überaus friedliebend darzustellen, obwohl sie historisch ganz besonders aggressiv sowohl gegen Nachbargruppen als auch gegen die Weißen waren, so dass

(d)er Kommandeur der nördlichen Presidio-Linie, Don Ignacio Zúñiga, schätzte, dass allein in den Jahren 1820 bis 1835 durch die Apachen ca. 5000 Mexikaner getötet, 100 Siedlungen zerstört und mehr als 4000 Siedler gezwungen waren, die Region zu verlassen. Mit Ausnahme der durch Truppen geschützten Tucson und Tubac waren ganz Nord-Sonora und weite Teile Nordmexikos ›ranchos despoblados‹. 1848 wurde von den Apachen sogar die wichtige Stadt Fronteras eingenommen und über mehrere Monate gegenüber den Mexikanern gehalten.
(…) Als später die USA ehemals mexikanische Gebiete übernahmen, lieferten die Apachen der US-Armee erbitterte Kämpfe. Die »Apachen-Kriege« (1850–1890) waren die längsten und kostspieligsten Kriege der USA im 19. Jahrhundert – neben dem Bürgerkrieg.[20]

Und auch, dass es Old Shatterhand und Winnetou nie gab und dass Schauplätze und Ereignisse ausschließlich auf Karl Mays angelesenem Wissen, seiner Phantasie – und der Nachfrage seitens der Leserschaft – beruhten, tut der Qualität des Romans keinen Abbruch. Es ist unwichtig, dass der Name ›Apache‹ ihnen wahrscheinlich von den benachbarten Zuñis gegeben wurde, die unter ihnen zu leiden hatten, denn ›Apache‹ heißt: der Feind.

Allerdings sollte man die Phantasiewelten klar von der historischen Wirklichkeit trennen. Deshalb verwenden viele Aufsätze das Wort ›Indianer‹ nur für die Stereotype, die insbesondere in Deutschland durch Karl May verbreitet wurden, denn diese ›Indianer‹ sind eine Erfindung Europas, wie viele Kritiker*innen betonen, vielleicht sogar – durch Karl May – Deutschlands.[21] Zwar verbindet man gerade in Deutschland viele positive Eigenschaften mit dem ›Indianer‹ als »the exoticized yet sympathetic, even idealizing depiction of the Other«,[22] doch auch ein Stereotyp, das man selbst für positiv hält, wird den Menschen dahinter nicht gerecht. Dementsprechend empfinden viele Angehörige indigener Stämme den Begriff ›Indianer‹ als problematisch oder sogar als kränkend, weshalb der Duden anmerkt:»Indianer, Indianerin sind Fremdbezeichnungen und gelten als diskriminierend. Eine übergreifende Selbstbezeichnung für die vielfältigen Bevölkerungsgruppen existiert nicht.«[23] Auch über die Deutungshoheit indigener Nationen bezüglich ihrer Repräsentation herrscht Uneinigkeit. Während zum Beispiel Penny die These vertritt:»Native Americans have effectively appropriated and redirected parts of European discourse on race and human difference in ways that often exclude Europeans from the discussion«,[24] beklagt Red Haircrow aus Anlass der Karl-May-Debatten 2022 im ›Tagesspiegel‹, dass die Verlage in Deutschland »Werke, die von People of Color verfasst wurden, meist ablehnen (…) – sodass akkuratere, authentische Selbst-Repräsentationen [nicht] verfügbar« seien.[25] Als einzig unbestrittene Gemeinsamkeit zwischen den 548 offiziell anerkannten Nationen der Native Americans in den USA gelten ihre traumatischen historischen Erfahrungen von Vertreibung, Unterdrückung und Marginalisierung vom Kolonialismus bis heute.

Susan Zantop mahnt in dieser Situation, dass

even well-intentioned academic discourse can appear extremely arrogant and closed-minded if it does not contain a reflection of its own epistemological interest, that is, reflections on the terminology, perspective, and goals of the presenter.[26]

In meinem Beitrag benutze ich daher den Begriff ›Indianer‹ nur für die literarischen Phantasieprodukte Karl Mays, ansonsten spreche ich von Native Americans, indigenen Nationen, Ureinwohnern etc.[27] Analog spreche ich von den ›Weißen‹ und kapitalisiere das Adjektiv, wenn ich die Charaktere und Konzepte als Repräsentanten des kolonialen Diskurses meine, ansonsten benutze ich Begriffe wie ›Europäer‹ oder ›Amerikaner‹.

2. Autorschaft

Karl May versuchte, seine Fiktionen durch eine elaborierte Selbstinszenierung als sein fiktionaler Held und Ich-Erzähler Old Shatterhand zu authentifizieren.[28] Auch Joseph Conrad konstruiert in ›Heart of Darkness‹ mit Charlie Marlow einen Ich-Erzähler, der viele biographische Gemeinsamkeiten mit ihm aufweist.

Das funktionierte gemäß dem Realismus-Verständnis des 19. Jahrhunderts – zumindest für die zeitgenössische Leserschaft –, wie die ›tourist epistemology‹, das Touristenwissen, bis heute funktioniert: Wenn ich es selbst erlebt habe, verbürgt das die Authentizität des Berichteten.[29] Dieses Vertrauen in die Zuverlässigkeit von Erfahrungswissen als Ausweis authentischer Realität wurde allerdings unter dem Einfluss von Freud seit dem Ende des 19. Jahrhunderts angezweifelt, und die englische Literatur in der ersten Hälfte des 20. Jahrhunderts (z. B. D. H. Lawrence, E. M. Forster, Virginia Woolf, James Joyce) betonte, dass sowohl die individuelle Wahrnehmung als auch der verbale Bericht, z. B. im literarischen Text, bewusst und vor allem unbewusst immer von dem Wissen, aber auch von sozialer Herkunft, Geschlecht, Klasse, Kultur und der jeweiligen historischen Zeit des Individuums bestimmt werden. Daher ist ungeachtet der Autorintention immer nur eine historisch spezifische, subjektive Perspektive möglich (Perspektivismus). Nach dem Zweiten Weltkrieg wurde diese Abhängigkeit der subjektiven und auch der kollektiven Wahrnehmungs- und Wertungsparameter von historisch und kulturell dominanten Vorstellungen durch die Diskursanalyse von Michel Foucault weiter ausgeführt.[30] Es macht nämlich einen großen Unterschied, ob jemand in Indien, Deutschland oder als Ureinwohner in Australien oder Nordamerika aufwächst: Wahrnehmung, Bewertung und emotionale Reaktion auf die soziale, kulturelle und natürliche Umgebung werden sehr verschieden sein – was einem häufig erst bewusst wird, wenn der gewohnte Kontext verlassen und merklich andere Reaktionsweisen beobachtet werden. Dieser Ansatz prägt seitdem die Arbeit in sehr vielen akademischen Disziplinen.

Helmut Schmiedt behandelt vier solcher zumeist unbewussten zeitgenössischen Prägungen in Mays ›Winnetou‹-Romanen: 1. das Geschichtsbild von Johann Gottfried Herder, 2. das Motiv des Edlen Wilden, 3. den Sozialdarwinismus und 4. die zeittypische europäische »Überzeugung von der Superiorität der europäisch-christlichen Kultur als Legitimation des Kolonialismus bzw. Imperialismus«.[31] In meinem Vortrag werde ich diese Denkmuster daraufhin anschauen, ob sie – entgegen der ausdrücklichen Absicht des Autors – rassistische und imperialistische Implikationen beinhalten.

3. Leser

Während die Autorintention also an Autorität verliert, wird der Leser immer wichtiger. Ein Text wird in unterschiedlichen Zeiten unterschiedlich gelesen, denn das Leseverständnis der Leser ist – genau wie beim Autor – abhängig vom historischen und kulturellen Kontext. Wir bauen den Sinn eines Textes nämlich zusammen aus den Buchstaben auf dem Papier und unserem heutigen Wissen,[32] das anders ist als in Conrads viktorianischem England oder in Mays wilhelminischem Deutschland. So wissen wir zum Beispiel im Rückblick, was die Autoren nicht wissen konnten, nämlich ob und wie ihre Werke in deren Zukunft gewirkt haben. Die daraus resultierenden unterschiedlichen Deutungen gelten als ein Qualitätsmerkmal guter Literatur, denn sie zeigen, dass die Texte immer wieder Anknüpfungspunkte für jeweils aktuelle Probleme und Denkweisen bieten. Dieses Mehrwissen kann allerdings auch zu Lesarten führen, die gegen die Intentionen der Autoren verstoßen, bei Karl May und Joseph Conrad ist das sicherlich die Aneignung und Kritik ihrer Werke als rassistisch.

Aber was heißt ›rassistisch‹?

II. Die Wichtigkeit von Gänsefüßchen: Von Rasse zu ›race‹

Die Vorstellung von ›Rassen‹ sortiert die Menschheit in – meistens vier – Gruppen, deren Mitglieder nach diesem Ordnungsmodell fünf Kriterien gemeinsam haben:[33] 1. Die Merkmale einer Rasse sind biologisch fundiert, also naturgegeben. 2. Diese Merkmale haben alle und nur die Mitglieder einer Rasse gemeinsam. 3. Die Merkmale werden vererbt, weshalb eine Rasse durch Vorfahren und Herkunft festgestellt werden kann. 4. Auf diese Weise kann man den geographischen Ursprung einer Rasse zurückverfolgen, heute typischerweise nach Afrika, Europa, Asien und Nord- und Südamerika. 5. Die biologischen Rassemerkmale zeigen sich vor allem körperlich als Hautfarbe, Augenform, Haarstruktur, aber auch als Veranlagung, z. B. Intelligenz oder Kriminalität. Seit dem 16. Jahrhundert werden Rassenzuschreibungen benutzt, um die Europäer als allen anderen Kulturen überlegen darzustellen und so die koloniale Unterwerfung der fremden Kulturen als Zivilisationsprozess zu rechtfertigen.[34]

Wissenschaftlich besteht kein Zweifel, dass es Menschenrassen im oben beschriebenen Sinne nicht gibt. Deshalb fordern Kritiker, den Begriff der Rasse nicht mehr zu benutzen, zu eliminieren (›Eliminativismus‹). Die Mehrheit jedoch vertritt die Meinung, dass das Konzept der Rasse bis heute kulturell, sozial und politisch so wirkmächtig ist, dass wir den Begriff beibehalten, ihn aber als sozial konstruiert begreifen sollten (›Konstruktivismus‹).[35] Die Unterscheidung zwischen der biologischen und der sozial konstruierten Bedeutung ist sehr wichtig, denn wenn Rasse als naturgegeben begriffen wird, sind die Merkmale unveränderbar, schicksalhaft; wenn sie als kulturell konstruierte – vielleicht sogar interessengeleitete – Ordnungskategorie der Beschreibung verstanden wird, sind die Merkmale veränderbare Zuschreibungen und wir können untersuchen, zu welchem Zweck diese Zuschreibungen eingesetzt werden.

Viele Kritiker*innen markieren diesen Unterschied zwischen der biologischen und der konstruktivistischen Auffassung von Rasse, indem sie ›race‹ in Gänsefüßchen setzen[36] aufgrund der unterschiedlichen national-historisch bedingten Konnotationen von ›Rasse‹ und ›race‹ benutzen einige auch in deutschsprachigen Arbeiten den englischen Begriff ›race‹.

III. Widerworte: Der Text widerspricht seinem Autor
1. Joseph Conrad: ›Heart of Darkness‹ (1899)

Der Roman ›Heart of Darkness‹ erschien 1899.[37] In ihm schildert der englische Seemann Charlie Marlow seine Reise auf dem Kongo zu einem Elfenbeinhändler namens Kurtz, der einen ganzen afrikanischen Stamm mit unvorstellbarer Grausamkeit beherrscht. Marlow beschreibt auf seinem Weg durch den Dschungel drastisch die brutale und sklavenähnliche Ausbeutung der einheimischen Bevölkerung für den Kautschukhandel der Europäer.

Die traditionelle Forschung las den Roman daher übereinstimmend als anti-rassistisches und anti-imperialistisches Manifest. Darin sahen sich die Kritiker durch den biographischen Hintergrund bestätigt, denn der Autor mit dem Künstlernamen Joseph Conrad entstammte als Józef Teodor Konrad Korzeniowski der polnischen Aristokratie, wurde 1874 mit 16 Jahren nach Marseille geschickt für eine Karriere in der Handelsmarine und wechselte 1878 zur Britischen Handelsmarine, bevor er – wie die Erzählerfigur Marlow – mit Hilfe einer Tante einen Kapitänsposten bei der Société Anonyme Belge pour le Commerce du Haut-Congo erhielt und so 1890 selbst in den Kongo reiste. Die Knechtung der Afrikaner im Kongo, der 1884 zum persönlichen Eigentum des belgischen Königs Leopold II.

erklärt worden war, entsetzte ihn jedoch so sehr, dass er sowohl in seinem
Tagebuch als auch in Briefen an seine Tante seinem Abscheu vor den Praktiken des Kolonialismus Ausdruck verlieh und es erreichte, vorzeitig aus
dem Dienst im Kongo entlassen zu werden.[38]
   Wie ein Paukenschlag kam da 1975 ein Vortrag des nigerianischen
Schriftstellers Chinua Achebe – der 2002 den Friedenspreis des deutschen
Buchhandels erhielt –, in dem er Conrad als »bloody racist«, einen »ver-
dammten Rassisten«, bezeichnet. »That this simple truth is glossed over in
criticisms of his work is due to the fact that white racism against Africa is
such a normal way of thinking that its manifestations go completely unde-
tected.«[39] Obwohl Achebe in der Radikalität seiner Anklage nur wenige
Anhänger fand, öffnete sein Urteil den Blick für neue Interpretationsmög-
lichkeiten des Romans und die auffälligen Widersprüche in ›Heart of
Darkness‹ wurden neu gelesen. Denn obwohl die Erzählung die Grausamkeiten des Kolonialismus anprangert, verwendet sie bei der Beschreibung
Afrikas die gleichen Bilder und Konzepte wie Texte imperialistischer Eroberer. Das zeigt sich vor allem
   a) am Geschichtsbild
   b) an typischen Gegensatzpaaren und
   c) an der Konstruktion des Ich-Erzählers.

a) Geschichtsbild

Ein zentrales Thema postkolonialer Forschungen ist die Funktionalisie-
rung der europäischen Geschichte als universaler Norm, an der der Ent-
wicklungsstand aller Kulturen gemessen wird.[40] Dazu dient ein Geschichtsbild, das ausgeht von einem chronologischen Zeitstrahl mit der Gegenwart
Europas – oder des Westens – an der Spitze; die Unterschiede im Vergleich
mit dieser Spitzenposition werden gedeutet als Gradmesser für den Ent-
wicklungsstand nichteuropäischer Kulturen: Je größer die Unterschiede,
desto größer wird der Abstand zur Spitzenposition und als desto weniger
entwickelt gilt die entsprechende Kultur. Das heißt: Alle Kulturen, die anders sind als die europäische, gelten von vornherein als unterentwickelt –
und damit im Rahmen der westlichen Fortschrittsideologie als schlechter.
Dieses Geschichtsbild zeigt sich in ›Heart of Darkness‹, wenn Marlow
Afrika als eine phylogenetische und ontogenetische Vorstufe der europäischen Entwicklung darstellt, indem er es ausdrücklich als seine eigene kulturelle und individuelle Vergangenheit sieht, als unzivilisierte Gesellschaft
von ›Wilden‹ oder Kindern mit unkontrollierten Wünschen und Trieben.[41]
Das zeigt sich u. a. in der folgenden Charakterisierung der afrikanischen
Menschen als eine ungezügelte Masse prähistorischer Kreaturen:

»(…) a burst of yells, a whirl of black limbs, a mass of hands clapping, of feet stamping, of bodies swaying, of eyes rolling (…). (…) a black and incomprehensible frenzy. The prehistoric man was cursing us, praying to us, welcoming us – who could tell?« (S. 35)[42]

b) Gegensatzpaare

Eine weitere Strategie des rassistischen Sprechens besteht darin, durch metaphorische Gegensatzpaare unausgesprochen Werturteile zu fällen. Typisch für ein solches Sprechen sind die Gegensatzpaare Geist/Körper und Licht/Dunkelheit oder schwarz/weiß.[43] Solche rhetorischen Gegensatzpaare finden sich bereits im 16. Jahrhundert in kolonialen Texten, die auf eindeutige Grenzziehungen zwischen der eigenen und einer fremden Kultur abzielen, und – wie wir sehen werden – auch in ›Heart of Darkness‹.

Geist/Körper oder Seele/Leib

Die Opposition Seele/Leib oder – säkular – Geist/Körper spielt eine zentrale Rolle im Selbstbild des abendländischen Menschen, der sich wesentlich über seine rationale Denkfähigkeit definiert. Diese ist gebunden an die Sprache.[44] Die Afrikaner allerdings beherrschen aus Marlows Perspektive keine richtige Sprache, sondern sie verständigen sich über »»short grunting phrases‹‹« (S. 40), also »»kurze, grunzende Sätze‹‹«. Mit der Sprachfähigkeit wird ihnen Denkfähigkeit – und damit auch Kultur- und Religionsfähigkeit – abgesprochen; sie leben in einer Welt des Nicht-Wirklichen, Irrationalen und Wahnhaften, damit aber auch des potentiell Gefährlichen und – religiös-ethisch gesprochen – des Bösen. Ihre religiösen Rituale erscheinen entsprechend wie »»unspeakable rites‹‹« (S. 50) – »»unaussprechliche Riten‹‹« – von Teufelsanbetern:

»(…) they faced the river, stamped their feet, nodded their horned heads, swayed their scarlet bodies; they shook towards the fierce river-demon a bunch of black feathers, a mangy skin with a pendent tail (…); they shouted periodically together strings of amazing words that resembled no sounds of human language; and the deep murmurs of the crowd (…) were like the responses of some satanic litany.« (S. 66f.)[45]

Ohne intellektuelle oder gar spirituelle Dimension, sind sie nur eine entindividualisierte

»mass of naked, breathing, quivering, bronze bodies« (S. 66);
»(…) swaying, (…) swarming, (…) glistening (…)« (S. 35, 45);

»I made out deep in the tangled gloom, naked breasts, arms, legs, glaring eyes – the bush was swarming with human limbs in movement, glistening, of bronze colour« (S. 45).[46]

Die wiederholte Beschreibung der Afrikaner als schwarze und bronzefarbene Körper ruft ein weiteres zentrales Gegensatzpaar des rassistischen Sprechens auf, nämlich Licht/Dunkelheit oder schwarz/weiß.

Licht/Dunkelheit

Frantz Fanon, auf Martinique geboren und jahrelang in Algerien Chefarzt einer psychiatrischen Klinik, beschreibt in seinem Buch ›Peau noire, masques blancs‹ (1952), wie die Negativassoziationen von Dunkelheit nicht nur die kollektive Psyche Weißer Gesellschaften prägen, sondern auch die dunkelhäutiger Völker, die mit der Weißen Kultur in Berührung kamen:

In Europa wird das Böse durch das Schwarze dargestellt. (…) Das Schwarze, das Dunkle, der Schatten, die Finsternis, die Nacht, (…) jemanden anschwärzen; und auf der anderen Seite: (…) die weiße Taube des Friedens, das (…) paradiesische Licht. (…) In Europa, das heißt in allen zivilisierten und zivilisatorischen Ländern symbolisiert der Neger die Sünde. Der Archetypus der minderen Werte wird vom Neger dargestellt.[47]

In dem Begriff der ›dunklen Rasse‹ treffen also die epistemologischen, moralischen und religiösen Konnotationen der ›Dunkelheit‹ mit dem physischen – und damit scheinbar ›natürlichen‹ – Merkmal der dunklen Hautfarbe zusammen und suggerieren die Naturgegebenheit der mit den Konnotationen verbundenen negativen Wertungen in so unvergleichbaren Bereichen wie Physiologie, Epistemologie, Moral und Religion. Die ›Weiße Rasse‹ wird komplementär mit Licht, d. h. mit rationaler Erkenntnis, moralischer Untadeligkeit und religiöser Erleuchtung assoziiert.

Diese wertebeladene Verwendung von Licht und Dunkelheit prägt eine Passage von ca. 30 Zeilen am Anfang des Romans. Eine anonyme Erzählerfigur hält dort eine imperialistische Lobrede auf England und beschwört zunächst »the august light of abiding memories (…) to evoke the great spirit of the past upon the lower reaches of the Thames« (S. 4).[48] Sie erinnert dann an

(…) the men of whom the nation is proud, from Sir Francis Drake to Sir John Franklin, knights all, titled and untitled (…). Hunters for gold or pursuers of fame, they all had gone out on that stream, bearing the sword, and often the torch, messengers of the might within the land, bearers of a spark from the sacred fire. What greatness had not floated on the ebb of that river into the mystery of an unknown earth? ... The dreams of men, the seed of commonwealths, the germs of empires. (S. 4f.)[49]

Marlow relativiert diese rassistisch-nationalistische Lobeshymne auf den englischen Imperialismus, indem er daran erinnert, dass für die Römer 1900 Jahre zuvor England ein Ort der Dunkelheit war.

»And this also,« said Marlow suddenly, »has been one of the dark places of the earth.«
(…)
»Sandbanks, marshes, forests, savages, precious little to eat fit for a civilised man, nothing but Thames water to drink.«
(…)
»They were no colonists, their administration was merely a squeeze, and nothing more, I suspect. They were conquerors, and for that you want only brute force – nothing to boast of (…) since your strength is just an accident arising from the weakness of others. (…) It was just robbery with violence, aggravated murder on a great scale, and men going at it blind – as is very proper for those who tackle a darkness. The conquest of the earth, which mostly means the taking it away from those who have a different complexion or slightly flatter noses than ourselves, is not a pretty thing when you look into it too much.« (S. 5–7)[50]

Er zeigt damit, dass die Zuschreibung von Licht und Dunkelheit eine rhetorische Taktik ist, um kulturelle Über- oder Unterlegenheit zu signalisieren.

c) Die Erzählinstanz

Marlows kritische Haltung unterscheidet ihn von dem anonymen Erzähler und von den rassistischen Weißen Kolonialherren in dem Roman und bewirkt, dass die Leser sich trotz seiner rassistischen Afrikabeschreibung mit ihm identifizieren, denn er repräsentiert all jene positiv konnotierten Gegenbegriffe, die bei der Beschreibung Afrikas leer blieben: Er ist weiß, also mit Licht assoziiert, und ein sprachgewandter Intellektueller, der eine Moral der Kontrolle über Triebimpulse vertritt. Außerdem ist er ein Mann. Selbst Achebe, nach dessen Rassismus-Vorwurf sich die Conrad-Kritik neu orientierte, berichtet, er habe sich lange mit Marlow identifiziert, bis ihm klar wurde, dass er nicht an Bord von Marlows Boot den Kongo aufwärtsfahre, sondern sich zu den Wilden zählen müsse, deren Grimassen der Erzähler im Dschungel am Ufer lauern sieht, und dass auch die zeitgenössische Kritik des Romans ihn als Afrikaner zu den afrikanischen Charakteren im Buch zählen würde.[51]

2. Karl May: ›Winnetou I‹ (1893)

Ein signifikanter Unterschied zwischen Conrads ›Heart of Darkness‹ und Mays ›Winnetou I‹[52] ist der Handlungsort: Bei Conrad ist es Belgisch-Kongo in Afrika, bei May ist es Nordamerika. Belgisch-Kongo war eine Kolonie, deren Wirtschaft ohne wesentliche Einwanderung an den Interessen der Kolonialmacht ausgerichtet wurde; Amerika dagegen war eine ›settler-colony‹. Durch solche Siedlerkolonien wurden soziale Spannungen, Bevölkerungsüberschuss und daraus resultierende Armut im Mutterland abgebaut. Diese Funktion übernahmen zunächst vor allem die 13 Kolonien an der Ostküste für Großbritannien; nach der Unabhängigkeitserklärung am 4. Juli 1776 fungierten im 19. Jahrhundert dann die USA als imperiale Kolonialmacht bei der Ausdehnung nach Westen. Auch Old Shatterhand berichtet, dass *(u)nerquickliche Verhältnisse in der Heimat und ein ... angeborener Thatendrang* (S. 9) ihn nach Amerika auswandern ließen, und seine Entscheidung, vom Hauslehrer in St. Louis zum Beruf des Feldvermessers zu wechseln, wird nicht zuletzt von dem damit verbundenen Einkommen bestimmt: *Als ich einen Blick in (das Dokument) warf und da mein wahrscheinliches Einkommen verzeichnet fand, gingen mir die Augen über.* (S. 33) In den Kolonien wurde die Existenzgründung europäischer Siedler durch strategische Gesetzgebung begünstigt, wie zum Beispiel durch den ›Indian Removal Act‹ – das Indianer-Entfernungs-Gesetz –, das am 28. Mai 1830 von Präsident Andrew Jackson unterzeichnet wurde und bestehende Verträge mit den Ureinwohnern brach. Als Folge wurden 100 000 Indigene oft mit militärischer Gewalt aus ihrer Heimat vertrieben und in unfruchtbare Reservate geschickt. Im Winter 1838/39 starben ca. 4000 Cherokees auf dem ›Trail of Tears‹.[53] Wenn junge Krieger die Reservate verließen und gegen die Zerstörung ihrer Heimat kämpften, antworteten die USA mit blutigen Strafexpeditionen und Massakern an ganzen Völkern der Indigenen. Siedlerkolonialismus wird mithin definiert als »a system of oppression based on genocide and colonialism, that aims to displace a population of a nation (oftentimes indigenous people) and replace it with a new settler population«.[54]

Im Folgenden werde ich überprüfen, wie unter diesen Bedingungen die Merkmale eines subtilen Rassismus, die von der Kritik in ›Heart of Darkness‹ herausgearbeitet wurden, in ›Winnetou I‹ aussehen, nämlich

  a) das Geschichtsbild
  b) typische Gegensatzpaare und
  c) die Konstruktion des Ich-Erzählers.

a) Geschichtsbild

In der vielzitierten ›Einleitung‹ zu ›Winnetou I‹ heißt es:

Der Weiße fand Zeit, sich naturgemäß zu entwickeln; er hat sich nach und nach vom Jäger zum Hirten, von da zum Ackerbauer und Industriellen entwickelt; darüber sind viele Jahrhunderte vergangen; der Rote aber hat diese Zeit nicht gefunden, denn sie wurde ihm nicht gewährt. Er soll von der ersten und untersten Stufe, also als Jäger, einen Riesensprung nach der obersten machen, und man hat, als man dieses Verlangen an ihn stellte, nicht bedacht, daß er da zum Falle kommen und sich lebensgefährlich verletzen muß. (S. 2)

Helmut Schmiedt bezieht sich auf diese Passage als Beleg für die Wirkmächtigkeit von Herders Geschichtsbild in ›Winnetou I‹, insofern hier Europa eindeutig als Norm für die historische Entwicklung der Indigenen genommen wird, und merkt kritisch an:

Wenn er [May] jene Entwicklung für »naturgemäß« hält, die vom »Jäger« zum »Industriellen« führt, dann hat er die europäische Geschichte bis in seine Gegenwart vor Augen und erklärt sie zum Maßstab für den Gang von Geschichte überhaupt. (…) der Gedanke, dass die »eigenartige(n) Kulturformen« auch in eine andere Richtung hätten führen (…) [und] ganz anderes als eine Ordnung nach europäischem Muster hätten ergeben können, liegt außerhalb seiner Vorstellungen.[55]

Nicht enthalten in Herders Geschichtsbild ist allerdings das schicksalhaft unabwendbare Ende der Native Americans, das in ›Winnetou I‹ immer wieder beschworen wird: *niedergeworfen von einem unerbittlichen Schicksale, welches kein Erbarmen kennt.* (S. 1) Dieser Topos ist angelegt in dem Konzept des ›Manifest Destiny‹, das vor allem Cooper – dessen prägender Einfluss auf May wiederholt nachgewiesen wurde[56] – literarisch ausformulierte. ›Manifest Destiny‹ heißt ›manifestes Schicksal‹ oder auch ›offensichtliche Vorherbestimmung‹. Der Begriff taucht erstmals 1845 in der Juli/August-Ausgabe der Zeitschrift ›The Democratic Review‹ auf, wo ein anonymer Autor die zögerliche Opposition kritisiert und die Annexion von Texas befürwortet als »the fulfilment of our manifest destiny to overspread the continent allotted by Providence for the free development of our yearly multiplying millions«.[57] Der Ausdruck tauchte erneut im Juli und im Dezember 1845 in den ›New York Morning News‹ auf mit Bezug auf das Oregon-Gebiet, das die USA ebenfalls unter ihre Herrschaft bringen wollten. Tatsächlich wuchs die US-Bevölkerung von ca. 5 Millionen um 1800

auf über 23 Millionen um 1850. Das Konzept des ›Manifest Destiny‹ wurde zu einem zentralen Begriff der Selbstwahrnehmung der Siedler, denn es
rechtfertigte die rapide Ausbreitung der Weißen und die Misshandlung und
gewaltsame Vertreibung der indigenen Nationen und anderer nicht-euro-
päischer Bewohner aus den beanspruchten Gebieten als von Gott gewollt.
Diese Art, die historische Zeit im Sinne eines für die Siedler arbeitenden
Schicksals oder sogar göttlicher Vorhersehung zu konstruieren, wird in der
indigenen Forschung als ›settler-time‹ – Siedler-Zeit – bezeichnet.[58]
   Zur Verbreitung der Vorstellung eines ›Manifest Destiny‹ trug das Bild
›American Progress‹ (1872) von John Gast (1842–1896) bei, das die Ideologie des ›Manifest Destiny‹ veranschaulicht und unter dem Titel ›Spirit of
the Frontier‹ vielfach reproduziert in vielen Haushalten zu finden war.

Stich nach dem Gemälde ›American Progress‹ (1772) von John Gast (1842–1896).
Autry Museum of the American West, Los Angeles, California, USA.[59]

Diese Allegorie des ›Manifest Destiny‹ zeigt Columbia (der Name wurde
als weibliche Form von ›Kolumbus‹ seit den 1730ern für die 13 Kolonien
gebraucht, die später die USA bildeten), wie sie die Weißen Siedler vom
Osten, wo die Sonne aufgeht, in den – noch – dunklen Westen führt und
dabei Technologien wie die Eisenbahn, Telegraphendrähte und ein Buch,

als Symbol für Schriftbildung und das Licht der Erkenntnis im Sinne der
europäischen Aufklärung, mitbringt. Auf der Stirn trägt sie den Stern des
Imperiums, ihr Kleid ist einer römischen Tunika nachempfunden, um den
antiken Republikanismus zu repräsentieren – sie ähnelt damit allerdings
auch der ikonographischen Darstellung eines christlichen Schutzengels,
der die Siedler führt und beschützt.

Am linken unteren Bildrand sind Native Americans und Bisons zu sehen, die aus ihrer Heimat vertrieben werden. Tatsächlich hatten die europäischen Einwanderer am Ende des 19. Jahrhunderts sämtliche Native
Americans unterworfen durch Kriege, gewaltsame Vertreibung und Umsiedlung, gebrochene Verträge, die ungleichmäßige Einführung von Feuer-
waffen bei den Native Nations und die strategische Ausrottung der Bisons
als Lebensgrundlage vieler Nationen. Das Massaker von Wounded Knee
im Jahre 1890 bedeutete den endgültigen Sieg der Weißen über die Native
Americans, die häufig gewaltsam in meist unfruchtbaren Reservaten inter-
niert wurden. Da auch der Wildbestand als Lebensgrundlage der Prärie-
völker bewusst ausgerottet worden war, wurden sie abhängig von Lebens-
mittelrationen der Weißen, ein entsetzliches Beispiel nicht für die Erfüllung
eines vorherbestimmten Schicksals als ›Manifest Destiny‹, sondern für die
brutale Umsetzung einer religiös legitimierten rassistischen und imperialistischen Ideologie.[60]

b) Gegensatzpaare

Geist/Körper oder Seele/Leib

Für Old Shatterhand ist im Rahmen seines christlichen Weltbildes der Körper und alles Materielle den sogenannten geistigen Werten untergeord-
net.[61] Nach der Trauerrede Intschu tschunas für Klekih-petra sinniert er:

Das war meine erste Leichenfeier unter Wilden. Sie hatte mich tief ergriffen. Ich
will nicht die Anschauungen kritisieren, welche Intschu tschuna dabei vorgebracht
hatte. Es war viel Wahrheit mit viel Unklarheit vermengt gewesen; aber aus allem
hatte ein Schrei nach Erlösung geklungen, ... welche er ... sich äußerlich dachte,
während sie doch nur eine innerliche, eine geistliche sein konnte. (S. 419)

Über die per sozialdarwinistischem Naturgesetz gottgewollte körperliche
Ausrottung sollen den Indigenen Völkern ausgerechnet die Tröstungen des
Christentums hinweghelfen:

Es ist ein grausames Gesetz, daß der Schwächere dem Stärkeren weichen muß;
aber da es durch die ganze Schöpfung geht ..., so müssen wir wohl annehmen,

daß diese Grausamkeit ... einer christlichen Milderung fähig ist, weil die ewige Weisheit, welche dieses Gesetz gegeben hat, zugleich die ewige Liebe ist. (S. 2)

Diese Passage wirkt heute zynisch, wenn man bedenkt, dass das Christentum zum Teil federführend an der Auslöschung indigener Kulturen – nicht nur in Amerika – mitwirkte (Ethnozid),[62] was in Amerika allerdings erst gelang, als die Native Nations bereits durch Alkoholismus, neue Seuchen und drastische soziale Veränderungen als Folge der Kontakte mit den Weißen nahezu zerstört waren und damit auch der den Ureinwohnern fremde Gedanke einer Universalreligion Fuß fassen konnte. Hinzu kamen Maßnahmen wie 1883 das Verbot religiöser Zeremonien (insbesondere des Sonnentanzes) unter Androhung von Strafverfolgung, da die traditionellen Religionen auch in Amerika eine zentrale Rolle für den Zusammenhalt indigener Kulturen spielten. Bis in die 1970er Jahre wurden indigene Kinder – in Kanada wie in den Vereinigten Staaten – aus ihren Familien gerissen und in meist kirchliche Internate gesteckt, wo sie nicht ihre Stammessprache sprechen durften und das Christentum annehmen mussten. Mit diesem Wissen ist Old Shatterhands als Vorwurf gemeinte Feststellung: *»Kein indianischer Medizinmann wird der Freund eines Christen sein«* (S. 467), durchaus verständlich, allerdings nicht aus Böswilligkeit, wie der Ich-Held unterstellt, sondern aus Gründen der Selbstachtung und der Selbstverteidigung. Vor diesem Hintergrund ist auch die in ›Winnetou I‹ »mehrfach zutage tretende Aversion gegen indianische Medizinmänner«[63] im besten Fall als ›colonial humour‹[64] zu werten. Im kolonialen Humor werden kolonisierte Menschen in Szenen gezeigt, über die Weiße Leser lachen können, weil sie illustrieren, dass alle Versuche der Kolonisierten, kulturelle Praktiken wie zum Beispiel religiöse Riten zu vollziehen, unsinnig sind, da ihnen die Intellektualität und die moralischen Voraussetzungen dafür fehlen. Entsprechend bemerkt Old Shatterhand den Medizinmann zunächst als *sonderbar verhüllte und mit allerlei Insignien behangene Gestalt*, die *in grotesken, langsamen Bewegungen und Sprüngen* herumtanzte (S. 411), und präsentiert *die für die Roten ›heilige Handlung‹* des Medizinmannes vor dem Ritt in den Osten als eine durch Anführungsstriche markierte ›Vorstellung‹. Nach einem *Knurren und Pfauchen, als ob mehrere Hunde und Katzen im Begriffe ständen, einen Kampf zu beginnen* (S. 464), wird diese ›gemimte‹ Angst von einem *langsamen, grotesken Tanz* abgelöst, bei dem der Medizinmann *sich das Gesicht mit einer schrecklich aussehenden Maske bedeckt und den Körper mit allerlei wunderlichen, teils auch ungeheuerlichen Gegenständen behangen hatte* (S. 465). Dass selbst Intschu tschuna die Voraussagen des Medizinmanns offen in Frage stellt – »*... aber wir haben auch erfahren, daß er sich irren kann*« (S. 468) –, dürfte in Old Shatterhands Augen ein Beleg für Klekih-

petras erfolgreiche Vermittlung aufklärerischer Rationalität sein; aus heutiger Perspektive dagegen illustriert sein Unglaube die Entfremdung des
Häuptlings von der kulturellen Tradition seiner eigenen, als naiv verun-
glimpften Nation. Der burleske pseudoreligiöse Hokuspokus, mit dem Hawkens die Warnungen des Medizinmannes vollends entwertet (vgl. S. 470f.),
wäre – wenn er entsprechend christliche Riten persifliert hätte – sicherlich
als unerträgliche Blasphemie verurteilt worden.

Licht/Dunkelheit
In ›Winnetou I‹ stehen sich weiße Siedler und dunkelhäutige Native Americans – oder *die Roten* – mehrheitlich feindselig gegenüber, nicht zuletzt,
weil »›der Abenteuerroman ein literarisches Genre (ist), das von Konflikt
und Kampf lebt, und so geht es im ›Winnetou‹ (…) nicht bloß um die Feststellung von Differenz, sondern um Konfrontationen«.[65] Die Ausnahmen
bei den Weißen sind Klekih-petra und vor allem Old Shatterhand, dessen
rassistisch-paternalistische Äußerungen für viele Kritiker aufgewogen
werden durch die verklärende Schilderung Winnetous als androgyne
Schönheit, klug, stark, einfühlsam, zuverlässig und mächtig – dazu noch
romantisierend von Anfang an vom Tod gezeichnet.[66] Die Quelle für diese
überaus positive Darstellung Winnetous ist das romantische Motiv des Edlen Wilden – des ›noble savage‹ –, das im 18. Jahrhundert von Jean-Jacques
Rousseau (1712–1778) entworfen wurde.[67] Als Gegenbild zu Werten der
Aufklärung – wie Rationalität und zivilisatorische Selbstkontrolle – lebt
der Edle Wilde in unmittelbarem Kontakt mit der Natur und kann deshalb
die für die Romantiker naturgegebene Tugendhaftigkeit des Menschen un-
verdorben durch zivilisatorische Einflüsse ausleben. Gerd Stein allerdings
sieht dieses Stereotyp als

Wiedergutmachungsversuch, der die Verunglimpfung und Greueltaten begleitete, denen die Indianer, Neger und Südseeinsulaner ausgesetzt waren, seit die
Weißen sie entdeckt hatten. (…) Der edle Wilde ist eine Funktion des Kolonialismus.[68]

Allerdings verwandelt Karl May – so Gallagher – den Edlen Wilden in den
›good Indian‹, den ›guten Indianer‹.[69] Old Shatterhand schätzt Winnetou
und Intschu tschuna nämlich nicht wegen ihrer Naturnähe, sondern wegen
ihrer Anpassungsbereitschaft und -fähigkeit an die Werte der Weißen, die
ihnen Klekih-petra beigebracht hat. Eines der ersten Motive für Old
Shatterhands Bewunderung von Winnetou ist dessen Schriftbildung, als er
Longfellows ›Hiawatha‹ von 1855 in Winnetous Händen entdeckt. Sein
ausgesprochen gönnerhafter Kommentar lautet:

Dieser Indianer, dieser Sohn eines Volkes, welches man zu den ›Wilden‹ zählt, konnte also nicht nur lesen, sondern er besaß sogar Sinn und Geschmack für das Höhere. Longfellows berühmtes Gedicht in der Hand eines Apache-Indianers! Das hätte ich mir nie träumen lassen! (S. 304)

Longfellows Epos entwirft kompensatorisch das Weiße Ideal des ungefährlichen und deshalb Edlen Wilden, als die Native Americans keine wirkliche Gefahr für die Weiße Kultur mehr darstellten, ihre gewaltsame Unterwerfung aber im kulturellen Kollektivgedächtnis noch sehr präsent war.

For by the time Longfellow wrote ›Hiawatha‹, the Indian as direct opponent of civilization was dead, yet was still heavy on American consciences (…). The tone of legend and ballad (…) would color the noble savage so as to make him blend in with a dim and satisfying past about which readers could have dim and satisfying feelings.[70]

Die Nähe ›guter Indianer‹ zu Weißen Werten wird besonders deutlich in dem Handlungsstrang um Nscho-tschi. Ihr Aussehen entspricht – wie Winnetous – einer Weißen Ästhetik. Äußerlich kann sie mit der Schönheit ihres Bruders mithalten:

Die junge war schön, sogar sehr schön. Europäisch gekleidet, hätte sie gewiß in jedem Salon Bewunderung erregt. (S. 308)
Von indianisch vorstehenden Backenknochen war keine Spur. … Die Farbe ihrer Haut war eine helle Kupferbronze mit einem Silberhauch. (S. 308f.)

Nscho-tschi will nach Aussage ihres Vaters in diese Salonkultur eingeführt werden, »*bis sie ganz so geworden ist wie eine weiße Squaw*« (S. 457), um sich als Ehefrau für Old Shatterhand zu qualifizieren, was erstaunlich ist, da Old Shatterhand Heiratspläne explizit ablehnt und Nscho-tschi die Verlogenheit des Genderstereotyps von der zartbesaiteten Weißen Lady durchschaut, wie ihre Philippika gegen die Grausamkeit Weißer Damen gegenüber Sklaven und Tieren zeigt (vgl. S. 386f.).[71] Genauso erstaunlich ist die Zustimmung von Vater und Bruder, die keine Illusionen über die Brutalität und rassistische Überheblichkeit der Weißen haben. Noch unmittelbar vor der Abreise seiner Tochter merkt ihr Vater Intschu tschuna empört an:

»*Wenn Bleichgesichter nicht als Feinde zu uns kommen, so erhalten sie alles, was sie brauchen, ohne daß sie uns etwas dafür zu geben haben; suchen aber wir sie auf, so müssen wir nicht nur alles bezahlen, sondern doppelt so viel ge-*

ben, als weiße Wanderer geben würden. Und selbst dann bekommen wir alles schlechter als diese. Nscho-tschi wird also auch bezahlen müssen.« (S. 458)

Lutz und andere Kritiker*innen sehen daher diese unplausible Handlungsführung als Umsetzung eines kolonialen Mythos, in dem die Kolonisierten ihre Kolonialherren freudig begrüßen und den Ethnozid ihrer Kultur und Tradition freiwillig wählen.[72]

Die Reise in den Weißen Osten führt zur Ermordung von Nscho-tschi und ihrem Vater, womit Old Shatterhands schwer vermittelbare endgültige Zurückweisung der Häuptlingstochter ebenso wie das skandalträchtige Motiv einer zukünftigen Ehe des Weißen Westernhelden mit einer Indigenen ›elegant‹ abgewendet wird.[73] Martin Kuester – wie andere Kritiker auch – urteilt:

When the Apaches send Winntou's sister, Nscho-tschi, to the East to be educated and become worthy of Shatterhand, May elegantly solves the problem of interracial marriage by having her killed off. Probably he does not realize that it is the preaching of non-Indian values that sends her into death.[74]

Auch bei den Weißen gibt es gute und schlechte Menschen: Schlecht sind auf jeden Fall die Yankees. »Oberflächlichkeit, Unfähigkeit, Desinteresse und der Hang zur Bequemlichkeit [bei den Yankees] stehen gegen Verantwortungsbewusstsein, Sachkompetenz und das Ideal redlicher Arbeit«[75] bei dem idealen Deutschen Old Shatterhand, der es leicht *»mit zwölf solchen Westmännern aufnimmt, wie ihr seid!«* (S. 50). Ich komme damit zur Erzählinstanz Old Shatterhand als Inkarnation des guten Weißen.

c) Die Erzählinstanz

Wie Marlow in ›Heart of Darkness‹, so ist auch Old Shatterhand in ›Winnetou I‹ die einzige Erzählautorität des Romans, und die widersprüchlichen Aussagen zu Rassismus treffen sich in diesen Charakteren. So beklagt Old Shatterhand wiederholt den Ethnozid an den indigenen Kulturen und das strategische Abschlachten von Millionen Büffeln, um den Prärievölkern die Lebensgrundlage zu nehmen und im Westen Siedlungsplatz für die Siedlerströme zu schaffen, als 1869 die transkontinentale Eisenbahn vollendet wurde. Diese Kritik an kolonial-rassistischen Strategien lädt die aufgeklärten Leser zur Identifikation mit der Erzählerfigur ein. »Old Shatterhand thus comes to represent the good German man, the ›exceptional white‹ who offers a positive male role model for German viewers.«[76]

Andererseits trägt Old Shatterhand durch seinen missionarischen Christianisierungseifer wesentlich zum Ethnozid der Native Americans bei und exponiert durchgängig »die Hybris des sendungsbewussten Europäers«:[77] Er wird nicht müde, andere Charaktere betonen zu lassen, wie rational, tugendhaft, stark, und – man glaubt es kaum – überaus bescheiden er sei. Da mit ermüdender Regelmäßigkeit seine vielfältigen Qualitäten zunächst verkannt werden, beeindruckt die letztendlich dann doch offenkundige Superiorität des Helden umso mehr. Seine Überlegenheit wird zusätzlich angereichert durch die religiös-moralischen Heilsbringerqualitäten von Klekih-petra, als der seine Mentorfunktion für Winnetou auf ihn überträgt, zum zweiten durch die Blutsbrüderschaft mit Winnetou, die ihn teilhaben lässt an dessen herausgehobener Stellung als machtvoller Phantasie-Häuptling und religiös konnotierte Figur, in deren Blick – wie in typisch religiöser Ikonographie – *ein freundliches Licht aufglänzte, wie ein Gruß, den die Sonne durch eine Wolkenöffnung auf die Erde sendet* (S. 110). Für Sam Hawkens gleicht ein so *schnelles Avancement* (S. 417)[78] vom Hauslehrer über den Surveyor zum *Häuptling unter* ›*Wilden*‹ (ebd.) der Beförderung zu einem »*wahren Halbgott*« (S. 430). Das Ritual der Blutsbrüderschaft – darauf weist Gallagher hin – dient außerdem dazu, Old Shatterhand definitiv abzusetzen von den bösen Yankees, denn dadurch wird der anfängliche Verdacht, er mache gemeinsame Sache mit den Feinden der Apachen, endgültig ausgeräumt.[79] Damit nicht genug: Selbst seine Tätigkeit für den Eisenbahnbau wird entschuldigt, zum einen dadurch, dass die Apachen ihn dabei unterstützen und dabei sein Arbeitsethos über ihre Selbsterhaltung setzen, und zum zweiten durch Winnetous spitzfindige Unterscheidung, dass nicht die Baupläne, sondern nur der aktive Bau der Eisenbahn für die Indianer gefährlich seien:

> »*Die Linien, welche ihr auf das Papier zeichnet, schaden uns noch nichts, denn damit ist der Raub noch nicht ausgeführt. Dieser beginnt vielmehr eigentlich erst dann, wenn die Arbeiter der Bleichgesichter kommen, um den Pfad des Feuerrosses zu bauen.*« (S. 427)

Eine solch naive Argumentation entspricht in keiner Weise der ansonsten überragenden Intelligenz des Häuptlingssohnes. Diese Handlungsführung illustriert daher für viele Kritiker*innen exemplarisch die narrative Konstruktion des Mythos von der ›white innocence‹, der Unschuld der Weißen, die in ›Winnetou I‹ allerdings für die Deutschen reserviert bleibt.

Winnetou is and has always been racialised, with the book and its subsequent film adaptations representing Germans as white, benevolent, and anti-imperial and erasing Indigenous American sovereignty. Winnetou is undergirded by fictions of white innocence – the representation of Germans as innocent of racism and genocide, as exemplified by the figure of Old Shatterhand.[80]

IV. THE BLAME GAME – Die Schuldfrage

Als Reaktion auf die Rassismus-Diskussionen im Zusammenhang mit Werk und Rezeption von Karl May mahnt Florian Schleburg: »(W)ir müssen als literarische Gesellschaft Stellung beziehen zu der grundsätzlichen Frage des Umgangs mit Zeugnissen der Geschichte und Werken der Kunst.«[81] Ich greife daher nach diesen Beispielen für den Rassismus-Verdacht gegen Conrad und May die eingangs gestellte Schuldfrage nochmals auf, allerdings nicht aus literaturwissenschaftlicher, sondern aus philosophischer Sicht. Die Frage lautet: Unter welchen Bedingungen ist es im Umgang mit Literatur gerechtfertigt, jemanden als Rassisten zu beschuldigen?

Die englische Philosophin Miranda Fricker ist international berühmt für ihre Arbeiten zu interkultureller Gerechtigkeit. Nach Fricker müssen wir bei Schuldzuweisungen unterscheiden zwischen Personen der Gegenwart und der Vergangenheit. Für Personen der Vergangenheit – also auch unsere Autoren – gilt: Wir können sie nicht beschuldigen, wenn sie unsere Kriterien der Verurteilung gar nicht kannten:

Wenn ihnen der moralische Gedanke, den sie aus unserer Sicht verfehlen, kulturell nicht zur Verfügung stand, wäre es eine bloße moralistische Zumutung aus der Gegenwart, ihnen die Schuld dafür zu geben, dass sie diesen Gedanken verfehlen.[82]

Diese Relativität der Verantwortung gilt in der Gegenwart auch für Personen aus anderen Kulturkreisen. Dabei muss unterschieden werden, ob die Personen es individuell hätten besser wissen können, z. B. durch gewissenhafte Information, oder ob das nötige Wissen in ihrer Zeit oder ihrer Kultur gar nicht zur Verfügung stand, dass sie also strukturell keine Möglichkeit hatten, die entsprechenden Werte zu kennen:

Nur moralisch außergewöhnlich fortschrittliche und hellsichtige Personen wussten es besser und bewegten die allgemeine Meinung in Richtung neuer Haltungen und einer Gesetzesänderung. Man macht sich jedoch nicht dadurch schuldig, keine moralische Visionärin zu sein; Schuldzuweisungen sind nur angemessen, wenn vernünftige Erwartungen nicht erfüllt werden.[83]

Waren Conrad und May solche moralischen Visionäre? Die Antwort ist ein klares Nein. Beide Autoren haben sich zwar bewusst gegen in großen Teilen ihrer Gesellschaft vorherrschende rassistische und imperialistische Ideologien gestellt, in den Worten von Roxin mit Blick auf Karl May: »›Er wollte den Indianern Gerechtigkeit angedeihen lassen (…). Das muss man doch anerkennen!‹«[84] Allerdings zeigen ihre Werke, dass beide sehr viel tiefer von diesen Ideologien geprägt waren, als ihnen das bewusst war. Außerdem standen sie mit ihrer – partiellen – Kritik an Rassismus und Imperialismus keineswegs allein. Loock zum Beispiel weist auf die lange Tradition der Kritik an romantisierenden Indianerdarstellungen in Deutschland hin. So merkt ein redaktioneller Text in der Zeitschrift ›Das Ausland‹ bereits 1830 unmittelbar nach der Veröffentlichung des ersten Leatherstocking-Bandes von Cooper an, dass nicht zuletzt aufgrund fehlender Sprachkenntnisse der Weißen Autoren solche Reiseerzählungen

höchst oberflächliche und mitunter völlig falsche Ansichten über den Charakter der Indianer verbreiten, so daß wir diese Naturvölker bald mit allem Zauber romantischer Poesie verschönert, bald zu entmenschten Barbaren herabgewürdigt sehen.[85]

Außerdem wies Stefan Mühlhofer auf dem Kongress der Karl-May-Gesellschaft 2023 in seinem Vortrag ›»Ein Kind seiner Zeit«? Anmerkungen eines Historikers zu kolonialen Aspekten im Werk Karl Mays‹ auf die politische Präsenz des zeitgenössischen anti-rassistischen und anti-imperialistischen Gegendiskurses in der deutschen Sozialdemokratie hin.[86]

Für Conrad und May gilt in der Begrifflichkeit von Fricker, dass sie mit Bezug auf Rassismus individuell mit ihren bewussten Überzeugungen in mancher Hinsicht dem rassistischen Diskurs ihrer Zeit widersprachen, dass sie jedoch strukturell in genau diesem Diskurs tief verankert waren.

Die Überlegungen zur Schuldfrage betreffen natürlich nicht nur die Autoren, sondern auch die Rezipienten ihrer Werke, also das heutige Publikum – uns. In der ›Critical Philosophy of Race‹ wird unterschieden zwischen »verhaltens-, haltungs- und überzeugungsbasierten Ansätzen zur Bestimmung von Rassismus. (…) Traditionelle Beschreibungen von Rassismus betonen Überzeugungen (…)«.[87] Meine Ausführungen werden sich auf diesen Aspekt konzentrieren.

Bei der Beurteilung von Überzeugungen müssen wir – so Fricker – immer fragen, ob die betreffenden Personen es hätten besser wissen können. Und hier besteht ein entscheidender Unterschied zwischen den Autoren Conrad und May und der gegenwärtigen Leserschaft, die vieles weiß, was Conrad und May nicht wissen konnten. Zu diesem gegenwärtigen Wissen zählt, dass – gegen die ausdrücklichen Intentionen der beiden Autoren – die Darstellung der fremden Kulturen in ihren Texten rassistische Stereotype fortgeschrieben hat. Im Fall von Karl May wissen wir auch, dass seine ethnozentrischen Werte unvereinbar sind mit seinem Ideal einer Gemeinschaft gleichberechtigter Kulturen – bezeichnenderweise konnte er das Ideal nur mit einer Phantasiegestalt wie Winnetou darstellen. Um dieses Ideal – nicht seine literarische Darstellung – in der Gegenwart zu verwirklichen, muss der ›gute Indianer‹ Winnetou in der Fiktion belassen und die Situation der Native Americans der Gegenwart ins Auge gefasst werden, sofern das von Karl-May-Lesern vielfach beschworene Interesse an der ›Kultur der Indianer‹ sich nicht als naive – oder rassistische – Selbsttäuschung entpuppen soll. ›Forget Winnetou‹ titulierte der mehrfach ausgezeichnete Schriftsteller, Pädagoge, Psychologe, Filmemacher und Wahlberliner D. S. Red Haircrow – Mitglied der Chiricahua Apachen/Cherokee, Afro-Amerikaner und indigener Aktivist – seine Dokumentation über Native Americans in Deutschland provokant. Seine Gesprächspartner*innen berichten, dass sie in Deutschland immer wieder an der Kunstfigur Winnetou gemessen und natürlich als defizitär kritisiert werden. Das ist ›loving the wrong way‹ – Liebe auf die falsche Art –, so der Untertitel der Dokumentation.[88]

Nun ist es üblich zwischen Gesprächspartnern mit großem hierarchischem Gefälle aufgrund von sozialem oder ökonomischem Status oder der nationalen oder ethnischen Herkunft, dass unbequeme Aussagen von der mächtigeren Seite nicht ernst genommen werden; Miranda Fricker hat dafür den Begriff der ›epistemic injustice‹, der epistemischen Ungerechtigkeit, geprägt.[89] Epistemic injustice meint den ungerechten Umgang mit dem Wissen anderer, indem man ihnen nicht glaubt, meistens aufgrund von Vor-Urteilen: Weil sie Migranten oder Frauen oder alt oder ungebildet sind, wird ihnen nicht zugetraut, die Lage richtig einzuschätzen, nicht einmal ihre eigene Lage. Fricker unterscheidet dabei zwei Formen epistemischer Ungerechtigkeit, nämlich ›testimonial‹ und ›hermeneutical injustice‹, also referentielle und hermeneutische Ungerechtigkeit. Dazu Miranda Fricker:

Die erste führt zu einem ungerechten Glaubwürdigkeitsdefizit; die zweite führt zu einem ungerechten Intelligibilitätsdefizit. Das ist, im Wesentlichen, die theoretische Landkarte, die ich vorgelegt habe, um eine meiner Meinung nach distinkte und sehr weit verbreitete Art der Ungerechtigkeit abzugrenzen: die epistemische Ungerechtigkeit.[90]

Diese ungerechte Einstellung muss nicht böser Wille sein: Studien zum Rassismus zeigen,

dass die Privilegien, die w e i ß e Menschen historisch bis heute genießen, dazu
beitragen, dass diese häufig nicht dazu in der Lage sind, rassistische Realitäten
als solche zu erkennen und ihre eigene Rolle innerhalb dieser zu reflektieren.
Der Begriff »w e i ß e s Nichtwissen« (w h i t e   i g n o r a n c e) soll helfen, dies zu
beschreiben.[91]

›Weißes Nichtwissen‹ meint tatsächliche Unwissenheit wie zum Beispiel
bezüglich der Geschichte der Native Americans in den USA, aber auch
falsches oder Halbwissen, wenn zum Beispiel Karl Mays Phantasie-India-
ner als normativer Maßstab für die Authentizität von Native Americans
genommen werden. Diese ›white ignorance‹ kommuniziert und zementiert
rassistische Vorurteile in Klischees, zu Zeiten Mays und Conrads wie auch
heute noch:

Der Leser findet im vermeintlichen Erlebnisbericht des Autors exakt die Klischees wieder, die über all diese Personengruppen kursieren (…), und kann die
Übereinstimmung als weiteren Beleg für die Wahrheit des Gelesenen verbu-
chen.[92]

Eine solche Scheinkommunikation bezeichnet der Philosoph Jürgen Habermas als Pseudokommunikation, die auf einem kulturell und gesellschaftlich verbreiteten, verblendeten Sinnhorizont basiert:

Die Pseudokommunikation erzeugt ein System von Mißverständnissen, das im
Scheine eines falschen Konsensus nicht durchschaut wird. (…) die Alten nannten es Verblendung, wenn sich im Schein des faktischen Verständigtseins Miß-
verständnis und Selbstmißverständnis ungerührt perpetuierten.[93]

V. Same same but different: Joseph Conrad und Karl May aktuell

Joseph Conrad und Karl May setzten sich beide in verschiedener Hinsicht
von der rassistischen und imperialistischen Ideologie ihrer Zeit ab und
schrieben doch im Rahmen von Werten und Denkmustern, die in ihrer Zeit
dominant waren. Dabei gibt es strukturell verschiedene Übereinstimmungen zwischen ihren Texten, wie das eurozentrische Geschichtsbild, wertende metaphorische Gegensatzpaare und die identifikatorische Funktion
des Weißen männlichen Ich-Erzählers. Allerdings zeigen sich signifikante
Unterschiede bei der inhaltlichen Füllung dieser Konzepte, die den unterschiedlichen Handlungsorten – Belgisch-Kongo und Nordamerika – ge-

schuldet sind. Damit illustrieren beide Romane ungewollt wesentliche Herausforderungen bei der Annäherung an und im Umgang mit fremden Kulturen – und sind dadurch hochaktuell im Rahmen der gegenwärtigen Diskussionen um kulturelle Aneignung, nicht nur bezogen auf Karl May. Beide Texte zeigen, dass gute Absichten einen notwendigen Anfang für interkulturelle Verständigung bilden, dass sie aber bei weitem nicht ausreichen, um ein Gelingen zu bewerkstelligen. Beide Texte erfordern für die Bearbeitung dieser Fragen eine differenzierte und kritisch reflektierte Herangehensweise und eröffnen genau dadurch die Möglichkeit – mit Blick auf Karl May in den Worten von Florian Schleburg –, »als literarische Gesellschaft (…) das Andenken Karl Mays – und zwar ein möglichst differenziertes Andenken – lebendig zu halten«.[94] Ähnlich formuliert Hartmut Wörner: Er sieht in der kulturwissenschaftlichen Aufarbeitung von Karl Mays Werk

eine der – vermutlich leider eher raren – Chancen zur Bewahrung des vom Vergessen bedrohten Autors Karl May im kulturellen Gedächtnis der Nation jenseits familienfreundlicher Events auf Freilichtbühnen und im Kino.[95]

1 Werner Thiede: Winnetou und Old Shatterhand – die schmächtigen Helden! Zur wiederbelebten Karl-May-Hetze. In: Mitteilungen der Karl-May-Gesellschaft (M-KMG) 214/2022, S. 2–7 (2): »(…) eine neue, unsägliche Karl-May-Hetze (…)«; ebd., S. 6: »Die jetzt gegen Winnetou und May selbst laut gewordenen Vorwürfe im Sinne einer regelrechten ›Cancel Culture‹ erweisen sich bei näherem Hinsehen als weitgehend abwegig.«

2 Florian Schleburg: Wofür steht Winnetou? In: KMG-Nachrichten 214/2022, S. 1–3 (1).

3 Helmut Schmiedt: Prof. Dr. Volker Klotz verstorben. In: KMG-Nachrichten 217/2023, S. 3.

4 Hartmut Wörner: Eine neue Biographie zu Houston Stewart Chamberlain. Eine Rezension mit einem Ausblick auf die weltanschauliche Einordnung von Karl Mays Leben und Werk. In: M-KMG 214/2022, S. 54–59 (58f.).

5 Für eine umfassende Studie zu diesem Thema vgl. Annegreth Horatschek: Alterität und Stereotyp. Die Funktion des Fremden in den ›International Novels‹ von E. M. Forster und D. H. Lawrence. Tübingen 1998.

6 Vgl. Maureen O. Gallagher: *Winnetou*, White Innocence, and Settler Time. In: German Life and Letters. Vol. 75 (2022), No. 4, S. 574–597 (576): »German interest in Indigenous American cultures is well documented: ›Why Germany can't quit its racist Native American Problem‹ (Deutsche Welle, 2020), ›Lost in Translation: Germany's Fascination with the American Old West‹ (New York Times, 2014), ›Germany's Obsession with American Indians is Touching – and Occasionally Surreal‹ (Indian Country Today, 2018).« doi.org/10.1111/glal.12356 [29. 11. 2023]; außerdem: Germans and Indians. Fantasies, Encounters, Projections. Hrsg. von Colin G. Calloway/Gerd Gemünden/Susanne Zantop. Lincoln, NE/London 2002; sowie H. Glenn Penny: Elusive Authenticity: The

Quest for the Authentic Indian in German Public Culture. In: Comparative Studies in Society and History. Vol. 48 (2006), No. 4, S. 798–819; A. Dana Weber: Befremdung statt Verständnis. Englischsprachige Kritiken an Karl Mays Werk und Welt. In: Jahrbuch der Karl-May-Gesellschaft (Jb-KMG) 2023. Husum 2023, S. 15–48.

7 Hartmut Lutz: German Indianthusiasm: A Socially Constructed German National(ist) Myth. In: Germans and Indians, wie Anm. 6, S. 167–184 (168f.).

8 Indianthusiasm. Indigenous Responses. Hrsg. von Hartmut Lutz/Florentine Strzelczyk/Renae Watchman. Waterloo, Ontario 2020, S. 12.

9 Vgl. Peter Bolz: Der Germanen liebster Blutsbruder. Das Bild des Indianers zwischen Realität und Inszenierung. In: Karl May. Imaginäre Reisen. Eine Ausstellung des Deutschen Historischen Museums, Berlin vom 31. August 2007 bis 6. Januar 2008. Hrsg. von Sabine Beneke/Johannes Zeilinger. Berlin/Bönen 2007, S. 171–186 (185f.).

10 Wörner, wie Anm. 4, S. 57; vgl. auch Lutz: German Indianthusiasm, wie Anm. 7, S. 178; Kathleen Loock: Remaking Winnetou, reconfiguring German fantasies of *Indianer* and the Wild West in the Post-Reunification Era. In: Communications. Bd. 44/3 (2019), S. 323–341 (bes. 330).

11 Friedhelm Lövenich: Winnetou und Che Guevara. Karl May und die deutsche Linke. Deutschlandfunk, 11. 3. 2012; www.deutschlandfunk.de/winnetou-und-che-guevara-100.html [29. 11. 2023].

12 Vgl. die Filme von Drew Hayden Taylor ›Searching for Winnetou‹ (2018) und Red Haircrow ›Forget Winnetou‹ (2018).

13 Penny, wie Anm. 6, S. 814.

14 Vgl. ebd.

15 Vgl. Christian F. Feest: German Medley. In: European Review of Native American Studies. Bd. 15:2 (2001), S. 55–58 (55f.). Für weiterführende Vorschläge siehe ders.: Menschen, Masken und Moneten. Ethnologische Museen und Moral. In: Museumskunde. Bd. 67:2 (2002), S. 82–91. Die Kritik des Ethnologen Feest an ›inauthentischen‹ Repräsentationen von Native Americans von diesen selbst, z. B. durch die Integration von ›Weißen‹ Mythen wie Pocahontas in die Geschichte der Pamunkey, wurde heftig kritisiert von dem bekanntesten indigenen Forscher Vine Deloria Jr. als Anmaßung eines Weißen Europäers »undoubtedly originally schooled in Indians by Karl May's novels about the Apaches, who later discovered that Indians do not live in tents and hunt buffalos anymore« (Vine Deloria Jr.: Comfortable Fictions and the Struggle for Turf: An Essay Review of ›The Invented Indian: Cultural Fictions and Government Policies‹. In: Natives and Academics: Researching and Writing about American Indians. Hrsg. von Devon A. Mihesuah. Lincoln, NE/London 1998, S. 65–83 (71)).

16 Helmut Schmiedt: Die Winnetou-Trilogie. Über Karl Mays berühmtesten Roman. Bamberg/Radebeul 2018, S. 111.

17 Ebd., Kap. ›Die Macht der Fantasie‹, S. 40–46.

18 Vgl. Gallagher, wie Anm. 6, S. 592f.; A. Dana Weber: Blood Brothers and Peace Pipes: Performing the Wild West in German Festivals. Madison, WI 2019, S. 97; Leopold Hellmuth: Die germanische Blutsbrüderschaft. Ein typologischer und völkerkundlicher Vergleich. Wien 1975.

19 Diese und die folgenden Informationen finden sich unter ›Die Evolution des Menschen‹, Art. ›Apachen‹: www.evolution-mensch.de/Anthropologie/Apachen [30. 11. 2023]. Die Website bietet eine ausführliche und aktuelle weiterführende Bibliographie.

20 Ebd., Abschnitt ›Geschichte‹. »Mit der unfreiwilligen Einführung des Pferdes durch die Spanier nach dem Pueblo-Aufstand von 1680 erhöhten sich die Mobilität und der Aktionsradius der Apachen-Gruppen enorm. Vom Arkansas River im südlichen Colorado im Norden bis in die mexikanischen Staaten Sonora, Sinaloa, Chihuahua, Coahuila, Durango und Jalisco im Süden, vom Colorado River im Westen bis nach Zentral- und Süd-Texas im Osten plünderten die Apachen indianische und weiße Besitzungen gleichermaßen. Tausende Indianer und Weiße wurden getötet und entführt, ganze Landstriche entvölkert. Hierdurch konnten die Apachen die Spanier und Mexikaner größtenteils aus ihrem Gebiet, das die Spanier Apacheria nannten, fernhalten.

Zum gemeinsamen Schutz und um die Apachen zu isolieren, schlossen die Spanier und später die Mexikaner Allianzen mit den Pima, Opata, Tarahumara, Pueblo, Wichita, Caddo, Ute und ab 1786 mit den Comanchen.« (Ebd.)

21 Vgl. Loock, wie Anm. 10, S. 323f.: »›To Germans Winnetou is like Paul Bunyan, Abe Lincoln and Elvis rolled into one‹, writes Michael Kimmelman (2007) in a ›New York Times‹ article dedicated to a peculiar German phenomenon: Generations of Germans love Winnetou, a fictional Mescalero Apache chief invented in the late nineteenth century by German author Karl May. (…) The enduring German love for Winnetou is certainly difficult to explain to outsiders, and cultural observers like Kimmelman (2007) tend to find the extent of ›the curious German obsession with the Wild West‹ simply astonishing.« Vgl. auch Germans and Indians, wie Anm. 6; Penny, wie Anm. 6.

22 Susanne Zantop: Close Encounters. ›Deutsche‹ and ›Indianer‹. In: Germans and Indians, wie Anm. 6, S. 3–14 (3).

23 Duden. Lemma ›Indianer‹; www.duden.de/rechtschreibung/Indianer#bedeutungen [30. 11. 2023].

24 Penny, wie Anm. 6, S. 799.

25 Adrian Schulz: »Dieses Land hat sich nie mit seinem Trauma auseinandergesetzt«. Der Psychologe Red Haircrow über die deutsche Obsession mit dem Wilden Westen – und ihre Wurzeln. In: Tagesspiegel, 24. 8. 2022, S. 19; Neusatz in: Friedensbotschaft oder Rassismus? Pressestimmen zur ›Winnetou-Debatte‹. Hrsg. von Johannes Zeilinger. Sonderheft der Karl-May-Gesellschaft Nr. 172/2023, S. 34–36 (34f.).

26 Zantop, wie Anm. 22, S. 8. Übersetzung A. H.: »Selbst gut gemeinte akademische Überlegungen können extrem arrogant und engstirnig wirken, wenn sie nicht ihr eigenes erkenntnistheoretisches Interesse mitreflektieren, das heißt, Gedanken über die Terminologie, Perspektive und Zielsetzungen des Betreffenden beinhalten.« Zantop kommentiert außerdem das geringe akademische Interesse von Native Americans an ihren Beziehungen zu Deutschland im Gegensatz zur Behandlung dieses Themas in fiktionalen Texten von indigenen Autor*innen in den USA und Kanada, bei denen »German protagonists are a separate, clearly distinguishable category figure« (ebd., S. 7; Übersetzung A. H.: »Deutsche Protagonisten sind eine eigene, klar unterschiedene Kategorie von Figuren«). Der Sammelband enthält einen Text von Louise Erdrich.

27 Zum Stand der Diskussion über Bezeichnungen und Repräsentationen vgl. Penny, wie Anm. 6, S. 814f.

28 Zur typisch deutschen Suche nach dem ›authentischen Indianer‹ vgl. den aufschlussreichen Aufsatz von Penny, wie Anm. 6.

29 Vgl. Deidre Lynch: »Beating the Track of the Alphabet«: Samuel Johnson, Tourism, and the ABCs of Modern Authority. In: English Literary History. Vol. 57 (1990), No. 2, S. 357–405.

30 Michel Foucault: Die Ordnung des Diskurses. Inauguralvorlesung am Collège de France – 2. Dezember 1970. Frankfurt a. M. u. a. 1977.

31 Schmiedt: Die Winnetou-Trilogie, wie Anm. 16, S. 117–120 (120). Schmiedt gibt dem Kapitel über die widersprüchlichen Aussagen zu kulturellen Differenzen und Hierarchien den Titel ›Unordnung‹ (S. 111–124) und konstatiert: »Im Bereich der interkulturellen Beziehungen herrscht offenbar (…) Unordnung (…). Man kann sie (…) letztlich nicht auflösen.« (S. 116)

32 Vgl. Walter J. Ong: Writing is a Technology that Restructures Thought. In: The Written Word. Literacy in Transition. Hrsg. von Gerd Baumann. Oxford 1986, S. 23–50.

33 Zu den folgenden Ausführungen vgl. Michael James/Adam Burgos: Race. In: The Stanford Encyclopedia of Philosophy, revidierte Fassung vom 25. 5. 2020; plato.stanford.edu/entries/race/ [29. 11. 2023]. Für einen Überblick über die historischen Kontexte bei der Entwicklung des Rassebegriffs vgl. Kwame Anthony Appiah: Race. In: Critical Terms for Literary Study. Hrsg. von Frank Lentricchia/Thomas McLaughlin. Chicago/London ²1995, S. 274–287.

34 Vgl. Gina Wisker: Key Concepts in Postcolonial Literature. Houndmills/New York 2007: »The post-Renaissance, European colonial expansion fuelled by eighteenth century Enlightenment thinking accompanied the development of modern capitalism. (…) Racial difference led to hierarchies based on race and a kind of post-Enlightenment notion of progress in which the enslaved and colonised are seen as less highly developed than the colonisers (with more developed weapons). In this relationship, colonisers typically silenced or erased and certainly undermined the cultural, religious and intellectual achievements and beliefs of the peoples in the lands they colonised.« (S. 18f.) Kristina Lepold/Marina Martinez Mateo: Einleitung. In: Critical Philosophy of Race. Ein Reader. Hrsg. von dens. Berlin 2021, S. 7–34 (15) führen aus, dass in diesem Prozess »der europäische Kolonialismus die sozialen und politischen Voraussetzungen für die Bildung des modernen ›Rasse‹-Begriffs bereitstellte«.

35 Vgl. Lepold/Martinez Mateo, wie Anm. 34, S. 13. Der Sammelband enthält einschlägige Artikel von Kwame Anthony Appiah, Tommie Shelby, Linda Martín Alcoff und Sally Haslanger.

36 Vgl. Henry Louis Gates, Jr.: Editor's Introduction: Writing »Race« and the Difference It Makes. In: Critical Inquiry. Vol. 12 (1985), No. 1, S. 1–20.

37 Alle Seitenangaben in Klammern nach Zitaten aus diesem Buch beziehen sich auf die Ausgabe Joseph Conrad: Heart of Darkness. Authoritative Text, Backgrounds and Contexts, Criticism. (Norton Critical Edition) Hrsg. von Paul B. Armstrong. New York/London ⁴2006. Für eine ausführliche Darstellung der folgenden Deutung von Joseph Conrads ›Heart of Darkness‹ vgl. Horatschek, wie Anm. 5, Kapitel: Joseph Conrads ›Heart of Darkness‹ als Schlüsseltext, S. 39–63.

38 Vgl. Ross C. Murfin: Introduction: The Biographical and Historical Background. In: Joseph Conrad: Heart of Darkness. A Case Study in Contemporary Criticism. Hrsg. von dems. New York ²1996, S. 3–16.

39 Chinua Achebe: An Image of Africa. Chancellor's Lecture at the University of Massachusetts. Amherst 18. 2. 1975; veröffentlicht als Chinua Achebe: An Image of Afri-

ca. In: The Massachusetts Review. Vol. 18 (1977), No. 4, S. 782–794. (Übersetzung A. H.: »Dass diese offenkundige Wahrheit in der Sekundärliteratur zu seinem Werk vertuscht wurde, liegt daran, dass weißer Rassismus gegen Afrika so normal ist, dass seine Manifestationen gar nicht bemerkt werden.«) Der Text wurde in die ›Norton Critical Edition‹ von Heart of Darkness (ab 3. Aufl. 1988) in deutlich überarbeiteter Fassung aufgenommen; so wurde in der Überarbeitung aus »a bloody racist« »a thoroughgoing racist« (wie Anm. 37, S. 336–349 (343)). Die durch die Rede ausgelöste Diskussion, vor allem, aber nicht nur unter Kritikern der Dritten Welt (z. B. V. S. Naipaul, Grant Kamenju, Ngũgĩ wa Thiong'o, Edward Said. Namhaftester weißer Kritiker war Cedric Watts: ›A Bloody Racist‹: About Achebe's View of Conrad. In: The Yearbook of English Studies. Vol. 13 (1983), S. 196–209), wird von Peter Nazareth in dem Aufsatz ›Out of Darkness – Conrad and Other Third World Writers‹ (In: Conradiana. Vol. 14 (1982), No. 3, S. 173–188) nachgezeichnet.

40 Vgl. die Schlüsseltexte der Postcolonial Studies von Dipesh Chakrabarty: Provincializing Europe. Postcolonial Thought and Historical Difference. With a new preface by the author. Princeton/Oxford 2008; sowie Vinay Lal: The History of History. Politics and Scholarship in Modern India. New Delhi [18]2015 (EA 2003).

41 Vgl. Brooke Thomas: Preserving and Keeping Order by Killing Time in ›Heart of Darkness‹. In: Conrad: Heart of Darkness. A Case Study in Contemporary Criticism, wie Anm. 38, S. 237–255.

42 »»(…) ein Aufheulen, ein Gewimmel schwarzer Glieder, viele Hände, die klatschten, Füße, die stampften, wirbelnde Körper, rollende Augen, … diese(r) dunkle (…), unverständliche (…) Gefühlsausbruch (…). Der vorgeschichtliche Mann verfluchte uns, betete uns an, hieß uns willkommen – wer mochte es sagen?‹« Übersetzung, soweit nicht anders angegeben, nach www.projekt-gutenberg.org/conrad/herzfins; Gutenberg bietet die Übersetzung von Ernst Wolfgang Freisler (zuerst S. Fischer 1926/1933). Eine einflussreiche psychologisierende Deutung dieser kolonialistischen Projektionen und ihrer Ambivalenzen bietet Dominique O[ctave] Mannoni: Psychologie de la Colonisation. Paris 1950, S. 11–13.
»Pour parler dès maintenant le langage de la psychologie, les premiers projettent sur les populations coloniales les obscurités de leur propre inconscient, obscurités qu'ils ne tiennent pas à percer (…). Le sauvage (…) se confond dans l'inconscient, avec une certaine image des instincts (du ça, dans la terminologie analytique). Si le civilisé est si étrangement partagé entre l'envie de ›corriger‹ les ›erreurs‹ des sauvages et celle de s'identifier à eux, comme pour retrouver un paradis perdu (au point de mettre aussitôt en doute la valeur de cette même civilisation qu'il veut leur enseigner) cela s'explique évidemment par son attitude inconsciente, et ambivalente, envers les souvenirs plus ou moins clairs qu'il a pu garder de sa petite enfance.«
Eigene Übersetzung: »Um es nun in der Sprache der Psychologie zu sagen: Erstere projizieren auf die Kolonialbevölkerungen die dunklen Bereiche ihres eigenen Unterbewusstseins, dunkle Bereiche, die zu durchdringen sie nicht aushalten (…). Der Wilde verschmilzt (…) im Unbewussten mit einem bestimmten Bild der Instinkte (des Es, in analytischer Terminologie). Wenn der Zivilisierte so seltsam hin- und hergerissen ist zwischen dem Drang, die ›Fehler‹ der Wilden zu ›korrigieren‹, und dem Drang, sich mit ihnen zu identifizieren, wie um ein verlorenes Paradies wiederzufinden (bis

zu dem Punkt, sofort den Wert derselben Zivilisation in Zweifel zu ziehen, die er ihnen vermitteln will) lässt sich dies offensichtlich mit seiner unbewussten und ambivalenten Haltung gegenüber den mehr oder weniger klaren Erinnerungen erklären, die er aus seiner frühen Kindheit behalten konnte.«

43 Die polarisierende Gegenüberstellung solcher Begriffe impliziert nach einer These des französischen Kulturphilosophen Jacques Derrida fast immer eine mehr oder weniger offensichtliche Hierarchie. So werden seit der griechischen Antike das Licht als Metapher für Wahrheit und Erkenntnisfähigkeit, die an das Licht geknüpfte Visualität, klare Differenzierungen und Sprache mit Männlichkeit assoziiert und sind positiv besetzt. Den negativen Gegenpol bilden Dunkelheit, das Diffuse und Amorphe, die leibzentrierten Sinneswahrnehmungen des Taktilen und Olfaktorischen und Sprachlosigkeit.

44 Bereits im christlichen Schöpfungsmythos manifestiert sich die Vorrangstellung des Menschen in seiner Fähigkeit, den Tieren Namen zu verleihen. Die hierarchische Überordnung des Menschen als benennendes Subjekt über die Welt als Objekt spiegelt sich in ›Heart of Darkness‹, wenn die Kolonisatoren und vor allem der Erzähler Marlow das fremde Land mit Namen und Zuschreibungen überziehen.

45 »(...) sahen sie nach uns her, stampften mit den Füßen, nickten mit den gehörnten Köpfen, schwenkten ihre scharlachenen Leiber; sie schüttelten dem Flußteufel ein Bündel schwarzer Federn entgegen, ein räudiges Fell mit hängendem Schwanz (...); von Zeit zu Zeit brüllten sie alle zusammen unverständliche Worte, die nicht mehr menschlich klangen; und das tiefe Murmeln der Menge (...) klang wie die Responsorien einer satanischen Litanei.«

46 »(...) Menge nackter, atmender, bebender Bronzeleiber«; »wirbelnd (...) wimmelnd (...) glänzend«; »konnte ich in dem Blattgewirr da und dort eine nackte Brust, Arme, Beine, blitzende Augen ausnehmen – der Busch wimmelte von bewegten menschlichen Gliedern, die in dunkler Bronzefarbe glänzten«.

47 Frantz Fanon: Schwarze Haut, weiße Masken. Frankfurt a.M. 1980, S. 118f. (Frantz Fanon: Peau noire. Masques blancs. Paris 1952, S. 172f. »En Europe, le nègre, soit concrètement, soit symboliquement, représente le côté mauvais de la personnalité. (...) Le noir, l'obscur, l'ombre, les ténèbres, la nuit (...) noircir la réputation de quelqu'un; et de l'autre côté: (...) la blanche colombe de la paix, la lumière (...) paradisiaque. (...) En Europe, c'est-à-dire dans tous les pays civilisés et civilisateurs, le nègre symbolise le péché. L'archétype des valeurs inférieures est représenté par le nègre.«)

48 »(...) das erhabene Licht bleibender Erinnerungen (...), um den großartigen Geist der Vergangenheit an der Mündung der Themse neu zu beleben.« (Übersetzung A.H.) Diese 30 Zeilen sind in der Übersetzung von Ernst Wolfgang Freisler aus dem Jahre 1926 (vgl. Anm. 42), auf die bis heute viele Textausgaben zurückgehen, ausgelassen worden.

49 »(...) die Männer, auf die die Nation stolz ist, von Sir Francis Drake bis Sir John Franklin, alles Ritter, mit oder ohne Titel. (...) Ob sie nach Gold jagten oder Ruhm suchten, sie alle waren auf diesem Fluss hinausgefahren, und sie trugen das Schwert, und häufig die Fackel, Boten der Macht in dem Land, Träger eines Funkens vom heiligen Feuer. Welche Größe war nicht mit der Ebbe auf diesem Fluss in das Mysterium einer unbekannten Welt hinausgetrieben! (...) Die Träume von Männern, die Saat für Staatenbünde, die Samen für Imperien.« (Übersetzung A.H.)

50 »»Und auch dies‹«, sagte Marlow plötzlich, ›ist einmal einer der dunklen Orte der Erde
   gewesen. (...) Sandbänke, Marschen, Urwälder und Wilde – verteufelt wenig zu essen
   für einen zivilisierten Menschen, nichts als Themsewasser zu trinken (...). Sie waren
   keine Kolonisatoren. Ihre Verwaltung war nichts als eine große Steuerschraube – so
   scheint es mir wenigstens. Sie waren Eroberer, und dazu brauchte es nichts als rohe
   Kraft – nichts, dessen man sich zu rühmen hätte, (...) denn unsere Kraft ist ja immer
   nur ein Gefühl, das sich aus der Schwäche der anderen ergibt. (...) Es war richtiger
   Raubmord unter erschwerenden Umständen, in größerem Maßstabe, und die Leute
   gingen blind daran – wie es sich ja auch für die schickt, die sich in die Finsternis vor-
   wagen. Die Eroberung der Erde (ein Wort, das meistens die Bedeutung hat, daß man
   Leuten, die eine andere Hautfarbe oder flachere Nasen als wir selbst haben, ihr Land
   wegnimmt), diese Eroberung ist nichts Allzuschönes, wenn man sie sich aus der Nähe
   betrachtet.‹«

51 »Nobody who has heard Achebe speak about his relation to Conrad's text will ever
   forget it. Many years ago, at a Pan-African Writers' Conference in Stony Brook, I was
   in the audience as Achebe told how he had loved Heart of Darkness as a boy and had,
   ›naturally‹, identified with Marlow, even shared the traveler's fear of the natives, until
   one day he became aware that he was one of those natives. At that moment, he recog-
   nized that the proper figure for identification for him was not the central figure of the
   white traveler but the dark, faceless, nameless limbs this traveler sees on the edges of
   the Congo, the indistinct black figures peopling the background of Marlow's adventur-
   ous journey.« [Anmerkung dazu:] »This quote and the paraphrase of the anecdote is
   taken from my notes of Achebe's talk at a Pan-African Writer's Conference on ›Art
   and the Political Crisis‹ at Stony Brook in spring 1989.« (Hildegard Hoeller: Ama Ata
   Aidoo's Heart of Darkness. In: Research in African Literatures. Vol. 35 (2004), No. 1,
   S. 130–147 (131f.))

52 Karl May: Gesammelte Reiseromane Bd. VII: Winnetou, der Rote Gentleman. 1.
   Band. Freiburg i. B. o. J. [1893]; Reprint Bamberg 1982 (künftige Verweise durch
   Seitenzahlen im Text).

53 Vgl. Library of Congress: Research Guides; guides.loc.gov/indian-removal-act
   [1. 12. 2023]; für Einzelheiten vgl. www.evolution-mensch.de/Anthropologie/Apa
   chen [1. 12. 2023] (wie Anm. 19).

54 www.law.cornell.edu/wex/settler_colonialism [1. 12. 2023]. Übersetzung A. H.: »ein
   System der Unterdrückung, das auf Völkermord und Kolonialismus basiert und auf
   die Umsiedlung einer Nation – häufig Indigene – zielt, um sie durch eine neue Siedler-
   bevölkerung zu ersetzen.« Vgl. auch Christoph Marx: Siedlerkolonien. In: Europäische Geschichte Online. Hrsg. vom Leibniz-Institut für Europäische Geschichte
   (Mainz), Fassung vom 16.7.2015; ieg-ego.eu/de/threads/europa-und-die-welt/herr
   schaft/christoph-marx-siedlerkolonien [1. 12. 2023].

55 Schmiedt: Die Winnetou-Trilogie, wie Anm. 16, S. 120f.

56 Einen umfassenden Überblick über die entsprechende Sekundärliteratur gibt Martin
   Kuester: American Indians and German Indians: Perspectives of Doom in Cooper and
   May. In: Western American Literature. Vol. XXIII, No. 3 (1988), S. 217–222 (221).

57 O. A.: Annexation. In: The United States Magazine, and Democratic Review. New
   Series. Vol. 17, No. LXXXV (1845), S. 5–10 (5). Übersetzung A. H.: »die Erfüllung
   unserer offenkundigen (gottgewollten) Vorherbestimmung, den Kontinent zu erobern,

der uns von der göttlichen Vorhersehung für die freie Entwicklung/Entfaltung unserer sich jährlich vervielfachenden Millionen zugewiesen wurde.« Als Autor der Artikel wird John O'Sullivan angenommen, da er zu der Zeit der Herausgeber sowohl der ›Democratic Review‹ als auch der ›Morning News‹ war; vgl. www.history.com/to pics/19th-century/manifest-destiny [1.12.2023].

58 Vgl. Gallagher, wie Anm. 6, S. 581.

59 Abb. aus George A. Crofutt: Crofutt's Trans-Continental Tourist's Guide. Bd. 6. New York 1874, Gegentitel.

60 Vgl. Die Evolution des Menschen, wie Anm. 19, Art. ›Indianer Nordamerikas‹, Abschnitt ›Indianerpolitik‹; www.evolution-mensch.de/Anthropologie/Indianer_Nord amerikas. Erst seit dem Beginn der ›Indian Self Determination Era‹, als deren Anfang die Besetzung von Alcatraz 1968 gilt, erhielten die Native Americans das Recht auf – eingeschränkte – Selbstverwaltung, was allerdings bis heute für viele von ihnen wenig an ihrem von Rassendiskriminierung und Armut geprägten Leben verändert hat.

61 Petra Küppers verweist auf die Betonung der Körperlichkeit von indigenen Charakteren als Strategie des ›Othering‹ bei Karl May. Vgl. Petra Küppers: Karl Mays Indianerbild und die Tradition der Fremdendarstellung: Eine kulturgeschichtliche Analyse. In: Jb-KMG 1996. Husum 1996, S. 315–345. Die komplementäre Überordnung geistiger Aspekte über körperlich-materielle Phänomene bei May führte u. a. zu seiner Rezeption in der Neugeist-Bewegung. Vgl. Stefan Schmatz: Neugeistige Himmelsgedanken. Unbekannte May-Abdrucke in der Esoterik-Szene. In: M-KMG 214/2022, S. 29–45. Thiede, wie Anm. 1, S. 4, verweist darauf, dass »in dem fast hundert Bände umfassenden Gesamtwerk als ein sich durchhaltendes und nachwirkendes Element ein geradezu missionarischer Zug – teils unterschwellig, teils deutlich hervortretend« festzustellen sei. Thiede bietet eine umfangreiche Liste neuerer Studien zur Religiosität von Karl May (ebd.).

62 Für diese und die folgenden Informationen vgl. Die Evolution des Menschen. Art. ›Indianer Nordamerikas‹, wie Anm. 60, Abschnitt ›Die Mission und ihre Folgen‹.

63 Schmiedt: Die Winnetou-Trilogie, wie Anm. 16, S. 133.

64 Vgl. Abdul R. JanMohamed: The Economy of Manichean Allegory: The Function of Racial Difference in Colonialist Literature. In: »Race«, Writing, and Difference. Hrsg. von Henry Louis Gates, Jr. Chicago/London 1986, S. 78–106 (bes. S. 88–90).

65 Schmiedt: Die Winnetou-Trilogie, wie Anm. 16, S. 111.

66 Heribert Frhr. v. Feilitzsch: Karl May. The »Wild West« as seen in Germany. In: The Journal of Popular Culture. Vol. 27, No. 3 (1993), S. 173–189 (180–184) betont, dass negativ konnotierte Charaktere bei Karl May als dunkel bezeichnet und mit rassifizierenden Merkmalen (»distinguishing, often racial features«, S. 180) versehen werden, selbst wenn sie Weiße sind: »The white bandits are never German, and are mostly of darker complexion, with ›dark eyes‹ (…) and dark hair«. Gallagher merkt kritisch an, dass von Feilitzsch dennoch den Begriff des Rassismus vermeidet und lieber von Ethnozentrismus, Chauvinismus oder Nationalismus spricht. Vgl. Gallagher, wie Anm. 6, S. 579.

67 Vgl. Schmiedt: Die Winnetou-Trilogie, wie Anm. 16, S. 118; Peter Bolz: Winnetou – Edler Wilder oder Edelmensch? Karl Mays Indianerbild vor dem Hintergrund des kulturellen Evolutionismus. In: Jb-KMG 2008. Husum 2008, S. 113–124. Für eine allgemeinere, mentalitätshistorisch fokussierte kritische Evaluierung dieses Stereo-

typs aus einer feministischen Perspektive vgl. Sigrid Weigel: Die nahe Fremde – das Territorium des ›Weiblichen‹. Zum Verhältnis von ›Wilden‹ und ›Frauen‹ im Diskurs der Aufklärung. In: Die andere Welt. Studien zum Exotismus. Hrsg. von Thomas Koebner/Gerhart Pickerodt. Frankfurt a. M. 1987, S. 171–199.

68 Gerd Stein: Vorwort. In: Die edlen Wilden. Die Verklärung von Indianern, Negern und Südseeinsulanern auf dem Hintergrund der kolonialen Greuel. Vom 16. bis zum 20. Jahrhundert. Hrsg. von Gerd Stein. Frankfurt a. M. 1984, S. 9–25 (9f.).

69 Vgl. Gallagher, wie Anm. 6, bes. S. 586–588. Gallagher stützt sich dabei auf die Untersuchung von Nicole Jennifer Perry: … nicht die Menschen im Walde, Wilde genannt werden sollten: Images of Aboriginal Peoples in the Works of Sophie von La Roche, Charles Sealsfield and Karl May. Dissertation, University of Toronto 2012, S. 14–21.

70 Roy Harvey Pearce: The Savages of America. A Study of the Indian and the Idea of Civilization. Revised Edition. Baltimore 1965, S. 192. Übersetzung A. H.: »Als Longfellow H i a w a t h a schrieb, waren die Indianer als Gegner der Zivilisation bereits tot, lasteten jedoch noch schwer auf dem Gewissen der Amerikaner. (…) Der Stil der Legende und der Ballade (…) beschrieb den Edlen Wilden so, dass er sich in eine vage und behagliche Vergangenheit einfügte, über die die Leser vage und behagliche Gefühle hegen konnten.«

71 Vgl. Helmut Schmiedt: Die Strafpredigt einer schönen Frau. Ein interkultureller Disput in ›Winnetou I‹. In: Jb-KMG 2024. Husum 2024.

72 Vgl. Lutz: German Indianthusiasm, wie Anm. 7, S. 176.

73 Angesichts dieser Katastrophe nennt Schmiedt (Die Winnetou-Trilogie, wie Anm. 16, S. 94) es »einen fast schon zynischen Euphemismus«, wenn Old Shatterhand seine Beziehung zu Nscho-tschi mit der Burleske zwischen Sam Hawkens und Kliuna-ai vergleicht.

74 Kuester, wie Anm. 56, S. 220. Übersetzung A. H.: »Als die Apachen Winnetous Schwester, Nscho-tschi, für ihre Erziehung in den Osten schicken, damit sie Shatterhands würdig wird, löst May auf elegante Weise das Problem der interrassischen Ehe, indem er sie töten lässt. Wahrscheinlich ist ihm nicht klar, dass es die Predigten über nicht-indigene Werte sind, die sie in den Tod schicken.«

75 Schmiedt: Die Winnetou-Trilogie, wie Anm. 16, S. 128f.

76 Gallagher, wie Anm. 6, S. 594. Übersetzung A. H.: »Old Shatterhand repräsentiert damit den guten deutschen Mann, den ›außergewöhnlichen Weißen‹, der dem deutschen Publikum ein positives männliches Rollenmodell liefert.«

77 Schmiedt: Die Winnetou-Trilogie, wie Anm. 16, S. 123.

78 Schmatz merkt an: »(…) Winnetou erhält Qualitäten zugesprochen, die ihn weit über den Status eines Heiligen hinausheben: Seine durch Sascha Schneider visualisierte Himmelfahrt [er bezieht sich auf das Deckelbild auf einem Teil der Auflage 1904 (41. bis 45. Tausend) von ›Winnetou III‹] nimmt schon durchaus blasphemische Züge an.« (Schmatz, wie Anm. 61, S. 29)

79 Vgl. den Abschnitt ›Blood Brotherhood and White Innocence‹ in Gallagher, wie Anm. 6, S. 592–596.

80 Gallagher, wie Anm. 6, S. 582. Übersetzung A. H.: »W i n n e t o u ist und wurde immer rassifiziert, indem das Buch und die folgenden Filmadaptionen die Deutschen als weiß, wohlwollend und anti-imperialistisch darstellten und die Souveränität der in-

digenen Amerikaner auslöschten. Winnetou wird getragen von Fiktionen einer wei
ßen Unschuld – von der Darstellung der Deutschen als unschuldig an Rassismus und
Völkermord, beispielhaft gezeigt an der Figur Old Shatterhand.«
Für weitere Ausführungen vgl. ebd., S. 582–584. Die komplexen Bezüge zwischen
dieser Betonung der deutschen ›white innocence‹ bei Karl May, der auffälligen Identifikation der Deutschen mit seinen Indianerfiguren und der Volksideologie der Nazis
untersucht Frank Usbeck: Representing the Indian, Imagining the Volksgemeinschaft: Indianthusiasm and Nazi Propaganda in German Print Media. In: Ethno
Scripts. 15. Jg. (2013), H. 1, S. 46–61. Vgl. auch Eckehard Koch: Karl Mays Ehri
und die Rolle der Deutschen darin. In: M-KMG 217/2023, S. 17–26.

81 Schleburg, wie Anm. 2, S. 1.
82 Miranda Fricker/Kristina Lepold: Schuldzuweisung und Vergebung. Miranda Fricker
    antwortet auf Fragen von Kristina Lepold. In: WestEnd. Neue Zeitschrift für Sozialforschung. 18. Jg. (2021), H. 1, S. 153–170 (154).
83 Ebd., S. 156.
84 Aus einem Interview von Hans Holzhaider mit Prof. Dr. Claus Roxin in der ›Süddeutschen Zeitung‹ (Nr. 221 vom 21./22. September 2022, S. R2), abgedruckt in: M-KMG
    214/ 2022, S. 7.
85 Abenteuer unter den Indianern. In: Das Ausland 3 (1830), S. 1437f., 1441f., 1445f.
    (1445).
86 Stefan Mühlhofer: ›Ein Kind seiner Zeit‹? Koloniale Aspekte in ›Winnetou‹ I–IV. In:
    Jb-KMG 2024. Husum 2024. Eine ausführliche Studie der diesbezüglichen politischen Diskussionen gibt Frank O. Sobich: »Schwarze Bestien, rote Gefahr«. Rassismus und Antisozialismus im deutschen Kaiserreich. Frankfurt a. M. 2006.
87 Lepold/Martinez Mateo, wie Anm. 34, S. 19.
88 Vgl. redhaircrow.com/about/ [2. 12. 2023]; ein Interview mit Red Haircrow auf einer
    Veranstaltung an der Universität Kiel vom 3. Mai 2023 findet sich unter www.culturalstudies.uni-kiel.de/culturitical/forget-winnetou [3. 2. 2023].
89 Vgl. Miranda Fricker: Epistemic Injustice. Power and the Ethics of Knowing. Oxford
    2007.
90 Fricker/Lepold, wie Anm. 82, S. 165f.
91 Lepold/Martinez Mateo, wie Anm. 34, S. 16, in einer Paraphrase von Charles W.
    Mills: Alternative Epistemologies. In: Ders.: Blackness Visible. Essays on Philosophy
    and Race. Ithaca, NJ/London 1998, S. 21–39.
92 Schmiedt: Die Winnetou-Trilogie, wie Anm. 16, S. 130.
93 Jürgen Habermas: Der Universalitätsanspruch der Hermeneutik. In: Hermeneutik und
    Ideologiekritik. Mit Beiträgen von Karl-Otto Apel u. a. Frankfurt a. M. 1971, S. 120–
    159 (134 und 153).
94 Schleburg, wie Anm. 2, S. 1.
95 Wörner, wie Anm. 4, S. 59.

THOMAS GLONING

Zum Wortgebrauchsprofil der ›Winnetou‹-Trilogie
*Systematisierungsperspektiven und erste Befunde**

In diesem Beitrag, den ich auf dem Kongress der Karl-May-Gesellschaft 2023 in Dortmund vorgetragen und zur Diskussion gestellt habe, geht es um das Wortgebrauchsprofil der ›Winnetou‹-Trilogie mit einem Schwerpunkt auf dem ersten Band. Mein Ziel war und ist es, Systematisierungsperspektiven für die Erforschung und Charakterisierung des Wortgebrauchs dieser (und ggf. auch weiterer) Karl-May-Texte vorzuschlagen, zu erläutern und mit ersten Befunden zu unterfüttern. Ich gehe hierfür in fünf Schritten vor. Zunächst möchte ich (Abschnitt 1) die Ziele und Fragestellungen dieses Unternehmens, dieser Erkundung – wie ich bescheiden sagen muss – vorstellen; ich möchte dann ausgewählte Einzelwörter (Abschnitt 2) und Wortschatzsektoren (Abschnitt 3) der ›Winnetou‹-Trilogie vorstellen; sodann möchte ich als Ausblick (Abschnitt 4) weitere Perspektiven, die ich zur Stunde noch nicht ausführlich umsetzen kann, immerhin nennen und erläutern und zuletzt (Abschnitt 5) einen kurzen Rückblick geben.

1. Ziele und Fragestellungen

Der textuelle Gegenstand, um den es in diesem Beitrag geht, ist die ›Winnetou‹-Trilogie, drei umfangreiche Werke, die in Buchform 1893 zum ersten Mal erschienen sind.[1] Sie beruhen zum Teil auf älteren Vorarbeiten und sind inzwischen auch in der Historisch-kritischen Ausgabe verfügbar.[2] Das Buch von Helmut Schmiedt, in zweiter Auflage 2019 erschienen, und das ›Karl-May-Handbuch‹ geben einen breiten Überblick über die vielfältigen literaturwissenschaftlichen, überlieferungsgeschichtlichen und philologischen Fragestellungen zu diesem Werkkomplex.[3]
    Der zweite Gegenstand ergibt sich aus der Forschungsperspektive: die Frage nach dem Wortschatzprofil dieser Texte. Hierbei geht es um Aspekte der Strukturierung des Wortschatzes, um die Frage nach dem Wortgebrauch und seinem Beitrag zur künstlerischen Machart, zu den erzähleri-

---

* Überarbeitete Fassung des Vortrags, gehalten am 8. Oktober 2023 auf dem 27. Kongress der Karl-May-Gesellschaft in Dortmund.

schen Verfahren und auch um die Frage, wie man hier Systematisierungs-
aspekte für die Wortschatzcharakterisierung entwickeln und ausarbeiten
kann.

Hierbei stellen sich zunächst Fragen nach Einzelwörtern und ihrer
Funktion, z. B. *ehrlich, aufrichtig, Brandyfaß, Greenhorn, Zounds* oder
Calumet. Karl-May-Kenner und -Kennerinnen werden gleich auf Erinnerungen an Textstellen und auf Assoziationen stoßen und sagen können,
welche Rolle diese Wörter in den Texten spielen, z. B. bei der Charakterisierung von Figuren. Aber solche ›Assoziationen‹ muss man anschließend
im Einzelnen und textgestützt ausarbeiten.

Über die Einzelwörter hinaus stellt sich die Frage nach spezifischen ›Sektoren‹ des Wortgebrauchs. Solche Sektoren des Wortgebrauchs kann man
etablieren, indem man systematisch Kriterien anwendet, die sich bei der
Textlektüre als prominent herausstellen, z. B. die Gruppe der Waffenbezeichnungen. Inzwischen gibt es auch digitale Clustering-Techniken, die
Wörter gruppieren, die aber nach meiner Einschätzung noch nicht so aus-
gereift sind, dass sie brauchbare und zuverlässige Ergebnisse liefern. Man
kann also z. B. fragen: Welche Waffenbezeichnungen kommen in den Texten
vor, wie ist dieser Wortschatzsektor intern strukturiert, welche Rolle spielen
Waffenbezeichnungen in der Erzählung selbst? Oder ein anderer Sektor:
Welche Bezeichnungen für Wertvorstellungen gibt es? Wie ist dieser Wortschatzsektor strukturiert und welche Rolle spielen seine Elemente beim Erzählen? Wortschatzbefunde dazu können auch zeigen, was die lexikalische
Grundlage für Urteile ist, wie sie in Vorträgen und auch in der Forschungs-
literatur immer wieder begegnen, diese Texte seien ›schwarz-weiß‹, ›polar‹,
orientiert an einem Schema ›die Guten – die Bösen‹. Diese Beobachtungen
sind durchaus zutreffend. Aber man kann sich fragen: Wie spiegelt sich diese Dichotomie im Wortschatz und in den Verfahren des Wortgebrauchs?

Wir können weiterhin fragen, was lexikalische Mittel und ihr Gebrauch
zu unterschiedlichen narrativen Verfahren beitragen können, etwa bei der
Vorausdeutung, bei der Personencharakterisierung oder bei der erzählerischen Sympathielenkung.

Eine andere Frage, die quer zu diesen und weiteren systematischen Perspektiven liegt, ist die Frage nach der Dynamik des Wortgebrauchs im
Werk und seinem ›Textstrom‹. Dieser Aspekt des Wortgebrauchs verlangt
eine darauf bezogene dynamische Charakterisierung und Erklärung. Ein
Werkzeug, das ich hierzu vorstellen werde, ist die Betrachtung der thematischen Entwicklung und ihrer Dynamik, z. B. in der Analyse der Episodenstruktur.

Ein vorläufig letzter Gesichtspunkt bezieht sich auf die Frage nach der
sprach- und wortgeschichtlichen Einordnung von Karl Mays Wortge-

brauch. Diese Frage hängt gar nicht so sehr mit seinem Werk selbst zusammen, aber z. B. mit der Frage, wie solche Wörter wie ›abdampfen‹[4] in der deutschen Sprachgeschichte einzuordnen sind und wie die Texte von Karl May in sprach- und wort- bzw. wortschatzgeschichtlicher Perspektive zu beurteilen sind.

Man kann diese und weitere Systematisierungsperspektiven – wie ich sie nenne – auch in Leitfragen gießen. Ein paar davon habe ich hier formuliert:

a. Wie hängen Aspekte des Wortgebrauchs zusammen mit Verfahren des Erzählens und der künstlerischen Machart?

b. Wie kann man Gebrauchsweisen ›zentraler‹ Wörter und ihre (narrativen) Funktionen in den Texten beschreiben? – Die Frage dabei ist, was ist ein zentrales Wort? Das ist natürlich keine Trivialität, *Greenhorn* gehört bestimmt mit dazu.

c. Wie kann man den Wortgebrauch der Texte im Sprachgebrauch der Zeit und im vorgängigen ›Quellenraum‹ verorten?

d. Was kann man am Beispiel der ›Winnetou‹-Trilogie über die Rolle des literarischen Wortgebrauchs allgemein lernen? Man kann sagen, dass Karl May eine bekannte, eine erfolgreiche Stimme im literarischen Sprach- und Wortgebrauch ist: Wie kann man sie einordnen im Chor früherer, zeitgenössischer und späterer Stimmen?

e. Wie hängt der Wortgebrauch (z. B. *Friedenspfeife*) zusammen mit im Werk eingeführten Ideen, Denkweisen und Fragen des (ethischen) Handelns: Wie ist man gebunden, wenn man mit jemandem eine Friedenspfeife geraucht hat?

f. Wie können – dies ist eine Blickweise von der linguistischen Seite her – ›traditionelle‹ sprachwissenschaftliche Konzepte zur Charakterisierung des Wortgebrauchsprofils beitragen, z. B. Wortbildung, Wortarten, Fremdwörter, Metaphorik, Phraseologie? Auch aus früheren Untersuchungen, z. B. zum polaren Adjektivgebrauch in der Romantik,[5] kann man Anregungen gewinnen.

Und schließlich quer zu diesen Systematisierungsperspektiven auch noch die erwähnte textdynamische Perspektive:

g. Wenn man ein Werk als linearen ›Textstrom‹ betrachtet, was kann man dann über die sequentielle Dynamik des Wortgebrauchs im Textstrom sagen?

In den folgenden Abschnitten möchte ich nun exemplarisch ausgewählte Befunde zum Wortgebrauch in der ›Winnetou‹-Trilogie vortragen. Hierfür nutze ich die oben genannten Gesichtspunkte und gehe zunächst auf ausgewählte Einzelwörter und ihre Geschichte ein (Abschnitt 2); danach bespreche ich (im Abschnitt 3) ausgewählte Wortschatzsektoren und die Kriterien ihrer Gruppierung. Hierzu stelle ich eine Vertiefung zu polaren Wertwelten und ihrem lexikalischen Niederschlag vor; ich bespreche Zusammenhänge von Wortgebrauch und narrativen Verfahren und erläutere danach Fragen der Wortgebrauchsdynamik. Schließlich bespreche ich auch Formen der reflexiven Kommentierung von Wortgebräuchen, bei denen der Erzähler oder die Figuren über den Sprach- und Wortgebrauch im Werk eigene Reflexionen anstellen, Kommentare anbieten usw. Ausblicke und eine Zusammenfassung (Abschnitte 4 und 5) beschließen den Beitrag.

2. Einzelwörter und ihre Geschichte

Ich möchte nun zunächst anhand von Einzelwörtern ausgewählte Aspekte aufweisen und veranschaulichen, die sich aus dem Wortschatzwandel ergeben können. Manche dieser Aspekte sind eher allgemeinsprachlicher Natur, andere hängen enger mit den Texten von Karl May zusammen.

2.1 Fragen der Einordnung in die Wortgeschichte

Wörter wie *Friedenspfeife* oder sein Gegenstück *Calumet* kommen in der ›Winnetou‹-Trilogie immer wieder vor. Wenn wir uns fragen, was für eine Geschichte diese Wörter haben, dann sehen wir im DWDS-System (Digitales Wörterbuch der deutschen Sprache) z. B. die folgende Bedeutungsübersicht und eine Wortverlaufskurve zu ›Friedenspfeife‹:

Friedenspfeife, die

🔖 Lesezeichen   ✂ zitieren/teilen   ➕ ausklappen

Grammatik	Substantiv (Femininum) · Genitiv Singular: **Friedenspfeife** · Nominativ Plural: **Friedenspfeifen**
Aussprache	◀)) [ˈfʀiːdn̩sˌpfaɪ̯fə]
Worttrennung	Frie-dens-pfei-fe
Wortzerlegung	↗ Frieden ↗ Pfeife
Mehrwortausdrücke	↗ die Friedenspfeife rauchen

Bedeutungsübersicht

1. [oft historisch] in einigen außereuropäischen Kulturen: Rauchutensil, mit dessen gemeinsamer Benutzung ein Friedensschluss zwischen verfeindeten Parteien besiegelt wurde
2. [umgangssprachlich, oft scherzhaft] Gegenstand oder Handlung, die als Symbol des guten Willens, des Wunsches nach einem Friedensschluss, nach Beilegung eines Konflikts o. Ä. angesehen werden

Abb. 1: Screenshot aus dwds.de, Artikel ›Friedenspfeife‹ (Auszug)

Daraus geht hervor, dass Karl May im Hinblick auf die Verwendungsweise 1 nicht eben früh in der Wortgeschichte zu verankern ist. Wir können mit diesem Dokumentationssystem auch nach weiteren und früheren Belegen oder nach Parallelstellen aus der Zeit suchen. So finden wir dann z. B. folgende Stelle in ›Der Medizinmann‹ (1896) von Robert Kraft, die zeigt, dass der Gebrauch bei Karl May nicht ungewöhnlich ist:

> Kraft, Robert: Der Medizinmann. Dresden, 1896.
>
> "Elende Feiglinge," schrie Richard, "so halten die Crows die Freundschaft mit dem, der mit ihnen die **Friedenspfeife** geraucht hat?

Abb. 2: Screenshot aus dwds.de; Korpussuche nach ›Friedenspfeife‹

2.2 Veraltete Gebrauchsweisen

Ein zweites Beispiel ist sehr viel unscheinbarer und man kann es leicht übersehen, weil man die entsprechenden Textstellen schon versteht. Es steht in der Ohlert-Geschichte, in welcher der Sohn eines Bankiers, ein Dichter, sozusagen ›abdreht‹ und sein Vater, der Bankier, Old Shatterhand auf dessen Fahndung ansetzt. Da lesen wir:

Der Sohn des Bankiers hatte eine bedeutende Barsumme mitgenommen, und heute war von einem befreundeten Bankhause in Cincinnati die telegraphische Meldung eingelaufen, daß William dort fünftausend **Dollars erhoben** *habe und dann nach Louisville weiter gereist sei, um sich von dort seine Braut zu holen. Das letztere war natürlich Lüge.*[6]

Ohlert sen. hatte mir ein Verzeichnis derjenigen Geschäftshäuser gegeben, mit denen er in Verbindung stand. In Louisville und St. Louis war ich zu den Betreffenden gegangen und hatte erfahren, daß William bei ihnen gewesen sei und **Geld erhoben** *habe.*[7]

Man kann im Sprachgebrauch der Zeit um 1900 also Dollars oder Geld ›erheben‹. Heute würde man sagen ›Geld abheben‹, in Österreich gibt es auch die Verwendungsweise ›Geld beheben‹. Wenn man diese Verwendungsweise von ›erheben‹ in den Wörterbüchern nachschlägt, dann wird man im umfangreichen Artikel von dwds.de und auch im historischen Artikel des Grimm'schen Wörterbuches zu dieser Gebrauchsweise mit Bezug auf eine Banktransaktion nicht fündig. Im DWDS gibt es allerdings frühe Belege in den Korpora dieses Systems, an das man raffinierte Anfragen richten kann. Die folgende Zeile ist eine Suchanfrage, die zunächst sehr technisch aussieht:

https://www.dwds.de/r/?q=near(Wechsel,erheben,3)&corpus=dtaxl

Man kann diesen an das Korpussystem gerichteten Suchstring folgendermaßen ›übersetzen‹: Finde in den historischen Korpora des DWDS Textstellen, in denen das Wort ›Wechsel‹ in bis zu drei Wortformen Entfernung von ›erheben‹ steht. Vergleichbare Anfragen kann man für andere Wörter wie ›Geld‹, ›Dollar‹ usw., die man in der Umgebung von ›erheben‹ erwarten kann, formulieren. Oder man kombiniert die drei Wörter als Alternativen in der Anfrage:

https://www.dwds.de/r/?q=near({Wechsel, Geld, Dollar},erheben,3)&corpus=dtaxl

Neben vielen Belegen, die wir nicht brauchen können (»sich über allen Wechsel des Glücks erheben«), finden wir auch brauchbare Beispiele aus früheren oder zeitgenössischen Texten:

Marperger, Paul Jacob: Beschreibung der Banqven. Halle (Saale) u. a., 1717.

Es soll aber in der Landes-Fürstlichen Wechsel-Banck also damit gehalten werden/ daß die **Wechsel**/ so hinaus gemacht werden/ in ausländischem Geld der Wechsel-Banck erleget werden/ gestaltsam das Land- Geld hinaus zu trassiren/ auff alle Art und Weise verboten/ hingegen die aus der Frembde kommende Wechsel/ so allhie erhoben werden/ sollen von der Landes-Fürstlichen Wechsel-Banck in Landes-Geld erleget werden/ gestaltsam ander Geld zur Zahlung im Land nicht gilt/ noch gegeben oder angenommen werden soll.

Abb. 3: Screenshot aus dwds.de; Korpustreffer von 1717

Oder: Der Landgraf von Hessen kann einen Wechsel nicht einlösen, er kann ihn nicht erheben und muss sich daher etwas borgen:

O C R Künzel, Heinrich: Geschichte von Hessen insbesondere Geschichte des Großherzogthums Hessen und bei Rhein. Friedberg, 1856.

Auch streckte er ihm **600 Dukaten** vor, da der Landgraf bei nunmehr völlig geändertem Reiseplane die in Alexandrien, Constantinopcl und Jerusalem angewiesenen Wechsel nicht erheben konnte und daher von Gelde ziemlich entblößt war.

Abb. 4: Screenshot aus dwds.de; ›einen Wechsel erheben‹ (1856)

Im folgenden Beleg von 1920 ist u. a. die Konkurrenz von ›erheben‹ und ›abheben‹ klar erkennbar:

O C R [N. N.]: Verhandlungen des Reichstages. Berlin, 1920.

Der **Arbeiter- und Soldatenrat Osnabrück** hat keine Gelder von der Reichsbank erhoben oder abzuheben versucht.

Abb. 5: Screenshot aus dwds.de; ›erheben‹ vs. ›abheben‹

Ein letzter Beleg bezieht sich auf amerikanische Verhältnisse, hier ist von »Dollars erheben« die Rede:

O C R Alfred Ziegenmaier aus Braunschweig vor dem Geschworenengerichte in Chicago, im Staate Illinois, unter der Anklage des an dem Irländer M. William Gumbleton verübten Mordes. In: Der neue Pitaval, Bd. 43. Leipzig, 1872.

Schon am Montag, den 21. November, stellte sich Ziegenmaier auf der Bank ein und präsentirte den Depositenschein, um auf Grund desselben die **300 Dollars** zu erheben.

Abb. 6: Screenshot aus dwds.de; ›Dollars erheben‹ (1872)

Am Beispiel der Gebrauchsweise von (›Geld‹, ›einen Wechsel‹, ›Dollars‹)
›erheben‹ kann man aufzeigen, dass ein aus der Perspektive der Gegen-
wartssprache ungewöhnlicher Gebrauch mit Hilfe der Korpuswerkzeuge
historisch gut zu dokumentieren ist. Die Verwendungsweise ist gleichzeitig
ein Beispiel für heute veraltete Elemente im Sprachgebrauch von Karl May.

2.3 Bedeutungswandel und Textverstehen

Ein drittes Beispiel: ›blöde‹ ist in der Bedeutungsgeschichte des Deutschen gut beschrieben. Heute verwenden wir es, um geistige oder moralische Einschränkungen zuzuschreiben oder wenn wir etwas als negativ
oder unerwünscht bewerten (»Das war blöd von dir«). Im älteren Deutsch
konnte man das Wort sehr viel weiter gebrauchen, u. a. im Sinne von
›krank, schwach, schüchtern‹. Der folgende ›Winnetou‹-Beleg steht noch
in der Tradition des älteren Gebrauchs: Es ist Nacht und der Westmann
Sam Hawkens fordert Old Firehand, den er in der Dunkelheit nicht erkennt, die Parole, das Passwort ab. Der antwortet irritiert: »*Sam Hawkens!*« *rief Old Firehand.* »*Sind deine Aeuglein **blöde** geworden, daß du
mir die Parole abverlangst?*«[8]
Das Beispiel zeigt sehr schön den Zusammenhang von Bedeutungswandel und dem Verständnis historischer Texte. Wer heute die Frage liest »*Sind
deine Aeuglein blöde geworden ...?*«, der wird wahrscheinlich rätseln: blöde Äuglein? Das Rätsel ist nur zu lösen, wenn man den Bedeutungswandel
des Wortes ›blöde‹ berücksichtigt. Dieses Wort ist kein Einzelfall. Es gibt
einen Beitrag von Fritz Tschirch in der ›Zeitschrift für deutsche Wortforschung‹ von 1960,[9] in dem er einen Goethe-Text um 1800, die ›Unterhaltungen deutscher Ausgewanderten‹, der Reihe nach durchgeht und Wörter
wie ›gemein‹ (›gewöhnlich‹, ›einfach‹, das Wort hatte damals nichts mit
›heimtückisch‹, ›fies‹ zu tun), ›Fräulein‹ oder ›vertrödeln‹ (›etwas beim
Trödler für Geld versetzen‹) und viele andere besprach. Fragen des Be-
deutungswandels hängen sehr eng mit Fragen des historischen Textver-
stehens zusammen, wie Gerd Fritz auch mit Bezug auf »historisch-seman-
tische Klassikerlektüre«[10] ausführlich und beispielorientiert (darunter auch
›blöde‹) gezeigt hat.
Um ältere literarische Textstellen nicht misszuverstehen, sind wir oft auf
historische Wörterbücher, Stellenkommentare oder auch unsere hermeneutische Intuition angewiesen (die uns natürlich auch auf Abwege führen
kann). Es ist eine offene Frage, mit welchen der etablierten oder neuen
Verfahren man ältere, heute nicht mehr übliche Verwendungsweisen von
Wörtern für die Leserinnen und Leser von Karl-May-Texten aufbereiten
und dokumentieren könnte. In der Historisch-kritischen Ausgabe war diese

Aufgabe nicht umzusetzen. So bleiben vorerst die allgemeinsprachlichen historischen Wörterbücher, wie sie z. B. über zdl.org oder über woerter buchnetz.de erreichbar sind.

2.4 »Halloo!« und »Hallo?«

Nun folgt noch ein viertes und letztes Beispiel, bevor wir die Einzelwörter verlassen: ›hallo‹. Wir kennen ›hallo‹ als Ausdruck der Begrüßung (»Hallo, wie geht's?«) und wir kennen einen anderen Gebrauch etwa von Jugendlichen, die ›hallo‹ mit steigender Intonation am Wortende als Ausdruck des Erstaunens, der Entrüstung, der Überraschung, der Irritation verwenden (»Hallo? Spinnst du?«). Nun lesen wir bei Karl May im ›Winnetou‹:

»Halloo!« rief er aus, indem er aufsprang, »Was ist denn das? Ihr geht ja mit diesem Gun wie mit einem leichten Spazierstocke um, und doch ist es das schwerste Gewehr, welches ich kenne!«[11]

Diese Äußerung fällt mitten im Gespräch, also lange nach einer Begrüßung. Ich habe mich nun gefragt: Hat der hier belegte Gebrauch mit dem langen »o« am Ende und der durch das Ausrufezeichen angedeuteten Endbetonung etwas zu tun mit dem »Hallo« der Entrüstung, der Irritation, das man heutzutage in der gesprochenen Sprache mit steigender Intonation, in geschriebenen Texten mit Fragezeichen (»Hallo?«) findet? Handelt es sich um dieselbe Tradition oder sind es zwei verschiedene? Noch habe ich keine Antwort. Das Beispiel soll zeigen, dass uns auch unscheinbare Einzelwörter bei der Lektüre stutzig machen und zu Fragen nach wortgeschichtlichen Entwicklungen anregen können.

2.5 Folgerungen

Ich leite aus den ersten Einzelwort-Beispielen dieses Abschnitts zwei Folgerungen ab. Erstens: Wir sollten die Karl-May-Texte in den DWDS-Korpora an der Berlin-Brandenburgischen Akademie der Wissenschaften weiter ausbauen. Es sind zwar schon recht viele Texte enthalten, aber die ›Winnetou‹-Bände noch nicht. Es stellt sich auch die Frage nach den Erstausgaben, die in sprachgeschichtlicher Hinsicht wohl wichtiger sind als die bisher oft genutzten Ausgaben letzter Hand. Zweitens: Wichtig erscheint mir auch, dass wir die Nutzungsweisen, die Abfragemöglichkeiten dieser Korpora für die Beantwortung von Forschungsfragen zu Karl-May-Werken möglichst gut dokumentieren und im Rahmen von sog. Use Cases auch für andere zugänglich machen.

3. Wortschatz-Sektoren

Ich komme nun zu einem weiteren Gesichtspunkt, den Wortschatzsektoren und zur Frage nach den Kriterien der Gruppenbildung. Zur Einstimmung möchte ich fragen, wie sich die folgenden Wörter gruppieren ließen und welche Kriterien den Gruppen ggf. zugrunde liegen: *Branntwein, ehrlich, Brandyfaß, erfahren, Schießprügel, wacker, Messer, klug, Schnaps, Repetierstutzen, betrunken.*[12]
Sie würden die Fragen sicher auf die eine oder andere Weise beantworten können: Wie viele Gruppen würden Sie machen? Welche Kriterien für Gruppen würden Sie etablieren? Wenn man Sie fragen würde, warum Sie *Branntwein, Brandyfaß, Schnaps, betrunken* in eine Gruppe und *klug, ehrlich* und *wacker* in eine andere Gruppe einordnen, wie wäre die Antwort? Oder falls Sie sagen: *klug, ehrlich, wacker, betrunken* bilden eine Gruppe, was wäre hierfür ein geeignetes Kriterium? Bei der Frage nach Zuordnungen und Gruppierungen steht die Frage im Vordergrund, ob die dabei eingesetzten Kriterien fruchtbar sind. Ein Kriterium wie »alle Wörter mit fünf Buchstaben und mit einem a an zweiter Stelle« ist witzlos. Aber Kriterien wie »Wörter, die Waffen bezeichnen«, »Wörter, die Schusswaffen bezeichnen«, »Wörter, die Charaktereigenschaften von Figuren bezeichnen« oder »Wörter, mit denen man Bewertungen zum Ausdruck bringen kann« sind für den Wortschatz der ›Winnetou‹-Texte mit Gewinn anwendbar. Auch den Grad der Feinheit von Kriterien kann man anpassen, man kann etwa zwischen temporären und überdauernden Eigenschaften von Personen unterscheiden: Beim Adjektiv *betrunken* ist dies klar, der damit zugeschriebene Zustand geht wieder weg. Eine Zuschreibung wie *ehrlich* ist dagegen eher überdauernd, obwohl es auch hier Änderungen geben kann. *Erfahrung, erfahren* sind Beispiele für überdauernde Persönlichkeitseigenschaften. Diese ersten wenigen Beispiele zeigen bereits: Für die Frage nach Gruppierungen im Wortschatz ist die Arbeit an der Entwicklung fruchtbarer Kriterien entscheidend. Ich möchte die Frage nach Wortschatzsektoren und den Kriterien ihrer Konstitution nun anhand von einschlägigen Beispielen verdeutlichen.

3.1 Wortgebrauch und Konstitution indianischer Lebenswelten

Ein erstes Kriterium, eine erste Fragestellung, die man sinnvoll anwenden kann, lautet: Was sind Wortgebrauchselemente, die zur Konstitution indianischer Lebenswelten beitragen (und wie lässt sich diese große Gruppe ggf. intern weiter differenzieren)? Ich spreche hier von Konstitution, weil es sich in diesen Texten nicht um die Repräsentation einer vorgängig voraussetzbaren Wirklichkeit handelt, sondern um die Verfertigung einer literarischen Indianerwelt, zu welcher der Wortgebrauch beiträgt. Hier sehen wir, dass man im Hinblick auf die Lexik Untergruppen bilden kann, wie Bezeichnungen für Kleidung (*Mokassin, Leggins*), Topographie (*Savanne, Prärie*), Tierwelt (*Mustang, Bison, Büffel*), kulturelle Praktiken und die darin verankerten Gegenstände (z. B. *Medizinbeutel, Marterpfahl, Friedenspfeife, Calumet*) oder für Waffen (*Messer, Doppelgewehr*). Ausdrücke wie *Messer* sind natürlich nicht spezifisch für die (fiktionale) indianische Lebenswelt, sie gehören dennoch mit zu den lexikalischen Mitteln, mit denen diese Lebenswelt erzeugt wird.

Hierzu gehören auch Formen wiedergegebenen Sprechens, bei denen die indianischen Figuren Umschreibungen etwa für die ›anderen‹ Zeitbezeichnungen wie ›Stunde‹ verwenden. Ein besonderer Aspekt der Konstitution der indianischen Lebenswelt ist die Art und Weise, wie indianische Figuren über die koloniale Konstellation, in die sie unfreiwillig eingebunden sind, sprechen. In einer Rede des Häuptlings Intschu tschuna liest man z. B. Wörter wie *stehlen, berauben, nehmen, gehören*, die sich auf eine unrechtmäßige Aneignung von Land beziehen. In dieser Rede spielen auch Kontrastierungen (*aber, dagegen; Stiefvater* vs. *richtiger Vater*), Bezeichnungen für moralische Leitbilder (*Liebe, ehrlich*), Formen der Distanzierung (*sich nennen*, wobei vorausgesetzt wird, dass die Zuschreibung nicht zutrifft) und eine bewertende Zustandscharakterisierung (*Elend*) eine wichtige Rolle.

>»*Ihr nennt euch Christen und sprecht immerfort nur von Liebe. Dabei aber sagt ihr: ihr könnt uns bestehlen und berauben; wir aber müssen ehrlich gegen euch sein. Ist das Liebe? Ihr sagt, euer Gott sei der gute Vater aller roten und aller weißen Menschen. Ist er nun unser Stiefvater, dagegen euer richtiger Vater? Gehörte nicht das ganze Land den roten Männern? Man hat es uns genommen. Was haben wir dafür bekommen? Elend, Elend und Elend!*«[13]

Es gibt zahlreiche weitere Wortschatz-Sektoren und Kriterien ihrer Gruppierung, zum Beispiel Bezeichnungen für moralische Werte (dazu Abschnitt 3.2), den Wortgebrauch unterschiedlicher Wissensgebiete wie z. B. Feldmesserei, Bezeichnungen für Arten von Wasserfahrzeugen (*Steamer*) oder für Schusswaffen, ihre Teile und ihr Zubehör (*Vorderlader, Lauf, Repetierstutzen, Patrone, Rifle*). Man kann weiter fragen: Welche Rolle spielt die Lexik bei der Schilderung gewaltsamer Auseinandersetzungen? Wo kommen Bezeichnungen für Emotionen vor? Ich wende mich nun einem zentralen Wortschatzsektor zu, der sich auf die polaren Wertwelten in der ›Winnetou‹-Trilogie bezieht.[14]

3.2 Wortgebrauch und polare Wertwelten I: moralische Dimensionen

Es ist oft konstatiert und häufig auch beklagt worden, dass die Wertwelten der Werke Karl Mays in schematischer Weise polar organisiert sind. Eine wichtige Dimension umfasst hierbei moralische Werte, die sich wiederum auf unterschiedliche Teildimensionen beziehen können, z. B. auf Charaktereigenschaften mit Vokabeln wie *zuverlässig, ehrlich, vertrauenswürdig, kühn* oder auf der anderen, negativen Seite *betrügerisch*. Eine weitere Dimension ist die Einstellung zur Arbeit. Auch hier stehen sich zwei Gruppen gegenüber mit negativen Bezeichnungen wie *Faulenzer, Faulheit* oder ›keinen Strich tun‹[15] und *fleißig* auf der Gegenseite. Alkohol und Alkoholmissbrauch hängen mit den Charaktereigenschaften und mit der Dimension Arbeit/Fleiß sehr eng zusammen. So werden Brandyfässer thematisiert, betrunkene Gestalten, die als *Säufer* bezeichnet werden; weitere Beispiele sind *Schnaps, Rausch* oder *Trinkkumpane* bei der Schilderung von Figurenkonstellationen. Im Gegensatz zu dieser Welt des Alkohols sagt Winnetou an einer Stelle: »*Der rote Krieger trinkt kein Feuerwasser*«[16] und bezieht dies als Grundsatz auch auf sich selbst.

Man kann in diesem Zusammenhang auch fragen, welchen Beitrag die unterschiedlichen Wortarten zur Etablierung dieser polaren Wertwelten beitragen. Die Adjektive sind es in erster Linie (*ehrlich, wahrheitsliebend* usw.), dann aber auch Substantive für Figuren (*Halunke*) oder für Charaktereigenschaften (*Mut*) und schließlich auch Verben wie *lügen, betrügen* usw. Auch hier spielen wieder Formen der Kontrastierung eine Rolle: Es gibt eine interessante Stelle (die ich später im Textzusammenhang zitiere), in welcher der Bösewicht Rattler nach der Lobrede einer anderen Figur auf Winnetou, dessen ›verrichtete‹ Taten hervorgehoben werden, sich mit ›Taten begehen‹ darauf rückbezieht. ›Begehen‹ ist typischerweise ein Verb, das mit Untaten in Verbindung steht. Damit signalisiert eine Negativ-Figur (Rattler), dass er die Taten der Lichtfigur Winnetou negativ beurteilt. So fällt aufgrund seines Wortgebrauchs im Umkehrschluss weiteres negatives Licht auf ihn selbst als eine Halunkenfigur. Das Beispiel zeigt, dass nicht allein das semantische Potential von Wörtern, sondern auch die Frage, welche Figur die Wörter auf welche Weise verwendet, berücksichtigt werden muss. Wir sehen weiterhin, dass die sprachlichen Mittel der Figurencharakterisierung im Bereich der moralischen Werte gleichzeitig auch zur Figurenperspektivierung beitragen. Aus der Sicht der Figur Rattler wird Winnetou als Bösewicht angesprochen, aus der Perspektive des Erzählers ist Rattler der Bösewicht und sein eigener, Rattlers, Wortgebrauch trägt zur Charakterisierung und Perspektivierung dieser Figur bei.

3.3 Wortgebrauch und polare Wertwelten II: Pole des Wissens und Könnens und die Sozialfiguren des ›Greenhorns‹ und des ›richtigen Westmanns‹

Eine weitere wichtige Wertdimension in der ›Winnetou‹-Trilogie spannt sich zwischen negativen und positiven Polen des Wissens und des Könnens auf. Zu diesem Wertbereich gehören auch Sozialfiguren, bei deren Charakterisierung unterschiedliche Aspekte des (Nicht-)Wissens und (Nicht-)Könnens zentral sind. Am negativen Pol steht die Figur eines unerfahrenen Menschen, der im Hinblick auf den wilden Westen nichts weiß und nichts kann. Seine Bezeichnung ist *Greenhorn*. Schon ganz früh im ersten Band der ›Winnetou‹-Trilogie, im Gespräch mit Henry, dem Büchsenmacher, sagt dieser zum späteren Old Shatterhand:

> *»'sdeath!« rief er jetzt aus. »Seid Ihr wirklich erst vor kurzem aus Germany herübergekommen?«*
> *»Ja.«*
> *»Und vorher noch nie hier gewesen?«*
> *»Nein.*
> *»Und im wilden Westen erst recht noch nicht?*
> *»Nein.*
> *»Also ein vollständiges Greenhorn. Und doch nimmt dieses Greenhorn den Mund so voll, als ob es der Urgroßvater aller Indianer wäre und schon seit tausend Jahren hier gelebt hätte und heut noch lebte! Männchen, bildet Euch ja nicht ein, mir warm zu machen! ...«*[17]

Nach der kurzen Befragung folgen hier Formen der herabsetzenden Einstufung bzw. der Verkleinerung (*vollständiges Greenhorn*, *Männchen*), die aus einer Perspektive der Überlegenheit heraus formuliert sind. Jemand beansprucht für sich überlegenes Wissen und überlegenes Können und beurteilt von diesem Standpunkt aus eine zweite Figur, den späteren Old Shatterhand, als *Greenhorn* und *Männchen*.

In der Geschichte folgen dann drei Bewährungsproben: im Schießen, Reiten und das Feldmesserexamen. Alle drei besteht der Proband glänzend. Es gibt später viele solcher Bewährungsszenen, etwa die Bärenszene, in der Old Shatterhand mehrere Eigenschaften beweist, die nicht zum Status eines Greenhorns passen, u. a. Mut, Geschicklichkeit und große Körperkraft. An einer Stelle thematisiert Winnetou den offenkundigen Widerspruch: *»Mein junger, weißer Bruder hat solchen Mut besessen. Warum wird er da ein Greenhorn genannt?«*[18] Das Kriterium ›Mut besitzen‹ wird hier als erfülltes Kriterium dafür genannt, das jemand kein Greenhorn ist. Oder: Die immer noch als *Greenhorn* geführte Person schlägt in einer anderen Episode den Bösewicht Rattler nieder, mit nur einem Fausthieb an dessen Schläfe.[19] Die Episodenstruktur der erzählten Bewährungsproben – in gewissem Sinne eine Art Entwicklungsroman – ist in ihrem Kern auch die Arbeit am Greenhornstatus von Old Shatterhand, der schließlich aufgegeben werden muss. Das Wort *Greenhorn* ist ein zentraler Ankerterminus am negativen Pol der Wertdimension des Wissens und Könnens.

Der Gegentypus zum Greenhorn ist der ›richtige Westmann‹. Man kann sich wiederum fragen, wie dieser Typus etabliert wird und welche Rolle dabei die lexikalischen Mittel spielen.

Früh im ersten Band, bei der Bewährungsprobe im Schießen, finden wir folgende Stelle, in der die Figur des Westmanns der Figur des Greenhorns entgegengesetzt wird. Der Büchsenmacher Henry sagt: *»Entweder Ihr habt den Teufel, Sir, oder Ihr seid zum Westmann rein geboren. So habe ich noch kein Greenhorn schießen sehen!«*[20]

Mit der Kontrastierung *Westmann* vs. *Greenhorn* ist in dieser Passage auch der Gesichtspunkt einer Entwicklungsperspektive eingeführt: Mit guten Anlagen kann aus einem Greenhorn ein Westmann werden. Der Gesichtspunkt der Erfahrung wird später bei den Zuschreibungen der Eigenschaften von Westmännern eine wichtige Rolle spielen.

Es gibt viele Stellen der Erzählung, in denen der Typus des weißen Westmanns charakterisiert wird. (Auch Indianer werden z. T. als Westmänner bezeichnet.) Die Etablierung der Sozialfigur des ›richtigen Westmanns‹ bzw. des ›Westläufers‹ geschieht typischerweise durch Zuschreibungen von Handlungsweisen und Einstellungen, die wir nicht nur als Zuschreibungen an eine Einzelperson verstehen, sondern als Eigenschaft des Typus. Manchmal sind die Zuschreibungen sogar generisch, also auf den Typus bezogen, formuliert. So lesen wir eine Äußerung von Sam Hawkens und einen darauf bezogenen Erzählerkommentar aus der Ich-Perspektive. Die Hawkens-Äußerung verbindet eine Generalisierung (*Ein richtiger Westmann*) mit der persönlichen Zuschreibung (*ich*), wobei er voraussetzt, dass er dem Typus des richtigen Westmanns entspricht:

»Ein richtiger Westmann läßt sein Gewehr niemals aus den Augen und ich meine brave Liddy erst recht nicht. Werde sie dort an die Gardinenrosette hängen.«
Also Liddy nannte er sein Gewehr! Später erfuhr ich freilich, daß es die Gewohnheit vieler Westläufer ist, ihr Gewehr wie ein lebendes Wesen zu behandeln und ihm einen Namen zu geben.[21]

An einer anderen Stelle wird die Körperkraft Old Shatterhands thematisiert und als Element eines Bewährungsaufstiegs vom Greenhorn zum Westmann genannt: *»Und dabei die Körperkraft! Hat er nicht gestern* *unsern schweren Ochsenwagen fortgezogen, ganz allein und ohne daß ihm dabei jemand geholfen hat?«*[22] Bei der Konstitution des Typus spielen auch die Epitheta, die charakterisierenden Beiwörter für Westmänner eine wichtige Rolle. Da wird eine *ganze Schar von wackeren Westmännern*[23] erwähnt, an einer anderen Stelle werden Westläufer so charakterisiert:

Diese drei Männer waren durch und durch ehrlich und dabei, was ich dem kleinen Sam bei unserm ersten Zusammentreffen in St. Louis nicht hatte ansehen können, erfahrene, kluge und kühne Westläufer, deren Namen weithin einen guten Klang besaßen.[24]

(E)hrlich, erfahren, klug, kühn gehören zu den lexikalischen Mitteln, die – neben den stärker narrativen Verfahren – zur Etablierung dieses Typs am positiven Pol der Wertewelt des Könnens und Wissens beitragen.

Zur Charakteristik des Westmanns gehört auch Erfahrung. Sie wird von Sam Hawkens explizit angesprochen. Nach vielen erfolgreichen Bewährungsproben Old Shatterhands rät Sam Hawkens einem Westläuferkollegen dennoch:

»... aber es ist stets ein Fehler, wenn man einen Menschen lobt; man kann den besten Charakter damit verderben. Könnt ihn also getrost Greenhorn nennen; er ist ja auch wirklich eins, denn wenn er auch alle Eigenschaften besitzt, welche ein tüchtiger Westmann haben muß, so sind sie doch noch nicht ausgebildet, und er muß noch viel erfahren und sich noch viel üben.«[25]

An dieser Stelle kommt eine Art von Entwicklungsvorstellung des Westmanns zum Ausdruck, die besagt, dass zum Westmann nicht nur bestimmte Eigenschaften gehören, sondern auch ihre weitere Ausbildung, die man nur im Lauf der Zeit durch Bewährung erwirbt. Schleichend und auf der Grundlage von erweiterter Erfahrung also wird man erst ein ›richtiger‹ Westmann vom Typ Sam Hawkens oder Old Firehand. Es gehört mit zur Machart der ›Winnetou‹-Texte, dass einerseits die beiden kontrastierten Sozialfiguren des Greenhorns und des ›richtigen‹ Westmanns sehr klar und scharf gezeichnet sind, dass aber die Frage, welcher Kategorie Old Shatterhand angehört, in der Erzählung einer dynamischen Aushandlung unterliegt.

Wichtig ist, dass die Typologie und die Charakterisierung der beiden Sozialfiguren ›Greenhorn‹ und ›richtiger Westmann‹ an den entgegengesetzten Polen der Wertwelt des Wissens und des Könnens auch eine lexikalische Grundlage hat.

3.4 Wortschatzsektoren und narrative Funktionen

Eine weitere wichtige Perspektive ist die Frage nach dem Beitrag von Wortgebräuchen im Rahmen bestimmter narrativer Verfahren und Textfunktionen. Die hierfür einschlägigen lexikalischen Mittel sind vielfach nicht spezifisch für Karl May oder die ›Winnetou‹-Trilogie, es handelt sich zum Teil um allgemeinere Form/Funktionszusammenhänge, die aber a u c h zum Webmuster der ›Winnetou‹-Texte beitragen.

(1) Vorausdeutung. – Eine interessante erzählerische Textfunktion sind die Formen der Vorausdeutung, von denen einige an lexikalische Mittel gebunden sind. Ein klassisches Verfahren der Vorausdeutung ist die Verwendung von ›sollen‹ in Kontexten wie »das sollte er noch bereuen«, in denen eine Erzählinstanz von einer zurückliegenden erzählten Zeit (t_1) aus auf einen späteren Zeitpunkt (t_2) vorausdeutet. Hier eine Textstelle als Beispiel für diese erzählerische Funktion:

Die wenigen Habseligkeiten, welche ich nicht mitnehmen wollte, darunter auch den schweren Bärentöter, übergab ich Henry, der sie mir heilig aufzuheben versprach. Den Rotschimmel ließ ich natürlich auch zurück; ich brauchte ihn nicht mehr. Wir alle waren der Ansicht, daß meine Abwesenheit nur eine kurze sein werde. Es sollte aber anders kommen.[26]

Die beiden Formulierungen *waren der Ansicht* und *sollte aber anders kommen* sind erzählerische Mittel, um zu signalisieren, dass die Einschätzung zum Zeitpunkt des Erzählten falsch war. Nach dieser Passage geht es dann weiter: *Wir befanden uns, was ich noch gar nicht erwähnt habe, weil es auf die bisher erzählten Ereignisse keinen Einfluß gehabt hatte, mitten im Bürgerkriege.* An die Vorausdeutung schließt sich also unmittelbar die Erzählung dessen an, was es heißt *es sollte ... anders kommen*. Wichtig ist, dass bei solchen Vorausdeutungen, z. B. mit ›sollte‹, unterschiedliche Wissensstände thematisiert werden und auch Spannung aufgebaut wird im Hinblick darauf, welcher Art die vom Standpunkt der erzählten Zeit aus gesehen zukünftigen Ereignisse oder Entwicklungen sein werden.

In einem zweiten Beispiel, das wenig später auf das gerade zitierte folgt, spielt der Ausdruck *fatal* eine wichtige Rolle. Da heißt es:

Vorsichtigerweise hätte ich mein Bargeld bei einer Bank gegen eine Anweisung umtauschen sollen; aber auf welchen Bankier in New Orleans war damals Verlaß! Dazu kam, daß es kaum die nötige Zeit dazu gab, weil ich nur kurz vor der Abfahrt des Schiffes hatte Passage nehmen können; ich trug also mein ganzes Geld bar in der Tasche bei mir.

Um über dieses fatale Ereignis kurz hinwegzugehen, will ich nur sagen, daß uns des Nachts ein Hurrikan vollständig überraschte. Wir hatten zwar trübes, windiges Wetter, aber gute Fahrt gehabt, und nichts deutete am Abende auf einen gefährlichen Wirbelsturm. Ich ging also, ebenso wie die andern Passagiere, welche die Gelegenheit, aus New Orleans fortzukommen, auch benutzt hatten, unbesorgt schlafen. Nach Mitternacht wurde ich von dem plötzlichen Heulen und Brausen des Sturmes geweckt und sprang vom Lager auf. In diesem Augenblicke erhielt das Schiff einen so gewaltigen Stoß, daß ich hinstürzte und die Kabine, welche ich mit noch drei Passagieren teilte, mit ihrem ganzen Inhalte auf mich niederkrachte. Wer denkt in einem solchen Augenblicke an das Geld.[27]

Die frühe Bewertung des Ereignisses mit dem Wort *fatal* dient als Vorausdeutung und gleichzeitig als Überleitung zur Erzählung, was es mit der fatalen Entwicklung auf sich hat. Kern dieser Episode ist, dass der Protagonist bei einem Schiffbruch all sein Geld verliert, weil er es bei sich trug. Auch Ausdrücke wie ›kurz hinweggehen‹ und ›nur sagen‹ sind Mittel der Steuerung der Erzählung, sie sind Signale, mit denen ein Erzähler Hinweise auf den Grad der Ausführlichkeit geben kann. Auch sie gehören in den Funktionskreis lexikalischer Mittel für narrative Funktionen.

(2) Figurencharakterisierung. – Ein zweiter erzählerischer Funktionsbereich, der mit lexikalischen Mitteln eng zusammenhängt, ist die Figuren-Charakterisierung und ggf. die Figuren-Perspektivierung. Erste Beispiele dafür hatte ich oben schon in den Abschnitten über die polaren Wertwelten besprochen, die sich teilweise auf die Darstellung von Figuren beziehen. Hierzu gehören Wörter wie *edel, wahrheitsliebend* usw., *Schurke, Halunke, unehrlich, lügnerisch* in den entsprechenden positiv/negativ-Bereichen. Es gibt aber noch andere Dimensionen der Figurencharakterisierung, z. B. körperliche Schönheit. Ein gutes Beispiel ist eine Stelle, in der Nscho-tschi charakterisiert wird. Hier geht es um die Dimension ›weibliche Schönheit‹, wobei auch hier eine Form der Kontrastierung gebraucht wird. Die Passage lautet:

*In der Ecke neben der Thür saßen zwei Indianerinnen, jedenfalls mir zur Pflege und zugleich Bewachung, eine alte und eine junge. Die alte war **häßlich** ... Die junge war **schön, sogar sehr schön**. ... und als sie dabei den **schön geschnittenen** Mund zu einem Lächeln öffnete, blitzten die Zähne **wie** reinstes Elfenbein zwischen den roten Lippen hervor. Die **feingeflügelte** Nase hätte weit eher auf **griechische** als auf indianische Abstammung deuten können.*[28]

In diesem Beispiel werden die Bewertungsadjektive *häßlich/schön* kontrastiert, *schön* wird darüber hinaus intensiviert (*sehr schön*), Aspekte der

Schönheit werden hervorgehoben (der *schön geschnittene Mund*), *wie* dient als Signal für einen Vergleich, die Wortbildung *feingeflügelt* in Bezug auf die Nase und die Wendung *rote Lippen* sind offenkundig als Zuschreibung von Attributen weiblicher Schönheit gemeint. Dabei wird allerdings Wissen um Schönheitsideale vorausgesetzt. Rote Lippen sind nicht per se schön, sondern sie g e l t e n in bestimmten kulturellen Umgebungen als schön. Wenn man diese Einschätzung voraussetzen kann, dann kann man einen Aspekt einer schönen Frau hervorheben, indem man ihre Lippen als rot bezeichnet. Auch das Wort *griechisch* deutet auf ein Schönheitsideal hin, das in der damaligen Zeit bekannt und akzeptiert war.

Dieses Beispiel zeigt erneut, dass Techniken der Figurencharakterisierung in vielen Fällen verbunden sind mit Formen der Kontrastierung. Eine interessante Form der Kontrastierung wird in einem Beitrag von Stephan Lesker über die Begräbniskultur besprochen.[29] Er bemerkt, dass auch die Verben, mit denen erzählt wird, wie jemand begraben ist, eine gewisse Systematik haben: Die edleren Figuren r u h e n, die anderen l i e g e n.

Ich erinnere an dieser Stelle daran, dass es im Bereich des Gebrauchs lexikalischer Mittel auch eine Rolle spielt, welche Instanz eine Zuschreibung macht. Ist es der Erzähler selbst oder eine Figur über eine andere Figur? Bei den Zuschreibungen, die Figuren über andere Figuren machen, muss man lexikalisch fundierte Abwertungen wie *»buckeliger Schulmeister«*[30] mit der Beurteilung der Quelle der Äußerung ›verrechnen‹. Wenn ein Halunke eine Lichtgestalt als buckeligen Schulmeister bezeichnet, trägt eine solche Äußerung zur Negativcharakteristik der Halunkenfigur bei und auch zur Sympathielenkung, der wir uns nun zuwenden.

(3) Sympathielenkung. – Eine interessante Facette der Figurencharakterisierung ist die erzählerische Sympathielenkung. Sympathielenkung ist ein Teilaspekt der Figurencharakterisierung, umfasst aber auch andere Verfahren. Im Hinblick auf den Wortgebrauch können wir fragen, wie lexikalische und narrative Ressourcen bei der Figurencharakterisierung und der Sympathielenkung zusammenspielen. Figurencharakterisierung und Sympathielenkung sind also keine rein lexikalischen Aspekte, aber man kann sagen, dass die Wortwahl, die Nutzung lexikalischer Ressourcen, mit dazu beiträgt. Ich möchte hierzu zwei Beispiele besprechen.

In einer Szene mit Rattler, die ich oben schon kurz erwähnt habe, wird Winnetou gelobt und gepriesen. Der unmittelbar darauf folgende Gesprächsbeitrag von Rattler wird so wiedergegeben:

Rattler lachte höhnisch auf und rief aus:
    »So ein junger Kerl und soll schon solche Thaten begangen haben? Ich sage mit Absicht ›begangen‹, denn was er ausgeführt hat, werden doch nur Dieberei-

en, Spitzbübereien und Räubereien gewesen sein. Man kennt das schon. Die Roten stehlen und rauben alle.«
Dies war eine schwere Beleidigung.[31]

Rattler kommentiert seinen eigenen Wortgebrauch (*Thaten begangen haben*) reflexiv als beabsichtigt. Die Taten Winnetous subsumiert er unter eine moralische Generalisierung (*Die Roten*), die er als allgemein bekannt darstellt. Im Erzählerkommentar wird diese Äußerung Rattlers als eine schwere Beleidigung bezeichnet. Man sieht hier, wie eine Lichtgestalt, Winnetou, durch die Wortwahl und den Sprachgebrauch einer Halunkenfigur perspektiviert wird. Auch der Kommentar des Erzählers trägt zu dieser Perspektivierung beider Figuren bei.

Eine zweite Szene, in der man den Zusammenhang von Wortwahl und Sympathielenkung gut sehen kann, ist die Darstellung der Begegnung mit Santer: Old Shatterhand und Winnetou sind Santers Gefangene. Der Sprachgebrauch von Santer wird mit Wörtern wie *höhnisch, hämisch, schadenfroh* charakterisiert. Die Wahl dieser lexikalischen Mittel wirkt zusammen mit narrativen Verfahren: Es wird berichtet, dass Santer schlimme Dinge tut, er selbst formuliert üble Handlungsprinzipien.[32] Diese kombinierte Negativcharakterisierung (lexikalisch und durch narrative Verfahren) erfolgt aus der Perspektive der Lichtgestalten, denen auch die Sympathie der Erzählinstanz gehört.

Der Zusammenhang von Wortgebrauch und narrativen Funktionen ist mit diesen wenigen Beispielen natürlich nicht ausgeschöpft. Viele andere basale und weiterführende narrative Funktionen kann man daraufhin befragen, welche Rolle lexikalische Mittel bei ihrer Erfüllung spielen. Der Grundgedanke, dass der Zusammenhang von Wortgebrauch und narrativen Funktionen eine fruchtbare Systematisierungsperspektive ist, sollte aber deutlich geworden sein.

3.5 Reflexionen über Wörter und ihren Gebrauch

Lexikalische Mittel werden an vielen Stellen der Erzählung in unterschiedlichen Hinsichten und mit verschiedenen Verfahren reflexiv kommentiert, entweder vom Erzähler selbst oder von Figuren. Zum Beispiel gibt es kommentierende Angaben zur Funktion von Wörtern wie etwa *Howgh* in einem Redebeitrag von Intschu tschuna: *»Ich bin Intschu tschuna, der Häuptling aller Apachen. Ich habe gesprochen. Howgh!«* Nach dieser direkten Rede kommentiert der Erzähler:

Howgh ist ein indianisches Bekräftigungswort und heißt so viel wie Amen, basta, dabei bleibt's, so geschieht's und nicht anders. Er stand auf und Winnetou auch. Sie gingen fort und schritten langsam das Thal hinab ...[33]

In dieser Passage wird der Ausdruck in eine funktionale Kategorie eingeordnet (*Bekräftigungswort*) und mit mehreren Paraphrasen umschrieben.
Die Gesprächsfunktion als abschließendes Beendigungssignal wird im
Kontext dadurch veranschaulicht, dass der Sprecher nach seinem Redebeitrag aufsteht und fortgeht.

Zu den Formen der lexikalischen Kommentierung gehört auch die
Kennzeichnung der Gruppenspezifik eines Wortes oder einer Gebrauchsweise, z. B. mit der Zuschreibung *Trapperausdruck*. So heißt es an einer
Stelle: *Ich ... hobbelte meinen Mustang an.* In einer Fußnote wird der Ausdruck ›anhobbeln‹ folgendermaßen erläutert: *Trapperausdruck für: mit
dem Lasso die Beine fesseln.*[34]

Funktionsangaben und Bedeutungsparaphrasen können auch im Hinblick auf unterschiedliche Ausdrücke zusammen verwendet werden. So
heißt es an einer Stelle *Uff ist der Ausruf des Erstaunens, und aguan inta-
hinta heißt: er ist munter.*[35] Der Ausdruck *Uff* wird mit einer funktionalen
Kennzeichnung erläutert, *agua inta-hinta* wird dagegen mit einer Bedeu-
tungsparaphrase erklärt. Im Unterschied zur oben besprochenen Stelle
über *Howgh* sind hier zwei Ausdrücke thematisiert.

Eine sehr interessante sprachreflexive Stelle ist auch der Kommentar
zum Gebrauch von *old* bzw. seinem deutschen Gegenstück *alt*. Ausgangspunkt ist eine Stelle, an der Sam Hawkens charakterisiert wird:

*War er nicht ein lieber, guter Kerl, dieser alte Sam Hawkens? Uebrigens wenn
ich ›alt‹ sage, so ist das nicht ganz wörtlich zu nehmen. Er zählte gar nicht viel
über vierzig Jahre; aber der Bartwald, ... die schreckliche Nase ...*[36]

Es wird dann eine Art Exkurs über den Gebrauch von *old* bzw. *alt* angekündigt und auch durchgeführt:

*Ueberhaupt wird eine Bemerkung über das Wort old, alt, hier am Platze sein.
Auch wir Deutschen bedienen uns dieses Wortes nicht bloß zur Bezeichnung des
Alters, sondern oft auch als sogenanntes Kosewort. Eine ›alte, gute Haut‹, ein
›alter, guter Kerl‹ braucht gar nicht alt zu sein; man hört im Gegenteile oft sehr
jugendliche Personen so nennen. Und auch noch eine andere Bedeutung hat
dieses Wort. Es kommen im gewöhnlichen Verkehre Ausdrücke vor wie: ein alter
Lüdrian, ein alter Brummbär, ein alter Wortfänger, ein alter Faselhans. Hier
dient ›alt‹ als Bekräftigungs- oder gar als Steigerungswort. Die Eigenschaft,
welche durch das Hauptwort ausgedrückt wird, soll noch besonders bestätigt
oder als in höherem Grade vorhanden hervorgehoben werden.*

*Grad so wird auch im wilden Westen das Wort Old gebraucht. Einer der be-
rühmtesten Prairiejäger war Old Firehand. Nahm er seine Büchse einmal in die
Hand, so war das Feuer derselben stets todbringend; daher der Kriegsname*

Feuerhand. Das vorangesetzte Old sollte diese Treffsicherheit besonders hervorheben.[37]

In diesem Zitat betreibt der Erzähler Semantik. Er unterscheidet und beschreibt zwei Verwendungsweisen von *old* bzw. *alt*, die er in zwei unterschiedliche funktionale Kategorien (Kosewort; Bekräftigungs-/Steigerungswort) einordnet und mit Hinweisen zu Gebrauchsbedingungen erläutert. Er gibt darüber hinaus Konstruktionsbeispiele und auch Signale zur Gliederung seiner Rekonstruktion (*noch eine andere Bedeutung*).

Florian Schleburg hat 2005 einen einschlägigen Beitrag über Sprachwissen und Sprachwissenschaft bei Karl May veröffentlicht, an seine Befunde lassen sich diese Beobachtungen sehr gut anschließen.[38]

3.6 Aspekte der Dynamik des Wortgebrauchs im Textstrom

Quer zu den bisher besprochenen Aspekten der Organisation des Wortgebrauchs und des Wortschatzes liegen Fragen der Dynamik und der Entwicklung des Wortgebrauchs im Textstrom. Die Annahme, die dieser Perspektive zugrunde liegt, ist, dass literarische Werke – wie andere Texte auch – sich linear entfalten und damit im Hinblick auf ganz unterschiedliche Aspekte der Textorganisation eine dynamische Struktur aufweisen.[39] Im Hinblick auf den Wortgebrauch bietet die Episodenstruktur unserer Werke besonders ergiebige Anknüpfungspunkte. Wir können deshalb die thematische Progression des ›Winnetou‹-Romans sehr gut nutzen und fragen, wie die Wortgebrauchsdynamik mit der Textstromidee, der Episodenstruktur und der thematischen Progression zusammenhängt.

Betrachten wir als erstes Beispiel den thematischen Bereich der Feldmesskunst. Dieser Bereich taucht schon früh in den Gesprächen zwischen Old Shatterhand und dem Büchsenmacher Henry auf. Dabei begegnen uns Vokabeln wie *Mathematik, Geometrie, Arithmetik, Feldmesserei, Theodolith, messen, Horizontal-, als auch Höhenmessung, Geodät.* In diesem Gespräch wird der Bereich erstmals thematisiert, durch den Gebrauch fachlicher Vokabeln wird aber schon angedeutet, dass Old Shatterhand mit diesem Bereich einschlägig vertraut ist.

In einer zweiten Episode, beim Prüfungsgespräch im Office der Surveying-Firma, verdichtet sich dieser Eindruck und wiederum spielt der Wortgebrauch eine zentrale Rolle für den Ausweis fachlicher Kompetenz:

Erst als ich mich über das Wesen und die Unterschiede der Aufnahme durch Koordinaten, der Polar- und Diagonalmethode, der Perimetermessung, des Repetitionsverfahrens, der trigonometrischen Triangulation ausgesprochen hatte ...[40]

Hier wird deutlich, dass der Mann etwas vom Vermessungswesen, seinen Grundlagen und Verfahren versteht. Die Vokabelkenntnis, die beim Bericht über das Examen im Vordergrund steht, ist gleichzeitig ein Mittel, die einschlägigen Fachkenntnisse des Protagonisten auszuweisen. Wer die Fachbegriffe beherrscht, beherrscht auch die Wissensbestände, so darf man in der Welt des literarischen Werkes annehmen. Auch in späteren Episoden des Werkes tauchen Elemente des Feldmesserei-Wortschatzes wieder auf, manchmal freilich auch eher unscheinbar. Da heißt es z. B. an einer Stelle: *»Ich habe zu messen, nicht aber Reden zu halten.«*[41] Hier wird ein Kontrast aufgebaut zwischen der handwerklichen Tätigkeit der Feldmesserei und der Auseinandersetzung über moralische Bewertungen.

Ein anderes Beispiel für den Zusammenhang zwischen Episodenstruktur, thematischer Progression und Wortgebrauch ist das Bankwesen. Die unterschiedlichen Teil-Episoden der ›Verfolgung‹ von Ohlert junior, der im Auftrag des Bankiers Ohlert senior durch Old Shatterhand gefunden werden soll, weisen auch Wörter und Verwendungsweisen von Wörtern auf, die dem Bereich der Geldgeschäfte zuzuordnen sind, z. B. das Wort *erheben*, das oben schon besprochen wurde.

Ein drittes Beispiel: Wir können fragen, wo im Werk und mit welchen lexikalischen Mitteln Aspekte der körperlichen Konstitution von Figuren thematisiert werden. Schon früh im Gespräch von Old Shatterhand mit Henry ist von *Körperkraft*, *Muskelkraft* und von Übungsformen wie *Boxen*, *Ringen*, *Reiten* oder *Fechten* die Rede. Die körperliche Konstitution wird in vielen anderen Episoden, nicht nur im Hinblick auf Old Shatterhand, sondern auch im Hinblick auf andere Figuren, thematisiert. Wenn z. B. der Bösewicht Rattler als groß und kräftig charakterisiert wird, der dann von Old Shatterhand mit einem einzigen Schlag niedergestreckt wird, dann fällt durch diese Darstellungsstrategie auch ein günstiges Licht auf denjenigen, der ihn niederschlagen konnte.

Und nun noch ein letztes Beispiel, das sich an die Befunde von Horst Briehl zur Chemie bei Karl May anschließen lässt.[42] In dieser Episode wird das Fleisch eines Stiers verteilt, Old Shatterhand bekommt die beste und größte Portion. Auf die Erzählung der Verteilung der Fleischportionen folgt ein kurzer ernährungsphysiologischer Exkurs zum Nährwert von Fleisch und zur Ernährung der Westmänner. In diesem Zusammenhang begegnen uns die Vokabeln *anorganisch*, *Kohlenstoff* und *Eiweiß*, die in ernährungsphysiologischen Verwendungsweisen nur in dieser Episode vorkommen; das Wort *Kohlenstoff* kommt in einer etwas anderen Gebrauchsweise, nicht in Bezug auf Aspekte der Ernährung, auch in mineralogischem Zusammenhang vor (mit Bezug auf Diamanten).[43]

Ich bekam wirklich das beste Stück; es mochte drei Pfund wiegen, und ich aß es auf. ... kaum zu glauben, was für Fleischmengen ein Westmann zu sich nehmen kann und auch zu sich nehmen muß, wenn er bestehen will.
Der Mensch braucht zu seiner Ernährung außer den anorganischen Stoffen eine gewisse Menge von Eiweiß und von Kohlenstoff und vermag sich beides gar wohl in der richtigen Mischung zu verschaffen, wenn er in einer zivilisierten Gegend lebt. Der Westmann, welcher viele Monate lang in keine bewohnte Gegend kommt oder kam, lebte nur vom Fleische, welches wenig Kohlenstoff enthält; er mußte also große Portionen essen, um seinem Körper die notwendige Menge Kohlenstoff zuzuführen. Daß er dabei unnötig viel Eiweiß genoß, welches seiner Ernährung nicht zu gute kam, mußte ihm gleichgültig sein.[44]

Wir haben hier also ein ernährungsphysiologisches Erklärstück aus Anlass einer Ess-Szene und drei Vokabeln, die in diesem Zusammenhang gebraucht werden: *anorganisch*, *Eiweiß*, *Kohlenstoff*. In den drei ›Winnetou‹-Bänden kommen *anorganisch* und *Eiweiß* nur an dieser Stelle vor. Das Wort *Kohlenstoff* kommt – wie gesagt – auch an einer anderen Stelle vor, aber in mineralogischem Zusammenhang. Dieses Beispiel kann erneut die Frage nach dem Wortgebrauch im Textstrom und in einzelnen Episoden des Textes illustrieren.

4. Weitere Forschungsperspektiven zum Wortgebrauch in
    ›Winnetou‹

Nach diesen Vorschlägen für Systematisierungsperspektiven des Wortgebrauchs und den ersten Befunden möchte ich nun einen kurzen Ausblick geben auf einige weitere Forschungsperspektiven, die ich nur aufzählungsweise und in Form von kurzen Leitfragen formulieren möchte:

- Wie verhält sich der ›Winnetou‹-Wortschatz zum Wortschatz von Karl Mays Quellen bzw. von Vorläufertexten, z. B. George Catlins ›Die Indianer Nordamerikas‹ (deutsch 1848)?
- Wie kann man Wortgebrauchsprofile verschiedener Werke bzw. Wortgruppen vergleichen?
- Wie kann man die Wortbildungen der ›Winnetou‹-Trilogie (damals etablierte vs. damals kreative) systematisch erheben? Wie kann man ihre Funktionen charakterisieren?
- Wie kann man den Bestand von Fremdwörtern charakterisieren und in die Sprachgeschichte der Zeit einordnen? Was sind die narrativen Funktionen unterschiedlicher Fremdwörter (z. B. *retirieren*)?
- Wie lassen sich die ›Indianerbezeichnungen‹ für Aspekte der ›weißen Lebensform‹ charakterisieren (z. B. *Feuerwasser*, *Feuerroß*, *Bleichgesicht*, unterschiedliche Paraphrasen für Aspekte der weißen Lebensform)?

- Welche Rolle spielt Wortgebrauch für Formen von Ironie oder Sarkasmus? An einer Stelle wird z. B. von Sam Hawkens Gesicht als *holdes Konterfei* in ironisch-sarkastischem Ton gesprochen. Welche Funktionen haben solche Verwendungen?
- Welche Rolle spielen fachsprachliche Anteile und die Frage ihrer Beurteilung um 1900 (z. B. *trigonometrische Triangulation*)?
- Wie lassen sich der Bestand und die narrativen Funktionen von Phraseologismen (z. B. ›keinen Strich tun‹) erheben und systematisieren?
- Mit welchen Wörtern bzw. Verwendungsweisen von Wörtern werden Emotionen von Figuren thematisiert (z. B. *Tränen*)?
- Welche Rolle spielen unterschiedliche Arten von Eigennamen in den fiktionalen Erzählwelten?
- Eine interessante werkdynamische Frage ist darüber hinaus, ob es im Hinblick auf den Wortgebrauch Unterschiede und Veränderungen zwischen den Erstausgaben (1893), ihren Vorstufen in Zeitschriften, in der Ausgabe letzter Hand, aber auch in und zwischen den drei ›Winnetou‹-Teilen gibt.

Neben diesen werk- und textbezogenen Fragen kann man auch die stärker infrastrukturbezogene Frage stellen, ob und in welcher Gestalt ein Korpus- und Wortschatz-System zu den Werken Karl Mays umgesetzt werden könnte. Neben den konzeptuellen Fragen spielen hierfür natürlich die verfügbaren Ressourcen eine wesentliche Rolle. Mit den Ressourcen auf der Webseite der KMG und den Plattformen dwds.de und deutschestextarchiv. de sind die Voraussetzungen jedenfalls gut für einen weiteren Ausbau.

5. Zusammenfassung und Ausblick

In diesem Beitrag habe ich am Beispiel von Karl Mays ›Winnetou‹-Trilogie erste Systematisierungsperspektiven für die Untersuchung des Wortgebrauchs und von Wortgebrauchsprofilen literarischer Karl-May-Werke vorgeschlagen und mit ersten Befunden unterfüttert. Im Vordergrund standen dabei zunächst Facetten von Einzelwörtern und ihrer Geschichte, sodann die Frage nach spezifischen Wortschatzsektoren und ihren Zusammenhängen mit dem literarischen Erzählen; schließlich habe ich exemplarisch auch Aspekte des Zusammenhangs von Wortgebrauch und Aspekten der textuellen Dynamik besprochen.

Am Rande habe ich auch die Frage, wie man die wertvollen Textressourcen auf der Webseite der Karl-May-Gesellschaft stärker an die Korpuslandschaft der historischen Sprachwissenschaft, wie sie beispielsweise im Deutschen Textarchiv bzw. in den Korpora des DWDS angeboten werden, anbinden könnte. Denn damit wären wertvolle erweiterte Forschungsperspektiven verbunden, z. B. die lemmabasierte Suche oder komplexere Suchanfragen.

Schließlich haben diese ersten Befunde zum Wortgebrauchsprofil der ›Winnetou‹-Trilogie auch Überlegungen für weiterführende Untersuchungsperspektiven hervorgebracht, zu denen auch die Diskussionsbeiträge im Anschluss an den Vortrag in Dortmund beigetragen haben, für die ich herzlich danke.[45]

1 Karl May: Gesammelte Reiseromane Bd. VII: Winnetou, der Rote Gentleman. 1. Band. Freiburg i. B o. J. [1893]; Reprint Bamberg 1982; ders.: Gesammelte Reiseromane Bd. VIII: Winnetou, der Rote Gentleman. 2. Band. Freiburg i. B. o. J. [1893]; Reprint Bamberg 1982; ders.: Gesammelte Reiseromane Bd. IX: Winnetou, der Rote Gentleman. 3. Band. Freiburg i. B. o. J. [1893]; Reprint Bamberg 1982.

2 Karl Mays Werke. Historisch-kritische Ausgabe. Abt. IV Bd. 12: Winnetou. Erster Band. Hrsg. von Joachim Biermann/Ulrich Scheinhammer-Schmid. Zweite, verbesserte und erweiterte Auflage. Bamberg/Radebeul 2013; Abt. IV Bd. 13: Winnetou. Zweiter Band. Hrsg. von Joachim Biermann/Ulrich Scheinhammer-Schmid. Zweite, verbesserte und erweiterte Auflage. Bamberg/Radebeul 2014; Abt. IV Bd. 14: Winnetou. Dritter Band. Hrsg. von Joachim Biermann/Ulrich Scheinhammer-Schmid. Bamberg/Radebeul 2013.

3 Helmut Schmiedt: Die Winnetou-Trilogie. Über Karl Mays berühmtesten Roman. Bamberg/Radebeul ²2019; ders.: Werkartikel ›Winnetou I–III‹. In: Karl-May-Handbuch. Hrsg. von Gert Ueding in Zusammenarbeit mit Klaus Rettner. Würzburg ³2013, S. 174–183.

4 Ich ... dampfte nach dem Süden ab (May: Winnetou. 2. Band, wie Anm. 1, S. 5); ... und dampfte zunächst nach Cincinnati ab (ebd., S. 14).

5 Vgl. Peter Braun: Zahlen und Vergleiche zum adjektivischen Wortschatz der Romantik. In: Wirkendes Wort 18. Jg. (1968), H. 3, S. 155–167.

6 May: Winnetou. 2. Band, wie Anm. 1, S. 13 (Hervorhebung hinzugefügt).

7 Ebd., S. 14f. (Hervorhebung hinzugefügt).

8 Ebd., S. 464 (Hervorhebung hinzugefügt).

9 Fritz Tschirch: Bedeutungswandel im Deutsch des 19. Jahrhunderts. Zugleich ein Beitrag zum sprachlichen Verständnis unserer Klassiker. In: Zeitschrift für deutsche Wortforschung, Neue Folge. Bd. 1 (1960), S. 7–24.

10 Gerd Fritz: Einführung in die historische Semantik. Tübingen 2005, Kap. 7.

11 May: Winnetou. 1. Band, wie Anm. 1, S. 13f.

12 Da diese und andere Wörter in den PDF-Dateien im digitalen Textarchiv der Karl-May-Gesellschaft leicht zu finden sind, verzichte ich hier und im Folgenden auf Einzelnachweise zu Wörtern: www.karl-may-gesellschaft.de/kmg/primlit/reise/gr07 [14. 3. 2024].

13 May: Winnetou. 1. Band, wie Anm. 1, S.122.

14 Vgl. dazu auch Ulrich Melk: Das Werte- und Normensystem in Karl Mays Winnetou-Trilogie. Paderborn 1992.

15 Zum Beispiel ... *denn keiner von den andern hatte einen Strich gethan oder einen Buchstaben geschrieben* (May: Winnetou. 1. Band, wie Anm. 1, S. 45).

16 May: Winnetou. 3. Band, wie Anm. 1, S. 315.

17 May: Winnetou. 1. Band, wie Anm. 1, S. 19.

18 Ebd., S. 112.

19 Ebd., S. 49.

20 Ebd., S. 21.

21 Ebd., S. 30.

22 Ebd., S. 73.

23 Ebd., S. 34.

24 Ebd., S. 39.

25 Ebd., S. 73f.

26 May: Winnetou. 2. Band, wie Anm. 1, S. 5.

27 Ebd., S. 6f.

28 May: Winnetou. 1. Band, wie Anm. 1, S. 308f. (Hervorhebung hinzugefügt).

29 Stephan Lesker: Über den Tod hinaus. Begräbniskultur bei Karl May als Klammer um Leben und Werk. In: Jahrbuch der Karl-May-Gesellschaft (Jb-KMG) 2020. Husum 2020, S. 193–222.

30 May: Winnetou. 1. Band, wie Anm. 1, S. 111.

31 Ebd., S. 110f.

32 May: Winnetou. 2. Band, wie Anm. 1, S. 606.

33 May: Winnetou. 1. Band, wie Anm. 1, S. 124.

34 May: Winnetou. 3. Band, wie Anm. 1, S. 1; vgl. Winnetou. 1. Band, wie Anm. 1, S. 462; Winnetou. 3. Band, wie Anm. 1, S. 33 und 57.

35 May: Winnetou. 1. Band, wie Anm. 1, S. 309.

36 Ebd., S. 197.

37 Ebd., S. 197f.

38 Florian Schleburg: »A very famous pleasure!« Sprachwissen und Sprachwissenschaft bei Karl May. In: Jb-KMG 2005. Husum 2005, S. 249–292. – Karl May hat in seinen Werken auch über das Erzählen selbst reflektiert; vgl. hierzu Lutz Hagestedt: Morphologie der Erzählung. Karl Mays Rezepturen. In: Jb-KMG 2020. Husum 2020, S. 223–238.

39 Vgl. Gerd Fritz: Dynamische Texttheorie. Gießen ²2017; URL: dx.doi.org/10.22029/jlupub-3044 [14. 3. 2024].

40 May: Winnetou. 1. Band, wie Anm. 1, S. 25.

41 Ebd., S. 124.

42 Horst Briehl: Stimmt die Chemie bei Karl May? In: Jb-KMG 2013. Husum 2013, S. 157–210. – Vgl. zur Astronomie bei Karl May Horst Briehl: Sonne, Mond und Sterne. Stimmt die Astronomie bei Karl May? In: Jb-KMG 2016. Husum 2016, S. 17–77.

43 May: Winnetou. 3. Band, wie Anm. 1, S. 73.

44 May: Winnetou. 1. Band, wie Anm. 1, S. 76.

45 Herzlich danken möchte ich auch Christiane Benetz, Gerd Fritz, Lutz Hagestedt, Dennis Kaltwasser, Stephan Lesker und Florian Schleburg für ihre wertvollen Hinweise und ihre Unterstützung. Großer Dank auch an das Redaktionsteam des Jahrbuchs für die gründliche Prüfung des Manuskripts.

THILO SCHOLLE

Karl May im Spiegel der sozialdemokratischen Arbeiterbewegung bis 1933[*]

»Wir sind arm und können Ihnen keine Schätze geben; aber einen Dank sollen Sie haben; der ist: seit wir Ihre Werke gelesen haben, sind wir keine Sozialdemokraten mehr und sehen zu unserer Freude, daß alle, denen wir sie borgen, auch langsam zu uns übertreten«.[1]

Das ist die geistige Nahrung, aus der der Erfolg der Nationalsozialisten erwächst! Für Hakenkreuzstudenten ist Hitler nichts anderes als ein ins Deutsche übersetzter »Old Shatterhand«.[2]

Sind die Lektüre von Karl May und die Aktivität in der Arbeiterbewegung also unvereinbar? Wie beurteilte die Arbeiterbewegung Karl May tatsächlich?

Eine Klärung vorab

Thema des vorliegenden Beitrags ist die sozialdemokratische Arbeiterbewegung bis ins Jahr 1933. Über die katholische Arbeiterbewegung fehlt dem Autor die Expertise, zudem spricht viel dafür, dass kulturpolitisch hier dem Debattenstand im katholischen Milieu insgesamt gefolgt wurde. Karl May und die ›gelben‹ Gewerkschaften wurde mit Blick auf Rudolf Lebius (1868–1946) mehrfach implizit behandelt.[3] Hier stellt sich zudem die Frage, ob die ›gelbe‹ Bewegung überhaupt zur Arbeiterbewegung im eigentlichen Sinne zu rechnen ist. Denkbar wären zudem Anschlüsse an die anarchistischen sowie die kommunistischen Organisationen. Aus dem Umfeld der Anarchisten ist vor allem die positive Einschätzung von Erich Mühsam in Erinnerung.[4] Aus dem kommunistischen Umfeld wird u. a. Edwin Hoernle als bis in die Nachkriegszeit wirkender Gegner Karl Mays genannt.[5] Allerdings ist die Organisationsgeschichte des Anarchismus in Deutschland sehr brüchig und die Geschichte der kommunistischen Bewegung umfasst im Kern nur die Jahre von der Gründung der Kommunistischen Partei Deutschlands

[*] Vortrag, gehalten am 7. Oktober 2023 auf dem 27. Kongress der Karl-May-Gesellschaft in Dortmund.

(KPD) an Neujahr 1919 bis zum Beginn der NS-Diktatur im Januar 1933 – und in dieser Zeit versiegte die freie Debattenkultur in der Partei mit Beginn der Bolschewisierung spätestens ab Mitte der 1920er Jahre nahezu vollständig. Zudem spricht sowohl zahlenmäßig wie organisationsgeschichtlich viel dafür, sich zunächst auf die Sozialdemokratie zu konzentrieren.

Bezugspunkte werden im Folgenden vor allem gedruckte Quellen sein, insbesondere Zeitschriften und kleinere Broschüren. Adressiert wird in den Texten in der Regel der männliche Jugendliche. Zum Abschluss sollen noch Selbstzeugnisse zur Karl-May-Lektüre in den Blick genommen und ein kleines Fazit gezogen werden. Räumlich wird sich die Darstellung nicht nur auf die deutsche, sondern auf die deutschsprachige Sozialdemokratie insgesamt beziehen. Dies gilt vor allem für Österreich, da zwischen der Sozialdemokratischen Partei Deutschlands (SPD) und der Sozialdemokratischen Arbeiterpartei Deutschösterreichs (SDAP) enge personelle und diskursive Verknüpfungen bestanden. Zu beachten ist mit Blick auf die Quellen zudem, dass die öffentlichen Aktions- und Diskussionsmöglichkeiten der sozialdemokratischen Arbeiterbewegung insbesondere während des Kaiserreichs stark eingeschränkt waren.

Ausgangspunkt der organisierten Arbeiterbewegung waren neben ersten Verbrüderungen von Handwerkern auch die – zunächst meist bürgerlich geleiteten – Arbeiterbildungsvereine als »wichtigste organisatorische Wurzel der modernen Arbeiterbewegung«.[6] Neben dem Zugang zum bislang durch die staatlichen Bildungsinstitutionen vorenthaltenen Wissen der bürgerlichen Gesellschaft gehörte auch der Zugang zu Literatur, Kunst und Musik zu den wichtigen Anliegen der Vereinsbewegung. Insbesondere die von August Bebel und Wilhelm Liebknecht geführte Sozialdemokratische Arbeiterpartei als einer der beiden Gründungsstränge der SPD entwickelte sich aus dieser Vereinsbewegung und emanzipierte sich damit von bürgerlicher Beeinflussung.[7]

Im Mittelpunkt der politischen Arbeit und Agitation standen naturgemäß Fragen der Arbeitswelt sowie der politischen Demokratie. Zugleich spielten kulturpolitische Fragen immer eine Rolle, auch auf Parteitagen. Das zwischen den Jahren 1878 und 1890 geltende ›Gesetz gegen die gemeingefährlichen Bestrebungen der Sozialdemokratie‹ (›Sozialistengesetz‹) bedeutete hier zunächst einen erheblichen Einschnitt, da es zwar die parlamentarische Vertretung durch gewählte Abgeordnete nicht antastete, aber die Partei selbst verbot. Zugleich führte es dazu, dass sich das innerparteiliche Leben in Vorfeldorganisationen verlagerte, die eine breite Palette auch kultureller Tätigkeiten abdecken sollten und in der Weimarer Republik letztlich von Aktivitätsbreite und zahlenmäßigem Umfang her ihren Höhepunkt erreichten.

Schon früh stellte sich mit Blick auf die Kulturpolitik vor allem die Frage, welchem Zweck der Zugang zu und die Aneignung von Kultur durch die Arbeiter und Arbeiterinnen dienen sollte: Stellte die klassische Hochkultur in Kunst, Literatur und Musik den Referenzrahmen dar, zu dem nun Zugang gewonnen werden sollte, oder galt es, eine neue, der Arbeiterbewegung und ihren politischen und gesellschaftlichen Zielen angemessene Kultur zu schaffen? In welchem Verhältnis sollte zudem die Vermittlung politischen, ökonomischen und naturwissenschaftlich-technischen Wissens zu kulturellem Wissen stehen? Dies galt insbesondere vor dem Hintergrund, dass das in staatlichen Bildungseinrichtungen vermittelte Wissen gerade nicht als Hilfe bei der Erkenntnis der eigenen gesellschaftlichen Situation verstanden wurde. Hinzu kommt das Problem, dass das Zeitbudget von Menschen, die sechs Tage die Woche jeweils zehn Stunden arbeiten, für Muße und kulturelle Beschäftigung sehr begrenzt ist – insbesondere dann, wenn auch noch weitere Aktivitäten etwa für Partei oder Gewerkschaft stattfinden.[8]

Die Zeit bis zum Ende des Ersten Weltkriegs

Am 23. Mai 1863 informierte Superintendent Kohl die Kreisdirektion Zwickau von Karl Mays Haftstrafe wegen der Mitnahme einiger persönlicher Gegenstände seines Mitbewohners in die eigenen Weihnachtsferien. Nur einen Monat später ist May aus der Liste der Lehramtskandidaten gestrichen, der Weg ins bürgerliche Leben zunächst verbaut.[9] An demselben 23. Mai 1863 wird in Leipzig der Allgemeine Deutsche Arbeiterverein (ADAV) mit Ferdinand Lassalle an der Spitze ins Leben gerufen. Als am 8. August 1869 in Eisenach die Sozialdemokratische Arbeiterpartei unter August Bebel und Wilhelm Liebknecht gegründet wird, befindet May sich gerade auf der Flucht aus der Untersuchungshaft.[10] Als sich beide Parteien am 27. Mai 1875 vereinigen, hat May bereits begonnen, als Schriftsteller und Redakteur zu arbeiten.[11] Im Oktober des Jahres 1878 tritt das ›Sozialistengesetz‹ in Kraft. Im gleichen Jahr gerät Karl May das letzte Mal in Konflikt mit dem Gesetz: Die ›Stollberg-Affäre‹, in deren Folge er noch einmal zu einer kurzen Haftstrafe verurteilt werden sollte, nahm ihren Lauf. Bemerkenswert: Der örtliche Polizei-Brigadier Oswald denunzierte Karl May in einem Schreiben als »Socialdemocrat durch und durch«,[12] was dieser empört zurückwies:

Die Angabe, ich sei Sozialdemokrat, enthält geradezu Unwahrheit. Ich gehöre zu den entschiedensten Gegnern dieser unglückseligen Richtung, wie meine Ver-

wandten und Bekannten wohl beweisen können. Ich habe nie eine sozialistische Versammlung besucht und nie ein Wort zu Gunsten des Demokratismus gesprochen oder geschrieben. Ich kann aus meinen wissenschaftlichen und belletristischen Werken den Beweis ziehen, daß ich auf dem festen Boden des göttlichen und staatlichen Gesetzes stehe, und namentlich sind meine so viel gelesenen ›Geschichten aus dem Erzgebirge‹ nur geschrieben, um Frömmigkeit und Patriotismus zu verbreiten.[13]

Als das Sozialistengesetz am 30. September 1890 auslief, war May bereits als Schriftsteller etabliert.

Die um die Jahrhundertwende auf nahezu allen gesellschaftspolitischen Seiten intensiv geführte ›Jugendschriftendebatte‹ fand auch in der Sozialdemokratie ihren Niederschlag. Beachtenswert sind hier zunächst einige Beiträge in der ›Neuen Zeit‹, dem 1883 durch den Marx-Interpreten und intellektuellen Vordenker der Partei Karl Kautsky (1854–1938) gegründeten Theorieorgan, das bis in die Weltkriegszeit Ausstrahlung bis weit über die deutschsprachige Sozialdemokratie hinaus besaß. Vermutlich Kautsky selbst formulierte als Nachtrag zu einer Kinderbuchrezension einige allgemeine Gedanken zur Frage, was gute Jugendliteratur ausmache:

Wir können uns damit begnügen, sie dort zu suchen, wo sie bereits vorhanden ist. Was unsere Jugendliteratur bieten soll, ist ja nichts Unerhörtes. Das, was unerhört in unserer Bewegung ist, unsere Grundsätze, unsere Ziele, das braucht in der Jugendliteratur nicht abgehandelt zu werden. Sie soll nicht sozialistische Propaganda treiben, sondern Charaktere bilden, sie soll alle jene Keime in den Kindern zu entwickeln suchen, welche die heutige Gesellschaft nur zu leicht verkümmert, den Wissensdrang, die Ueberzeugungstreue, das Verlangen, den Unterdrückten und Schwachen zu helfen, die Selbstlosigkeit gegenüber den Genossen, aber auch das Selbstgefühl dem Feinde und dem Herrn gegenüber, den Haß gegen Unterdrückung und Niedertracht, die Verachtung aller Schmeichelei und Knechtseligkeit.

Die heutige Jugendliteratur, die voll ist von Mordspatriotismus, Byzantinismus und Muckerei, wirkt völlig im gleichen Sinne wie die herrschende Gesellschaft, sie zu bekämpfen ist unsere Aufgabe.[14]

Das gelte zwar nicht für alle bisherige Literatur. Aber:

Wohl sollen wir unsere Kinder nicht zu Weichlingen erziehen, die jedem Kampf aus dem Wege gehen, im Gegentheil, sie sollen Kämpfer werden, bereit, ihre Persönlichkeit einzusetzen für eine große Sache; aber was manche der heutigen Jugendschriftsteller entwickeln, das ist geradezu ein kannibalisches Behagen am Morden, am Morden von Schwächeren, oft Wehrlosen, namentlich von Wil-

den und Wild, in allen jenen blödsinnigen überseeischen Jagd- und Raufge-
schichten, die unseren Kindern ebenso falsche Anschauungen wie rohe Instinkte
beibringen. Vielleicht nirgends hat die Kolonialpolitik größere Verheerungen
angerichtet, als in den Köpfen unserer Kinder.[15]

Heinrich Schulz (1872–1932), in Weimarer Jahren für die SPD u. a. Staats-
sekretär für Schulfragen im Innenministerium des Reiches und bis zu seinem Tod eine zentrale Figur in kulturpolitischen Debatten der Partei, hielt
in einem Beitrag fest, solange die Sozialdemokratie noch eine kämpfende
Partei sei, bedeute es eine schwere »Versündigung an der Jugend und an
den gerade durch ihre goldene Naivetät und Unberührtheit so wunderbaren
Kinderjahren«, die Jugenderziehung den Parteiinteressen unterzuordnen.
Anders werde dies erst, wenn die Sozialdemokratie das Ziel der Sozialisie-
rung der Gesellschaft erreicht habe. Was für die Jugenderziehung im Allgemeinen gelte, gelte auch für die Jugendschriften im Besonderen:

Es darf nicht unser Ziel sein, eine spezifisch sozialistische Jugendliteratur zu
schaffen. Wir würden damit in die Arena der tendenziösen Jugendschriftstellerei
herabsteigen und uns grundsätzlich nicht von den »Machern« und Befürwor-
tern der patriotischen und religiösen Tendenzjugendliteratur unterscheiden.[16]

Zugleich schloss sich Schulz bestehenden reformpädagogischen Debatten-
strängen um Jugendschriften an:

Eine Jugendschrift kann einen dreifachen Zweck verfolgen. Sie kann belehren
oder moralisch einwirken oder ästhetisch erfreuen. Die bis heute noch »führenden« Jugendschriftsteller, literarische und pädagogische Sudelköche gröbster
Art, wie Chr. Schmied, Nieritz, Hoffmann, Höcker, Karl May u. A. werfen alle
drei Zwecke brav durcheinander, sie bilden sich wohl gar noch etwas darauf ein,
wenn sie wieder einen »belehrenden« Roman für die Jugend mit »reiner« moralischer Tendenz fabrizirt haben.[17]

Das moderne Jugendschrifttum schreibe hier eine klare Trennung vor –
Belehrendes sei vom wissenschaftlichen Fachmann zu schreiben, und als
Autor einer künstlerischen Jugendschrift komme nur ein wirklicher Dichter in Frage. Ausdrückliche Gewährsperson für diese Einordnung ist übrigens Ferdinand Avenarius (1856–1923) – in Auseinandersetzungen mit
Karl May als harter Kritiker einschlägig bekannt.[18]
   Was wurde also tatsächlich gelesen? Einen interessanten Überblick über
die Lektüre um 1900 bietet der evangelische Pastor August Pfannkuche
(1870–1929) in seiner Broschüre ›Was liest der deutsche Arbeiter? Auf

Grund einer Enquete beantwortet‹.[19] Die bestehenden Volksbibliotheken hätten »die Bildungsbedürfnisse der aufstrebenden Arbeiterschaft vollständig verkannt«, was sich auch an dem geringen Anteil der Arbeiter und Arbeiterinnen an den dortigen Lesern zeige.[20] Zugleich fehlten Arbeitervereinen und Gewerkschaften »materiell und geistig die Mittel und Kräfte«, sie stünden »politisch und social noch unter einem zu starken Druck, um auf diesem Gebiete das leisten zu können«, was zu leisten sei.[21] Die Studie basiere auf Auswertung entsprechender Berichte der Bibliotheken. In allen Bibliotheken stünden naturwissenschaftliche, geschichtliche und kulturgeschichtliche Werke im Mittelpunkt des Interesses, dazu Reisebeschreibungen und populärmedizinische Werke.[22] Das Interesse an politischen und ökonomischen Schriften sei demgegenüber eher gering – so sei etwa in Krefeld in dem Jahr, in dem die Agrarfrage in der Sozialdemokratie besonders diskutiert worden sei, praktisch kein das Thema behandelndes Werk ausgeliehen worden.[23] Und so seien etwa in der Bibliothek des Vereins der Buchdrucker und Schriftsetzer-Gehilfen in Leipzig Friedrich Gerstäcker und Jules Verne auf Spitzenplätze in den Ausleihzahlen mit 100–200 Entleihungen gekommen, während von 40 Bänden Goethe im Jahr 1897 nur acht, von acht Bänden Schiller nur fünf und von fünfzehn Bänden Lessing nur sechs ausgeliehen worden seien. Bei den ebenfalls vorhandenen sechs Bänden mit Werken von Gerhart Hauptmann habe es demgegenüber 34 Ausleihen gegeben.[24] Der Bibliothekar des Stuttgarter Gewerkschaftskartells wird mit der Aussage zitiert: »›Auch Reisebeschreibungen werden viel begehrt, selbst wenn es May's Reiseromane sind!‹«[25] Pfannkuche stellt angesichts dieser Befunde fest, es lasse sich sagen, dass »die Gewerkschaften der gewöhnlichen Schund- und Kolportagelitteratur« durchaus »entgegenarbeiten« würden.[26] Interessant ist auch die Aussage, welche Gruppe der Arbeiterschaft das größte Leseinteresse habe. Es seien »(d)iejenigen, welche den höchsten Lohn, die kürzeste Arbeitszeit und die beste Organisation haben«.[27] Das Fehlen der Werke Mays in den Arbeiterbüchereien lässt sich durch stichprobenartige Untersuchungen bestätigen – so finden sich beispielsweise im Bücherverzeichnis des Sozialdemokratischen Wahlvereins Neukölln in der Rubrik »Jugendschriften. Für das Alter von 12–14 Jahren und reifere Jugend« eine große Auswahl an Werken von James Fenimore Cooper, teils in mehreren Ausgaben, Robinson Crusoe von Daniel Defoe in fünf Ausgaben, eine Anzahl Gerstäcker-Bände, Sven Hedin, Rudyard Kipling, Kapitän Marryat sowie sehr viel Jules Verne, aber kein Karl May – obwohl mit Gabriel Ferrys ›Waldläufer‹ sogar ein Band vorhanden ist, an dessen Bearbeitung sich May einmal selbst gemacht hatte.[28]

Dass die Diskussion im sozialdemokratischen Spektrum durchaus mehrschichtig geführt wurde, zeigt ein Beitrag von Heinrich Ströbel

(1869–1944) aus der ›Neuen Zeit‹ im Jahr 1901. Ströbel, vom 14. November 1918 bis zum 4. Januar 1919 preußischer Ministerpräsident, arbeitete als Redakteur und Schriftsteller und gehörte während der Weimarer Republik mehrere Jahre dem Reichstag an. Ströbel schreibt, auch die sozialistischen Volks- und Jugendzeitschriften seien bemüht, das künstlerische Verständnis der Massen zu wecken:

Aber neben dieser Tendenz läuft für uns Sozialisten jene andere einher, die Jugend und das Volk gleichzeitig in die Empfindungs- und Gedankenwelt des Sozialismus einzuführen und die namentlich durch die Schule methodisch entwickelte bürgerliche Weltanschauung ebenso methodisch zu entwurzeln. Die Aufgaben der sozialistischen Jugend- und Volksliteratur sind also doppelte und doppelt schwierige. Während die bürgerlichen Bestrebungen nur den literarischen Geschmack zu entwickeln haben, hat der Sozialismus daneben auch noch eine neue Ideenwelt didaktisch aufzubauen. Die bürgerliche Pädagogik findet ihr Unterrichtsmaterial bereits vollständig vor, ihre Aufgabe ist lediglich, es geschickt zu verwenden; die sozialistische dagegen hat auch noch einen guten Theil des Lehrstoffs selbst zu schaffen.[29]

Die Kolportageliteratur lenke ab und führe dazu, dass Menschen die Dinge nicht in ihren Umrissen erkennen könnten, sondern im Gegenteil vernebelt würden. Der Sozialismus brauche aber »verstandesklare, elastische Individuen«.[30] Allerdings begehe die bürgerliche Pädagogik große Fehler, wenn sie versuche, Fünfzehnjährige für ›reifere‹ Werke zu begeistern. Das Kind wolle das Aufregende und Heroische.

Kurz: die Jugend verlangt nach den berüchtigten Ritter-, Räuber- und Indianergeschichten.

(…)

Es ist unverständig, ein psychisches Bedürfniß der Jugend aus der überlegenen Altklugheit des Erwachsenen heraus einfach negiren zu wollen. Dem reifen Manne erscheinen die Herren Lederstrumpf, Unker und Winnetou ja etwas ridikül, dem Knaben sind sie der natürliche Gegenstand brünstiger Verehrung. Uebrigens erscheint mir das verächtliche Nasenrümpfen unserer Philologen und Pädagogen über die rothhäutigen Gentlemen auch aus einem anderen Grunde unverständlich und inkonsequent. Wenn man die Heroenromantik selbst durch liebevollstes Traktiren antiker Indianergeschichten – denn für die Sextaner ist der Inhalt des göttlichen Epos der göttlichen Homeros wirklich nichts anderes – so eifrig kultivirt, so begiebt man sich damit doch eigentlich des Rechtes, die Romantik der Cooper, Marryat und Karl May so entrüstet zu schmähen. Und – entre nous – ich kann es sogar sehr begreiflich finden, wenn solch jungen Burschen die Thaten eines Chingachgook oder Old Shatterhand weit interessanter und bewunderungswürdiger dünken, als die jener antiken Helden, die schließlich nur deshalb ihre Gegner besiegen, weil irgend ein Gott oder eine Göttin sich unsichtbar an dem Kampfe betheiligt.[31]

Wer der Jugend Lektüre bieten wolle, der müsse auf ihre Bedürfnisse Rücksicht nehmen. Und deshalb:»Warum soll der Sozialismus die kindliche Abenteuerlust und die jugendliche Begeisterungsfähigkeit nicht auch seinen Zwecken dienstbar machen?«[32]

In eine ähnliche Richtung ging Josef Kliche, der in einem Artikel in der vom reformistischen Flügel betriebenen Zeitschrift ›Sozialistische Monatshefte‹ die Bestands- und Entleihpraxis in den Arbeiterbüchereien in den Blick nahm. Mit Blick darauf, dass Literatur mit 75 bis 80 % das bei weitem beliebteste Leihgebiet – u. a. mit Dumas, Zola und Gerstäcker – sei, stellt er in Bezug auf die Auswahl der Autoren fest:

Gleichwohl läßt die Auswahl der Werke den Schluß zu, daß auch die Schar der Gartenlaubendichter, wäre sie nur in den Bibliotheken vorhanden, daß auch die Werner, Marlitt, Heimburg und Eschstruth zahlreiche Verehrer noch finden würden; daß deren Bücher nur in wenigen Arbeiterbibliotheken anzutreffen sind, ist entschieden ein Verdienst der sozialistischen Presse. Ich teile nicht die wenig begründete Abneigung gegen Mays Reiseromane, darf aber doch mitteilen, daß sie in einer großen Bibliothek die am stärksten verlangten Bücher sind. Die starke Nachfrage nach den Zolaschen Werken entspringt auch nicht immer reinem Kunstbedürfnis; nur wenige ihrer Leser dürften Nana als Kunstwerk würdigen.[33]

Allerdings blieb insbesondere der Kreis der Arbeiterbibliothekare in seiner Ablehnung Karl Mays konsequent. Illustrieren lässt sich dies etwa am Wirken Gustav Hennigs, das von den 1890er Jahren bis zum Ende der Weimarer Republik reichte. Geboren wurde Gustav Hennig am 5. Januar 1868 in Seifersdorf in der Nähe von Dresden.[34] Nach einer Maschinenbaulehre ließ Hennig sich nach mehreren Ortswechseln in Leipzig nieder und engagierte sich intensiv in der sozialdemokratischen Arbeiterbewegung. Ab 1902 arbeitete er in der Buchhandlung der ›Leipziger Volkszeitung‹ und widmete sich vor allem der Bildungsarbeit.[35] Seine eigene Bibliothek hielt er konsequent von Autoren wie Karl May frei.[36] Hennig trat unermüdlich als Vortragender auf, um – aus seiner Perspektive – Anleitung für Erwerb, Verleih und Lektüre guter Bücher zu geben. 1919 wechselte er nach Gera, wo er u. a. einige Jahre die Heimvolkshochschule Schloss Tinz leitete und maßgeblich den Ausbau des thüringischen Bibliothekswesens vorantrieb. Schloss Tinz gehörte in der Weimarer Republik zu den zentralen Jugendbildungseinrichtungen der Arbeiterbewegung, bei denen neben Volkswirtschaft und Gesellschaftslehre auch Kunst und Literatur auf dem Lehrplan standen.[37] Als Rentner überstand Hennig, ins Private zurückgezogen, die Zeit der NS-Diktatur, er starb 1948. Ausführliche inhaltliche Begründungen seiner Ablehnung der Werke Karl Mays finden sich bei ihm nicht.

Im Jahr 1909 gründete Hennig die Zeitschrift ›Der Bibliothekar. Monatsschrift für Arbeiterbibliotheken‹, die bis 1921 erschien.[38] Programmatisch hielt Hennig im Erscheinungsjahr des ersten Jahrgangs seiner Zeitschrift an anderer Stelle fest: »Es ist nahezu erst eine Errungenschaft des 20. Jahrhunderts, des ›Jahrhunderts des Kindes‹, daß man sich der Herstellung guter Jugendbücher und der Einrichtung guter Jugendbibliotheken zugewandt hat.« In Deutschland sei man von diesem Ziel im Vergleich zu England oder Amerika aber noch ein gutes Stück entfernt. In Amerika kümmerten sich die Gemeinden um gute Jugendbüchereien. Volksbüchereien mit einer guten Jugendabteilung gebe es in Deutschland kaum, und die Schulbüchereien

enthalten größtenteils völlig wertlose Bücher, sogenannte »vaterländische« Erzählungen, frömmelnde Geschichtchen und allerhand anderes dummes Zeug. Es gibt sogar manche Schulbibliothek, die ganz gefährliche Schundromane enthält, z. B. die Erzählungen des Herrn Karl May. Solange die Schule solche Schmarren in ihren Büchereien duldet, kann sie natürlich nicht mit Nachdruck gegen »Buffalo Bill«, »Nik Carter«, »Karl Stülpner« und andere Sumpfpflanzen zu Felde ziehen.

Wenn man schon davon überzeugt ist, daß die Schundliteratur Geist und Gemüt vergiftet, dann muss man auch zugeben, daß es ziemlich gleich ist, ob man mit Karl May-Geschichten oder blutrünstigen Detektivromanen vergiftet wird. (…)
Was bleibt also zu tun?
Nichts anderes als planmäßige Selbsthilfe.[39]

Hinweise zum Aufbau ›guter‹ Jugendbibliotheken gab Hennig auch im ›Bibliothekar‹ selbst.[40]

Die Zeitschrift war hier aber durchaus pluralistisch und ließ in einem folgenden Heft den Schriftsteller und Herausgeber von Jugendliteratur A. Heerdorf einen deutlich anderen Akzent in Sachen Schundliteratur setzen. Auf die Frage, was Schundliteratur sei, werde oft geantwortet:

»Alles, wodurch die jugendliche Phantasie auf die Bahnen des Unrechts, des Grauenhaften, Blutdürstigen, des Verbrechens und Abenteuerlichen gelenkt wird« (…). Doch diese Antwort gerade beweist, wie einseitig die Waffen dieses Kulturkampfes sind. Denn ein solcher Kampf wurde schon vor einem Jahrhundert zwischen einer Schar vertrockneter Pedanten und der Abenteuer liebenden Jugend geführt.[41]

Schillers ›Räuber‹ seien wegen verderblichen Einflusses bekämpft worden, gleichfalls Coopers Erzählungen, auch ›Max und Moritz‹ und der
›Struwwelpeter‹. Mancher Großvater könne noch davon erzählen, wie der
›Lederstrumpf‹ heimlich gelesen worden sei.»Wir aber geben heute zur
Bekämpfung der heutigen Schundliteratur unseren Kindern die ›Schundliteratur früherer Zeiten‹.«[42] Was das im Ergebnis für den Autor bedeutet,
wird sehr deutlich:

Als Schund- und Schauerliteratur galt unbedingt das, was die Phantasie stark
anregte durch Aussergewöhnliches, während als »gute« Lektüre Bücher mit
stark aufgetragener Moral, mochte ihr Inhalt sonst noch so kleinlich, einseitig
und geschmacklos sein, empfohlen wurde[n]. Und unser heutiger Kulturkampf
gegen die Schundliteratur erinnert in der Engherzigkeit seiner Tendenz nur all-
zusehr an seinen Bruder früherer Zeiten.[43]

Gerade Phantasie sei einfach wichtig:

Wenn abenteuerliche und blutige Vorgänge die Phantasie eines Shakespeare zu
fesseln vermochten, warum sollen sie durchaus der dichterischen Phantasie unserer Jugend Schaden zufügen müssen? Ein wirklicher Schaden wird unserer
Jugend nur durch eine Lektüre zugefügt werden können, die literarisch schlecht,
gedankenlos und seicht ist, dem Leser keinerlei Anregung bietet und den Geschmack verdirbt, ganz gleich, ob ihr Inhalt sich mit Heiligen oder Räubern beschäftigt.[44]

Deutlich wird die überwiegende Haltung sozialdemokratischer Pädagogen
hingegen in einer Broschüre von Theodor Thomas (1876–1955) aus dem
Jahr 1911:

Setzen wir den Fall, zwei junge Leute, die gleiche Schulbildung genossen haben
und auch geistig auf gleicher Stufe stehen, trennen sich in ihrem vierzehnten
Lebensjahre. Der eine liest dann nur gute Bücher, arbeitet Schiller, Heine, Goethe durch, studiert Darwin und anderes, der zweite vergräbt sich in Schundliteratur. Diese beiden Leute treffen sich dann nach fünf bis sechs Jahren wieder,
und nun sollten wir einmal den großen, überraschenden Unterschied sehen!
Während der eine ein ungebildeter Phantast geworden ist, würden wir in dem
anderen einen edlen, gebildeten Menschen wiederfinden. B ö s e r U m g a n g
v e r d i r b t a u c h b e i m L e s e n immer gute Sitten.[45]

»Alles, was den Leser **absichtlich** täuscht zu dem Zweck, n u r seine
Phantasie zu befriedigen, niedrige Instinkte aufzustacheln oder an Stelle
von Aufklärung Verwirrung stiftet«, ihn also vom proletarischen Klassen-

standpunkt ablenke, falle unter die Kategorie Schundliteratur.[46] Oft erkenne man schon am Umschlag, was den Leser erwarte. Thomas stört auch, dass Schundlektüre mit guter Lektüre gleichgesetzt werde. So beschreibt er, wie er eines Sonntags einen Kollegen besuchte, dessen Familie in gedrückter Stimmung beisammensaß. Anders als erwartet sei aber gar kein Todesfall in der Familie zu beklagen gewesen, sondern die Familie habe einfach noch das intensive Erlebnis eines Kolportageromans nachempfunden.[47] Die Lektüre von Kolportageromanen, Familienzeitschriften und Ähnlichem sei aus Sicht der Arbeiterbewegung fatal: Wer sein Lesebedürfnis durch solche Nahrung befriedige, sei »meist für den Befreiungskampf der Arbeiterklasse ganz verloren, mindestens aber ein unsicherer Kantonist«, der nie werde, wozu ihn gewerkschaftliche und politische Schulung machen wolle. Warum sei die Schundliteratur also so beliebt? Sie biete das, was der oberflächliche Leser von ihr verlange: stofflichen Reiz und schnelle und leicht fortschreitende Handlung. »Beides sind Eigenschaften, die wir bei vielen sonst guten Romanen leider noch oft vermissen.«[48] Im Weiteren führt Thomas nach Untergruppen geordnete Schundschriften in diesem Sinne auf, schickt aber der Serie der »**Räuber- und Diebes-, Indianer- und Abenteuergeschichten**« die Bemerkung voraus, dass es unter den Indianergeschichten auch einige gebe, die »nicht als Schundliteratur anzusprechen« seien – doch sei »auch hierbei große Vorsicht geboten und das Urteil von Kennern zu beachten«.[49] Werke von Karl May tauchen in dieser Negativ-Liste nicht auf, allerdings wird Robert Kraft mit dem Hinweis »Der ›zweite Karl May‹« versehen.[50] Wenig später findet Karl May dann doch im allgemein einordnenden Abschnitt »Was wird erzählt und wie ist die Wirkung?« Erwähnung:

Das Tollste wird aber wohl in Karl Mays »Waldröschen oder die Verfolgung rund um die Erde« geleistet. In diesem »Enthüllungsroman über die Geheimnisse der menschlichen Gesellschaft« werden auf 2612 Seiten 2293 Menschen getötet. Davon werden erschossen rund 1600, skalpiert 240, vergiftet durch Gift oder Gase 219, erstochen 130, mit der Faust niedergeschmettert 61, ins Wasser geworfen 16, dem Hungertod preisgegeben 8, hingerichtet 4, den Krokodilen lebend zum Fraß vorgeworfen 8, an einem Baum über dem Krokodilteich aufgehängt (zwei Männer und eine Frau) 3, durch Gift wahnsinnig gemacht 3, durch Aufschneiden des Bauches getötet 2, den Ratten zum Fraß vorgeworfen 1, geblendet und auf ein Floß gebracht 1, lebend in die Erde gegraben 1, erdrosselt 1. Ferner werden Menschen als Sklaven nach Afrika verkauft 2, durch Faustschläge betäubt 23, durch Würgen betäubt 12, durch Kolbenhiebe betäubt 12, durch Fußtritte verletzt 30, geknebelt 10, mit dem Dolche gestochen 6, Menschenhände abgeschlagen 2, eine Frau genotzüchtigt 1, Frauen verführt 4, einem Menschen 50 Stockhiebe erteilt 1, Männer gefoltert 3, geblendet 3, bis zum Wahnsinn gekitzelt 2, am

Kronleuchter erhängt 1, ein Kranker im Schnee zum Sterben ausgesetzt 1, einem Manne ein Loch in den Kopf gebohrt 1, einem Manne bei lebendigem Leibe Nase und Ohren abgeschnitten und die Kopfhaut abgezogen 1 (…).

Es muss an dieser Stelle auch erwähnt werden, dass Mays »Reiseerzählungen« Jahre hindurch von den Kanzeln der katholischen Kirche warm empfohlen wurden.[51]

Durchaus bemerkenswert ist allerdings der nächste Absatz, in dem Thomas schreibt, es müsse auch noch über die soziale Situation der Kolportageschriftsteller gesprochen werden: Viele von ihnen würden vielleicht gerne Besseres liefern, aber die wirtschaftlichen Verhältnisse ließen sie nicht dazu kommen:

Wie ein Käfer, der durch einen tückischen Zufall auf den Rücken gefallen und mit größter Qual seine in dieser Lage unbrauchbar gewordenen Flügel anstrengt und doch nicht vom Boden loskommt, so sind sie den gewissenlosen Verlegern ausgeliefert. Das nur nebenbei.[52]

Mit dieser Einordnung dürfte der Autor gar nicht weit entfernt von Karl Mays eigener Einordnung seiner Zeit als Schriftsteller und Redakteur in den Fängen des Kolportage-Verlegers Münchmeyer gelegen haben. Theodor Thomas war zeitweilig Vorsitzender der Dachdeckergewerkschaft, und auch selbst als Schriftsteller aktiv.[53]

Im Jahr 1904 gründete sich eine eigenständige sozialdemokratische Jugendbewegung.[54] Inhaltlicher Ausgangspunkt waren insbesondere die Ausbeutung und die schlechte Behandlung von Auszubildenden und jungen Arbeitern. Kulturpolitisch folgte die Bewegung weitgehend dem bereits skizzierten Kurs des Kampfes gegen Schund- und Schmutzliteratur:

In einer öffentlichen Leihbibliothek zählte einmal einer, den gute Literatur interessiert, 80 Bände von einem Karl May, der ein Schriftsteller in Dresden ist; von Theodor Storm, dem feinen und gut-deutschen Erzähler, aber war kein einziger vorhanden. Was das bedeutet, das erkennt man erst, wenn man weiß, was denn nun dieser Karl May schreibt! **Indianergeschichten!** Am Schreibtisch erfunden! May hat höchstens bei **Buffalo Bill** jemals Indianer gesehen. Aber es war trotzdem ein feines Geschäft für ihn, und seine Indianergeschichten sollen ihm ein regelmäßiges Einkommen von 160 000 Mk. gebracht haben; als man seinen Geschäftsbetrieb vor einigen Jahren aufdeckte, verringerte sich sein Einkommen allerdings um die Hälfte.

An diesem Schriftstellerhonorar kann man ermessen, in welchem Maße diese **Schundliteratur** in das Volk gebracht und in welchem Maße von der Jugend und auch von Erwachsenen dieser Lesestoff verschlungen wird.[55]

Die große Masse des Lesepublikums habe gar keinen Geschmack, sondern nehme, was vorgesetzt werde. Wären Indianerromane nicht in so großer Zahl vorhanden, so würden solche Schundromane gar nicht gelesen.

Ab dem Jahr 1907 wurde die Jugendarbeit in der ›Zentralstelle für die arbeitende Jugend‹ durch den SPD-Parteivorstand zentralisiert. Mit der ›Arbeiter-Jugend‹ entstand eine weit verbreitete Zeitschrift, die bis zum Ende der Weimarer Republik bestehen bleiben sollte. Auch hier wurde die Schundliteraturdebatte intensiv geführt:

Genau so wie mit der leiblichen, so steht es auch mit der geistigen Nahrung. Wenn dir jemand deine geistige Nahrung vergiftet – was würdest du anfangen? Sicher würdest du sie unberührt stehen lassen.

(…)

(…) das Gift ist süß. Es ist scheinbar wohlschmeckend, aber die Wirkungen stellten sich später ein. Ganz gewiß!

Die Gerichtsberichte aller Orte reden darüber eine furchtbare Sprache. Sehr viele junge Leute sitzen auf der Anklagebank, und im tiefsten Herzeleid erwarten Eltern und Geschwister, Freunde und Bekannte, Schulkameraden und Altersgenossen den Spruch des Gerichts. Erpressung, Bedrohung, Diebstahl, Einbruch, Raub und – Mord sind die Verbrechen, und nicht selten verschwinden die jungen Angeklagten auf Jahre hinter den Toren der Gefängnisse und Zuchthäuser, während die Mutter, vom Schmerz gebrochen, zusammensinkt![56]

In Heft 7 etwa aus dem Jahr 1909 wird auch ein konkreter Fall beschrieben, bei dem festgestellt worden sei, ein räuberischer Überfall von zwei 14- bzw. 17-jährigen Jungen sei auf die Lektüre von Schundliteratur zurückzuführen – wie der Staatsanwalt ausdrücklich erwähnt habe. Während sozialdemokratische Zeitungen an Bahnhöfen nicht ausliegen dürften, seien die Auslagen der Bahnhofsbuchhandlungen voll mit Schundliteratur.

Ebenso unterdrückt man bekanntlich mit Polizei und Staatsgewalt jede freie Regung der arbeitenden Jugend, obwohl die freie Jugendbewegung mit ihren Bildungsveranstaltungen, ihren sorgfältig ausgewählten Bibliotheken den besten Schutz gegen jene kapitalistische Literaturseuche bietet. Solange solche Zustände herrschen, haben die Richter und Staatsanwälte einfach kein Recht zu der sittlichen Entrüstung, die sie in den Gerichtssälen gegen die Schundliteratur loslassen.[57]

Und so finden sich in der ›Arbeiter-Jugend‹ Berichte über Abende zu guter Literatur, etwa der deutschen Klassik, oder von Aktivitäten örtlicher Arbeiterjugendvereine gegen die Schundliteratur, etwa aus Kiel, wo am 28. September 1909 ein Boykott sämtlicher Geschäfte, die Schundliteratur anboten, ausgerufen wurde. Wie gegenüber dem Schnaps, so müsse es auch bei der Literatur heißen:»»**Nieder mit dem Geistesfusel, der Schundliteratur!**«« [58] In Reaktion auf den Boykottaufruf wies Richard Weimann in einem Leserbrief darauf hin, ein Boykott sei richtig, werde den Einzelnen aber kaum vom Kauf abhalten, denn:

Die Jugend liebt das Romanhafte, das Abenteuerliche und Phantastische. Sie will d a s lesen, was ihren Geist und ihre Phantasie anregt. Der Jugendliche greift daher am liebsten nach dem, was schon durch die äußere Ausstattung auf seine Phantasie einwirkt. Es dürfte sich deshalb empfehlen, solche Schriften unter der Jugend zur Verbreitung zu bringen, die diesen äußeren Anforderungen entsprechen, im Innern aber einen guten Kern haben. [59]

Die Herausforderungen der Bildung der Arbeiterjugend beschrieb ein weiterer Artikel. Anders als bei der »Jugend der wohlhabenden Klassen«, die »bis zum 18. Lebensjahr und darüber hinaus regelmäßigen Unterricht« genössen und vollständig frei von jeder körperlichen Berufsarbeit seien, befänden sich die Arbeiterjugendlichen »schon mit 13–14 Jahren in harter und ermüdender Fabrik- und Werkstättenarbeit«:

Der Arbeiterjugend steht somit für die Aufarbeitung einer großen Stoffmenge nur eine sehr beschränkte Zeit zur Verfügung. Dieser Umstand macht es notwendig, daß sie die arbeitsfreien Stunden auf das sorgfältigste ausnützt und keine Zeit vergeudet. [60]

Auch in Dortmund befasste sich die Arbeiterjugendbewegung mit Literaturfragen. So gab eine Notiz zur Dortmunder Arbeiterjugend die Auskunft, die 1908 gegründete Bewegung habe etwa 250 Mitglieder. Zu den Aktivitäten gehörten Vorträge und Versammlungen, Besuche des Stadttheaters und Ausflüge. »Auch wurde der Kampf gegen die Schundliteratur eifrig geführt. Zu diesem Zwecke wurde in mehreren Versammlungen über die Verwerflichkeit solcher Lektüre gesprochen.« [61] Unterstützung im Kampf erhalte man durch die Nutzung der örtlichen Gewerkschaftsbibliothek. Zugleich werden die eingeschränkten Versammlungs- und Arbeitsmöglichkeiten recht plastisch beschrieben:

Bei einer öffentlichen Versammlung waren sogar **acht** Kriminalbeamte anwesend, sechs hatten sich vor dem Lokal postiert, während zwei in der Versammlung anwesend waren. Als an diese nach Eröffnung der Versammlung vom Leiter die Aufforderung erging, die Versammlung zu verlassen, erklärte einer der Beamten, wenn er hinausgewiesen würde, müsse er die Versammlung auflösen.

Hieraus kann man ersehen, wie die Behörden die Gesetze gegenüber der Jugendorganisation anwenden. Der Erfolg war, daß in dieser Versammlung 50 Jugendliche sofort ihren Beitritt erklärten.[62]

Bemerkenswert ist ein – nur vereinzelt zu beobachtender – Strang der Kritik an den »bunten Indianerheften« in einer Art, die Karl May wohl grundsätzlich in Bezug auf von ihm abgelehnte Klischees zur Situation im amerikanischen Westen geteilt hätte:

Wie immer der Titel eines dieser Hefte auch lauten mag, stets handelt es von indianischen Greueltaten. In dunkler Nacht überfallen die »Wilden« die Blockhütte des weißen Pfadfinders. Und der ist allemal ein Held, tapfer und mutig. Während schon das Dach über seinem Kopfe brennt, schießt er einige Dutzend der Rothäute über den Haufen. Doch er wird überwältigt und ins Indianerlager geschleppt. Dort erduldet er alle Leiden des Marterpfahls. Tomahawks schwirren um seinen Kopf. Und in letzter Stunde kommt unfehlbar die wunderbare Rettung, die das »Blaßgesicht« von allen Qualen erlöst. Die Indianer aber büßen ihre Mordlust mit ihrem Blute.
(...)
In Wirklichkeit sieht der Indianer ganz anders aus. Als friedlicher Sohn der Natur lebt er in seinen Urwäldern. Und wo er die Mordwaffe gegen das »Blaßgesicht« erhob, tat er es gereizt durch die Raubzüge der weißen Kolonisten, die ihn aus seinen Wäldern vertrieben. Dieser »Kulturarbeit« ist es auch zu danken, daß heute die indianische Rasse rettungslos dahinstirbt. Schon lassen sich die Jahrzehnte zählen, die uns jenen Tag bringen werden, an dem der letzte Indianer vom Erdball verschwunden sein wird.[63]

Eine für die damalige Zeit bemerkenswert klare Einschätzung, die positive Bezüge zum Werk Karl Mays hätte herstellen können.

Im sozialdemokratischen Zentralorgan ›Vorwärts‹ war May am Rande Thema – neben den literaturpolitischen Bezügen nahmen vor allem die juristischen Auseinandersetzungen der Zeitung mit Rudolf Lebius und in diesem Kontext auch die persönlichen Auseinandersetzungen zwischen May und Lebius Raum ein.[64] Letztlich gelassen positiv ist der Nachruf auf Karl May im ›Vorwärts‹ vom 2. April 1912 – und lässt sich durchaus als Widerspruch zu einigen auch im sozialdemokratischen Umfeld verbreiteten Sichtweisen lesen:

Zuerst wollte ein unerbittliches ultramontanes Philologengemüt entdeckt haben, daß der Verfasser der modernen Odysseen und Iliaden früher einmal veritable Kolportageromane, und zwar mit pikantem Einschlag, geschrieben hatte. Und dann kam gar der gelbe Herr Lebius und denunzierte Karl May als ehemaligen

Zuchthäusler und erzgebirglerischen Schinderhannes. Das gab dem Manne, der allen Philologen seiner Abenteurersucht wegen höchst fatal und allen Aestheten wegen seiner unliterarischen Leidenschaft fürs »Rollen der Begebenheit« höchst verdächtig war, den Rest. Die Epiloge sind denn auch danach. »Unterhalb jedes literarischen Niveaus« sollen seine Reiseerzählungen gestanden haben und was dergleichen Pharisäereien mehr sind.

In der Tat paßt Karl May in keines der vorhandenen pädagogischen oder literarischen Schubfächer. Zur Züchtung von Musterknaben taugen seine phantastischen Heldengedichte allerdings nicht. Und vor dem Artistenurteil finden sie ebensowenig Gnade. Karl May war eben in seiner Art »eine Klasse für sich«. Ein Erzähler von unerschöpflicher Erfindungsgabe, eine Kombination gewissermaßen von Jules Verne und Conan Doyle. Dabei aber keineswegs ein Nachahmer, sondern ein vollblütiges Original.[65]

Ausgesprochen hart im Ton wurde die Auseinandersetzung mit Schundliteratur und in diesem Kontext auch mit May in Österreich geführt. So postulierte etwa einer der führenden sozialdemokratischen Pädagogen, Josef Luitpold Stern (1886–1966), zur Aufgabe von Literatur:

Den Sozialismus in sich lebendig zu machen, das ist die Aufgabe des einzelnen. Nur der Dichter vermag Gedanken lebendig zu machen. In allen grossen Geistern, denen die Menschheit Schwung und Vorwärtsdrang verdankt, lebt etwas Dichterisches.[66]

Der bestehende Klassenstaat sei auf Profit ausgerichtet und werde von sich aus keine Maßnahmen ergreifen, »um die allgemeinen Kultur- und Bildungsaufgaben zu erfüllen«.[67] Der Kampf gegen Schundliteratur sei Teil des Klassenkampfs. Kampfmittel seien u. a. Bibliothekarskurse und gut geleitete Bibliotheken. Es gelte, alle schlechten Bücher aus den Arbeiterbibliotheken zu entfernen. Es gehe nicht an, dass eine Bibliothek etwa vierzehn Marlitt-Romane in ihren Reihen dulde, die dann in einem Jahr auch noch 283-mal entliehen würden.[68]

Mit Blick auf den Charlottenburger Beleidigungsprozess von May gegen Rudolf Lebius schrieb Stern, die Jugendstrafen könne man May wohl nachsehen:

Uns interessiert vor allem die Tatsache, daß Karl May mit seinen Romanen großen Schaden stiftet. Daß er vor 20 Jahren gestohlen hat, kann man ihm verzeihen. Seine »schriftstellerische« Tätigkeit ist unbedingt zu verurteilen. Unter den Entlehnungsziffern der Arbeiterbibliotheken nehmen die unsinnigen und verderblichen Schriften des Karl May noch immer einen erschreckenden Raum ein. Hoffentlich erwacht nun das Selbstbewußtsein des Arbeiters. Wer will aus vergifteten Quellen Kraft und Erquickung schöpfen? Nun gilt es, endlich einmal allen Karl May-Plunder aus unseren Arbeiterbibliotheken hinauszuwerfen und zu verbrennen. Ich mache den Bibliothekaren den Vorschlag: sie mögen aus der »Arbeiter-Zeitung« vom 13. April 1910 den Bericht des Karl May-Prozesses herausschneiden, auf einem weißen Karton befestigen, dazu den Satz schreiben: »Wir haben die Bücher des Karl May aus unserer Bibliothek entfernt« und dies im Bibliotheksraum am besten Platze bekanntgeben. Wer Karl May noch verlangt, den macht man dann auf die Tafel aufmerksam und gibt ihm dafür ein Buch, das seinen Kopf hell macht![69]

Einige Hefte später fand diese Feststellung allerdings eine Replik:

Daß es viele gute Bücher gibt, die zu lesen für den Arbeiter wertvoller sind als die Schriften von May, steht außer Frage. Daß aber gerade diese Bücher so viel verlangt werden, zeigt, daß doch ein starkes Bedürfnis nach Derartigem besteht.

Auch »hochstehende geistige Arbeiter« würden ab und an zu entspannender Literatur greifen und auch der Arbeiter sei »nach den Plackereien des Tages« manchmal nicht mehr in der Lage, noch etwas Geistiges zu leisten und verlange nach Leichtverständlichem und Spannendem. Natürlich müsse dafür gesorgt werden, dass hier nicht mit »sentimentalen Phrasen und verlogenen Bildern« der kritische Blick für die Wirklichkeit getrübt werde. »Diesem Bedürfnis nach Fesselndem, Spannendem kommen nun die Bücher Karl Mays in reichlichem Maße entgegen, ohne dabei verderblich zu wirken.« Erwachsenen Arbeitern müsse man Karl May nicht empfehlen, da gebe es andere »literarische und wissenschaftliche Schätze« zu heben, aber dass die Lektüre von Karl-May-Büchern »unter der Jugend großen Schaden« anrichte, müsse erst noch bewiesen werden. Wolle man die Arbeiterbibliotheken von schlechten Büchern reinigen, »dann werden doch vor May noch viele andere Bücher dem Feuertod geweiht werden müssen«. Stern replizierte knapp, die Bücher Mays seien vor allem schädlich, weil sie ohne »Wirklichkeitswert und darum von unfruchtbarer Romantik erfüllt« seien:

Wie viel Jungen durch die Lektüre solcher Bücher zu törichten Abenteuern verleitet werden, ist bekannt. Wir haben Sorge zu tragen, daß wir dem Proletariat solche Bücher zuführen, die seinen Blick für das tätige Leben schärfen.[70]

Auch in Österreich fanden sich allerdings weitere differenzierte Stimmen. Die von Engelbert Pernerstorfer (1850–1918) für den Verein der Wiener Freien Volksbühne herausgegebene Zeitschrift ›Der Strom‹ brachte in ihrem Mai-Heft 1912 zunächst einen sehr kritischen Nachruf auf May. Der Verbreitung seiner Reiseromane entgegenzuarbeiten, die zu den »verderblichsten Schriften aller Zeiten« gehörten, bleibe auch in Zukunft eine der »ersten Aufgaben eines jeden, der sich berufsmäßig mit der literarischen Produktion und mit der Erziehung des Volkes beschäftigt«.[71] Es sei unmöglich, den Schriftsteller von seinen Werken zu trennen. Vorgeworfen werden dem Autor unsittliche Kolportageromane und der falsche Katholizismus.[72] Das Spätwerk mit dem Versuch Mays, auch zu einer Neuinterpretation seines Schaffens beizutragen, tut Hock als plumpen Versuch ab, die bisherigen selbstgestrickten Legenden zum Verschwinden zu bringen. Und auch sprachlich sei Karl May nichts wert.[73] Die Replik des bekannten Theaterregisseurs Berthold Viertel (1885–1953) ist allerdings ebenfalls deutlich:[74]

Man muß vielleicht Jugendbildner sein, um den Haß gegen May mitfühlen zu können. Man muß von einer geradezu fanatischen Unduldsamkeit gegen Pornographie und Kolportageroman beherrscht sein. Man muß die Indianerbüchel hassen, weil sie vom Lernen abhalten. Man muß die eigene Kindheit vergessen haben und keine Dankbarkeit mehr in sich verspüren für Freuden, wie sie nur den Kindern und den Kindlichen beschert sind.[75]

Stofflich weise die ›Ilias‹ des Homer eine täuschende Verwandtschaft zu ›Lederstrumpf‹ und ›Winnetou‹ auf. Die Bücher Mays gehörten zu den am wenigsten grausamen ihrer Art. Sie predigten Menschenfreundlichkeit und verkündeten eine praktische Güte:

Und sie sind relativ ganz ausgezeichnet geschrieben. Wenn es May an erfinderischer Kraft, an Erzähltalent gefehlt hätte, seine Bücher würden nicht in Millionen Exemplaren verschlungen, gelesen und immer wieder gelesen werden. (…) Auf seine Leser wirkt May zweifellos als Dichter, der er irgendwie auch ist. Ein Nichtdichter konnte nie die Freundschaft zwischen Winnetou und Old Shatterhand schildern, nie die Person des Winnetou erfinden, nie das Vorwort zum Winnetou, dieses wirklich schöne Klagelied vom Untergang der indianischen Rasse, schreiben. Daß Herr Dozent Hock sich bei der Karl May-Lektüre langweilt, glaube ich ihm sofort. Und es beweist mir nur, daß er längst aus jenem unwiderbringlichen Paradies vertrieben ist, das die kindliche Phantasie heißt.[76]

Das Fazit Viertels ist daher eindeutig:

Zugegeben, Karl May flunkerte. Er schnitt auf, er erzählte Märchen, und die Märchen, die er über sein Leben erzählte, waren lukrative Märchen. Das Schrifttum sollte ihm's nicht neiden. Und die Pädagogik sollte ihn den jungen Herzen nicht vergällen. (...) Denn er log famos, er log mit angeborenem, unerschöpflichem, bezauberndem Talent. Er log so genußvoll, daß wir nicht umhin können, heute, wo die erwachsenen Sorgen uns beim Genick halten, ihm dankbar zu sein für die prachtvollen, sorglos schwelgenden Stunden dereinst.[77]

Bemerkenswert ist auch die kurze Vorbemerkung der Redaktion, die den Artikel zunächst als Replik auf den vorangegangenen vorstellt und mit dem Satz schließt: »Am besten entscheidet zuletzt doch nur die eigene Lektüre.«[78]

Dass auch der Erste Weltkrieg die allgemeine Ablehnung allerdings kaum änderte, zeigt ein Bericht über die Ausleihe der Arbeiterbibliothek in Mainz von 1916, in dem es nach der Aufzählung der besonders oft entliehenen Werke etwa von Gerstäcker, Möllhausen u. a. heißt, die in der nordamerikanischen Wildnis spielenden Bände Möllhausens könnten »immerhin als Ersatz für die immer und immer wieder verlangten Karl-May-Romane angesehen werden«.[79]

In der Weimarer Republik

Die Weimarer Republik mit ihrer demokratischen Verfassung schuf mit der Presse- und Meinungsfreiheit neue und andere Rahmenbedingungen für öffentliche und veröffentliche Debatten und Diskurse, als im Kaiserreich geherrscht hatten. Die Diskussion über die sogenannte Schmutz- und Schundliteratur dauerte aber fort. Artikel 118 Abs. 2 der Weimarer Reichsverfassung erwähnt die »Bekämpfung von Schund- und Schmutzliteratur« als legitimen Zweck der Zensur. Im Dezember 1926 wurde sogar ein ›Gesetz zur Bewahrung der Jugend vor Schund- und Schmutzschriften‹ erlassen. So ist es nicht verwunderlich, dass diese Diskussion auch in der sozialdemokratischen Arbeiterbewegung fortdauerte, deren politische Möglichkeiten und demzufolge auch deren Bildungsarbeit unter den neuen Rahmenbedingungen merklich expandierten.[80] Die Auseinandersetzung um die für die Ziele der Arbeiterbewegung dienliche Lektüre blieb, damit auch der Streit über Begriff und Bedeutung der sogenannten Schundliteratur.

Die grundsätzliche Haltung zu Karl May veränderte sich kaum. So schrieb etwa Gustav Hennigs Nachfolger als Leiter der Heimvolkshochschule Schloss Tinz, Otto Jenssen:

Immer ist eine Lieblingslektüre der Jugend die Reiseerzählung gewesen, von Coopers »Lederstrumpf« bis zu Karl May und der »Jagd um den Erdball« hinter einem Verbrecher. Diesem Bedürfnis nach Abenteuern, nach Buntheit des Erle-

bens, nach fremden Zonen und Menschen anderer Kulturen müssen wir entge-
genkommen. Nur muß an die Stelle des Schundes, unwahrer Phantasien, blaß-
blauer Romantik die Wirklichkeit treten, die ja viel abenteuerlicher ist als der
spannendste Roman.[81]

In der Funktionärszeitschrift der Arbeiterjugend wurde mit Blick auf die
Ausstattung der Bibliotheken festgehalten, es seien »daher nur solche Bücher einzustellen, die im Gemeinschaftsgeist und im Sinne des Sozialismus« wirken. Zudem seien nur »lebensechte Bücher« aufzunehmen,
»nichts Erlogenes und Unwahres, wie in den Romanen der Courths-Mah-
ler oder in Indianer- oder Detektivschmökern dargestellt, also kein Schund
und Kitsch«. Vor allem aber müssten die Bücher der »Aufnahme- und Auf-
fassungsgabe« und der »Erlebensnähe« der Leser entsprechen.[82] Im Sinne
der Bereitstellung von Werken, die den formulierten Qualitätsansprüchen
an Abenteuerliteratur entsprechen, schrieb der Funktionär der Arbeiterjugend Franz Osterroth (1900–1986) das 1927 veröffentlichte ›Schmökerspiel‹ ›Am Marterpfahl der Sioux‹,[83] das auch in Fortsetzungen in den Ver-
bandspublikationen erschien. Als Ziel des Spiels wird in einer Rezension
die Neudarstellung von meist nur verkitscht dargestellten Personen wie
Sitting Bull und Buffalo Bill genannt, da sie »nicht etwa ursprünglich nur
Phantasiezeugnisse eines fabulierfrohen Schriftstellergeistes (...) wie Karl
Mays edler Winnetou und bärenstarker Old Shatterhand«, sondern »lebendige, blutvolle Wirklichkeit« gewesen seien.[84]

Auch Theodor Thomas griff wieder das bereits von ihm genutzte Motiv
auf, die Lektüre von Schundliteratur habe geradezu sichtbare negative
geistig-körperliche Folgen:

Seit acht Jahren fahre ich fast regelmäßig um dieselbe Zeit mit der Straßenbahn.
Da gibts sich von selbst, daß der Mensch allerlei Bekanntschaften macht.
(...)
Aber noch eins beobachte ich: Was meine Trambahnbekannten lesen. Da sehe
ich fast jeden Morgen ein Nähmädchen seit 1919, das regelmäßig wie ein Uhr-
werk so einen alten Schmöker, fettig und zerfranst, aus der Manteltasche zerrt.
Mit wahrer Gier – ganz gleich, ob sie steht oder sitzt – verschlingt sie die Buchstaben. Als junges Ding las sie richtiggehende Schundliteratur – jetzt hat sie sich
schon zur Courths-Maler und ähnlichem »emporgelesen«.
An der nächsten Haltestelle steigt ein anderes Fräulein ein. Die liest nur gute
Bücher. In den vier bis fünf Jahren, wo wir uns morgens treffen, habe ich schon
Raabe, Storm, Möricke, Hauptmann, Hebel und andere durch die Hände wan-
dern sehen. Man sieht es ihrem durchgeistigten Gesicht an, daß sie nur allerbes-
tes zu sich nimmt, auch ihr Auftreten zeigt das geistig regsame, fein durchge-
bildete Mädchen. Welch ein Unterschied zwischen diesen beiden ist, läßt sich

gar nicht sagen, aus jeder Bewegung guckt bei der Näherin das Flatterhafte, Zerfahrene heraus – die andere adelt ein schlichtes, gütiges Gesicht (…).[85]

Auch die Frage, welchen Beitrag Literatur für die Erziehung zum politischen Kampf leisten müsse, wurde wieder aufgegriffen. So schreibt Trude Wiechert über ›Die Wirkung guter Bücher‹: Die Arbeiterbewegung sei dem Unternehmer in ihrem

Kampf um bessere Lohn- und Arbeitsbedingungen viel weniger gefährlich als in ihrem Bestreben, die Köpfe der Menschen zu revolutionieren, ihnen die Dummheit des tatenlosen und gleichgültigen Dahinlebens zu nehmen und ihnen dafür Klarheit über die Zusammenhänge ihres gesellschaftlichen Lebens zu geben, ihren Willen auf eine grundlegende Veränderung dieser Verhältnisse zu richten und diesen Willen zu stählen.

In diesem Kontext werde auch die Lektüre von Büchern wichtig: »Der Arbeiter hat so wenig Zeit; da kann er es sich nicht gestatten, zum Zeitvertreib zu lesen, wie es verwöhnte Weiber tun, die mit dem neuesten Moderoman ihre Langeweile verjagen.« Bezogen auf schlechte Lektüre in der Arbeiterschaft heißt es weiter, dort werde die Schundliteratur »als Ausweg und Flucht vor dem jämmerlichen, eintönigen Leben« gewählt. Die Phantasie schwelge »in einem Scheinleben«, denn die Wirklichkeit enthalte »ihr jedes menschenwürdige Dasein vor«.

Genau derselbe Selbstbetrug, der den Trinker in die Arme des Alkohols führt: das Suchen nach Selbstvergessenheit aus einem unerträglichen Leben! »Sklaven müssen arbeiten und dann schlafen« ist die Stufe, auf der der Arbeiter an seinem Anfang gestanden hat; Schundliteratur ist der Ausdruck geistiger Sklaverei und seelischer Flucht vor der Wirklichkeit. (…) Gute Bücher haben und lesen erzeugt eine Wirkung, die keine Revolution hinwegfegen kann wie die Kronen. Diese Wirkung gebiert jeden Tag neue Revolutionen, die eines Tages so stark sein werden, alle dem, was sich hinter den Kronen von 1918 emporgeschwungen hat und jetzt noch die Macht ausübt, den Laufpaß zu geben. Das ist der Sinn alles proletarischen Lesens![86]

Während der 1920er Jahre ließen sich aber durchaus auch differenzierte Stimmen finden. So hieß es in einem ausführlichen Beitrag im ›Vorwärts‹ im Jahr 1925:

Mit dem Märchen versenkt sich das lesende Kind tief in die mythische Vorstellungswelt. Beim Abschluß der Kindheit erfährt das Märchen eine starke unwillige Ablehnung, die oft unvermittelt zum Ausbruch kommt. Das Heldenzeitalter tritt in seine Rechte, und die historische Erzählung, die abenteuerliche Schilderung, die Detektiv-, Indianer-, Reiseerzählung müssen der plötzlich erwachten Erlebnisgier des Jugendlichen, seinem Drang nach äußeren Spannungen genügen. Dabei ist die Beobachtung charakteristisch, daß für die historische Sage oder – selbst beim katholischen Jungproletarier – für die Heiligenlegende kein Sinn vorhanden ist. Grund dafür ist eine Nebeneinstellung, die das Interesse am Stoff, an seiner subjektiv entschiedenen Wahrheit und an seiner Anwendbarkeit auf die eigene Person orientiert. Wir sind damit mitten in den wucherischen, phantasiegeschwängerten Urwaldsümpfen der Schundliteratur, wo feindliche Horden streifen und wilde Tiere lauern. Ob sechzig Bände Karl May oder sechshundert schreiende Zehnpfennighefte während dieser Zeit verschlungen werden, will mir herzlich gleichgültig bedünken. Zwischen Lederstrumpf und Winnetou, die man doch den Jugendlichen bedenkenlos in die Hände gibt, und den endlosen Serien von Texas Jack und Buffalo Bill ist doch nur ein formaler Unterschied bei völliger Gleichheit der Stoffgattung und vor allem der Erlebnisstruktur.

Der fanatische Lippenlärm gegen die Schundliteratur erscheint daher auf dieser Stufe als blinder Eifer; es wird eine Geldfrage sein, den sensationshungrigen Köpfen den echten Sherlock Holmes, mit dem Conan Doyle in die Bezirke der Weltliteratur eintrat, preiszugeben und ihnen die Tortur zusammenhangloser, im Schmierstil verzapfter Nat-Pinkerton-Heftchen zu ersparen – doch wird es sich immer als vergebliches Mühen erweisen, ihnen mit Theodor Storm oder Gottfried Keller zu Gefallen zu sein. Man soll der Natur ihr Recht gewähren und das Bedürfnis nach Heldenromantik zur rechten Zeit erschöpfen, statt es zu verdrängen, was oft ein gefährliches Experiment bedeutet.[87]

Ein ausgesprochen ambitioniertes Projekt stellte die 1924 erstmals erschienene Zeitschrift ›Kulturwille‹ dar.[88] Gegründet wurde sie vom Leipziger Arbeiter-Bildungs-Institut (ABI) und kam reichsweit auf die beachtliche Anzahl von 5 000 Abonnentinnen und Abonnenten.[89] Im Zentrum standen Fragen sozialdemokratischer Bildungs- und Kulturpolitik. Rezensionen und Überblicke über relevante Bücher auf wissenschaftlichem wie auch belletristischem Gebiet gehörten zu den regelmäßigen Rubriken. Im Geleit zur ersten Ausgabe heißt es, die Arbeiterbewegung sei eine politische, eine wirtschaftliche und eine Kulturbewegung:

Ihr dienen die Arbeiterbildungs-Organisationen, deren Aufgabe eine dreifache ist: Sie haben erstens den Arbeiter geistig zu stärken für seinen politischen und wirtschaftlichen Kampf, zweitens ihn teilnehmen zu lassen an wertvollen geistigen Gütern der seitherigen Kultur, und drittens bewußt mitzuhelfen an der Schaffung einer neuen Kultur aus dem G e i s t der klassenbewußten Arbeiterbewegung.[90]

Anna Siemsen hält fest, das Proletariat sei belastet mit der Ehrfurcht vor der bürgerlichen Kunst. Es glaube teils selbst, Arbeiterdichtung sei Elendsdichtung. Heute sehe man aber überall Träger eines neuen Klassen- und Weltbewusstseins auftauchen, die nicht mehr das Leben der Arbeiterschaft in kritischen Gegensatz zur bürgerlichen Lebensform stellen wollten, »sondern aus ihrem Erleben heraus es gestaltend widerspiegeln«.[91] Konkret genannt wird von ihr u.a. Jack London. Siemsen (1882–1951) gehörte in der Weimarer Republik zu den prominentesten sozialdemokratischen Pädagoginnen und Pädagogen und war kurzzeitig auch Mitglied des Reichstags. Anders als andere Autoren und Autorinnen insbesondere der Literaturerziehung nahm sie Autonomieansprüche junger Menschen ernst.[92] Zudem veröffentlichte sie eine Reihe weit verbreiteter Anthologien zu Kunst und Literatur, deren Fokus auch deutlich über die deutsche Literatur hinausging.[93]

Der bereits mehrfach zitierte Gustav Hennig setzt Jack London sogar in ausdrücklichen Bezug zu Karl May: »Aber die so gearteten Leser, junge und alte, sollen nicht Tarzangeschichten oder Karl-May-Romane lesen, wir müssen sie zu wertvollen Abenteuergeschichten lenken. Es ist kein Mangel daran vorhanden.«[94] In einem vom Reichsausschuss für sozialistische Bildungsarbeit verbreiteten ›Leitfaden für Arbeiterbüchereien‹ finden sich im Anhang mit Nennungen von Buchtiteln für einen Grundstock einer Bücherei nur wenige Abenteuergeschichten – zu den Ausnahmen zählt wiederum u.a. Jack London.[95] Auch in einem Überblick über ›Bücher, die unseren Kindern dienen‹ wird Karl May ausdrücklich ausgenommen. Genannt werden etwa ›Robinson‹ und ›Lederstrumpf‹, der

beliebte Karl May kommt trotz seiner oftmals hübschen Naturschilderungen nicht in Frage, da seine Gestalten gar zu schrecklich edel sind und dann wieder belustigend infam und außerdem eine »christliche« Moralstunde zeitweise aufführen, die wir unsern Kindern ruhig ersparen können.[96]

Ein weiterer Überblick über Abenteuerliteratur stellt zunächst fest, die nordamerikanischen Indianer seien

vielen von uns Aelteren in der Erinnerung teuer. Wer sich den Genuß nicht durch Karl May verdorben hat, greife getrost nochmals zu einer guten C o o p e r -Ausgabe (…). Was wir in der Jugend erhielten, war nur Surrogat, oft übelstes Gebräu. Der echte »Lederstrumpf« bleibt eine der wertvollsten Erscheinungen der Weltliteratur.[97]

Zudem versuchte die Zeitschrift ›Der Bücherkreis‹ der gleichnamigen sozialdemokratischen Buchgemeinschaft literarische Bildung durch Zusammenstellungen aus Literatur und Kunst zu bieten. Ihr Motto lautete: »Der ›Bücherkreis‹ ist eine Vereinigung des werktätigen Volks zur Pflege des guten und wertvollen Buches.«[98]

Die vom Reichsausschuss für sozialistische Bildungsarbeit ab 1926 herausgegebene Zeitschrift ›Bücherwarte. Zeitschrift für sozialistische Buchkritik‹, die neben einem großen Überblick politischer, soziologischer, volkswirtschaftlicher und naturwissenschaftlicher Bücher auch ein breites Spektrum von belletristischer Literatur berücksichtigte sowie Vortragsdispositionen und Überblicksartikel, enthielt auch einzelne Beiträge zu Karl May. Der zuletzt in das Blickfeld der Karl-May-Forschung geratene Alfred Kleinberg skizziert ›Entwicklungslinien der neueren deutschen Literatur‹ mit Blick auf die Entwicklungen nach der Reichsgründung 1871 und spricht dabei von den »heuchlerischen Machwerken« Karl Mays.[99] Bereits 1918 war er mit einem für einen Nekrolog verfassten Text zu Karl May in eine schwere Auseinandersetzung mit dem Karl-May-Verlag geraten.[100] Kleinberg, am 12. Dezember 1881 im schlesischen Friedeck geboren, hatte in Teschen das Gymnasium besucht. Sein Philologie-Studium beendete er in Wien 1904 mit einer Promotion. Anschließend war er als Gymnasiallehrer vor allem in Karlsbad tätig. Neben seiner schulischen Tätigkeit widmete sich Kleinberg vielfältigen Veröffentlichungen und engagierte sich politisch in der Deutschen Sozialdemokratischen Arbeiterpartei der Tschechoslowakischen Republik. Neben der ›Arbeiter-Bildung‹ publizierte Kleinberg umfangreich zu literaturwissenschaftlichen Themen auch in den weiteren Zeitschriften der sozialdemokratischen Bildungsarbeit. Inhaltlich gehörte er zu den Pionieren eines literatursoziologischen Ansatzes, der Literatur in ihren gesellschaftlich-ökonomischen Kontext einordnet.[101] Wesentlich intensiver über Schundliteratur wurde in der als Beilage zur ›Bücherwarte‹ gegründeten Zeitschrift ›Arbeiter-Bildung‹ diskutiert. So enthält bereits Heft 1 dieser Zeitschrift einen Beitrag zum Thema ›Arbeiterbibliotheken‹, der die wichtigsten Aufgaben auf diesem Gebiet skizziert.[102] Die Schwierigkeiten, den Kampf gegen die Schundliteratur von einer rein gesellschaftlichen in eine auch gesetzlich getragene Bewegung zu überführen, zeigt ein Beitrag von Heinrich Schulz:

Die Bekämpfung von Schund und Schmutz in allen Formen ist eine selbstverständliche Aufgabe jeder Kulturbewegung. Die moderne Arbeiterbewegung ist die umfassendste und am tiefsten greifende Kulturbewegung aller Zeiten, sie hat daher auch von jeher den »Schund« wirkungsvoll bekämpft. Mittelbar durch ihr bloßes Dasein: indem die sozialistische Arbeiterbewegung den Arbeitern politische, wirtschaftliche und kulturelle Ziele zeigte und sie dafür in Bewegung setzte, füllte sie Herz und Hirn und Zeit der Arbeiter mit Werten und Inhalten, durch die die minderwertigen Unterhaltungen und Beschäftigungen früherer Zeiten zurückgedrängt wurden; unmittelbar durch die Bildungs- und Kulturbestrebungen innerhalb der Arbeiterbewegung, deren eigentliche Aufgabe es war, den Arbeitern, besonders dem heranwachsenden Geschlecht, den Unterschied zwischen Kultur und Unkultur, zwischen Bildung und Unbildung, zwischen Wissen und Nichtwissen, zwischen Kunst und Schund, zwischen Vegetieren und bewußtem Gestalten seiner Persönlichkeit aufzuzeigen. Jede Förderung der modernen Arbeiterbewegung, jeder Pfennig Lohnerhöhung, jede Viertelstunde Arbeitszeitverkürzung, jede Stärkung der politischen Rechte, jeder Fortschritt des Sozialismus bedeuten deshalb die stärkste und nachhaltigste Bekämpfung von Schund und Schmutz.[103]

Mit Blick auf die gesetzliche Umsetzung ist Schulz skeptisch. In den Beratungen um ein Schundgesetz habe sich gezeigt, dass es nicht gelingen könne, eine gesetzliche Definition des Begriffes ›Schund‹ zu entwickeln, die vom Standpunkt der Literatur und Kunst aus unanfechtbar sei.[104]

Alfred Kleinbergs Auffassung nach sollten Arbeiterbibliothekare dem Schund vorbeugend-aufklärerisch entgegentreten, umso mehr, wenn sie in ihrer Weltauffassung historisch-materialistisch orientiert seien und das Wesen der Schundliteratur geschichtsmaterialistisch erfasst hätten. Der literarische Schund sei ein spätes Kind der kapitalistischen Warenproduktion. Geboren sei es etwa um 1730, als »der gebildete bürgerliche Mittelstand die Führung der Literatur in die Hand« bekommen habe:

Dichtung und Geisteswissenschaften waren dem Bürger fortab ein Mittel, sich seine Klassenbedürfnisse zu erkämpfen: Wielands Romane, Lessings »Emilia Galotti«, der »Götz von Berlichingen« und »Die Räuber« formten ganz bestimmte Leiden, Beschwerden und Forderungen des Einzelnen und der Klasse mit schlechthin unentrinnbarer Notwendigkeit.

Diese Entwicklung habe sich fortgesetzt.

Abenteuer- und Familiengeschichte, Ritter- und Räuberwesen bekamen sozusagen Marktwert, die literarische Massenindustrie, die in der zweiten Hälfte des achtzehnten Jahrhunderts die unter dem Mittelstande lagernden, an der »nationalen« Kultur nur im äußerlichsten teilnehmenden Kleinbürger-, Handwerker- und Bauerschichten immer entschiedener zu erfassen strebte, warf sich auf die bewährten Modethemen und -formen und schrotete sie skrupellos aus –: der »Schund« war da! An die »Räuber« schlossen sich »Rinaldo Rinaldini« und »Schinderhannes«, an Schillers »Geisterseher« die Schauergeschichte von der »Blutenden Gestalt mit Dolch und Lampe« und an diese wieder, indem die entseelte Form sich mit neuem Leben und subjektivem Bekenntnis füllte, Grillparzers »Ahnfrau«.

Dies wiederhole sich wieder und wieder.

Jede literarische Bewegung wird industrialisiert und der tieferen, in den nationalen Kulturrekord nicht einbezogenen Gesellschaftsschicht in der Form des
Schundes zugänglich gemacht. Wenn wir heute die Wohnungen der Proletarier
von »Hausgreueln« überschwemmt sehen, wenn ein oder der andere Arbeiter
seine wenigen Mußestunden auf geschmacklose Laubsägebasteleien ver-
schwendet oder wenn Courts-Mahler, Karl May und der Hintertreppenroman
bei jugendlichen und erwachsenen Proletariern noch reichen Absatz finden, so
wirkt sich darin überall das eben entwickelte Gesetz aus, daß jede nicht zum
Klassenbewußtsein erzogene Schicht die abgelegten Moden der nächsthöheren
Schicht begierig übernimmt.[105]

Kleinberg machte sich an die Entwicklung einer rein literarischen Definition von ›Schund‹. Kern ist für Kleinberg, dass der Verfasser von Schundliteratur nicht seine Empfindungen ausdrücken möchte, sondern lediglich
geschäftlichen Absichten folge. Es gehe daher nicht darum, dass bestimmte Themen – etwa das Erotische – von vornherein zum literarisch Minderwertigen gehörten:

Das Erotische, derb oder verhüllt Sinnliche ist nicht nur ein Gegenstand für
Pornographen, sondern hat ewige Meisterwerke (…) ausgelöst (…).
    (…) Maßstab aller Dichtung ist also die Kraft der Formung,
d. h. die Fähigkeit, etwas der Teilnahme Wertes organisch-
lebendig zu gestalten und charakteristisch auszudrücken.
    Der geschäftstüchtige Buchfabrikant dagegen will nichts sagen und hat
nichts zu sagen, er bewertet und benützt alle Stoffe und Formen einzig und allein
nach ihrer Marktgängigkeit. (…) So von Grund auf verlogen, erzieht der Schund
zur Lüge und zu falschen Lebensvorstellungen und -ansprüchen, erzeugte er
ebenso einst die unheilvolle Dirnen-, Verbrecher- und Indianerromantik wie augenblicklich den Phrasenrausch der Hakenkreuzler und Faschisten. Er tötet den
Sinn für die organische Form, für die höhere Einheit von Wesen und Ausdruck
und läßt deshalb unsere Gegenwart an Puppen ohne Seele wie Wilhelm II. oder
Hitler Gefallen finden. Die Sentimentalität und der Heldenwahn der Zeit haben
im literarischen Schund gleicherweise ihre Wurzel.[106]

Bislang sei Kultur als Gesamtheit aller Formen und Inhalte in Lebensführung und Geisteshaltung von den herrschenden Klassen dominiert worden:

Der Proletarier als schöpferisches Subjekt, nicht als duldendes
und geduldetes Objekt des kulturellen Fortschrittes – das ist die
neue Kraft, die die Arbeiterbewegung zum erstenmal in der Geschichte in der
Kulturentwicklung einzusetzen hat.[107]

Kleinberg streift Karl May auch in einer längeren Monografie und übernimmt dabei bereits bekannte Bewertungen:

Dasselbe unaufhörliche Einströmen neuer, geistig und politisch noch ungeformter, doch auf Phantasieanregungen erpichter Leute ins Lesepublikum gab dem Feuilleton- und Hintertreppenroman den täglich wachsenden Umfang und die charakteristische, auf Sensation, Nervenkitzel und Unwahrhaftigkeit gestellte Technik, die zahllosen Hefte und Fortsetzungen konnten nur mit Übertreibungen und schematischster Motiv-Wiederholung gespeist werden. Den zerstörenden Einfluß dieses Verfahrens kann man am besten an Leopold von Sacher-Masoch (1836–95) beobachten, weil er als Schilderer des ukrainischen Völkergemisches wirklich Wertvolles zu bieten hatte (…) und erst auf der Jagd nach erotischen Perversitäten zum blanken Schund kam, und vielleicht hätten auch die Anlagen von Masochs katholischem Gegenspiel Karl May (1842–1912) eine bessere Ernte gestattet, als sie aus geschäftlicher Spekulation in den heuchlerisch-verlogenen Reiseromanen (»Winnetou«, »Im Reich des silbernen Löwen«, ab 1878) und in lüsternen Kolportageheften (»Waldröschen« 1882, »Die Liebe des Ulanen« 1884) zutage trat. Bei den meisten dieser Unterhaltungs- und Schundschreiber (…) war freilich nichts zu verderben.[108]

Ausdrücklich mit dem Thema ›Jugendliteratur‹ befasst sich in einem weiteren Heft der ›Arbeiter-Bildung‹ auch Anna Siemsen. Dabei geht sie wie Kleinberg von einer Industrialisierung der Buchproduktion aus, setzt aber etwas andere Akzente. In der gängigen Jugendliteratur herrsche ein »billiger Optimismus, der nur Lichtseiten zeigt« und eine »konventionelle Moral und Religiosität« vertrete. Andererseits belaste der Alltag die Kinder bereits mit den gesellschaftlichen und sittlichen Konflikten der Zeit:

Wir werden der Tatsache Rechnung tragen müssen, daß das Kind im Wunder und im Abenteuer lebt. Aber wir haben erstens im Auge zu behalten, daß Wahrhaftigkeit auch Kindern gegenüber Pflicht ist, und daß die Täuschung über die bestehende Gesellschaft mit ihrer Ungerechtigkeit, Gewalt und Heuchelei, falls und soweit sie möglich ist, das spätere Leben unserer Kinder zu schwer mit Enttäuschung belastet. Und zweitens müssen wir daran festhalten, daß auch im wundergläubigen Kindes- und abenteuerlustigen Knaben- (und Mädchen-)alter das Kind vor allem Erklärung seiner Welt sucht, und daß neben der Sehnsucht in die Ferne das Bedürfnis lebt, seine eigene Welt und ihren Alltag zu erforschen und sie dichterisch zu gestalten und zu erklären. (…)
Ich glaube daher, daß wir nicht etwa Märchen, Heldensagen, Abenteurergeschichten aus dem Leben unserer Kinder verbannen sollen, daß sie aber nicht einen allzu weiten oder gar beherrschenden Raum darin einnehmen dürfen.[109]

Siemsen sichtet im Folgenden in diesem Sinne Sagen- und Abenteuerliteratur, erwähnt werden etwa Jack London, Selma Lagerlöf und Tolstois
›Volkserzählungen‹. Zu Karl May findet sie letztlich gelassene Worte:

> Auch ein verfrühtes und nur halb verstandenes Buch richtet bei einem gesunden
> Kinde kaum Unheil an, während andererseits der Geschmack der Jugendlichen
> merkwürdige Umwege einschlägt. Mir ist der Fall einer 16jährigen bekannt, die
> mit gleichem Eifer Lessing und Paskal neben den Lederstrumpf- und Karl May-
> Geschichten ihrer Brüder las. Beides hat ihr keinen Schaden getan.[110]

Die fortwährende Relevanz des Themas ›Schundliteratur‹ wird auch daran
deutlich, dass gleich das erste Heft der vom Zentralbildungsausschuss der
SPD herausgegebenen Schriftenreihe sich dem Thema ›Die Schundliteratur
als sozialpädagogisches Problem‹ widmete und neben einzelnen Texten
auch eine Vortragsdisposition zum Thema enthielt. Karl May wird hier allerdings nicht erwähnt.[111] Ein ›Ratgeber für Eltern, Lehrer und Erzieher‹ über
›Bücher für mein Kind‹ leitet die Rubrik ›Indianerbücher, Abenteuerbücher
und Robinsonaden‹ mit einer kurzen Notiz ein, die festhält, die im Folgenden aufgeführten Indianer- und Abenteuerbücher seien »alle literarisch ein-
wandfrei«, ohne von den Kindern als ›fad‹ empfunden zu werden. »Wo ein
Junge nach solchen Büchern dürstet«, solle man ihm ruhig etwas geben,
»auch wenn er sich beim Lesen ein bißchen erhitzt. Verwehrt man sie ihm,
so findet er fast immer Ersatz in der Schundliteratur (Karl May, Percy Stuart
usw.).«[112] Als ›gut‹ werden u. a. Jack London und Cooper genannt.

Wie die zahlreichen Nennungen seines Namens belegen, kamen dem
Werk Jack Londons große Hoffnungen als eine Alternative zu Karl May
zu. Bei Jack London wurde zum einen eine enge Verbindung zwischen
seinem Leben und seinen Werken gesehen und er wurde – mit Einschränkungen – auch als Sozialist betrachtet.[113] Verlegt wurde er in Deutschland
ab 1926 vor allem von der Büchergilde Gutenberg, die versuchte, in ihrem
Programm auch ›gute‹ Belletristik, zentral beispielsweise B. Traven, anzu-
bieten.[114] Die von der Büchergilde besorgte Ausgabe der Werke Londons
umfasste zum Zeitpunkt ihrer Gleichschaltung durch die NS-Diktatur 29
Bände.[115] In der Zeitschrift ›Die Büchergilde‹ wird Jack London ebenfalls
mit Blick auf seine Verbindung von Person und schriftstellerischer Fähigkeit vorgestellt:

> In den Büchern Jack Londons ist neben dem grandios Abenteuerhaften, der
> atemraubenden Spannung immer – unausgesprochen – ein Ethos, das diesen
> Schöpfungen erst ihren bleibenden Wert verleiht. Wir haben in Deutschland kei-
> nen Mangel an sogenannter Reise-, Jagd-, See- und Abenteurerliteratur; aber sie

vermag nicht jene unbeschreibliche Vitalität aufzuweisen, die die Erzählungen und Romane dieses Amerikaners so einmalig macht. In ihm geschah das Seltene: ein Abenteurer, ein großer Künstler und ein aufrechter Mensch, verschmolzen in einem einzigen Individuum. Und aus dieser Dreieinheit, die der Urgrund seines dichterischen Schaffens war, hoben sich Werke, die an Geschlossenheit und Lebenskraft nicht bald ihresgleichen in der Literatur unserer Zeit finden.

Die suggestive Kraft Jack Londons wächst aus dem Realismus seiner Anschauung. Ohne stilistische Finessen werden die Geschichten erzählt; aber gerade in der Einfachheit der Diktion liegt ihr Geheimnis, in der Klarheit der Wiedergabe und in jener Sachlichkeit, die über der Romantik des Abenteuers die Kräfte der Wirtschaftsordnung nicht übersieht.[116]

Zudem sei er »nicht allein der Dichter des Abenteuerlichen: er ist Soziologe, Marxist, Klassenkämpfer.«[117]

In einer Klassengesellschaft wie der kapitalistischen wird Kitsch und Schmutz nie ganz vom Markt verschwinden. Teils braucht man ihn zur Beeinflussung der Massen im Sinne der herrschenden Klasse; teils ist er glänzende Profitware. Verdrängen läßt sich allenfalls nur der Schund. Die aufsteigende Klasse aber hat andere Interessen und eine andere, langsam heranwachsende Sittlichkeit.[118]

Nicht ganz ohne Ironie ist dabei, dass Jack Londons erster deutschsprachiger Buchverleger ausgerechnet Friedrich Ernst Fehsenfeld war, der Ende 1911 ›Wolfsblut‹ herausbrachte – und diesen Band auch Karl May zu Weihnachten schenkte.[119]

Eine sehr harsche Einordnung Karl Mays findet sich in einer Notiz unter der Überschrift ›Das Lieblingsbuch der Nazi-Studenten‹ in der Beilage ›Jugendwille‹ der sozialdemokratischen Tageszeitung ›Pfälzische Post‹ aus dem Jahr 1931:

An der Universität Erlangen treiben die Hakenkreuzler ihr Unwesen. Drei Viertel der Erlanger Studenten haben bei den letzten Studentenwahlen nationalsozialistisch gewählt. Ueber die politische Reife dieser Studenten hat die Universität der staunenden Mitwelt eine kennzeichnende Nachweisung gegeben: Die Universitätsbibliothek hat eine Statistik veröffentlicht, aus der man sieht, welche Bücher von den Studenten am häufigsten entliehen worden sind. Und siehe da, den Rekord schlug nicht etwa Hitlers Selbstbiographie oder irgendein anderer hakenkreuzlerischer Wegweiser ins »Dritte Reich«, sondern der gute, alte Bekannte Karl May. 343mal wurde im letzten Sommersemester von den Erlanger Studenten »Old Shatterhand« von Karl May in der Universitätsbibliothek verlangt.

Das ist die geistige Nahrung, aus der der Erfolg der Nationalsozialisten erwächst! Für Hakenkreuzstudenten ist Hitler nichts anderes als ein ins Deutsche übersetzter »Old Shatterhand«.[120]

Überwiegend deutlich blieb auch das Urteil in Österreich. In der Zeitschrift ›Die Sozialistische Erziehung‹ schilderte der Journalist und Schriftsteller Max Winter (1870–1937), damals Vorsitzender des sozialdemokratischen Kinder- und Jugendverbandes ›Kinderfreunde‹, unter der Überschrift ›Unser Weihnachtsbüchertisch‹ empfehlenswerte Literatur: »Wer den Kampf gegen das Schundschrifttum, das an unsere Jugend mit seinen verderblichen Einflüssen in tausendfacher Gestalt herankommt, führen will, der darf an dem guten Indianerbuch nicht vorrübergehen.« Genannt werden in der Folge u. a. ›Lederstrumpf‹ von Cooper und ›Unter Indianern‹ von Friedrich Gerstäcker. Karl May ist nicht dabei.[121] Erna Maraun (1900–1954), die zu diesem Zeitpunkt in der Jugendfürsorge in Wien arbeitete, beschreibt ihre Erfahrungen aus der Arbeit mit Mädchen im Alter zwischen 15 und 17 Jahren im Kampf gegen die Schundliteratur. Sie bringe in ihre Jugendgruppe immer »gute Literatur« mit, die auch das »jugendliche Bedürfnis nach Romantik, nach phantasievollem Erleben, »nach Erleben überhaupt«[122] befriedige. Positiv genannt wird hier wiederum u. a. Jack London. Der Unterschied zwischen Schundliteratur und einem guten Buch werde schon am Äußeren sichtbar:

Wir vergleichen das Äußere eines guten Buches und eines Schundromans, bemerken das schreiende, unkünstlerische Titelbild, den lockenden Titel, das minderwertige Papier, erkennen den Menschenfang, der schon damit getrieben wird.

Und weiter mit Blick auf den Inhalt: »Wir sehen, daß uns der Schund nie das Erlebnis der schönen Form vermitteln kann, sondern daß er uns nur Stoff bietet und nicht einmal guten.«[123]

Sehr deutlich im Urteil über Karl May ist ein Artikel in der gleichen Zeitschrift ein paar Jahre später. Alfred Apsler stellt zunächst fest, das Buch zähle zu den hervorragendsten Beeinflussungs- und Bildungsmitteln der Jugend und jeder Erzieher mache sich eines schweren Versäumnisses schuldig, der nicht sein besonderes Augenmerk der Lektüre der ihm anvertrauten Menschen widme. »(W)üste Kolportage-Romantik« wie bei Robert Kraft habe glücklicherweise ihre Blütezeit hinter sich.

Auch das lange Zeit mit seinem zweifelhaften Glanz alle anderen überstrahlende Gestirn Karl Mays scheint bereits mehr und mehr zu erbleichen. Old Shatterhand, Winnetou, Hadschi Halef Omar, Inhalt ungezählter Knabenträume, verdanken ihr Papierdasein zwar einer gewandten, phantasievollen Feder, aber sie sind weder lebensecht noch liegt in ihren Bravourstücken irgendein höherer Sinn. Mit fachmännischem Behagen vertieft sich der vielschreibende Spannungsakrobat in die Schilderung aller Arten von Grausamkeit. Da wird erstochen und erschossen, erwürgt und aufgeschlitzt; und all das im Vollgefühl des Rechts, das durch ölige religiöse Phrasen, durch patriotische Mätzchen glaubhaft werden soll. Mit burschikoser Überlegenheit rühmen sich diese Gewaltmenschen, denen es auf ein paar Menschenleben nicht ankommt, ihrer mörderischen Kunstgriffe. Überdies machen auch die eitle Selbstbespiegelung des Autors und das notorisch schlechte Deutsch diese Bücher zu einer äußerst zweifelhaften Gabe für junge Menschen. Nun, die Jugend wendet sich heute, wenn sie einen Blick in fremde Zonen werfen will, lieber an Männer, die aus eigener Anschauung schildern und sich nicht wie May ihre geographischen und sonstigen Kenntnisse mühsam aus zweiter Hand zusammenholen.

Der Ruhm Karl Mays lockte weitere Wildwest-Literaten auf den Plan, die nun gleichfalls mit einem großartigen Aufwand von Pulver, Blut und Schurkerei arbeiten. (...) Berechtigtes Mißtrauen muß man den blutrünstigen Erzählungen G e r s t ä c k e r s entgegenbringen, ebenso der »Schatzinsel« von S t e v e n s o n (...).[124]

Apsler stellt dem den »gegenwartsbetonte(n) B i l d u n g s r o m a n« entgegen, etwa ›Joe unter Piraten‹ von Jack London, der auch im weiteren Textverlauf positiv hervorgehoben wird. Gut seien auch Tatsachenberichte von Globetrottern, bei denen Stärke, Mut und Geschicklichkeit ebenso gälten wie auf dem »Kriegspfad der Rothäute«, »aber es geht nicht um Skalpe, sondern um den Fortschritt«.[125]

Auch in Österreich blieben allerdings Stimmen präsent, die die May-Kritik ablehnten. Auf die Bitte eines jugendlichen Lesers, ihm doch zu erklären, warum Karl May trotz der interessanten Landschaftsbeschreibungen nicht gut für junge Menschen sei – die Frage nach Gott könne ein 14-Jähriger doch selbst beantworten – antwortet ein Redakteur u.a., er habe selbst alles von May gelesen, würde es seinen Kindern aber nicht mehr geben:

Karl May zu lesen ist in erster und wichtigster Linie ein Unsinn. K a r l M a y i s t e i n L ü g n e r. (...) Seine geographischen Kenntnisse hat er aus anderen Büchern abgeschrieben. Findest du es nicht besser, diese Bücher selbst zu lesen?

Ich glaube schon, und du weißt es selbst, daß es erfundene Geschichten gibt, aber dann wollen wir das von vornherein wissen. So lesen wir sehr gern Märchen oder Sagen. Aber daß sich ein Mensch uns gegenüberstellt und faustdicke Lügen über seine eigene Heldentaten erzählt, die erstens nicht wahr und zweitens ganz unmöglich sind, für solche Unverschämtheiten soll ein junger Mensch keine Zeit verschwenden.

E s g i b t H e l d e n, die wirklich »Geographie erobert haben«. Und jetzt kommt das Seltsame: Deren Heldentaten sind in der Regel gar nicht so spannend und aufpeitschend wie die unwahren Erzählungen Mays. Die Sache ist so, daß wirkliches Heldentum nicht im Herumschießen und im Indianeranschleichen besteht. (…) Ihr Kampf ist selten einer mit anderen Menschen (…), aber mit den Naturgewalten und besonders mit sich selbst müssen sie ununterbrochen kämpfen. (…). Solche Heldentaten sind vor allem selten, weil sie schwer zu leisten sind, und solche[,] die sie leben, schreiben in der Regel nicht gern darüber, weil sie sonst eben gar keine echten Helden wären. Und endlich ist es auch nicht sehr unterhaltlich, derartiges zu lesen, besonders wenn der Geschmack schon durch Lesen der Geschichten Karl Mays verdorben worden ist.[126]

Der Kampf gegen Karl May nahm auch praktische, ja handgreifliche Züge an: Seine Werke wurden aus den Wiener öffentlichen Bibliotheken entfernt. Eine kritische Durchmusterung war allerdings nur bei Trivialliteratur – und hier auch nicht wirklich konsequent – erlaubt, während Hochliteratur nicht hinterfragt werden durfte.[127] Alfred Pfoser, Jahrgang 1952 und beruflich leitender Mitarbeiter im Wiener Bibliothekswesen bis 2016, ordnet Karl May denn auch in der Rückschau als einen besonderen Fall dieser »simplen Schwarz-Weiß-Polarisierung« ein. Während man Hermann Löns und andere »prä-völkische Heimatliteratur« durchaus akzeptiert und den eigenen Lesern als »›Kunst‹« empfohlen habe, sei »der ideologisch viel harmlosere Karl May mit aller Vehemenz« angefeindet worden.[128] Neben inhaltlichen Fragen sei hier auch eine besondere persönlich-politische Konstellation, eine Verkettung von »Ideologiekritik, bildungsbürgerlicher Trivialliteraturverachtung und taktischer Parteipolitik«[129] deutlich geworden, so Pfoser. Zum einen, weil mit Josef Luitpold Stern einer der führenden Literaturpolitiker eine Zeitlang als Sekretär bei Ferdinand Avenarius und damit im Umfeld eines scharfen ›bürgerlichen‹ May-Kritikers gearbeitet hatte, zum anderen aber auch, weil in Österreich – neben einigen Progressiven – vor allem der reaktionäre Teil des Katholikentums Karl May unterstützte.[130] Letztlich habe der Versuch der Bibliothekare, ihren Lesern Karl May auszureden, aber nicht funktioniert: »Im Kräftemessen mit Karl May und Marlitt, mit Ganghofer und Edgar Wallace unterlagen die Bildungsfunktionäre allerdings eindeutig«.[131]

Im Rahmen der Gleichschaltung der öffentlichen Bibliotheken im Austrofaschismus wurde Karl May dann umgehend wieder eingestellt.[132] So wurde May in Österreich letztlich zum Verhängnis, auf katholischer Seite vor allem vom reaktionären Teil des Katholikentums unterstützt zu werden, während zur gleichen Zeit die katholische Reformbewegung ihn ablehnte.[133] In dieser Gemengelage wurde es nach Einschätzung Pfosers schwierig:

Wie kein anderer Autor hat Karl May als Projektionsfläche für Abgrenzung und Indienstnahme fungiert. Die heterogenen ideologischen Partikel in den Karl

May-Geschichten, die die eklektizistische Lektüre förderten, haben dabei nach-
geholfen.[134]

Nicht nur im Fall Karl Mays sei zu beobachten, dass der Einfluss von Literatur auf die Persönlichkeitsbildung und die politische Meinung maßlos
überschätzt werde.

Selbstzeugnisse und tatsächliche Leseerfahrungen

Wie war es um die Lektüre von Karl May bestellt, wenn man Selbstzeugnisse befragt? Der eigene Werdegang als Leser wird durchaus geschildert.
Oft war es etwa laut Pfoser eine Geschichte des eigenen »Emporlesens«:

> Aus dem literarischen Saulus der Gartenlaube- und Rinaldo-Rinaldini-Lektüre
> wurde ein geläuterter Paulus, der seine Freizeit und seine Nachtstunden mit den
> Klassikern und modernen Gesellschaftsromanen verbrachte.[135]

Dennoch findet sich eine Reihe von Bekenntnissen zur eigenen Karl-May-
Lektüre. So hat Karl Liebknecht, folgt man einem brieflichen Selbstzeug-
nis vom Jahresende 1918, Karl May gelesen:

> Besten Dank für die Übersendung der ›Lanze für Karl May!‹ Großartig, wie der
> Karl-May-Verleger mit dem ›Deutschen Willen‹ Ferdinand Avenarius abrech-
> net! Mich freut dies besonders, weil ich ja die Karl-May-Bücher seit Jahren
> schätze und immer wieder gern lese ...[136]

In einer Auswertung zu frühem Leseverhalten von Protagonisten der Arbeiterbewegung[137] finden sich unter den Lektüreerlebnissen etwa bei Eduard Bernstein (1850–1932) »Kolportageromane (Schauergeschichten)«,
beim Politiker Otto Büchner (1865–1957) »Indianerbücher«, beim Tisch-
ler und späteren Redakteur Heinrich Georg Dikreiter (1865–1947) »Märchen, Sagen, Abenteuer-, Räuber-, Indianerbücher (Karl May, Defoe, Cooper)« und beim zeitweiligen Reichswehrminister Gustav Noske
(1868–1946) »Defoe: Robinson, Indianerbücher«. Vom Arbeiterschrift-
steller Max Barthel (1893–1975) – dessen Lebensweg von der sozialistischen Jugendbewegung über die KPD und wieder die SPD bis (mindestens) in die Nähe zum Nationalsozialismus führte – wird über seine
Jugendzeit vor dem Ersten Weltkrieg in Dresden zitiert:

> »[...] wir sangen die Internationale und schöne Volkslieder, verachteten das Ki-
> no, tranken keinen Alkohol und verabscheuten den Tabak. Wir liebten Gedichte

und lasen Darwin, Zola, Schiller, Strindberg, Dostojewski und Gorki, die Arbei-
terzeitung und Karl May.«[138]

Das sicherlich prominenteste Beispiel von May-Lektüre stellt Hermann
Müller (1876–1931) dar, letzter demokratisch gewählter Reichskanzler der
Weimarer Republik. Dieser berichtete selbst über seine Lektüre und Be-
gegnung mit Karl May:

Von Jugend auf habe ich mich für Welt- und Literaturgeschichte und für Geographie besonders interessiert. Als Junge hatte ich die gewöhnlichen Indianergeschichten sehr bald satt. Mein Interesse für sie wurde erst später wieder geweckt, als ich als Schüler in der Lößnitz jahrelang im Hause von Karl May
verkehrte.[139]

Dass Karl-May-Lektüre als bekannt vorausgesetzt wurde, blitzt auch in
anderen Texten über die Jahrzehnte immer wieder auf. So heißt es in einem
Text über Lawrence von Arabien:»Gemahnt diese ganze Welt so an K a r l
M a y , daß man fast auf das Auftauchen von Hadschi Halef Omar wartet
(…)«,[140] an anderer Stelle werden Winnetou, Old Shatterhand und Hobble-
Frank aufgezählt.[141] Dass Karl May gelesen wurde, zeigt auch ein kurzer
Text über das Sommerzeltlager der ›roten Kinderrepublik‹ von Seekamp:

Wie gerne würden sie dabei sein wollen bei den Roten Falken, bei den Kinderfreunden, bei der Kinderrepublik! – Ich b i n bürgerlich erzogen (obwohl meine
Eltern keineswegs reich waren) – ja, wie begeistert hätte ich dabei sein mögen,
wenn mir so ein Buch in die Hand gefallen wäre! Das ist ja schöner und abenteuerlicher und aufregender als Karl May und Lederstrumpf, in deren romantische Welt wir bürgerlichen Kinder damals flüchteten vor der bürgerlichen Welt,
die wir weder verstanden noch liebten.[142]

Dass Kenntnisse der Werke Karl Mays implizit vorausgesetzt wurden,
zeigt auch die Besprechung des Buches ›Der Weiße Häuptling‹ von C. L.
Skinner durch Karl Haupt, in der es im Anschluss an die Feststellung, die
Autorin prangere die Ländergier der imperialistischen Staaten an, heißt,
für»den Humor sorgt eine an Karl Mays Halef orientierte Figur eines jugendlichen Negerhalbbluts. Für Jungens bis zu fünfzehn Jahren ist das
Buch eine recht empfehlenswerte Lektüre.«[143] So verschwand Karl May
nie vollständig aus dem Bewusstsein. Die als Beilage des sozialdemokratischen ›Vorwärts‹ herausgegebene Zeitschrift ›Der Kinderfreund‹ enthält
ein eher humorvolles Stück ›Das Gärtchen am Wege‹, das mit deutlichen
May-Anspielungen arbeitet. Der Plot handelt von einigen Jungen, die in

ihrem Schlupfwinkel wie »echte Indianer«[144] zusammensitzen und überlegen, wie sie an ein eigenes Gärtchen zum Spielen kommen können. Die
Kinder nennen sich »Sitting Bull« und »Große Schlange« und finden nach
einem längeren Streifzug am Ende einen Platz außerhalb der Stadt, auf
dem sie die Siedlung »Shatterhand« anlegen.[145]

In einer im Jahr 1927 veröffentlichen Umfrage befragte die Lehrlings-
sektion der Ledergalanteriearbeiter alle Lehrlinge dieses Handwerks – organisiert oder nicht – mit Hilfe eines umfangreichen Fragebogens.[146] 380
Bögen wurden – sämtlich von männlichen Jugendlichen – beantwortet.
Der Rücklauf ist bemerkenswert. So gaben 309 an, täglich eine Zeitung zu
lesen – deutlich überwiegend sozialdemokratische Blätter. Etwa die Hälfte
der Befragten besaß eigene Bücher (Ja: 184, Nein: 196). Von den Bücher-
besitzern gaben 110 ihren Bestand genauer an; im Schnitt besaßen sie 26,7
Bücher, vor allem Romane, Erzählungen und Abenteuergeschichten.
Meistgenannter Schriftsteller – mit 13 Nennungen – war dabei Karl May,
während Cooper mit Karl Marx und Jules Verne mit jeweils drei Nennungen gleichauf lag. Dass dieser Schnitt durchaus passt, machen die Antworten auf die nächste Frage deutlich: »Welche waren die schönsten Bücher,
die du bisher gelesen hast?« Hier lag Karl May mit 53 Nennungen wiederum deutlich vorn, der zweitplatzierte Alexandre Dumas kam auf 25, Jules
Verne auf 20 und Gerstäcker auf 18 Nennungen. Goethe schaffte es mit 14
Nennungen immerhin ebenfalls in die Liste. Bei den am häufigsten genannten Werken lag dann allerdings ›Der Graf von Monte Christo‹ mit 17
Nennungen vorne, ein Band von May findet sich hier nicht – vermutlich
ein Hinweis darauf, dass sich die May-Begeisterung auf eine deutliche
größere Zahl an Bänden verteilte. Bei der Frage nach Vorbildern lag die
Gruppe »Politiker, Staatsmänner« mit 127 Nennungen zwar vor der Gruppe »Schriftsteller, Dichter« mit 108 Nennungen. Bei den einzelnen Namen
führt dann allerdings Lindbergh mit 33 Stimmen klar vor Beethoven mit
22 Stimmen. Karl Marx mit 19 und der österreichische Parteigründer Victor Adler mit 16 Stimmen schaffen es immerhin knapp vor Karl May mit
15 Stimmen ins Ziel. Bei den beliebtesten Filmen erhielt Eisensteins ›Pan-
zerkreuzer Potemkin‹ mit 68 Stimmen mit Abstand die meisten Nennungen. In seiner Auswertung hielt Heinrich Soffner in einem späteren Heft
zunächst fest, die Umfrage zeige, dass sich das geistige und kulturelle Niveau der Lehrlinge außerordentlich gehoben habe.[147] Schundfilm und
Schundliteratur seien präsent, aber nicht so arg, wie manchmal angenommen. Besonders erkennbar sei der Trieb zu abenteuerlichen Erlebnissen.
Der durchschnittliche Geschmack bei Filmen sei deutlich besser als bei
Büchern, was daran liege, dass gute Filme leichter zugänglich seien als
gute Bücher. »Bei den Büchern steht nur seichte, ja ausgesprochene

Schundliteratur (Karl May!) an der Spitze.« Vermutlich hätten nur wenige
Jugendliche den Weg in die Arbeiterbüchereien gefunden. In den Schulbi-
bliotheken, zu Hause, bei Freunden finde man eben eher das schlechte oder
bestenfalls bedeutungslose Buch und lerne so gute Bücher überhaupt nicht
kennen: »Zum Beispiel die Werke von Jack London, die gewiß geeignet
sind, Karl May weitgehend zu verdrängen.« Allerdings müsse auch festgestellt werden, dass die wenigsten eine geschlossene Auffassung hätten.
So habe bei der Frage nach den schönsten bisher gelesenen Büchern jemand angegeben: »Karl May, Revolution, Freiheitskämpfe, Weltgeschichte«, bei der Frage nach Vorbildern »Schiller, Goethe, Karl May«.

Und 1932 zitiert die ›Arbeiter-Jugend‹ ohne weiteren Kommentar eine
Umfrage, die in der ›Schriftenreihe des Deutschen Archivs für Jugend-
wohlfahrt‹ veröffentlicht worden sei, dass bei der Frage nach dem belieb-
testen Schriftsteller unter den männlichen Jugendlichen Karl May mit 91
Nennungen klar vorne lag – vor dem zweitplatzierten Jack London mit 55
Stimmen.[148]

Fazit

Die Auseinandersetzungen mit Karl May in der sozialdemokratisch geprägten Arbeiterbewegung sind nolens volens eingebettet in die allgemeine Auseinandersetzung mit der sogenannten Schundliteratur, die Ende des
19. Jahrhunderts einen ersten Höhepunkt erreichte. Sie sind erst begreifbar
vor dem Hintergrund der Interessenkonflikte, der politischen und konfes-
sionellen Tageskämpfe ihrer Zeit.[149] Wichtig ist auch festzuhalten: Karl
May wurde immer wieder erwähnt, sein Werk stand aber nicht im Mittelpunkt der Auseinandersetzungen. Praktisch zu beachten ist hier, dass May
bereits seit Beginn der Edition der ›grünen Bände‹ in den 1890er Jahren zu
den eher hochpreisigen Schriftstellern gehörte; der Erwerb seiner Bände
war für Arbeiterjugendliche kaum erschwinglich – und die auch nicht im
Wege der vor allem in der Kritik stehenden Kolportage verbreitet wurden.
Karl May selbst waren soziale Schicksale nicht egal. Geprägt durch sein
eigenes Leben war ihm Armut sehr bewusst. Insbesondere in den im Erzgebirge spielenden Geschichten sind Armut und durchaus auch Ausbeutung
präsent. Dies wird allerdings nicht auf strukturelle Ursachen der Wirtschaftsordnung, sondern vor allem auf individuelles Fehlverhalten zurückgeführt. Auch wird am Adel nicht die Existenz an sich, sondern das zumeist
falsche Verhalten der handelnden Akteure gesehen.[150] Auch wenn Karl
Mays persönliche Einstellung verschiedene Elemente enthielt – monarchi-
stische, liberal-demokratische, konservative und gegen Ende seines Lebens

auch pazifistische – so ist doch recht deutlich, dass ihn mit der Sozialdemokratie nichts verband.[151] Die zeitgenössische Sozialdemokratie nahm May denn auch vor allem als sich religiös-katholisch gebenden Schriftsteller ohne größere Kritik an den herrschenden Verhältnissen wahr. Die proletarische Herkunft wurde zuweilen erkannt und erwähnt, aber May – zu Recht – nicht als sozialkritischer Schriftsteller gesehen. In May-Texten gelegentlich auftauchende Spitzen gegen die Sozialdemokratie[152] wurden, soweit ersichtlich, gar nicht beachtet – wohl vor allem deshalb, weil eine sorgfältige Lektüre der Texte ähnlich wie bei bürgerlichen Kritikern Mays gar nicht stattfand. Auch Karl May selbst legte in seinen öffentlichen Stellungnahmen – wie oben angedeutet – Wert auf eine klare Abgrenzung von der Sozialdemokratie.

Die Kritik am inhaltlichen Gehalt der Romane blieb sehr allgemein. Beachtenswert ist dabei aber, dass offenbar kein Kritiker May ausdrücklich in die Nähe der bereits in den 1890er Jahren von Karl Kautsky als kolonialistisch eingeordneten Indianerliteratur rückte. Eine positive Markierung Mays in dieser Frage blieb aber die Ausnahme. Nur Berthold Viertel nahm in seinem oben skizzierten Nachruf ausdrücklich Bezug auf den anti-kolonialen Gehalt etwa von ›Winnetou I‹.

Neben den Inhalten wurden Karl Mays Werke auch wegen der Form kritisiert – hier folgte die sozialdemokratische Kritik überwiegend den Mustern der bürgerlichen Kritik an ›Schmutz und Schund‹. Eigenständige Definitionen von Schund und Schmutz wurden kaum entwickelt. Ein Grund dafür mag gewesen sein, dass eine Reihe sozialdemokratischer Jugendbildner zunächst in bürgerlichen Umfeldern sozialisiert und intellektuell geprägt worden war. Im Weg stand vielen sozialdemokratischen Literaturkritikern mit pädagogischem Impetus zudem eine in sich eher widersprüchliche Haltung, die Phantasie in der Literatur zwar wichtig fand – nur ›erfunden‹ durfte halt nichts sein. Dieses Motiv verband dann durchaus eher von einem Blick auf ›Hochkultur‹ geprägte Pädagogen mit jenen, die Literatur vor allem danach aussuchen wollten, ob sie dem Leser Hilfestellung bei der Erkenntnis der aktuellen politischen und gesellschaftlichen Lage bieten konnte.

Andererseits wird deutlich, dass das literaturpolitische Urteil doch nicht ganz so eindeutig und einheitlich ist, wie es zunächst scheint. Zwar gilt die Ablehnung Mays sehr klar für die Verantwortlichen der Arbeiterbibliotheken, zum anderen kam offensichtlich ein erheblicher Teil der sozialdemokratischen Anhängerschaft doch mit seinen Schriften in Berührung. Und für einen beachtlichen Teil der sozialdemokratischen Literaturkritik galt dann doch auch, dass das Sehnen junger Menschen, sich in Abenteuer und ferne Länder zu versenken, nichts per se Schlechtes und die Abgrenzung

zwischen ›guter‹ und ›schlechter‹ Abenteuerliteratur kaum allgemeingül-
tig und widerspruchsfrei zu treffen ist.

 1 Leserzuschrift, zitiert von Karl May in: Freuden und Leiden eines Vielgelesenen. In:
   Deutscher Hausschatz. XXIII. Jg. (1897), S. 18; Reprint in: Karl May: Kleinere Haus-
   schatz-Erzählungen 1878–1897. Reprint der Karl-May-Gesellschaft. Hamburg/Re-
   gensburg 1982.
 2 Das Lieblingsbuch der Nazi-Studenten. In: Jugendwille. Monatsbeilage der »Pfälzischen Post«. Jg. 1931, Nr. 2, unpaginiert.
 3 Siehe dazu Jürgen Seul: Die Akte Rudolf Lebius. Auf den Spuren eines Skandaljour-
   nalisten zwischen Kaiserzeit und Drittem Reich. Bamberg/Radebeul 2019.
 4 Siehe Volker Griese: »Wie ein ganz Großer, wie ein gewaltiger Klassiker«. Erich
   Mühsam und Karl May. In: Mitteilungen der Karl-May-Gesellschaft 184/2015,
   S. 2–10.
 5 Siehe Christian Heermann: Old Shatterhand ritt nicht im Auftrag der Arbeiterklasse.
   Dessau 1995, S. 16f.
 6 Klaus Tenfelde: Lesegesellschaften und Arbeiterbildungsvereine: Ein Ausblick. In:
   Lesegesellschaften und bürgerliche Emanzipation. Ein europäischer Vergleich. Hrsg.
   von Otto Dann. München 1981, S. 253–274 (253).
 7 Zur Entwicklung der sozialdemokratischen Arbeiterbewegung als Bildungsbewe-
   gung siehe etwa Horst Groschopp: Zwischen Bierabend und Bildungsverein. Zur Kulturarbeit in der deutschen Arbeiterbewegung vor 1914. Berlin (Ost) 1985; sowie Bri-
   gitte Emig: Die Veredelung des Arbeiters. Sozialdemokratie als Kulturbewegung.
   Frankfurt a. M. 1980.
 8 Siehe dazu etwa Kristina Zerges: Was haben Arbeiter gelesen? Veröffentlichung des
   Forschungsschwerpunkts Massenmedien und Kommunikation an der Gesamthoch-
   schule Siegen. Nr. 3. Siegen 1979, S. 2.
 9 Siehe Dieter Sudhoff/Hans-Dieter Steinmetz: Karl-May-Chronik. Bd. I 1842–1896.
   Bamberg/Radebeul 2005, S. 120.
10 Ebd., S. 166f.
11 Ebd., S. 196.
12 Zit. nach Fritz Maschke: Karl May und Emma Pollmer. Die Geschichte einer Ehe.
   Bamberg 1973, S. 140; Sudhoff/Steinmetz, wie Anm. 9, S. 236.
13 Zit. nach Maschke, wie Anm. 12, S. 152; siehe auch Stefan Schmatz: Karl Mays politisches Weltbild. Ein Proletarier zwischen Liberalismus und Konservatismus. Sonderheft der Karl-May-Gesellschaft (S-KMG) Nr. 86/1990, S. 42.
14 Nachwort der Redaktion zu: Das erste sozialdemokratische Bilderbuch. Von E. Erd-
   mann. In: Die Neue Zeit. XII. Jg. (1893/94), I. Bd., Nr. 11, S. 340–343 (343).
15 Ebd.
16 Heinrich Schulz: Sozialdemokratische Jugendliteratur? In: Die Neue Zeit. XIX. Jg.
   (1900/01), II. Bd., Nr. 32, S. 172–177 (173).
17 Ebd., S. 175.
18 Siehe dazu Hainer Plaul: Literatur und Politik. Karl May im Urteil der zeitgenössischen Publizistik. In: Jahrbuch der Karl-May-Gesellschaft (Jb-KMG) 1978. Hamburg
   1978, S. 174–255 (214–219).

19 A[ugust] H. Th. Pfannkuche: Was liest der deutsche Arbeiter? Auf Grund einer Enquete beantwortet. Tübingen/Leipzig 1900.

20 Ebd., S. 3.

21 Ebd., S. 4.

22 Ebd., S. 8f.

23 Ebd., S. 9f.

24 Ebd., S. 23–25.

25 Ebd., S. 37.

26 Ebd., S. 63.

27 Ebd., S. 65.

28 Bücher-Verzeichnis der Bibliothek des Sozialdemokratischen Wahlvereins Neukölln. Berlin ca. 1914, S. 77–87 (77–82, 85f.).

29 H[einrich] Ströbel: Jugend, Volk und Literatur. In: Die Neue Zeit. 20. Jg. (1901/02), II. Bd., Nr. 16 (lauf. Nr. 42), S. 496–505 (497).

30 Ebd., S. 498.

31 Ebd., S. 500.

32 Ebd., S. 501.

33 Josef Kliche: Arbeiterlektüre. In: Sozialistische Monatshefte. 5. Heft (9. März 1911), S. 315–319 (316).

34 Siehe zum Lebensweg von Gustav Hennig Felicitas Marwinski: Sozialdemokratie und Volksbildung. Leben und Wirken Gustav Hennigs als Bibliothekar. München u. a. 1994.

35 Zur Situation in Leipzig siehe den Überblick bei Horst Gebauer: Arbeiterbibliotheken in Leipzig. In: Leihbibliotheken, Arbeiterbibliotheken, Bücherhallen. Bibliothekarische Bemühungen um die Volksbildung vom Anfang des 19. Jahrhunderts bis 1933. Hrsg. von Renate Florstedt. Leipzig 1989, S. 31–44.

36 Siehe Marwinski, wie Anm. 34, S. 21.

37 Zur Heimvolkshochschule Schloss Tinz siehe etwa Ronny Noak: Die Heimvolkshochschule Tinz. Ein Experimentierlabor sozialistischer Bildung. Erfurt 2021; sowie »Völkerversöhnung« oder »Volksversöhnung«? Volksbildung und politische Bildung in Thüringen 1918–1933. Eine kommentierte Dokumentation. Hrsg. von Jörg Wollenberg. Erfurt o. J. [1998].

38 Siehe Marwinski, wie Anm. 34, S. 10.

39 H. [recte: Gustav] Hennig: Bücher und Bibliotheken für die arbeitende Jugend. In: Arbeiter-Jugend. Organ für die geistigen und wirtschaftlichen Interessen der jungen Arbeiter und Arbeiterinnen. 1. Jg. (1909), Nr. 3, S. 27.

40 G[ustav] Hennig: Jugendbibliotheken. In: Ebd., Nr. 6, S. 63f.

41 A. Heerdorf: Schundliteratur. In: Der Bibliothekar. Monatsschrift für Arbeiterbibliotheken. 3. Jg. (1911), Nr. 3, S. 243f. (243).

42 Ebd.

43 Ebd.

44 Ebd., S. 244.

45 D. Thomas (Theodor Thomas): Du sollst deinen Geist nicht töten! Ein Beitrag zur Bekämpfung der Schundliteratur. Frankfurt a. M. 1911, S. 4.

46 Ebd., S. 5.

47 Ebd., S. 7.

48 Ebd., S. 9.

49 Ebd., S. 11. Die Auflistung ist aus Karl Brunner: Unser Volk in Gefahr! Ein Kampfruf gegen die Schundliteratur. Pforzheim 1909. Thomas gibt auf S. 10 die Quelle an, allerdings mit einem falschen Titel und ohne Untertitel (›Das deutsche Volk in Gefahr‹).

50 Ebd., S. 12.

51 Ebd., S. 17f. Thomas nennt hier keine Quelle. Die Auflistung ist u. a. im ›Dresdner Anzeiger‹ vom 7. März 1911 erschienen (Paul Schumann: Ausstellung gegen Schundliteratur); Faksimile im Artikel-Archiv der KMG, Nr. A-2897-F.

52 Ebd., S. 18.

53 Theodor Thomas: Gib meine Jugend mir zurück ... Der Roman eines Großstadtjungen. Berlin 1921; zu Thomas siehe Gerhard Beier: Theodor Thomas. Der Humorist vom Hirschgraben. In: Ders.: Schulter an Schulter, Schritt für Schritt. Lebensläufe deutscher Gewerkschafter. Von August Bebel bis Theodor Thomas. Köln 1983.

54 Siehe zur Entwicklung des sozialdemokratischen Jugendverbandes etwa Thilo Scholle/Jan Schwarz: »Wessen Welt ist die Welt?« Geschichte der Jusos. 2. vollständig überarbeitete Auflage. Bonn 2019.

55 Hugo Hillig: Eine Jugendschrift. In: Arbeitende Jugend. Monatsschrift für die Interessen der jugendlichen Arbeiter und Arbeiterinnen. 2. Jg. (1906), Nr. 12, S. 4f. (4).

56 Ein Freund: Gegen die Schundliteratur! In: Arbeiter-Jugend, wie Anm. 39, Nr. 5, S. 50f. (51).

57 Ungezeichnet: Opfer der Schundlektüre. In: Ebd., Nr. 7, S. 79f. (80); siehe auch zum Beispiel W. H.: Zwei jugendliche Raubmörder als Opfer der Schundliteratur. In: Arbeiter-Jugend. Organ für die geistigen und wirtschaftlichen Interessen der jungen Arbeiter und Arbeiterinnen. 4. Jg. (1912), Nr. 23, S. 358f.

58 Ungezeichnet: Der Kampf gegen die Schundliteratur. In: Arbeiter-Jugend, wie Anm. 39, Nr. 19, S. 224.

59 Rich[ard] Weimann: Der Kampf gegen die Schundliteratur. In: Ebd., Nr. 22, S. 260.

60 Joh. Hoffmann: Selbststudium. Einige Lesegebote für die Jugend. In: Arbeiter-Jugend. Organ für die geistigen und wirtschaftlichen Interessen der jungen Arbeiter und Arbeiterinnen. 2. Jg. (1910), Nr. 5, S. 61.

61 Ungezeichnet: Die Dortmunder Jugendbewegung. In: Ebd., Nr. 14, S. 212.

62 Ebd.

63 Edgar Hahnewald: Ein Indianerbuch. In: Ebd., Nr. 16, S. 247–250 (247).

64 Siehe Jürgen Seul: Karl May, Lebius und der »Vorwärts«. Die Geschichte und Hintergründe einer wechselvollen Auseinandersetzung in der Zeit zwischen 1904 und 1914 im Spiegel des »Vorwärts«. Mikrofiche-Ausgabe. Marburg 1996; sowie ders.: Die Akte Rudolf Lebius, wie Anm. 3.

65 Kleines Feuilleton. In: Vorwärts. 2. Beilage des »Vorwärts« Berliner Volksblatt. 29. Jg. (1912), Nr. 78 (2. April 1912); Faksimile im Artikel-Archiv der KMG, Nr. A-1420-F.

66 Josef Luitpold Stern: Der Dichter als Kampfgefährte. In: Der Kampf. Sozialdemokratische Monatsschrift. 4. Jg. (1911), H. 7, S. 325–329 (327).

67 Josef Luitpold Stern: Schundliteratur. In: Ebd., H. 10, S. 472–475 (472).

68 Ebd., S. 473.

69 J. L. S [Josef Luitpold Stern]: Ein Vorschlag. In: Bildungsarbeit. Blätter für das Bildungswesen der deutschen Sozialdemokratie in Oesterreich. I. Jg. (1909), Nr. 7, S. 5.

70 A. S.: Karl May und die Arbeiterbibliotheken. In: Bildungsarbeit. Blätter für das Bildungswesen der deutschen Sozialdemokratie in Oesterreich. II. Jg. (1910), Nr. 1, S. 5.

71 Stefan Hock: Karl May. In: Der Strom. Organ der Wiener Freien Volksbühne. 2. Jg. (1912), Nr. 2, S. 40–46 (40); Faksimile im Artikel-Archiv der KMG, Nr. A-1471-F.

72 Ebd., S. 41–43.

73 Ebd., S. 44.

74 Berthold Viertel: Für Karl May. In: Der Strom. Organ der Wiener Freien Volksbühne. 2. Jg. (1912/13), Nr. 3, S. 86–89; nachgedruckt in: Jb-KMG 1971. Hamburg 1971, S. 226–229. Faksimile im Artikel-Archiv der KMG, Nr. A-1477-F.

75 Ebd., S. 87; Jb-KMG, S. 226f.

76 Ebd., S. 88; Jb-KMG, S. 228.

77 Ebd., S. 89; Jb-KMG, S. 229.

78 Ebd. S. 86, nicht im Jb-KMG.

79 Siehe N. B.: Bibliotheksberichte. In: Der Bibliothekar. 8. Jg. (1916), Nr. 6, S. 930–932 (932).

80 Für einen Überblick siehe: Sozialistische Jugend im 20. Jahrhundert. Studien zur Entwicklung und politischen Praxis der Arbeiterjugendbewegung in Deutschland. Hrsg. von Heinrich Eppe/Ulrich Hermann. Weinheim/München 2008. Zu den Ansätzen bei den ›Kinderfreunden‹ siehe beispielsweise die Beiträge in: Auf dem Weg zu einer sozialistischen Erziehung. Beiträge zur Vor- und Frühgeschichte der sozialdemokratischen »Kinderfreunde« in der Weimarer Republik. Festschrift für Heinrich Eppe. Hrsg. von Roland Göschel für den Landesverband Nordrhein-Westfalen der SJD – Die Falken. Essen 2006; Wilfried van der Will/Rob Burns: Arbeiterkulturbewegung in der Weimarer Republik. Eine historisch-theoretische Analyse der kulturellen Bestrebungen der sozialdemokratisch organisierten Arbeiterschaft. Frankfurt a. M. u. a. 1982, sowie Arbeiterkulturbewegung in der Weimarer Republik. Texte, Dokumente, Bilder. Hrsg. von Wilfried van der Will/Rob Burns. Frankfurt a. M. u. a. 1982.

81 O[tto] Jenssen: Tiere, Menschen und Erdteile. In: Arbeiter-Jugend. Monatsschrift der Sozialistischen Arbeiterjugend Deutschlands. 16. Jg. (1924), H. 7, S. 187–190 (187).

82 Walther Silberschmidt: Die Gestaltung der Bücherei. Bemerkungen aus der Praxis. In: Der Führer. Monatsschrift für Führer und Helfer der Arbeiterjugendbewegung. 9. Jg. (1927), Nr. 1, S. 10.

83 Franz Osterroth: Am Marterpfahl der Sioux oder Ein Mädchenraub im Wilden Westen. Schmökerspiel. Berlin 1927.

84 Hans H. Kamm: Sitting Bull und Buffalo Bill. In: Arbeiter-Jugend. Monatsschrift der Sozialistischen Arbeiterjugend Deutschlands. 21. Jg. (1929), H. 5, S. 116–118 (116).

85 Theodor Thomas: An ihren Büchern sollt ihr sie erkennen. In: Jugendwille. Vom Willen, Weg und Werk der arbeitenden Jugend. Jg. 1926, Nr. 12, unpaginiert.

86 Trude Wiechert: Die Wirkung guter Bücher. In: Jugendwille. Monatsbeilage der »Pfälzischen Post«. Jg. 1929, Nr. 12, unpaginiert.

87 Richard Rainer: Literatur und Jungproletariat. In: Jugend-Vorwärts. Beilage zum Vorwärts. Nr. 3 (16. Mai 1925), S. 2.

88 Siehe Frank Heidenreich: Arbeiterbildung und Kulturpolitik. Kontroversen in der sozialdemokratischen Zeitschrift »Kulturwille« 1924–1933. Berlin 1983.

89 Siehe ebd., S. 18.

90 Zum Geleit. In: Kulturwille. Mitteilungsblatt des ABI. Organ für kulturelle Bestrebungen der Arbeiterschaft. 1. Jg. (1924), Nr. 1, S. 1.

91 Anna Siemsen: Schöne Literatur als Zeitspiegel. In: Kulturwille. Monatsblätter für Kultur der Arbeiterschaft. 2. Jg. (1925), Nr. 12, S. 247.

92 Siehe etwa Anna Siemsen: Selbsterziehung der Jugend. Berlin 1929.

93 Anna Siemsen: Literarische Streifzüge durch die Entwicklung der europäischen Gesellschaft. Jena 1925; dies. (in Fortsetzung des Werks von Franz Diederich): Von unten auf. Das Buch der Freiheit. Dresden 1928; dies.: Daheim in Europa. Unliterarische Streifzüge. Jena 1928.

94 Gustav Hennig: Wer ist Jack London? In: Kulturwille, wie Anm. 91, Nr. 9, S. 185.

95 Reichsausschuß für sozialistische Bildungsarbeit: Leitfaden für Arbeiterbüchereien. Berlin 1927, S. 46–56 (53–56).

96 Fried. Wittber: Bücher, die unseren Kindern dienen. In: Kulturwille, wie Anm. 91, Nr. 3, S. 50.

97 Joh. Kretzen: Aus fernen Zonen. In: Kulturwille. Monatsblätter für Kultur der Arbeiterschaft. H. 7 (Juli 1928), S. 140f. (141).

98 Der Bücherkreis. 4. Jg. (1928), H. 4, hintere Umschlagseite.

99 Alfred Kleinberg: Entwicklungslinien der neueren deutschen Literatur. In: Die Bücherwarte. Zeitschrift für sozialistische Buchkritik. 1. Jg. (1926), H. 12, S. 353–359 (358).

100 Zum Überblick über die Kontroverse sowie zur Biografie Kleinbergs siehe Stefan Schmatz: »Ein gerader Mensch, dem es darum zu tun war, eine sittlich einwandfreie Welt zu schaffen«. Alfred Kleinberg, der unbekannte Gegner Karl Mays. In: Jb-KMG 2021. Husum 2021, S. 259–285.

101 Bereits während der 1930er Jahre persönlichen Anfeindungen der Nationalsozialisten ausgesetzt, geriet Kleinberg als Jude und Sozialdemokrat nach dem endgültigen ›Anschluss‹ der Tschechoslowakei an das Deutsche Reich am 15. März 1939 in ernste Gefahr, die ihn bereits am Folgetag in den Selbstmord trieb.

102 Gerhart Sauer: Arbeiterbibliotheken. In: Arbeiter-Bildung. Monatsschrift des Reichsausschusses für sozialistische Bildungsarbeit. 1. Jg. (1926), H. 1, S. 10–12.

103 Heinrich Schulz: Gegen Schund und Schmutz. In: Ebd., H. 4, S. 49–52 (49).

104 Ebd., S. 50f.

105 Alfred Kleinberg: Was ist literarischer Schund? In: Ebd., H. 6, S. 83–86 (84).

106 Ebd., S. 85f.

107 Alfred Kleinberg: Kultur und Arbeiterbewegung. In: Arbeiter-Bildung. Monatsschrift des Reichsauschusses für sozialistische Bildungsarbeit. 3. Jg. (1928), H. 1, S. 1–3 (3).

108 Alfred Kleinberg: Die deutsche Dichtung in ihren sozialen, zeit- und geistesgeschichtlichen Bedingungen. Eine Skizze. Berlin 1927, S. 346.

109 Anna Siemsen: Jugendliteratur. In: Arbeiter-Bildung, wie Anm. 102, H. 11, S. 189–192 (189f.).

110 Ebd., S. 191.

111 Schriftenreihe des Zentralbildungsausschusses der Sozialdemokratischen Partei Deutschlands. Nr. 1: Sozialismus und Schundliteratur. Berlin o. J. [ca. 1923].

112 Bücher für mein Kind. Ein Ratgeber für Eltern, Lehrer und Erzieher. Wien 1930, S. 24.

113 Siehe etwa Karl Schröder: Jack London. In: Kultur und Leben. 2. Beilage der »Arbeiter-Jugend«. 19. Jg. (1927), H. 1, S. 18f.

114 Zu Geschichte und literarischer Programmatik siehe Jürgen Dragowski: Die Geschich-
    te der Büchergilde Gutenberg in der Weimarer Republik 1924–1933. Essen 1992.
115 Siehe ebd., S. 78.
116 Kurt Offenburg: Jack London. In: Die Büchergilde. Zeitschrift der Büchergilde Gu-
    tenberg. Jg. 1927, Nr. 4, S. 49–59 (55f.).
117 Ebd., S. 56.
118 Karl Schröder: Etwas über Kitsch, Schund und Schmutzliteratur. In: Arbeiter-
    Jugend. Monatsschrift des Verbandes der Sozialistischen Arbeiterjugend Deutsch-
    lands. 18. Jg. (1926), H. 2, S. 40–42 (42).
119 Siehe Jack London entdecken. Biografie und Lesebuch. Hrsg. von Jürgen Seul. Ber-
    lin 2023, S. 407f. (Anhang 2: Kurzer Exkurs. Was Jack London mit Karl May zu tun
    hat).
120 Das Lieblingsbuch der Nazi-Studenten, wie Anm. 2. Die Nachricht wurde mit ähn-
    lichem Wortlaut auch aufgegriffen in Ungezeichnet: Was liest der junge Arbeiter? In:
    Die Büchergilde. Zeitschrift der Büchergilde Gutenberg. Jg. 1931, Nr. 2, S. 57.
121 Max Winter: Unser Weihnachtsbüchertisch. In: Die Sozialistische Erziehung.
    Reichsorgan des Arbeitervereins »Kinderfreunde« für Österreich. Jg. 1922, H. 11,
    S. 246–254 (251).
122 Erna Maraun: Schundliteratur. In: Die Sozialistische Erziehung. Reichsorgan des
    Sozialdemokr. Erziehungs- und Schulvereins »Freie Schule – Kinderfreunde«. 5. Jg.
    (1925), H. 5, S. 133–135 (133).
123 Ebd., S. 134.
124 Alfred Apsler: Das Abenteuerbuch. Was die Jugend lesen und was sie nicht lesen
    sollte. In: Die sozialistische Erziehung. Reichsorgan des Sozialdemokratischen Er-
    ziehungs- und Schulvereins »Freie Schule – Kinderfreunde«. XI. Jg. (1931), H. 10,
    S. 227–230 (227).
125 Ebd., S. 228.
126 A[lois] Jalkotzy: Karl May und die Jungen. Eine Antwort auf einen Brief. In: Arbei-
    ter-Zeitung. Zentralorgan der Sozialdemokratie Deutschösterreichs. XXXVI. Jg.
    (1924), Nr. 267 vom 27. September 1924, S. 12.
127 Siehe Alfred Pfoser: Literatur und Austromarxismus. Wien 1980, S. 137–141; siehe
    zur Literaturpolitik im ›Roten Wien‹ der 1920er Jahre mit Blick auf Karl May auch
    den Eintrag von Richard Lambert/Gernot Waldner: Literatur. In: Das Rote Wien.
    Schlüsseltexte der Zweiten Wiener Moderne 1919–1934. Hrsg. von Rob McFarland/
    Georg Spitaler/Ingo Zechner. Berlin 2020, S. 617–619.
128 Pfoser: Literatur und Austromarxismus, wie Anm. 127, S. 137f.
129 Ebd., S. 140.
130 Ebd., S. 139f.
131 Ebd., S. 289.
132 Ebd., S. 239.
133 Siehe Alfred Pfoser: Karl May in Österreich. Auch ein Kapitel Bibliotheksgeschich-
    te. In: Zur Geschichte der Öffentlichen Bibliotheken in Österreich. Hrsg. von Alfred
    Pfoser/Peter Vodosek. Wien 1995, S. 195–216 (v. a. 198f.).
134 Ebd., S. 213.
135 Alfred Pfoser: Arbeiter lesen. Zum kulturellen Verhalten der Arbeiterschaft in der
    Habsburgermonarchie und in der Ersten Republik. In: Wissen ist Macht! Zur Ge-

schichte sozialdemokratischer Bildungsarbeit. Hrsg. von Harald Troch. Wien 1997, S. 127–136 (131).

136 Karl Liebknecht: Brief an Dr. Dietze vom 28. Dezember 1918; zit. nach: A[lbert] W[ilhelm] Conrady: Karl May im Urteil der Zeit. In: Karl May's Gesammelte Werke Bd. 34: »Ich«. Karl Mays Leben und Werk. Bamberg ²¹1958, S. 373–380 (376).

137 Im Folgenden zitiert nach Jochen Loreck: Wie man früher Sozialdemokrat wurde. Das Kommunikationsverhalten in der deutschen Arbeiterbewegung und die Konzeption der sozialistischen Parteipublizistik durch August Bebel. Bonn 1977, S. 159f.

138 Ebd., S. 176. Loreck zitiert nach: Max Barthel: Kein Bedarf an Weltgeschichte. Geschichte eines Lebens. Wiesbaden 1950, S. 12.

139 Hermann Müller: Mannheimer Jugendtage. In: 40 Jahre Volksstimme. Mannheim 1890–1930. Jubiläumsausgabe 1. Mai 1930 [1. Blatt], S. 3.

140 Friedrich Wendel: Aufstand in der Wüste. Erlebnisse unter Arabern im Krieg. In: Der Abend. Spätausgabe des Vorwärts. Beilage. 45. Jg. (1928), Nr. 174 vom 12. April 1928, S. 5.

141 Paul Steegemann: Schön ist die Jugend. In: Unterhaltung und Wissen. Beilage des Vorwärts. 43. Jg. (1926), Nr. 109 vom 6. März 1926, S. 11.

142 Hans Siemsen: Die rote Kinderrepublik. In: Kulturwille. Monatsblätter für Kultur der Arbeiterschaft. H. 2 (Februar 1929), S. 36.

143 Karl Haupt: Der Weiße Häuptling. In: Die Bücherwarte. Zeitschrift für sozialistische Buchkritik. Jg. 1930, H. 12, S. 184.

144 E. Langenberg: Das Gärtchen am Wege. In: Der Kinderfreund. Beilage des Vorwärts. Jg. 1930, Nr. 7, S. 103–106 (103).

145 Ebd., S. 106.

146 Heinrich Soffner: Das geistige Leben der Arbeiterjugend. In: Bildungsarbeit. Blätter für sozialistisches Bildungswesen. XIV. Jg. (1927), Nr. 10, S. 181–183.

147 Heinrich Soffner: Das geistige Leben der Arbeiterjugend. In: Bildungsarbeit. Blätter für sozialistisches Bildungswesen. XV. Jg. (1928), Nr. 1, S. 6f. (die Zitate S. 6).

148 Was lesen die Jugendlichen? In: Arbeiter-Jugend. Monatsschrift der Sozialistischen Arbeiterjugend Deutschlands. 24. Jg. (1932), H. 8, S. 249.

149 So etwa auch Plaul, wie Anm. 18, S. 174f.

150 Siehe zu beidem Ulrike Müller-Haarmann: Obrigkeitstreu und rebellisch. Darstellung der sozialen Verhältnisse in den Kolportageromanen Karl Mays. S-KMG Nr. 144/2011; sowie Volker Klotz: Abenteuer-Romane. Eugène Sue, Alexandre Dumas, Gabriel Ferry, Sir John Retcliffe, Karl May, Jules Verne. Reinbek bei Hamburg 1989, S. 180f.

151 Siehe dazu Schmatz: Karl Mays politisches Weltbild, wie Anm. 13.

152 Siehe ebd., S. 49.

FRIEDHELM SCHNEIDEWIND

Der Einfluss von Karl May auf zeitgenössische deutschsprachige phantastische Autor*innen
*Eine Untersuchung und ihre Ergebnisse**

Einleitung

Die Zeit, in der die meisten Kinder und Jugendlichen in Deutschland durch die Erzählungen Karl Mays an Abenteuer- und phantastische Literatur herangeführt wurden, ist lange vorbei. Heute übernehmen diese Funktion eher die Harry-Potter-Bücher von Joanne K. Rowling, die Edelstein-Trilogie von Kerstin Gier, die Tintenwelt-Romane von Cornelia Funke, Werke von Bernhard Hennen, Wolfgang Hohlbein, Kai Meyer und anderen.

Dies spiegelt sich seit Jahrzehnten deutlich wider in den Publikationen deutschsprachiger Autorinnen und Autoren im phantastischen Genre – so meine persönliche Einschätzung; es gibt keine mir bekannten Untersuchungen dazu.

Ich habe eine solche Untersuchung deshalb von August bis September 2023 selbst durchgeführt, in Form einer Umfrage unter Autorinnen und Autoren, die professionell in deutscher Sprache im Bereich der phantastischen Literatur veröffentlichen. Dabei konnte ich auf ein Netzwerk zurückgreifen, das ich im Lauf von mehr als 30 Jahren geknüpft habe, als Autor von belletristischer und Sachliteratur, als Journalist, Lektor, Herausgeber und Verleger.

Ich wollte mit der Umfrage u. a. folgende Fragen klären: Kennen die Befragten Karl May? Was wissen sie über ihn und sein Werk? Haben sie etwas von ihm gelesen und/oder Filme gesehen? Hat Karl Mays Werk ihr schriftstellerisches Wirken beeinflusst? Wenn ja: wie?

Meine Motivation

Ich selbst bin in meinem Schreiben vom Werk Karl Mays beeinflusst, dieses begleitet mich in der einen oder anderen Form seit gut 55 Jahren. War

---

* Vortrag, gehalten am 6. Oktober 2023 auf dem 27. Kongress der Karl-May-Gesellschaft in Dortmund.

dieser Einfluss zunächst unterschwellig, habe ich in den letzten zehn Jahren einiges veröffentlicht, was im Karl-May-Kosmos angesiedelt oder davon beeinflusst ist, so in der Romanreihe ›Karl Mays Magischer Orient‹ und in meinen Geschichten um die Karl-May-Akademie für Improvisation und Einfallsreichtum.[1]

Ich stelle außerdem immer wieder einen Einfluss von Karl Mays Werk auf mein Schreiben auch ohne direkten Bezug fest, etwa in den Bereichen Spannungsaufbau und Figurenzeichnung.

Deshalb interessierte mich: Wie sehr sind andere Schreibende durch Karl May und sein Werk beeinflusst? Stimmt mein persönlicher Eindruck, dass dies heute weniger der Fall ist als früher?

Die Methodik

Ich habe einen Fragebogen entwickelt, den ich über verschiedene Wege verteilt habe: über meinen persönlichen Verteiler und den der Phantastischen Bibliothek Wetzlar per E-Mail, über Facebook und XING an zahlreiche Phantastik-Schreibende direkt sowie über die Seiten von Vereinen und Institutionen. Einige Vereine haben den Fragebogen zudem über ihren Verteiler an ihre Mitglieder weitergegeben.

Angesprochen habe ich so Mitglieder von: Deutsche Tolkien Gesellschaft (DTG), Gesellschaft für Fantastikforschung (GfF), Inklings-Gesellschaft für Literatur und Ästhetik, Karl-May-Gesellschaft (KMG), Phantastik-Autoren*innen-Netzwerk (PAN), Science Fiction Club Deutschland (SFCD), Verband deutscher Schriftstellerinnen und Schriftsteller in ver.di (VS).

Ich dürfte potenziell bis zu 1000 Leute erreicht haben, von denen allerdings wahrscheinlich viele keine Phantastik schreiben. Und diese Gesellschaften und Verbände sind natürlich keineswegs repräsentativ für alle Menschen, die im Bereich der Phantastik in deutscher Sprache schreiben und veröffentlichen. Schon wegen der Beitrittskriterien sind etwa bei PAN und beim VS reine Hobby-Schreibende ausgeschlossen. Auch sind bei den Mitgliedern dieser Organisationen Engagement und Interesse im gesellschaftlichen und im Vereinsbereich zu vermuten. Doch dürfte ich viele professionell phantastische Literatur Schreibende erreicht haben.

Auch aus einem anderen Grund kann ich nicht von Repräsentativität ausgehen: Wer sich nicht für Karl May interessiert oder gar mit dem Namen nichts anfangen kann, wird wahrscheinlich den Fragebogen von vornherein nicht ausgefüllt haben. Dafür spricht, dass es bei der Aussage »Mir sagt der Name Karl May nichts« kein einziges Kreuz gab.

Ich erhielt 63 Rücksendungen: 33 PDF (52,3%), 25 Word-Dateien (39,7%) und 5 Briefe per Post (8,0%).

Ich habe den Fragebogen statistisch ausgewertet und berichte im Folgenden über die Ergebnisse. Aus manchen Daten erlaube ich mir, ganz vorsichtig Schlussfolgerungen zu ziehen, die natürlich niemand teilen muss.

Einige ausgewählte Daten stelle ich hier grafisch dar. Erheblich mehr Grafiken zu den Ergebnissen und auch der Fragebogen selbst sind in Farbe im Internet zu finden.[2]

Hier nun der Fragebogen, wie er als Word-Datei verteilt wurde:

Friedhelm Schneidewind · Stengelhofstraße 57 · 68219 Mannheim
Tel. 0621 48497525 + 0179 9718257 · Fax 48497526 · autor@friedhelm-schneidewind.de

Bitte um Unterstützung durch Phantastik-Schreibende!

Ich werde beim 27. Kongress der Karl-May-Gesellschaft in Dortmund am 6. Oktober 2023 einen Vortrag halten mit dem Titel:

Der Einfluss von Karl May auf zeitgenössische deutschsprachige phantastische Autor*innen

Hierzu erbitte ich von möglichst vielen Phantastik-Schreibenden Auskünfte darüber, ob sie mit dem Werk von Karl May vertraut sind und ggfls. wie dieses ihr Schreiben beeinflusst hat.

Deshalb habe ich diesen Fragebogen entworfen. Sowohl die Einzel- wie die statistische Auswertung erfolgen anonym; ich kann keine Antworten einer Person zuordnen.

Für diejenigen, die Karl Mays Werke nicht kennen oder auf deren Schreiben sein Werk keinen Einfluss hatte, ist der Fragebogen ganz schnell ausgefüllt und auf Seite 2 beendet – auch solche Rückmeldungen wären für mich sehr wertvoll.

Über eine Teilnahme würde ich mich sehr freuen. Einsendeschluss ist der 15. September 2023. Ich bitte um Zusendung per Mail an *autor@friedhelm-schneidewind.de*. Wer mag, kann den Fragebogen aber auch per Post an meine oben angegebene Adresse schicken.

Die Ergebnisse meiner Umfrage werde ich zusammen mit den Folien meines Vortrages Mitte Oktober auf meiner Webseite veröffentlichen.

Vielen Dank für die Unterstützung.

Friedhelm Schneidewind

FRAGEBOGEN

1 Daten für die Statistik

Ich bin Mitglied bei (Mehrfachnennungen möglich)   ☐ keine Angabe

☐ PAN[1]   ☐ VS[2]   ☐ FDA[3]   ☐ PEN[4]   ☐ SFCD[5]

☐ KMG[6]   ☐ DTG[7]   ☐ GfF[8]   ☐ _____

Ich bin   ☐ keine Angabe

☐ Mann   ☐ Frau   ☐ divers   ☐ _____

Ich gehöre zur Altersgruppe

☐ unter 20 Jahre   ☐ 21 – 30 Jahre   ☐ 31 – 40 Jahre   ☐ 41 – 50 Jahre
☐ 51 – 60 Jahre   ☐ 61 – 70 Jahre   ☐ über 70 Jahre   ☐ keine Angabe

[1] Phantastik-Autor*innen-Netzwerk; egal, ob Voll- oder Nachwuchsmitglied
[2] Verband deutscher Schriftstellerinnen und Schriftsteller in ver.di
[3] Freier Deutscher Autorenverband
[4] PEN-Zentrum Deutschland (Poets, Essayists, Novelists)
[5] Science Fiction Club Deutschland
[6] Karl-May-Gesellschaft
[7] Deutsche Tolkien Gesellschaft
[8] Gesellschaft für Fantastikforschung

Ich schreibe hauptsächlich (es kann auch ein Subgenre angegeben werden)

☐ Fantasy   ☐ Science Fiction   ☐ beides

☐ historische Romane   ☐ _____

Ich habe bisher

☐ nur Kurzgeschichten veröffentlicht

Ich habe bisher (Mehrfachnennung möglich)

☐ eine oder mehrere Anthologie(n) herausgegeben

☐ einen Roman veröffentlicht   ☐ mehr als einen Roman veröffentlicht

2 Mein Verhältnis zu Karl May

☐ Mir sagt der Name Karl May nichts.
Die Befragung ist hier zu Ende. Ich bitte um Zusendung des Fragebogens. Vielen Dank!

☐ Ich habe mindestens ein Buch von Karl May gelesen.

☐ weniger als 10   ☐ 10 – 30   ☐ mehr als 30   ☐ alle

☐ Ich habe mindestens einen der 27 Kinofilme nach Motiven von Karl May gesehen.
u. a. Der Schatz im Silbersee (1962), Winnetou 1/2/3 (1963/64/65), Old Shatterhand (1964), Der Schut (1964), Unter Geiern (1964), Der Ölprinz (1965), Die Pyramide des Sonnengottes (1965), Durchs wilde Kurdistan (1965), Old Surehand (1965), Das Vermächtnis des Inka (1966), Winnetou und das Halbblut Apanatschi (1966), Winnetou und sein Freund Old Firehand (1966), Winnetou und Shatterhand im Tal der Toten (1968), Winnetou (Ungarn 1995), Der junge Häuptling Winnetou (2022)

☐ 1   ☐ 2   ☐ 3   ☐ 4   ☐ 5   ☐ 6 – 8   ☐ mehr als 8

☐ Ich habe mindestens eine der 10 Fernsehserien nach Karl May gesehen.
u. a. Kara Ben Nemsi Effendi (1973/75, 26 Folgen), Mein Freund Winnetou (1980, 14 Folgen), Präriejäger in Mexiko (1988, 2 Teile), Winnetou (1996, Zeichentrickserie 10 mal 10 Minuten), Winnetous Rückkehr (1998, 2 Teile), WinneToons (2002, Zeichentrick, Pilotfilm und 26 mal 25 Minuten), Winnetou – Der Mythos lebt (2016, 3 Teile)

☐ 1   ☐ 2   ☐ 3   ☐ 4   ☐ 5   ☐ 6 – 8   ☐ mehr als 8

☐ Ich habe mindestens eine Freilichtaufführung nach Karl May gesehen.
u. a. Bad Segeberg, Bischofswerda, Burgrieden, Dasing, Eging am See (Pullman City), Elspe, Engelberg, Gföhl/Gföhler Wald, Kirchberg am Wagram, Mörschied, Mülheim an der Ruhr, Pluwig, Radebeul , Rathen, Ratingen, Twisteden, Werder (Havel), Weitensfeld, Winzendorf

☐ 1   ☐ 2   ☐ 3   ☐ 4   ☐ 5   ☐ 6 – 8   ☐ mehr als 8

☐ Das Werk von Karl May (die Bücher oder die Verfilmungen) hat mein Schreiben beeinflusst.

☐ ja: **bitte auf der nächsten Seite weiter mit Pos. 3**

☐ nein: **Die Befragung ist hier zu Ende.
Ich bitte um Zusendung des Fragebogens. Vielen Dank!**

3 Einfluss des Werkes von Karl May auf mein Schreiben

Das Werk von Karl May hat (Mehrfachnennung möglich)

☐ mein Schreiben allgemein beeinflusst.

☐ ein einzelnes Werk/einzelne Werke von mir beeinflusst.

Besonders beeinflusst haben mich (Mehrfachnennungen möglich)

☐ die Jugenderzählungen
Der Sohn des Bärenjägers/Die Helden des Westens (1887) · Der Geist der Llano estakado (1888) ·
Kong-Kheou, das Ehrenwort/Der blaurote Methusalem (1888) · Die Sklavenkarawane (1889/90) ·
Der Schatz im Silbersee (1890/91) · Das Vermächtnis des Inka (1891/92) · Der Ölprinz (1893/94) ·
Der schwarze Mustang (1896/97)

☐ der Orientzyklus
Durch die Wüste/Durch Wüste und Harem (1892) · Durchs wilde Kurdistan (1892) · Von Bagdad
nach Stambul (1892) · In den Schluchten des Balkan (1892) · Durch das Land der Skipetaren (1892) ·
Der Schut (1892)

☐ andere Reiseerzählungen
Winnetou I-III (1893) · Orangen und Datteln (1893, Anthologie) · Am Stillen Ozean (1894) ·
Am Rio de la Plata (1894) · In den Cordilleren (1894) · Old Surehand I-III (1894/95/97) ·
Im Lande des Mahdi I-III (1896) · Satan und Ischariot I-III (Felsenburg 1896, Krüger Bei 1897,
Satan und Ischariot 1897) · Auf fremden Pfaden (1897, Anthologie) · »Weihnacht!« (1897) ·
Im Reiche des silbernen Löwen I/Der Löwe der Blutrache (1898) · Im Reiche des silbernen
Löwen II/Bei den Trümmern von Babylon (1898) · Am Jenseits (1899)

☐ die Kolportageromane
Waldröschen (1882–1884) · Die Liebe des Ulanen (1883–1885) · Der verlorne Sohn (1884–1886) ·
Deutsche Herzen – Deutsche Helden (1885–1888) · Der Weg zum Glück (1886–1888)

☐ das Frühwerk
Erzgebirgische Dorfgeschichten (1873–1879) · Das Buch der Liebe (1875/76) · Geographische Predigten
(1875/76) · Geschichten über den Alten Dessauer (1875–1883) ·Der beiden Quitzows letzte Fahrten
(1876/77) · Auf der See gefangen/Auf hoher See gefangen (1877/78) · Zepter und Hammer (1879/80) ·
Im fernen Westen (1879) · Der Waldläufer (1879) · Die Juweleninsel (1880–1882)

☐ das Spätwerk
Himmelsgedanken (1900, Gedichtsammlung) · Im Reiche des silbernen Löwen III/Die Schatten des
Ahriman I (1902) · Im Reiche des silbernen Löwen IV/Die Schatten des Ahriman II/Das versteinerte
Gebet (1903) · Erzgebirgische Dorfgeschichten (1903, Anthologie) · Und Friede auf Erden! (1904) ·
Babel und Bibel (1906, Drama) · Ardistan und Dschinnistan I+II (1909) · Winnetou IV/Winnetous
Erben (1910) · Mein Leben und Streben (1910, Autobiografie)

☐ Sonstige Originalwerke von Karl May
☐ _____   ☐ _____

☐ Kinofilm nach Motiven von Karl May (s. S. 2)
☐ einer oder mehrere der Stummfilme von 1920
☐ einer oder mehrere der Filme aus den 1950er- und 1960er-Jahren
☐ _____   ☐ _____
☐ _____   ☐ _____

☐ Fernsehfilm/-serie nach Motiven von Karl May (s. S. 2)
☐ _____   ☐ _____
☐ _____   ☐ _____

☐ Freilichtaufführung nach Motiven von Karl May (s. S. 2)
☐ _____   ☐ _____
☐ _____   ☐ _____

Besonders beeinflusst haben mich (Mehrfachnennungen möglich)

☐ die Handlung/Fabelführung in Karl Mays Romanen

☐ der Spannungsaufbau in Karl Mays Romanen

☐ die Landschaftsbeschreibungen in Karl Mays Romanen

☐ die Personendarstellung in Karl Mays Romanen

☐ der Umgang mit verschiedenen Kulturen in Karl Mays Romanen

☐ der Umgang mit Religion in Karl Mays Romanen

☐ _____

☐ _____

Besonders beeinflusst haben mich in Verfilmungen und/oder Dramatisierungen (Mehrfachnennungen möglich)

☐ die Handlung/Fabelführung in _____

☐ der Spannungsaufbau in _____

☐ die Personendarstellung in _____

☐ der Umgang mit verschiedenen Kulturen in _____

☐ der Umgang mit Religion in _____

☐ _____

☐ _____

Ich möchte gerne noch das Folgende mitteilen:

Vielen Dank für die Unterstützung.

Friedhelm Schneidewind

Ergebnisse und statistische Auswertung

Von den 63 Menschen, die geantwortet haben, kreuzten 29 an, dass das Werk von Karl May ihr Schreiben nicht beeinflusst habe, das sind 46,0 %. Die Auswertung zum Einfluss von Karl May auf das eigene Schreiben bezieht sich also auf 33 Fragebögen.

Das Verhältnis von Männern und Frauen bei den Einsendungen war ziemlich ausgeglichen: 31 Männer zu 32 Frauen. Bei denen, die keinen Einfluss angaben, sind die Männer etwas stärker vertreten: 15 zu 14. Das ist aber kein signifikanter Unterschied.

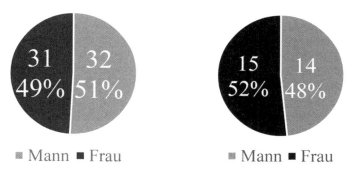

Grafik 1: Männer und Frauen bei allen Einsendungen

Grafik 2: Männer und Frauen unter denen, die keinen Einfluss von Karl May angaben

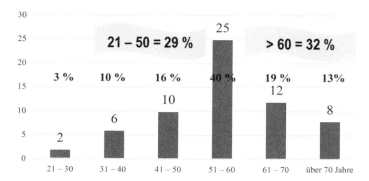

Grafik 3: Altersverteilung unter allen Einsendungen

Die Altersverteilung sah allerdings bei den Menschen, die keinen Karl-May-Einfluss angaben, etwas anders aus als bei allen Einsendungen. Das

Durchschnittsalter bei allen war rund 55 Jahre, bei den Menschen, die keinen Einfluss angaben, ca. 51 Jahre.

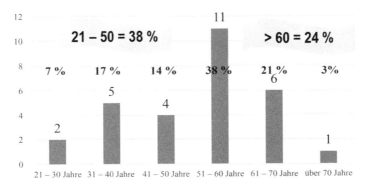

Grafik 4: Altersverteilung bei denen, die keinen Einfluss von Karl May angaben

Mit aller Vorsicht wegen der geringen Zahl an Einsendungen und der nicht vorhandenen Repräsentanz scheint mir die Vermutung legitim, dass Menschen, deren Schreiben von Karl May beeinflusst wird, im Schnitt eher älter sind als diejenigen, bei denen es keinen Einfluss gibt.

Bei der Art der von den Einsendenden angegebenen eigenen Veröffentlichungen gab es keinen wesentlichen Unterschied zwischen denen mit und denen ohne Einfluss von Karl May auf ihr Schreiben.

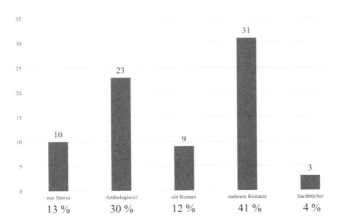

Grafik 5: Publikationen aller Einsendenden; Summe > 63, da Mehrfachnennungen möglich

Ich wollte eigentlich den Einfluss von Karl May auf Menschen untersuchen, die Phantastik schreiben, im engeren Sinne Science-Fiction und Fantasy, doch gab es auch Antworten von Menschen, die in verwandten oder speziellen Sub-Genres veröffentlichen; ich habe deren Angaben auch ausgewertet.

Bei den Hauptgenres, nach denen ich gefragt hatte, schreibt rund ein Drittel nur Fantasy und etwa 13 % nur Science-Fiction. Gut 40 % schreiben beides, also liegt die Fantasy mit knapp drei Viertel vorne, Science-Fiction kommt nur auf etwas mehr als die Hälfte.

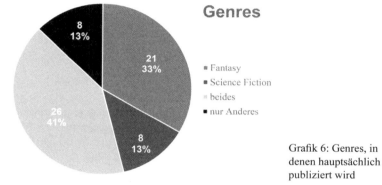

Grafik 6: Genres, in denen hauptsächlich publiziert wird

Interessant finde ich, in welchen Bereichen sonst noch veröffentlicht wird:

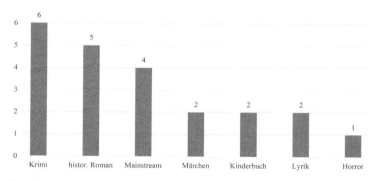

Grafik 7: Genres, in denen außerdem publiziert wird

Ich habe auch nach Mitgliedschaften in literarischen Vereinigungen und Organisationen gefragt. Bei den von mir vorgeschlagenen wurden die folgenden angegeben:

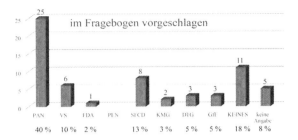

Grafik 8: Mitgliedschaften; Summe > 63, da Mehrfachnennungen möglich

Zusätzlich gab es Nennungen zu den folgenden Organisationen: Mörderische Schwestern (3), Syndikat (3), Bundesverband junger Autoren und Autorinnen (BVJA) (2), Inklings (2), Netzwerk Heidelberg (2), 42erAutoren (1), Interessengemeinschaft Autorinnen Autoren (Österreich, 1), Karl-May-Museum (1), Literatur-Kollegium Brandenburg (1), Netzwerk Lyrik (1), Phantastischer Oberrhein (1), Perry Rhodan Fanzentrale (1), Verband der Freien Lektorinnen und Lektoren (VFLL, 1), Verband deutschsprachiger Übersetzer/innen literarischer und wissenschaftlicher Werke (VdÜ, 1), Vereinigung deutschsprachiger Liebesroman-Autoren und -Autorinnen (DELIA, 1).

Interessant finde ich die Abweichungen bei der Rezeption von Karl-May-Werken zwischen allen Einsendenden und denen, die keinen Einfluss von Karl May auf ihr Schreiben angaben.

Bei der Karl-May-Lektüre wird dies sehr deutlich. Weniger als 20% aller Einsendenden haben kein Karl-May-Buch gelesen, immerhin 10% nach eigener Aussage alle Bücher.

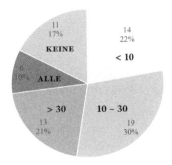

Grafik 9: Wie viele von allen Einsendenden haben wie viele Karl-May-Bücher gelesen?

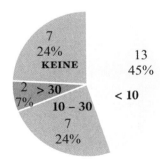

Grafik 10: Verteilung bei den Menschen ohne Einfluss von Karl May auf das eigene Schreiben

Bei den Menschen ohne Einfluss von Karl May auf das eigene Schreiben sieht das anders aus: Niemand von ihnen hat alle Bücher von Karl May gelesen und rund ein Viertel gar keines.

Nahezu umgekehrt sieht es bei den Karl-May-Verfilmungen aus:

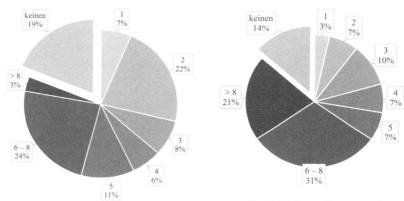

Grafik 11: Rezeption von Karl-May-Verfilmungen bei allen Einsendungen

Grafik 12: Rezeption von Karl-May-Verfilmungen bei den Menschen ohne Einfluss von Karl May auf das eigene Schreiben

Es fällt auf, dass die von Karl Mays Werk in ihrem Schreiben beeinflussten Menschen erheblich seltener viele Karl-May-Verfilmungen gesehen haben: nur 3 % mehr als 8 Filme, insgesamt nur gut ein Viertel mehr als 6 Filme. Bei den von Karl May Unbeeinflussten kennen mehr als die Hälfte mehr als 6 Filme.

Mich wundert dies nicht, denn wie soll das Werk von Karl May das eigene Schreiben wesentlich beeinflussen, wenn ich mich dabei hauptsächlich an den Filmen orientiere?

Dennoch gibt es Menschen, bei denen das der Fall ist, wie die folgende Grafik zeigt. Der Einfluss von TV-Serien und Freilichtaufführungen ist erheblich geringer.

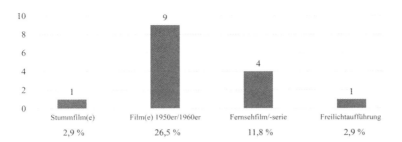

Grafik 13: Einfluss verschiedener Karl-May-Dramatisierungen auf das eigene Schreiben

Diese und alle folgenden Auswertungen beziehen sich nur auf die 34 Menschen, die einen Einfluss von Karl Mays Werk auf ihr Schreiben angegeben haben, auf diese 34 beziehen sich auch die Prozentangaben.

Spannend fand ich, welche Werke von Karl May am häufigsten genannt wurden, wenn es um ihren Einfluss auf das eigene Schreiben ging. Bis zum Schluss gab es ein Kopf-an-Kopf-Rennen.

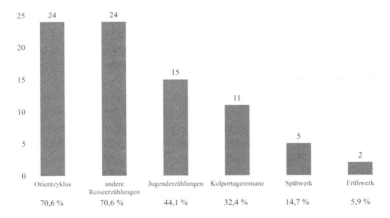

Grafik 14: Einfluss verschiedener Karl-May-Werke auf das eigene Schreiben; Summe > 100 %, da Mehrfachnennungen möglich

Ich hatte den Orientzyklus als eigene Option angegeben, weil ich dessen starken Einfluss schon vermutet hatte.

Besonders interessierte mich, welche Aspekte von Karl Mays Texten einen spezifischen Einfluss auf das eigene Schreiben haben. Hier zunächst die Daten zum Einfluss der Original-Romane und -Geschichten von Karl May:

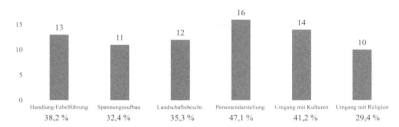

Grafik 15: Einfluss verschiedener von mir vorgeschlagener Aspekte von Karl Mays Texten auf das eigene Schreiben; Summe > 100 %, da Mehrfachnennungen möglich

Meine Erwartung, dass die Einflüsse sehr vielfältig sein können, wurde erfüllt. Zudem wurden noch einige andere Aspekte genannt:

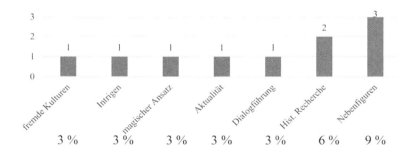

Grafik 16: Einfluss weiterer Aspekte von Karl Mays Texten auf das eigene Schreiben

Die Einflüsse aus Verfilmungen waren, wie von mir erwartet, weitaus schwächer:

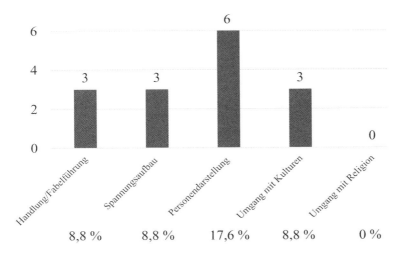

Grafik 17: Einfluss von Aspekten aus Karl-May-Verfilmungen

Auch hier wurden zusätzliche Aspekte genannt, jeweils einmal die Film-
musik, Freundschaft – und Winnetous Tod.

Anmerkungen in den Fragebögen

Es gab einige Anmerkungen in dem freien Feld am Ende des Fragebogens.
Ich zitiere hier aus denen, zu denen ich ausdrücklich die Erlaubnis der
Schreibenden erhalten habe:

Karl May hat mir das Tor zur Abenteuerliteratur geöffnet. Auch in meinem eigenen Schreiben schätze ich die Grundmotivik und Grunddramaturgie der Aben-
teuergeschichte. Allerdings fehlt mir in Karl Mays Werk die menschliche Ab-
gründigkeit, die ich später bei anderen Autoren gefunden habe.

In meinen Büchern kommen meine Protagonistinnen oft mit List und Tücke
zum Ziel. Ich glaube, das ist von Karl May beeinflusst worden.

Spannungsaufbau schon in der Exposition lernt man nicht nur bei May, aber bei
May besser als bei Mann. (Vorbildlich: Der schwarze Panther in ›Der Schatz im
Silbersee‹)

Den Einfluss von Science Fiction-Autoren wie Lem, Gebrüder Strugazki oder Fantasy-Autoren wie Lovecraft oder Rider Haggard auf mein eigenes Schreiben würde ich um den Faktor 10 höher einschätzen als den Einfluss der KM-Romane.

(...) habe die Filme als Kind gerne gesehen. Ich denke, sie haben mich geprägt und damit auch mein Schreiben im Sinne eines frühen kulturellen Inputs in Bezug auf Rollenbilder, Darstellung von anderen Kulturen und Aufbau der Geschichte. Das betrifft strukturelle Aspekte des Geschichtenerzählens wie Freund/ Feind, Kampf zwischen Gut und Böse oder handlungsgetriebenes, aktionsbetontes Erzählen genauso wie inhaltliche Punkte, beispielsweise Freundschaft zwischen zwei Männern, die unterschiedlichen Kulturen/Gruppen angehören, komische, tollpatschige Nebenfiguren und das Element Humor zur Auflockerung (wieder eher strukturell).

Im jugendlichen Alter (also als Leser) fiel bereits eine gewisse Parallelität zwischen den Charakter-Paaren Old Shatterhand – Winnetou auf der einen, und Perry Rhodan – Atlan auf. Als Autor für PERRY RHODAN-Neo hat sich die Ähnlichkeit bestätigt. Ob sie bei der Konzeption des RHODAN bewusst so angelegt wurde, kann ich leider nicht sagen. Dass der ›edle Wilde‹ seine Entsprechung in einem arkonidischen Adligen hat, wäre aber naheliegend. Die Ähnlichkeit erstreckt sich schließlich sogar auf Äußerlichkeiten (langes schwarzes/ weißes Haar).

Schlussfolgerungen und Fazit

Mit großer Vorsicht, da die Umfrage weder repräsentativ noch sehr umfangreich war, ziehe ich die folgenden Schlüsse:

Das Frauen-/Männer-Verhältnis ist bei der Umfrage etwa ausgeglichen, bei der Gesamtgruppe ebenso wie bei den Menschen, die keinen Einfluss von Karl May auf ihr Schreiben angeben. Bei Letzteren ist allerdings das Durchschnittsalter etwas niedriger; das könnte damit zusammenhängen, dass jüngere Menschen mit Karl May nicht mehr so vertraut sind bzw. dessen Werke weniger lesen.

Insgesamt sind die Karl-May-Verfilmungen etwa so bekannt wie die Bücher, wobei es hier einen deutlichen Unterschied gibt zwischen Menschen, die einen Einfluss von Karl May auf ihr Schreiben sehen – die Bücher und die Filme sind beide gut bekannt –, und den anderen Personen, die eher die Filme kennen als die Bücher.

Den stärksten Einfluss auf das Schreiben üben Mays Standardwerke aus, vor allem die Jugend- und Reiseerzählungen, insbesondere der Orientzyklus – also die Bücher. Dies allerdings in ganz unterschiedlichen Aspekten:

Personendarstellung, Umgang mit Kulturen und Religion, Handlung/Fabelführung, Spannungsaufbau und Landschaftsbeschreibungen.

Es bleibt einer umfangreicheren Untersuchung vorbehalten, einzelne Aspekte genauer herauszuarbeiten.

1 Belletristik von Friedhelm Schneidewind mit Karl-May-Bezug (Auswahl):
Das SCHMETTERHAND-Manöver; Unverwundbarkeit; Die Schule der Improvisation. In: Auf sehr fremden Pfaden. Phantastische Miniaturen aus Karl Mays Welt. Hrsg. von Thomas Le Blanc. Wetzlar 2013, S. 26–31.
Senitzas wahre Befreiung. In: Auf phantastischen Pfaden. Hrsg. von Thomas Le Blanc. Bamberg 2016, S. 89–94.
Im Weltall viel Neues. Geschichten aus der nahen und einer fernen Zukunft. Saarbrücken 2016.
Die Gelehrten von Hadramaut. In: Alexander Röder/Karl-Ulrich Burgdorf/Friedhelm Schneidewind/Jacqueline Montemurri: Sklavin und Königin. Karl Mays Magischer Orient. Bd. 5. Bamberg 2018, S. 251–348.
Das magische Tor im Kaukasus. Karl Mays Magischer Orient. Bd. 8. Bamberg 2019.
Schlangenfraß. In: Nachwürzen verboten. Hrsg. von Thomas Le Blanc. Wetzlar 2019, S. 64f.
Geister aus der Vergangenheit. In: Variationen der Vergangenheit. Hrsg. von Thomas Le Blanc. Wetzlar 2022, S. 38f.
Die Nacht des Tigers. In: Kara Ben Nemsi. Abenteuer im Magischen Orient. Hrsg. von Thomas Le Blanc. Wetzlar 2022, S. 38–41.
Die Macht der Kleinen. In: Kara Ben Nemsi. Abenteuer im Magischen Orient. Hrsg. von Thomas Le Blanc. Wetzlar 2022, S. 57–62.
Rätsel in Damaskus. In: Die Stadt der Diebe und andere arabische Abenteuer. Hrsg. von Thomas Le Blanc. Bamberg 2024, S. 220–240.
In der Falle. In: Die Stadt der Diebe und andere arabische Abenteuer. Hrsg. von Thomas Le Blanc. Bamberg 2024, S. 395–400.

2 Friedhelm Schneidewind: Folien zum Vortrag beim 27. Kongress der Karl-May-Gesellschaft am 6. 10. in Dortmund als PDF: https://www.friedhelm-schneidewind.de/KM2023.pdf.
Friedhelm Schneidewind: Fragebogen zum Vortrag: https://www.friedhelm-schneidewind.de/KM2023_FB.pdf.
Friedhelm Schneidewind: Mitschnitt des Vortrags im LITERATUR RADIO HÖRBAHN (54 Min.): https://literaturradiohoerbahn.com/karl-may-kongress-2023-teil-5-11.

HELMUT SCHMIEDT

Literaturbericht

Das Werk Karl Mays ist mit seinen Verstrickungen in die Gedankenwelt des Kolonialismus und Rassismus auf eine Weise ins Gerede gekommen, die man sich vor ein paar Jahren noch nicht hätte vorstellen können. In Anbetracht dieser Situation soll hier zunächst ein Buch ausführlich betrachtet werden, in dem sein Name nur eine Nebenrolle spielt; aber es zielt mit den ins Grundsätzliche führenden Überlegungen darauf ab, dass man Mays Abenteuerromane künftig – wenn man der vorliegenden Argumentation folgen will – unter gänzlich anderen, fundamental kritischeren Vorzeichen zu lesen und zu bereden hat, als es bisher der Fall war, und insofern liegt hier zwar keine Arbeit speziell über May vor, aber eine von hoher Relevanz für die Beschäftigung mit ihm.

Die Literaturwissenschaftlerin Susan Arndt hat sich schon in einer ganzen Reihe von Publikationen mit dem Thema Rassismus befasst und dabei der rassistisch geprägten Sprache und ihren Auswirkungen bis in die Gegenwart besondere Aufmerksamkeit geschenkt. Ihr neues Buch ist im Dudenverlag erschienen und erhält damit die höheren Weihen einer halboffiziösen Veröffentlichung, denn mit dem Duden verbindet sich weithin immer noch die Vorstellung, hier gehe es um eine gewaltige Autorität im Hinblick auf die deutsche Sprache.[1] Auch deshalb verdient das Werk besondere Aufmerksamkeit.

Seine Grundgedanken lassen sich recht einfach zusammenfassen. Der Rassismus, so lesen wir, ist eine Ideologie, die den »Kolonialismus als Herrschaftsstruktur« (S. 16) legitimierte und stetig begleitete. Er entfaltete sich nicht nur in den Zusammenhängen, in denen ihn jeder halbwegs aufmerksame Beobachter heute mühelos zu erkennen vermag, d. h. in pauschal herablassenden Theorien weißer Europäer über die Angehörigen fremder ›Rassen‹ und einer daran geknüpften Unterwerfungspolitik, sondern auch – und das ist nun ganz wichtig – bei vielen anderen Phänomenen, die auf den ersten Blick unauffällig und ideologisch neutral erscheinen, wie etwa die als Tropenmedizin bekannte Spezialabteilung ärztlicher Tätigkeit. Das alles hat sich mit einem von Weißen geprägten Vokabular verknüpft, das wir zum großen Teil immer noch wie selbstverständlich benutzen und mit dem wir, ob wir wollen und es bemerken oder nicht, weiterhin rassistisches Gedankengut transportieren und lebendig erhalten. Wer den Rassismus wirksam bekämpfen will, muss da für Abhilfe sorgen: Er

muss sich der belasteten Begriffe bewusst werden, sie konsequent vermeiden und gegebenenfalls durch andere, unbelastete ersetzen. Nur wenn das
gelingt, wenn wir dementsprechend »im eigenen Leben und Umfeld handeln – sei es als Lehrer*in oder Autor*in, bei einem Geburtstag oder einem
Konzert« (S. 215), können wir den Rassismus in der gebotenen Kompro-
misslosigkeit zurückdrängen.

Um ihr Anliegen überzeugend zu vertreten, blickt die Verfasserin zunächst in die Vergangenheit. Sie entfaltet kurz, aber pointiert ein Panorama
kolonialistischer Aktivitäten im Wandel der Zeiten und legt dar, welche
Gedankenfiguren sie stützen, mit welchem Vokabular diese verbunden
sind und was dagegen einzuwenden ist. Viele unvoreingenommene Leser
werden hier etwas lernen können; der Berichterstatter muss z. B. bekennen, dass er vor der Lektüre nicht gewusst hat, was unter ›Maafa-Jahrhun-
derte‹ zu verstehen ist. Ob alle diese Darlegungen sachlich zutreffen, vermag ich aus einem Mangel an historischer Kompetenz nicht zu beurteilen.
Auffällig ist, dass Arndt manchmal mit Festlegungen arbeitet, die nicht
unbedingt zwingend erscheinen. So will sie nur das als Rassismus bezeichnen, was sich mit dem ausschließlich von Weißen angestrebten Ziel verbinden lässt, »den Planeten zu kolonisieren«; demzufolge kann es Rassismus gegen Weiße a priori nicht geben, und wenn man in nicht-weißen
»Gesellschaften, Staaten, Nationen (…) gewaltsame und grausame Verfol-
gungs-, Eroberungs-, Unterwerfungs- und Diskriminierungsprozesse«
(S. 45) entdeckt, wie in der Historie Chinas und Japans, muss man sie anders bezeichnen.

So weit, so gut, so anfechtbar. Erheblich problematischer wird es allerdings, wenn Arndt zum gedanklich zweiten Teil der Arbeit vorstößt: den
Schlussfolgerungen in Bezug auf unseren aktuellen Sprachgebrauch. Sie
postulieren, dass alle Begriffe, die sich im engeren oder weiteren Sinne
unter affirmativen Vorzeichen mit einem historischen Kontext rassistischer
Prägung verbinden, weiterhin als rassistisch kontaminiert gelten müssen
und daher keinesfalls mehr verwendet werden dürfen. Die Verfasserin
stellt Listen solcher Wörter zusammen und fügt gelegentlich Alternativ-
vorschläge hinzu. Der Begriff ›Tropenmedizin‹ schleppt also eine rassistische Vergangenheit mit sich herum – weg mit ihm! Der Begriff ›Hautfarbe‹
ist Teil eines ideologischen Konzepts gewesen, das mit der Konstruktion
minderwertiger ›Rassen‹ gearbeitet hat – man sollte ihn strikt vermeiden,
und die schlichte Feststellung, man sehe doch tatsächlich beim Blick in
verschiedene Gesichter unterschiedliche Hautfarben, gilt nichts. Das Wort
›Sklavenhandel‹ bezeichnet den damit gemeinten Vorgang aus der »dezidiert ›weiße(n)‹ Perspektive« (S. 166) des Profitstrebens – es ist nicht mehr
zu gebrauchen. Begriffe wie ›Lateinamerika‹ und ›Ghetto‹, ›Ethnie‹ und

›Fetisch‹, ›Dschungel‹ und ›Plantage‹ verfallen ohne nähere Erläuterung auf einer »Liste weiterer rassistischer Begriffe« (S. 221) ebenfalls dem strengen Verdammungsurteil. Kleiner ist die Liste der Begriffe, die »Rassismus widersprechen« (S. 193); dazu gehören ›Schwarze Deutsche‹, ›Passing‹ und ›BIPoC‹, »ein englisches Akronym für ›Black, Indigenous and People of Color‹« (S. 207).

Diese Auflistungen zielen also – es muss noch einmal hervorgehoben werden – nicht darauf, eine bestimmte Rhetorik im Dienste historischer Aufarbeitung zu erkunden, sondern sollen unsere heutige gesellschaftliche Praxis beeinflussen, unseren sprachlichen Umgang mit dem Rassismus verändern, unser Alltagsverhalten in diesem Sinne verbessern. So entsteht für kritische Leser die Frage, welches Sprachverständnis hier zugrunde liegt. Wie stellt sich die Verfasserin die Beschaffenheit und das Funktionieren von Sprache vor, welches Bild hat sie von den daran geknüpften Kommunikationsvorgängen?

Zunächst einmal ignoriert sie den weithin bekannten Umstand, dass Sprache generell einem permanenten Entwicklungsprozess unterliegt; in all ihren Elementen, von der Semantik bis zur Grammatik, wandelt sie sich im Lauf der Zeit. Das gilt gerade auch für das Vokabular: Begriffe sind alles andere als monolithische Blöcke, die die einmal in sie eingefügten und an sie gebundenen Elemente über Jahrhunderte hinweg unverändert mit sich schleppen; sie können Inhalte und Konnotationen deutlich verändern. Als Faust mit Blick auf Gretchen in Goethes Drama (Szene ›Straße‹) Mephisto auffordert, ihm die »Dirne« herbeizuschaffen, gelüstet es ihn nach einer Jungfrau, während er heute mit demselben Wort nach einer Prostituierten verlangen würde; ältere Menschen konnten selbst miterleben, welchen Bedeutungswandel in der Umgangssprache das Wort ›geil‹ durchgemacht hat. Solche Entwicklungen schließt Arndt im Hinblick auf das von ihr untersuchte Vokabular offenbar von vornherein aus: Dass Begriffe aus dem Umfeld des Rassismus mit dem Wechsel der historischen Rahmenbedingungen einen signifikanten Bedeutungswandel erfahren könnten und damit akzeptabel werden, ist in ihrer Argumentation nicht vorgesehen. Noch einmal zur ›Tropenmedizin‹: Der Begriff wurde einst durch die Geschichte der damit bezeichneten wissenschaftlichen Abteilung rassistisch verseucht; folglich steht fest, dass er ein für alle Mal nicht zu gebrauchen ist, unabhängig davon, was die heutige Tropenmedizin denkt und unternimmt.

Auch weitere Faktoren, die unsere Kommunikation und deren Rhetorik in der Praxis erheblich beeinflussen, bleiben unbeachtet. Eine maßgebliche Rolle spielen jeweils – das dürfte ebenfalls allgemein bekannt sein – die konkrete Kommunikationssituation, die Prägung der Beteiligten durch die Zugehörigkeit zu einer bestimmten Gruppe und nicht zuletzt die individuelle Interessenlage und Intention der Sprecher. Manchmal gesteht die Autorin sogar zu, dass ihre Rechnung unter diesem Aspekt nicht immer und überall glatt aufgeht: Sie räumt mit Bezug auf das ›N-Wort‹ ein, dass es Schwarze gibt, die »sich nicht an diesem Wort stören« und es sogar »provokant verwenden«, also tun, was man gelegentlich als ›Umfunktionierung‹ eines Begriffs bezeichnet; das ändere aber »rein gar nichts an seiner rassistischen Wirkmacht« (S. 61). Mit Feststellungen dieser Art hat sich jeder Gedanke erübrigt, einmal genauer hinzuschauen, wie es denn bei der Verwendung des inkriminierten Vokabulars konkret um Prozesse und Resultate bestellt ist. Eine differenzierte Wahrnehmung des für rassistisch befundenen Umgangs miteinander steht ersichtlich nicht auf der Agenda dieses Buches, sondern nur ein grobes Ja oder Nein; ich bezweifle, dass damit dem Anliegen, Rassismus umfassend zu bekämpfen, wirklich gedient ist.

Stellen wir uns mit Blick auf Karl May ein Beispiel für die Konsequenzen vor, die sich aus Arndts streng-einliniger Sicht ergeben. Ein maßgeblicher Faktor im heutigen Umgang mit dem ebenfalls für untauglich erklärten Begriff ›Indianer‹ – wir kommen später auf ihn zurück – ist ganz sicher der Umstand, dass er für Hunderttausende deutschsprachiger Leser und Filmzuschauer positiv besetzt ist. Diese Empfindung ist, auch wenn sie nicht durch korrektes Wissen in Bezug auf die Realität getragen wird, ein Pfund, mit dem das Engagement zugunsten der von Verfolgung und Unterdrückung getroffenen Menschen wuchern kann; ohne ein gewisses Maß an emotionaler Bindung lässt sich eine Solidarisierung mit Opfern historischer Prozesse schwer vorstellen. Aber auch das spielt in der Argumentation dieses Buchs keine Rolle; gegenüber geschichtlichen Vorprägungen haben objektiv nachweisbare Tendenzen des derzeitigen Sprachgebrauchs keine Chance. Ich male mir eine absurde Konsequenz aus: Zwei junge Menschen sprechen über ihre motivierenden Leseerfahrungen mit ›Winnetou I‹, bekennen ihre Zustimmung zu Mays schon in der Einleitung seitenlang bekundeter Verurteilung des Genozids an den Indianern, denken darüber nach, inwiefern sie sich in diesem Zusammenhang engagieren könnten, und müssen sich dann von einer dritten Person, die auf der Welle von Arndts Buch schwimmt, darauf aufmerksam machen lassen, dass sie sich bisher unabweisbar rassistisch verhalten, weil ihr Gespräch im Roman verwendete Begriffe wie ›Indianer‹, ›Häuptling‹, ›Squaw‹ und ›Marterpfahl‹ reproduziert: »Aus Sprache heraus wird mit rassistischen Wörtern rassistisch gehandelt.« (S. 66)

Es ist schon kurios: Das Buch zielt zum erheblichen Teil auf die Bekämpfung von Rassismus da, wo er als solcher weder intendiert noch empfunden wird und die Beteiligten nicht die geringste Ahnung haben, dass er in ihrem Umgang miteinander überhaupt eine Rolle spielt. Man sollte bei einer wissenschaftlichen Arbeit erwarten, dass sie sich mit einer derart merkwürdigen Vorstellung von Kommunikation in einer theoretisch-methodischen Reflexion auseinandersetzt, um das eigene Vorgehen zu rechtfertigen. Aber das geschieht hier nicht. Das Buch beginnt plakativ mit einem Zitat von Victor Klemperer, das auf die mögliche »Giftwirkung« (S. 9) eines bestimmten Vokabulars verweist, und geht dann gleich zu Binsenweisheiten in Bezug auf das Verhältnis von Vergangenheit, Gegenwart und Zukunft über. All das in seinem Konzept, was im Widerspruch zum verbreiteten Wissen über kommunikative Abläufe steht, wird nicht problematisiert.

Einen weiteren dubiosen Punkt der Vorschläge zum nicht-rassistischen Sprechen bilden ihre elitären Implikationen. Die Autorin weiß vermutlich, dass sich nicht in kurzer Zeit ändern wird, was sie gern ändern möchte, aber man darf ihr zugutehalten, dass es richtig ist, wertvolle Ziele auch dann zu verfolgen, wenn ihre Realisierbarkeit vorerst in weiter Ferne zu liegen scheint; ansonsten gäbe es wohl keinen gesellschaftlichen Fortschritt. Allerdings sollte man sich bei einem Anliegen, das unmittelbar auf die aktuelle gesellschaftliche Praxis mehr oder weniger der gesamten Bevölkerung zielt und deren Mitwirkung verlangt, vor einer maßlosen Überforderung hüten – und die gibt es hier. Wer aufmerksam durch die Welt geht und bei Uneingeweihten das Problem der sprachlichen Optimierung im Umgang mit dem Rassismus anspricht, wird diese gewaltige Hürde immer wieder entdecken. Wie kann beispielsweise derjenige, der dem eigenen Bewusstsein nach antirassistisch eingestellt, sich seiner Englischkenntnisse aber nicht sicher ist, nachvollziehen, dass der Begriff ›People of Color‹ uneingeschränkt akzeptabel ist, die deutsche Übersetzung ›Farbige‹ jedoch ein rassistisches Übel? Bei Arndt findet man dafür eine – in meiner Sicht einleuchtende – Erklärung (vgl. S. 203), aber die erscheint so kompliziert, dass niemandem zu verargen ist, wenn er sie sich nicht selbst zurechtlegen kann.

Nur derjenige hat überhaupt eine Chance, all diesen Vorschlägen zu Tabuwörtern und ihren Alternativen gedanklich zu folgen, der über die Zeit, Lust und Fähigkeit verfügt, sich zumindest ansatzweise in die Materie einzuarbeiten, und etwa bereit ist, sich im Dienste einer rassismuskritischen Ersetzung des ›Zi-Wortes‹ »immer aktuell an den Debatten der Rom*nja und Sinti*zze« (S. 207) zu orientieren. Es ist völlig illusorisch und, mit Verlaub, auch nicht zumutbar, dass dies bei einer größeren Anzahl von Mitgliedern der Sprachgemeinschaft geschieht. Auch insofern stößt die hehre Absicht, den leider immer noch grassierenden Rassismus effektiv zu bekämpfen, völlig ins Leere und gerät zu so etwas wie einem akademischen Spiel, das eine in der Tat schändliche gesellschaftliche Realität beeinflussen möchte, aber lediglich um sich selbst kreist und damit der überwältigenden Mehrheit der ins Auge gefassten Zielgruppe fremd bleiben muss. Letzteres gilt übrigens auch für die typografische Gestaltung dieses Buches, das mit einer Reihe ungewöhnlicher grafischer Zeichen gedruckt ist: Warnblitzen als Triggerwarnungen, regelmäßigen Durchstreichungen und Abkürzungen der als rassistisch verworfenen Wörter, Kursivierungen und Verweispfeilen in großer Zahl.

Es trifft sich gut, dass die meisten Probleme dieser Arbeit gebündelt auf den viereinhalb Seiten zu finden sind, die Arndt speziell dem Stichwort ›Indianer‹ widmet. Der Artikel beginnt mit der Frage, was der Leser sich spontan unter einer Person vorstellt, die als ›Indianer‹ angekündigt wird, wobei das zur Diskussion stehende Wort durchgestrichen ist: »Eine New-Yorkerin? Oder eine kolonialistische Fantasie, die einen halbnackten Mann mit Farbbemalungen im Gesicht und vielleicht noch Federn auf dem Kopf zeigt?« Anschließend referiert er ein bekanntes historisches Faktum: dass Kolumbus nach seiner Ankunft »in Guanahani, einer Insel der heutigen Bahamas«, irrtümlich annahm, er sei in Asien bzw. Indien gelandet, und die dort vorgefundenen Menschen deshalb als ›Indios‹ bezeichnete; vorzuwerfen sei ihm weniger der Irrtum als die verwendete »Pauschalkategorie«, die auch nach der Erkenntnis der geografisch falschen Annahme weiter verbreitet wurde und als »Verallgemeinerung (...) einer kolonialen Abwertung die Tore (öffnete)«. Im folgenden Absatz werden einige der kolonialistischen Klischeevorstellungen zu den so bezeichneten Menschen genannt, wobei die ihnen nachgesagte »›naturverbundene Ursprünglichkeit‹« (S. 102) genauso dem Verdikt verfällt wie »die Dämonisierung von ›I.‹ als brutal und grausam«. Erzählungen »wie etwa Karl Mays ›Winnetou‹ und entsprechende Verfilmungen« nehmen »nur scheinbar die Perspektive der Kolonisierten ein« (S. 103) und feiern auf mitunter komplizierten Wegen »am Ende die koloniale Präsenz der vermeintlich guten Weißen«. »Aus einem Irrtum also wurden Stereotype«, die rassistischen »Konstrukten und Theorien« dienten (S. 104).

Im zweiten Teil des Artikels klagt Arndt darüber, dass »das Wort ›I.‹« (S. 104) immer noch allgemein in Gebrauch ist, in deutschsprachigen Wörterbüchern wie in der Amtssprache, während »die englische Entsprechung des Wortes in den USA kaum noch verwendet wird« (S. 105). Es sei »mehr als an der Zeit, das Wort an den Nagel der Geschichte zu hängen« (S. 105f.). Stattdessen möge man Begriffe nutzen, die in den indigenen Gesellschaften schon vor Kolumbus gebräuchlich waren, z. B. ›Mohawk‹, oder neuere Bezeichnungen, »die benennen, dass die kolonialistische Verallgemeinerung soziale Positionen geprägt hat« (S. 106), wie ›First Americans‹.

Beginnen wir den prüfenden Blick auf diese Darlegungen mit Kleinigkeiten. Abgesehen davon, dass sich manche Leser unter einem durchgestrichenen Indianer vielleicht gar nichts vorstellen können, würden viele Ältere im deutschen Sprachraum auf die einleitende Frage nach dem klischeehaft-falschen Bild wohl nicht an einen Mann der beschriebenen Art denken, sondern an Pierre Brice in seiner Winnetou-Rolle, jenen französischen Schauspieler, den man halb scherzhaft, halb kritisch schon vor Jahrzehnten den hierzulande beliebtesten Indianer genannt hat, und in dieser Rolle tritt er durchweg weder halbnackt noch mit Federn auf. Dass Mays ›Winnetou‹-Roman »scheinbar die Perspektive der Kolonisierten« einnimmt, hat meines Wissens kein noch so kluger Kommentator jemals behauptet oder gar überzeugend dargelegt, und damit wird die Argumentation hinfällig, die Arndt an diese These knüpft. Das Geschehen im Roman wird vielmehr explizit aus der Sicht eines aus Deutschland angereisten Weißen erzählt, der sich allerdings schon in der Einleitung zu einer fundamentalen Sympathie gegenüber den Indianern bekennt – das ist etwas völlig anderes. Dass es nahezu unwichtig erscheint, ob man bewusst und gezielt Gedanken über die Existenz minderwertiger ›Rassen‹ verbreitet oder gutgläubig verallgemeinernde Vorstellungen reproduziert, die – wie die Überzeugung von der größeren Naturnähe indigener Menschen – durchaus positiv gemeint sind, leuchtet nicht ein bei einem Text, in dessen Sprache »alle Menschen gerecht berücksichtigt werden« sollen (S. 14).

Eine grundsätzliche Abneigung scheint die Verfasserin gegenüber »Pauschalkategorie(n)« zu hegen; es stört sie, dass Kolumbus die Menschen, die er an einem fremden Ort vorfand, zusammenfassend mit einem Kollektivbegriff etikettierte. Dabei sind solche Bezeichnungen doch gang und gäbe; sollen wir auf Wörter wie ›Europäer‹, ›Ostfriesen‹ oder ›Römer‹ künftig verzichten, weil sie der Vielfalt der Menschen, die damit gemeint sind, nicht gerecht werden? Müssen Deutsche sich diskriminiert fühlen, weil sie im Englischen ›the Germans‹ und im Französischen ›les Allemands‹ sind, während sie sich selbst ganz anders nennen und die Fremdbezeichnungen heute auch unter historischen Aspekten abwegig erscheinen? Arndts Aversion erscheint umso erstaunlicher, als sie selbst an zentralen Stellen ihrer Argumentation mit Kollektivbegriffen operiert, die pauschaler kaum vorstellbar sind: Laut Untertitel ihres Buches geht es um das, was »wir« mit der Sprache anstellen, und die entscheidende Kategorie ihres Verständnisses von Rassismus bilden ›Weiße‹.

Ein weiterer gravierender Einwand gegen das Indianer-Kapitel ergibt sich aus einer leicht zu übersehenden Nebenbemerkung: In der deutschen Sprache sei das heikle Wort leider fortgesetzt in Gebrauch, obwohl sein englisches Pendant, ›Indian‹, »in den USA kaum noch verwendet wird«. Man muss nur ein wenig im Internet recherchieren, um die Fragwürdigkeit dieser Behauptung zu entdecken: Es wimmelt geradezu von Begriffen un-

terschiedlichster Art, in denen ›Indian‹ enthalten ist, in der Regel in Verbindung mit anderen Wörtern, die von vornherein deutlich machen, dass es
hier nicht um ›Inder‹ geht – eine Präzisierung, die im Deutschen unnötig
ist, da diese Sprache zwischen ›Indern‹ und ›Indianern‹ unterscheidet.

Beispielsweise existieren in den USA ein ›National Museum of the
American Indian‹, ein ›National Congress of American Indians‹ sowie ein
›American Indian Movement‹, und an etlichen Universitäten kann man
sich mit ›American Indian Studies‹ beschäftigen. Es ist natürlich das gute
Recht der Autorin, das einschlägige Sprachmaterial für minder relevant zu
halten. In diesem Fall wäre sie jedoch verpflichtet, es nicht einfach in einer
kurzen Bemerkung beiseitezuwischen, sondern auf konkurrierende Wahr-
nehmungen hinzuweisen und sich mit ihnen auseinanderzusetzen. Das tut
sie nicht, sondern sie verschweigt sie. Beispielsweise ist 2020 ein Buch der
Historikerin Heike Bungert erschienen, das den Titel ›Die Indianer. Geschichte der indigenen Nationen in den USA‹ trägt; noch in einem im Heft
›SPIEGEL Geschichte‹, Ausgabe 1 (2023), ›Die ersten Amerikaner‹, ge-
druckten Gespräch nennt Bungert zur Rechtfertigung des Obertitels mehrere Beispiele für die Verwendung von ›Indian‹ in Amerika und durch
selbst Betroffene, fügt dann allerdings hinzu, ganz unumstritten sei der
Begriff nicht. Ähnlich beurteilen viele ihrer Kolleginnen und Kollegen die
Situation; das muss die Verfasserin von ›Rassistisches Erbe‹ eigentlich
wissen, und indem sie es ignoriert – Bungerts Buch taucht, im Gegensatz
zu anderen Veröffentlichungen aus demselben Jahr, in ihrem voluminösen
Literaturverzeichnis nicht auf –, begeht sie einen Verstoß gegen die Ge-
bote korrekter wissenschaftlicher Arbeit.

Peter Bolz – als ehemaliger Kurator der Nordamerika-Sammlungen des
Ethnologischen Museums Berlin bei diesem Thema sehr viel kompetenter
als der Berichterstatter – führt in einer überaus kritischen Rezension zu
Arndts vorherigem, in der gedanklichen Orientierung aber übereinstim-
mendem Buch ›Rassismus begreifen‹ (2021) neben sachlichen Argumenten auch ausgedehnte persönliche Erfahrungen mit Indianern, die nichts
gegen diese Bezeichnung einzuwenden haben, ins Feld und gelangt am
Ende zu der harten Feststellung, die Verfasserin produziere mit ihrer Aller-
gie gegen das ›I-Wort‹ lediglich »arrogante Besserwisserei«.[2] »War sie jemals auf einer Indianer-Reservation in den USA und hat mitbekommen,
dass sich die Leute dort selbstverständlich und mit Stolz als ›American
Indians‹ oder alternativ als ›Native Americans‹ bezeichnen? (…) Was ist
mit all den traditionellen Führern, aber auch all den Vorsitzenden von T r i -
b a l C o u n c i l s , die sich als ›Chief‹ (Häuptling) bezeichnen?« (S. 5) Über
die zusammenfassende persönliche Etikettierung der Autorin in dieser Kritik schweigt des Sängers Höflichkeit.

Alles in allem ordnet sich Arndts Abhandlung in besonders eigenwilliger und radikaler Zuspitzung einem merkwürdigen Trend ein, der seit einiger Zeit unsere akademischen und intellektuellen Diskurse maßgeblich prägt: Man reagiert auf einen gesellschaftlichen Missstand, indem man so heftig wie eben möglich für eine Perfektionierung des rhetorischen Umgangs damit kämpft. Ein solches Procedere bietet seinen Akteuren – ich erlaube mir jetzt ein wenig Zynismus – mancherlei Vorteile: Es ist geistig anregend und auch unterhaltsam, verschafft ein gutes Gewissen, stiftet zusammen mit Gleichgesinnten eine Gemeinschaft von Menschen, die sich an der Spitze des Fortschritts dünken, und erspart – hier wird es sicherlich Ausnahmen geben – die Mühen der Ebene im Kampf gegen reale Missstände. Der Duden hat sich inzwischen der Interpretation angeschlossen, ›Indianer‹ sei ein diskriminierender Begriff.

Auch Arbeiten, die sich um eine erheblich differenziertere Argumentation in Sachen Rassismus bemühen, geraten mit ihrer Fixierung auf eine von allen Schändlichkeiten befreite Sprache manchmal auf Abwege. In einem Buch mit dem hübschen Titel ›Wer darf in die Villa Kunterbunt?‹ – das um Karl May einen Bogen macht – wird dem latenten und offenen Rassismus in Kinderbüchern nachgegangen und die Frage gestellt, inwiefern man ihn mittels nachträglicher Bearbeitung korrigieren kann und ob es sich dabei um ein sinnvolles Verfahren handelt.[3] »Eine Standardlösung« für dieses Problem gebe es »nicht« (S. 282), und überhaupt gelte: »Antirassistische Kritik sollte (…) immer gut durchdacht und begründet erfolgen, sonst leistet sie der Sache keinen Dienst« (S. 247) – wie wahr.

Aber auch in diesem Fall treibt der Sprachpurismus bizarre Blüten. Eine ist grundsätzlicher Natur und in vielen jener Texte zu finden, die sich mit dem Thema Rassismus befassen. Die beiden Verfasser wollen unbedingt den Vorwurf vermeiden, beim Umgang mit dessen Rhetorik ihrerseits rassistisch zu reden und damit Betroffene zu belasten, und indem sie diese Regel auch auf zitierte Titel ausdehnen, meiden sie ein bestimmtes Vokabular wie der Teufel das Weihwasser und produzieren ausweichende Formulierungen der folgenden Art: »Vorlage für ›Zehn kleine N-lein‹ war das amerikanische Lied ›Ten little I*‹« (S. 128) – ein absurder Satz, denn tatsächlich gab und gibt es ja weder den einen noch den anderen Titel. Wie kann man überzeugend Missstände bekämpfen, die man nicht direkt zu benennen wagt? Wie hätte man unter diesen Vorzeichen beispielsweise über den Holocaust aufgeklärt, wenn man zur Vermeidung der heute ständig beschworenen Gefahr von Retraumatisierungen dem Blick auf die schlimmsten Verbrechen ausgewichen wäre?
Darüber hinaus tritt auch in diesem Buch eine gewisse Blindwütigkeit

bei dem Bemühen auf, rassistische Zusammenhänge zu entdecken; vielleicht ist das der Preis für die Ambition, rassistischen Umtrieben jeglicher
Art in Kinderbüchern so entschieden und zugleich subtil wie eben möglich
nachzuspüren. Zu Recht verweist der Text auf die weite Verbreitung einer
»Schwarz-weiß-Dichotomie« in unserem Schreiben und Sprechen, aber es
ist abwegig, sie ohne jegliche Differenzierung gleich als »weitere rassistische Ausdrucksform der deutschen Sprache« (S. 39) einzuordnen und als
Beleg dafür mit einer ganzen Serie einschlägiger Begriffe von der ›weißen
Weste‹ über die ›schwarze Liste‹ bis zum ›Schwarzarbeiten‹ aufzuwarten.
Das hier ebenfalls genannte ›schwarze Schaf‹ etwa hat nichts mit der Hautfarbe von Menschen zu tun, sondern, wie man in etymologischen Wörterbüchern nachlesen kann, mit dem Umstand, dass die Wolle weißer Schafe
sich leichter färben lässt als die schwarzer, so dass Schafe mit schwarzer
Wolle für ihre Besitzer weniger wertvoll sind. Auch dürfte die negative
Konnotation, die sich häufig mit dem Wort ›schwarz‹ verbindet, historisch
in erster Linie auf Ängste vor der Dunkelheit, der Finsternis der Nacht,
zurückzuführen sein. In Zeiten vor der Erfindung elektrischer Beleuchtung
erschien die Nacht durchweg als etwas Undurchdringliches und Bedrohli-
ches, etwas, in dem unerkennbare Gefahren lauerten, denen man weitgehend hilflos gegenüberstand. Die Literatur und die kulturelle Tradition im
Allgemeinen geben darüber umfassend Auskunft. Mit den Vampiren existiert eine eigene Spezies böser Wesen, die nur in der Nacht ihre Umtriebe
entfalten können. In Goethes Liebesgedicht ›Willkommen und Abschied‹
heißt es in Bezug auf einen Ritt durch die Dunkelheit: »Die Nacht schuf
tausend Ungeheuer.« Das Gedicht ›Über die Geburt Jesu‹, verfasst von
dem Barocklyriker Andreas Gryphius, spricht unter anderem über die
»schwarze Nacht der Sünden« und zelebriert das Wunder der Geburt des
christlichen Erlösers mit dem eindrucksvollen Paradox, dessen Ankunft
auf der Welt lasse diese Nacht heller erstrahlen als jeden Tag. Mit der Diskriminierung von Menschen mit dunkler Hautfarbe hat all das nichts zu
tun.

Nicht um verdächtige Terminologie und Alternativen dazu, sondern um
grundsätzlichere Zusammenhänge ideologischer Art geht es in einem Aufsatz von Maureen O. Gallagher.[4] Die Verfasserin arbeitet auf dem Gebiet
der Critical Race Theory und der Critical Whiteness Studies und befasst
sich nicht zum ersten Mal mit Karl May. Ihre leitende – und natürlich keineswegs gänzlich neue – These ist, dass der von ihm maßgeblich geförder-
te »German Indianthusiasm« (S. 581) nicht etwa ein wahres, aufrichtiges
Interesse an der Geschichte der Indianer bezeugt, sondern zur Bestätigung
der eigenen kulturellen und sozialen Überlegenheit dient, ohne dass sich

dabei ein schlechtes Gewissen störend bemerkbar macht. Die guten Indianer bei May seien die, die sich von weißen Europäern anleiten ließen – siehe die Rolle Klekih-petras und Old Shatterhands bei den Apachen –, und im Ergebnis entstehe eine für die deutsche Leserschaft überaus erfreuliche historische Perspektive: »Native Americans are the past, while white Germans are the future« (S. 592); Handlungselemente wie die Blutsbrüderschaft zwischen Winnetou und Old Shatterhand führten dazu, dass die Weißen sich bestätigt und in jeder Hinsicht unschuldig fühlen dürfen. Gallagher verfolgt diese Linie, unter anerkennenswert reichhaltiger Nutzung der Sekundärliteratur, von der Erstveröffentlichung der ›Winnetou‹-Trilogie bis zu Philipp Stölzls dreiteiligem Fernsehfilm (2016), der seines scheinbar andersartigen Anspruchs wegen von ihr noch besonders negativ beurteilt wird: Hier werden, wie es in der deutschsprachigen Zusammenfassung der Interpretation heißt, das »Narrativ der deutschen Unschuld« und die »Fantasien von weißer Eroberung im amerikanischen Westen« (S. 574) raffiniert für das Publikum unserer Zeit aufbereitet.

Auf den öffentlichen Sturm um Karl May, den im Sommer 2022 der Ravensburger Verlag mit der Zurücknahme von Publikationen zu dem neuen Kinderfilm ›Der junge Häuptling Winnetou‹ bewirkte, geht keine der bisher genannten Arbeiten ein; schon aus zeitlichen Gründen ist dies auch unmöglich. Anders steht es um ein Buch von Thomas Kramer, das sich ein Jahr später unmittelbar auf die damalige Kontroverse bezieht und eine umfassende Reaktion auf die heftigen Angriffe gegen May verspricht.[5] Der Klappentext teilt mit, argumentiert werde »in humorvoller Weise sachlich und unaufgeregt«.

Kramer ist ein Autor, wie man ihn sich kompetenter bei diesem Thema kaum wünschen kann, denn das Verzeichnis seiner Schriften umfasst nicht nur etliche speziell über Karl May, sondern auch andere, breiter angelegte, die aber bestens in den relevanten Zusammenhang passen, insbesondere im Hinblick auf die Orient-Problematik (vgl. den Literaturbericht im Jb-KMG 2010, S. 279f.). Demgemäß tauchen in dem neuen Buch umsichtige Kommentare zu einem großen Teil der Streitpunkte um unseren Autor auf, und zwar sowohl der 2022 erstmals dominanten als auch anderer, die schon länger im Gespräch waren, wie etwa die Vorliebe einiger Nazi-Größen für May. Ob bzw. in welchem Maße Mays Texte antisemitische Tendenzen enthalten, wie es um rassistische Einstellungen darin bestellt ist, ob May ein Propagandist des deutschen Kolonialismus war und Old Shatterhands Aktivitäten im ›Wilden Westen‹ gar als Vorbild für die nationalsozialistischen Besiedlungspläne bezüglich Osteuropas gelten können: All dies und vieles mehr wird beleuchtet und umfassend kommentiert, und zwar im

Hinblick sowohl auf grundlegende Eigenschaften der May'schen Werke als auch auf einzelne Szenen und Figuren. Kramer legt zu Recht viel Wert darauf, die besprochenen Sachverhalte in ihren historischen Kontext einzuordnen, und lässt deshalb zahlreiche Autoren aus Mays zeitlicher Nachbarschaft im weitesten Sinne zu Wort kommen, von Wilhelm Hauff über Karl Marx und Friedrich Engels bis zu Sir John Retcliffe alias Hermann Ottomar Friedrich Goedsche und Rudyard Kipling. Für Leser, die mit Mays Lebensgeschichte nicht vertraut sind, beendet er das Buch mit einem biografischen Überblick.

Der Berichterstatter kann nicht verhehlen, dass ihm die zentrale Argumentation, die sich aus ›Karl May im Kreuzfeuer‹ – nicht etwa: ›Karl May im Fadenkreuz‹ – herauskristallisiert, außerordentlich sympathisch erscheint, da sie sich mit der eigenen deckt. Viele der Attacken auf May weist Kramer strikt zurück, etwa die zum Vorbildcharakter für den ›Generalplan Ost‹ oder zu einer Ausprägung des Antisemitismus, die mit jener von der jüdischen Weltverschwörung identisch ist. Aber dass May zahlreiche Schattenseiten des Mainstream-Denkens seiner Zeit unkritisch reproduziert, wird nicht bestritten, sei es, dass er in ›Winnetou I‹ beiläufig ein »rassistische(s) Ranking« (S. 71) vornimmt, das generell Weiße über Indianer und Indianer über ›Neger‹ stellt, in den Orientromanen seinen Ich-Helden konsequent mit »eurozentristisch-paternalistischer Haltung« (S. 78) gegenüber den Einheimischen und ihrer Religion ausstattet oder dass er Armenier, Chinesen und andere mit geradezu infamen Äußerungen bedenkt. Wer Mays Texte auch nur halbwegs unvoreingenommen liest, wird immer beides entdecken: die Anlehnung an einen Zeitgeist, der aus heutiger Sicht zum beträchtlichen Teil inhuman erscheint, und Tendenzen, die in eine völlig andere Richtung führen und im Lauf der Zeit stärker werden. Markante Zitate am Eingang des Buches nehmen diese Gegenläufigkeit mit Hilfe der Rezeption, die sie mehr oder weniger zwangsläufig geerntet hat, vorweg: Da taucht Klaus Manns berühmtes Wort von May als »Cowboy-Mentor of the Führer« auf, aber auch der Satz des NS-gläubigen Pädagogen Wilhelm Fronemann, Karl May passe »zum Nationalsozialismus wie die Faust aufs Auge« (S. 9).

Natürlich kann man auch gegen dieses Buch, wie gegen nahezu jedes andere, mancherlei Einwände erheben. Gelegentlich neigen die historischen Ausblicke dazu, sich zu verselbstständigen, etwa die Beschäftigung mit Wilhelm Hauff im Kapitel ›Mays Vorgänger, ein Märchenorient und der Antisemitismus‹ (S. 21–28). Auch fallen einige Fehler bei der Wiedergabe von Namen auf: Theodor Fontanes berühmteste weibliche Figur heißt mit Vornamen Effi, nicht »Effie« (S. 72); der Filmkomponist mit dem Nachnamen Thomas trägt den Vornamen Peter, nicht »Herbert« (S. 132);

Old Surehand wird im Fließtext korrekt bezeichnet, in einer Kapitelüberschrift aber als »Old Shurehand« (S. 130); und es ist, auch wenn man gelegentlich anderes liest, nicht richtig, dass der frühere Bundeskanzler »Helmut Schmidt« (S. 161) im Jahr 2011 eine Karl-May-Biografie ›Die Macht der Phantasie‹ veröffentlicht hat.

Gewichtiger erscheint ein Umstand, der sich wohl der Zuordnung des Buches zum populärwissenschaftlichen Schrifttum verdankt. Kramer arbeitet mit einer Vielzahl von Zitaten, was seinem Werk Anschaulichkeit und Überzeugungskraft verleiht. Aber er weist sie nicht detailliert mit Seitenzahlen aus, und das abschließende Quellenverzeichnis, in dem er vermutlich alle Texte auflistet, aus denen er etwas übernommen hat, kann dieses Manko nicht ausgleichen. Man erfährt also lediglich, dass May oder ein anderer Autor in einem bestimmten Schriftwerk etwas formuliert hat; an welcher Stelle dies geschehen ist, sagt das Buch nicht, und wenn ein engagierter Leser den Zusammenhang selbst nachlesen will – weil es ja gerade bei den hier behandelten Themen oft nicht nur um die Formulierungen als solche geht, sondern um das Umfeld einer Argumentation –, muss er sich auf eine mühsame Suche begeben. In der Praxis wird es wohl selten zu einem solchen Vorgang kommen; aber es ist, bei allem Verständnis im Hinblick auf den Charakter des Buches, bedauerlich, dass diese philologische Exaktheit hier fehlt.

Ausgesprochen kurios erscheint etwas anderes: Das Buch hat zwei Hauptfiguren – die eine heißt Karl May, die andere Jürgen Zimmerer. Sie verhalten sich zueinander ungefähr so wie Old Shatterhand zu Santer, James Bond zu Goldfinger oder Sherlock Holmes zu Professor Moriarty. Zimmerer ist ein »Hamburger Historiker, Professor für die Geschichte Afrikas« (S. 14); nach eigenem Bekunden war er früher ein begeisterter jugendlicher May-Leser, agiert inzwischen aber als einer der vehementesten Kritiker von dessen Abenteuererzählungen, die man sich denken kann. In den öffentlichen Diskussionen des Jahres 2022 hat sich Zimmerer mehrfach mit scharfen Äußerungen zu Wort gemeldet, wurde häufig zitiert und taucht nun an mehr als einem Dutzend Stellen in Kramers Werk auf. Er dient als so etwas wie ein permanenter Stichwortgeber: Einen großen Teil der Angriffe auf May ruft Kramer mit Hilfe der nach seinem Urteil überwiegend abstrusen Äußerungen Zimmerers ab und entwickelt seine Sicht der Dinge in der Reaktion auf sie. Dass Hitler und Himmler sich politisch an May orientiert haben (vgl. S. 14), May den Kolonialismus seiner Epoche unterstützt (vgl. S. 65), Völkermord für ›normal‹ gehalten (vgl. S. 74) und die Diskriminierung von Frauen befördert hat, dass ›Winnetou‹ als Jugendbuch im 21. Jahrhundert nicht mehr zu gebrauchen ist (vgl. S. 70) – all das hat Zimmerer gesagt, und Kramer knüpft mit teilweise bissiger

Kritik daran an. Andere Beteiligte der Kontroverse mit ihren Argumenten pro und contra kommen so gut wie nicht zu Wort.

Ganz und gar entkommen kann man dem Themenkomplex, der uns bisher beschäftigt hat, selbst dann nicht, wenn man völlig anderen Dingen im Zusammenhang mit Karl May begegnet. Das zeigt ein neues Buch von Johannes Zeilinger,[6] der aber mit einem erheblichen Teil der Angelegenheit kurzen Prozess macht: Stereotype seien nicht ausschließlich negativ zu beurteilen, denn sie könnten »die Interaktion unter Menschen, die sich nicht kennen, vereinfachen« (S. 92f.); es komme darauf an, sie nicht in wertende Vorurteile umzuwandeln, und da verhalte May sich letztlich vorbildlich, denn es gebe bei ihm zwar eine sehr schematische »Scheidung der Welt zwischen Gut und Böse«, aber darin eben »gute und böse Indianer, gute und böse Araber, gute und böse Weiße«; und den eifrigen Vertretern »der heute so grassierenden postkolonialen Theorien« hält er ein Zitat aus ›Deutsche Herzen – Deutsche Helden‹ vor, demzufolge die »›größten Schufte des fernen Westens (…) eine weiße Haut (haben)‹« (S. 93).

Wie gesagt: Das ist nicht der zentrale Gegenstand dieses Buches. Zeilinger, langjähriger Vorsitzender der Karl-May-Gesellschaft und von Beruf Chirurg, befasst sich vielmehr mit der Rolle, die medizinische Probleme in Mays Leben und Werk spielen. Er knüpft an eigene Vorarbeiten an, inspiziert eine Vielzahl von Beiträgen anderer Autoren und versucht den gewaltigen Komplex mit all seinen Facetten möglichst vollständig zu erfassen und sachkundig zu kommentieren. Der Grundgedanke ist, dass bei diesem Schriftsteller in ungewöhnlichem Maße »Person, Lebensweg und literarisches Werk eine vielfach verwobene und sich immer wieder bedingende Einheit (bilden)« (S. 12); das zeige sich gerade auch bei diesem Thema.

Und so kommt dann, mit teils erstaunlichen Übergängen zwischen der Argumentation zur Biografie und der Kommentierung der literarischen Schriften, praktisch alles vor, was kundige Leser auf medizinischem Gebiet mit Karl May verbinden können: die strenge Revision der These, May sei in seiner Kindheit blind gewesen – damit hat Zeilinger einst seinen Einstand in der May-Forschung gegeben und erbitterten Widerstand geerntet –, und die Frage, wie es um Mays psychische Befindlichkeit stand, die gesundheitlichen Verhältnisse in seinem Elternhaus und die 2012 durchgeführte forensische Untersuchung der sterblichen Überreste anlässlich notwendiger Reparaturen an seiner Grabstätte, die teilweise extremen Krankheiten und Verletzungen, mit denen Mays Ich-Held und andere Figuren zu kämpfen haben, die unterschiedlich gelagerten, aber jeweils höchst eindrucksvollen medizinischen Leistungen Kara Ben Nemsis, Winnetous und Dr. Karl Sternaus, der literarische Umgang mit Themen wie

Scheintod und Nahtoderfahrung sowie Mays Freundschaft mit dem Natur-
heilkundler Friedrich Eduard Bilz, der in Radebeul sein Nachbar war. Eine
Reihe von Abbildungen, darunter auch entlegene, ergänzen den Text; so ist
beispielsweise die merkwürdig voyeuristisch wirkende Illustration einer
ungarischen Ausgabe des Orientromans wiedergegeben, die eine Begegnung zwischen Kara Ben Nemsi und der Pflanzensammlerin Nebatja zeigt
(vgl. S. 197). Wer sich einen exemplarischen Eindruck verschaffen möchte, wie Zeilinger Mays literarische Darstellungen in Verbindung mit biografischer Realität bringt, möge die Ausführungen zur Taphophobie lesen,
der »Angst vor dem Lebendigbegrabenwerden« (S. 221): Hier werden Passagen aus Mays Texten, Hinweise auf andere literarische Zeugnisse, die
Rekapitulation eines spektakulären Ereignisses aus Mays Familiengeschichte und Informationen zur Historie der ärztlichen Kunst engstens miteinander verknüpft.

Einblicke in die Geschichte und den aktuellen Erkenntnis- und Verfah-
rensstand der Medizin gehören zu den allgegenwärtigen Bestandteilen des
Buches: »Heute noch ist weltweit das Trachom, eine Infektion der Binde-
und Hornhaut durch Chlamydien, die häufigste infektiöse Erblindungsur-
sache.« (S. 52) Bemerkenswert oft, etwa im Hinblick auf die Taten Kara
Ben Nemsis im Orientroman, stellt Zeilinger Mays Protagonisten und damit auch ihrem Schöpfer ein gutes Zeugnis hinsichtlich ihrer ärztlichen
Kompetenz aus, während er an anderen Stellen die geschilderten therapeutischen Maßnahmen als nahezu reine Phantasiegebilde entlarvt. In Bezug
auf die medizinischen Faktoren in Mays Lebensgeschichte argumentiert
der Verfasser teils sehr entschieden, auch über den Komplex Blindheit hinaus, teils vorsichtig: »Die (…) dokumentierten Krankheitsphasen oder
Kuraufenthalte wegen ›Überarbeitung‹ oder ›nervöser Erschöpfung‹ können – mangels präziser Überlieferung – nur spekulativ in die Krankheits-
geschichte Mays eingeordnet werden, sind aber doch ein Indikator, dass
seine psychische Verfassung zumindest zeitweilig die Grenzen psychoti-
scher Ausnahmezustände erreichte.« (S. 168) Scheu vor den Säulenheili-
gen der May-Forschung kennt Zeilinger nicht: Eine markante Formulierung Hans Wollschlägers über den narzisstischen Charakter nennt er
»reichlich verschwurbelt« und fügt das von Mays Ich-Helden gern ge-
brauchte »Hm!« (S. 123f.) hinzu.

Karl May hätte wohl einiges darum gegeben, wenn er den Titel des Bu-
ches unmetaphorisch und direkt auf sich hätte beziehen können; statt zu
einem echten Dr. May brachte er es bekanntlich nur zu einem falschen Dr.
Heilig, der prompt verhaftet wurde. Auf ganz andere Weise zeigt dieses
Buch dennoch, dass er in medizinischer Hinsicht, sozusagen, eine große
Nummer war.

Während Zeilinger spätestens mit dieser Publikation zum Chefarzt der Karl-May-Forschung aufgestiegen ist, hat sich Jürgen Seul schon seit längerer Zeit als Generalbevollmächtigter ihrer juristischen Sparte etabliert. Einer Gesamtdarstellung zu Mays diversen Prozessen, ›Old Shatterhand vor Gericht‹, zahlreichen Dokumentationen sowie einer Biografie über Mays größten publizistischen und juristischen Gegner, Rudolf Lebius, lässt er nun ein Buch über die ›Kahl-Broschüre‹ folgen, eine 1908 veröffentlichte polemische Schrift gegen Karl May, für die letztlich ebenfalls Rudolf Lebius verantwortlich war. Vor einem halben Jahrhundert ist sie durch Hainer Plaul mittels eines im Privatdruck angefertigten Reprints erstmals wieder zugänglich gemacht worden; nun liegt sie, reich kommentiert, bebildert und ergänzt um ausführliches Begleitmaterial, im Neusatz vor.[7]

Aus der Distanz betrachtet, trägt die Angelegenheit, bei der es für einige der Beteiligten um vieles ging, nahezu possenhafte Züge. Rudolf Lebius hatte sich zunächst als journalistischer Parteigänger der Sozialdemokratie profiliert, dann aber die politische Richtung radikal gewechselt und nach harschen Reaktionen seiner früheren Genossen Privatklage wegen Beleidigung gegen Redakteure der sozialdemokratischen Zeitung ›Vorwärts‹ erhoben. Es stand in Aussicht, dass diese Karl May – auch wenn er von der Sozialdemokratie politisch nichts hielt – als Zeugen für die Unglaubwürdigkeit von Lebius benennen würden, denn der Schriftsteller hatte mit ihm schon allerhand üble Erfahrungen gemacht. Um vorbeugend wiederum May in Misskredit zu bringen, suchte Lebius jemanden, der binnen kurzer Zeit eine derbe Anti-May-Schrift verfassen würde, und veröffentlichte eine Anzeige, die sein eigentliches Anliegen aber erst einmal verschleierte. Er fand seinen Autor in dem zwanzigjährigen Friedrich Wilhelm Kahl, der sich durch die Erledigung dieses Auftrags eine Verbesserung seiner materiellen Notlage versprach. Schon bald kam es zu Konflikten zwischen Kahl und Lebius, aber schließlich erschien doch die vom Auftraggeber erhoffte Broschüre: ›Karl May, ein Verderber der deutschen Jugend‹; der Verfassername lautete F. W. Kahl-Basel.

Das schmale Opus bietet im Wesentlichen eine kommentierte Zusammenstellung früherer Veröffentlichungen in Büchern, Zeitschriften und Zeitungen, die in der Summe ein verheerendes Bild von Karl May ergeben. Demnach handelte es sich bei ihm um einen pathologisch kriminellen Autor, der verfasst habe, was man atavistische Literatur schlimmster Art nennen müsse, um einen »Brunnenvergifter, der der Jugend das lautere Wasser der reinen Poesie ungenießbar macht« (S. 82); seine Bücher werden en passant verglichen mit denen Friedrich Nietzsches, die »den Verbrecher verherrlichen und alle Moralbegriffe auf den Kopf stellen« (S. 54), und den »wollüstigen und geschlechtlich perversen Schriften« (S. 54 f.) eines Frank

Wedekind. Um zu zeigen, was May anrichtet, verweist Kahl – oder sein geheimer Co-Autor Lebius? – unter anderem auf einen jugendlichen Mörder, der vor Gericht einräumte, durch May-Lektüre zu seiner ruchlosen Tat angeregt worden zu sein.

Die Wiedergabe des Textes der Broschüre rahmt Seul ein durch Informationen über die Vor- und Nachgeschichte ihrer Veröffentlichung sowie eine Dokumentation mit diversen Materialien, wie Pressestimmen, Briefen und Gerichtsentscheidungen. Die Nachgeschichte ist voll von weiteren erstaunlichen Wendungen: Kontakten zwischen Kahl und dem Ehepaar May, Klagen von Kahl gegen Lebius sowie von May gegen Kahl und gegen den Verleger der Broschüre. Das alles wirkt ziemlich kompliziert, und man darf sich darüber freuen, dass eine tabellarische Auflistung der verschiedenen Gerichtsverfahren (vgl. S. 117–119) und zwei Zeittafeln (vgl. S. 199–207) den Überblick erleichtern. Seul zeichnet den Verlauf der Affäre detailliert und mit größter Akribie nach. Dass es sich auch um eine politische Auseinandersetzung handelt, deutet er an, überlässt das nähere Verständnis aber genauso dem Leser wie eine sicherlich mögliche Interpretation literaturgeschichtlicher Zusammenhänge, die von der Parallelisierung der Werke Mays mit denjenigen Nietzsches und Wedekinds nahegelegt wird. Ganz offensichtlich geht es hier nicht nur um die »veritable Männerfeindschaft« (S. 7) der Herren May und Lebius, sondern implizit auch um elementare Konflikte in der damaligen Kultur.

Während es bei Zeilingers und Seuls Büchern angesichts ihrer Thematik naheliegt, dass die derzeit allgegenwärtigen Postcolonial Studies keine Rolle spielen, könnte man eine solche bei einer anderen Buchpublikation weit eher vermuten, die sich – im Anschluss an eine Tagung – mit kulturellen Elementen der Orient-Rezeption befasst.[8] Aber auch sie verhält sich da insofern zurückhaltend, als sie andere Aspekte, Aspekte unterschiedlichster Art, umfassend in den Vordergrund rückt. Selbstverständlich wird »die klassische Studie von Edward W. Said«, ›Orientalismus‹ (1978), die zahlreiche kritische Arbeiten zum europäisch-kolonialistisch gestimmten Umgang mit dem ›Morgenland‹ nach sich gezogen hat, nicht ignoriert, aber es wird auch sogleich vermerkt, dass es seit langem eine grundsätzlich »von Said abweichende Position« (S. 14) gibt, kompetent vermittelt etwa in Andrea Polascheggs ›Der andere Orientalismus‹ (2005). Insbesondere ein Beitrag von Hans Ritter, ›Nordafrika, die Wüste und der Orient‹, wendet gegen »die manchmal allzu weitgreifenden kollektiven Schemata« der Kritik an Orient-Darstellungen ein, dass es unter den einschlägig aktiven Reisenden und Forschern wie unter den Künstlern »vielfach interessierte und engagierte Grenzgänger und Vermittler zwischen den Kulturen«

(S. 328) gab, die man nicht einfach in der Schublade einer offenen oder
verkappten kolonialistisch-rassistischen Sicht ablegen kann.

Der Sammelband misst mit großer philologischer Sorgfalt die ganze
Breite kultureller Reaktionen auf den Orient aus, zeitlich vom Mittelalter
bis zur Gegenwart, thematisch vom ›Parzival‹ des Wolfram von Eschen-
bach über zahlreiche neuere literarische Werke nicht nur des deutschsprachigen Raums bis zu Filmen, Illustrationen, Musik, Comics und Compu-
terspielen. Immer wieder wird, beginnend mit dem Vorwort, die zentrale
Rolle der ›Tausendundeinen Nacht‹ hervorgehoben, die bis heute das Bild
vom Orient maßgeblich prägt und beispielsweise in Hugo von Hofmanns-
thals ›Das Märchen der 672. Nacht‹ ebenso nachhallt wie in diversen Hol-
lywood-Produktionen und natürlich auch bei Karl May, dessen Orient
»Züge einer 1001-Nacht-Alternativwelt (besitzt)« (S. 109).

Der von Thomas Le Blanc verfasste May-Beitrag (S. 99–123) folgt unmittelbar dem zu Christoph Martin Wielands ›Dschinnistan‹-Sammlung,
in dem schon kurz auf den Erfinder Kara Ben Nemsis verwiesen wird (vgl.
S. 87). Le Blanc unterscheidet in seiner Überblicksdarstellung mehrere
Formen des May'schen Umgangs mit dem Orient, wie schon der Titel ver-
rät: ›Orientvorstellungen in den Werken Karl Mays: Realistisch – mär-
chenhaft – esoterisch – phantastisch‹. Die ersten beiden verbinden sich in
den ›klassischen‹ Abenteuerromanen miteinander: May arbeitet mit zahlreichen realistischen Details, die sich einem teilweise sorgfältigen Quel-
lenstudium verdanken, daneben aber in konstruktiver Union mit märchen-
haft-phantastischen Elementen, die »von einem romantischen Flair«
(S. 109) geprägt sind. Reale Erfahrungen mit dem Orient macht er dann auf
seiner »Touristentour« (S. 114) in den Jahren 1899/1900. Danach funktionieren die alten Verfahrensweisen endgültig nicht mehr, und so gestaltet
May in seinem Spätwerk »Anderswelten« (S. 115), »ein singuläres phan-
tastisches Subgenre, das ich als esoterische Utopie bezeichnen möchte« (S. 117) und das vom Publikum – und wohl auch vom Verfasser des
Beitrags – als »sterbenslangweilig« (S. 117f.) empfunden wird. Abschlie-
ßend nimmt sich Le Blanc die Freiheit, auf die seit einigen Jahren im Karl-
May-Verlag erscheinende und von ihm maßgeblich mitgestaltete Reihe
›Karl Mays Magischer Orient‹ zu verweisen: »Karl May reloaded«
(S. 118), unter Vorzeichen der Fantasy.

Unabhängig von seinem zentralen Thema formuliert der Autor zwei bemerkenswerte Feststellungen, die den Lesern dieses Berichts nicht vorent-
halten werden sollen. Am Anfang widerspricht er der These, May sei mit
einer Auflage von 200 Millionen Büchern der »meistgelesene« Schriftsteller des deutschen Sprachraums; diesen Ruhm können andere für sich ver-
buchen, »vor ihm liegen der Geisterjäger Helmut Rellergerd und die

Western-Ikone Gert F. Unger mit jeweils 300 Millionen« (S. 99). Später mischt Le Blanc sich kurz in die immer mal wieder aufflammende Diskussion um Klara May ein und fällt ein vernichtendes Urteil: Sie war eine »manipulative Hexe« (S. 115).

Auch in einem Aufsatz von Gunnar Sperveslage taucht der Begriff ›meistgelesen‹ auf,[9] im ersten Satz schon, allerdings mit einer leichten und gänzlich unstrittigen Variation: Karl May »ist einer der meistgelesenen deutschsprachigen Autoren« (S. 117). Aber auch hier geht es im Kern um ganz andere Dinge.

Der reich bebilderte Aufsatz untersucht Mays Beziehungen zum Sudan, die sich, in der Formulierung des Titels, durch ›fiktive Reisen‹ auszeichnen. Eine davon betrifft die May'sche Orientreise der Jahrhundertwende, deren realiter durchgeführte Teile der Verfasser in groben Zügen nachzeichnet. Wichtig ist ihm dabei ein bisher wenig beachtetes Detail: May erweckt in den Briefen und Postkarten dieser Zeit und andeutungsweise noch in dem etwas später veröffentlichten Roman ›Und Friede auf Erden!‹ den Eindruck, er werde auch den Sudan bereisen bzw. habe das unter abenteuerlichen Umständen getan. Damit legt er falsche Spuren aus: »Karl May hat den Sudan (…) nie gesehen.« (S. 120) Im zweiten Teil des Aufsatzes wendet sich Sperveslage den Jahre vorher erschienenen Sudan-Romanen Mays zu, ›Die Sklavenkarawane‹ und der Trilogie ›Im Lande des Mahdi‹, und konzentriert sich dabei besonders auf die Vorstellung ihrer Quellen. An vielen Stellen ist May ihnen genauestens gefolgt, aber in einem wichtigen Punkt nimmt er eine sehr eigenständige Position ein: Entgegen dem, was er insbesondere in den Reiseberichten des Afrikaforschers Ernst Marno fand, »lehnt er (die Sklaverei) kategorisch ab« und schildert sie als »ein Verbrechen, das mit allen Mitteln bekämpft werden muss« (S. 124).

Gibt es einen Zusammenhang zwischen den rein fiktiven Heldenreisen in den Romanen und der realen Tour des alten May, die ihn aber im Unterschied zu seiner Darstellung auch nicht in den Sudan führte? Sperveslage wertet Mays späte Suggestion als zeitweiligen Rückfall in alte Zeiten: Zwar habe er mit bzw. seit der Orientreise in literarischer und biografischer Hinsicht Neuland betreten, aber hin und wieder seien die alten Selbstinszenierungen der ›Old-Shatterhand-Legende‹ zurückgekehrt, und dabei sei es eben zu einem indirekten Anschluss an die im Sudan spielenden Abenteuerromane gekommen: mit der impliziten Verheißung eines weiteren von ähnlicher Art, der aber ungeschrieben blieb.

Zu den mit Afrika verknüpften Texten Mays gehören auch zwei sehr kurze, die er 1889 anonym im ›Guten Kameraden‹ veröffentlichte, und zwar jeweils als Umrahmung von dort wiedergegebenen Illustrationen: ›Das Straußenreiten der Somal‹ und ›Sklavenrache‹. Der erste beschreibt, wie Angehörige ferner Länder auf sogenannten Völkerwiesen in Deutschland präsentiert werden, der zweite schildert eine blutige Episode aus dem Zusammenhang des Sklavenhandels. Gabriele Ziethen stellt diese relativ unbekannten Arbeiten den Lesern eines Kairoer Periodikums vor und kommentiert sie im Hinblick auf die literarische Entwicklung des Schriftstellers.[10] Hervorgehoben wird, dass May hier vor dem Hintergrund der damals aktuellen kolonialistischen Ambitionen Deutschlands arbeitete – das ›Straußenreiten‹ sagt dies sogar explizit – und dass er, bei aller Anbiederung an den unterhaltsamen Charakter von Exotik, im Laufe der Zeit eine ethische Grundhaltung entwickelte, die mit »Sklaverei, Kolonialismus und religiöse(m) Fanatismus« (S. 382) hart ins Gericht geht.

Im Jahrbuch der Karl-May-Gesellschaft 2023 hat A. Dana Weber dargelegt, dass es entgegen einem häufig anzutreffenden Vorurteil in Nordamerika eine bemerkenswert breite wissenschaftliche Beschäftigung mit Karl May gibt (vgl. S. 15–48), die freilich oft andere Wege geht als die hierzulande üblichen. Wie es damit in der Türkei steht, gewissermaßen dem staatlichen Nachfolger des zweiten großen Schauplatzes der Abenteuerromane Mays, untersucht ein Aufsatz von Mutlu Er aus dem Jahr 2020.[11] Nachdem der Verfasser May und die historischen Hintergründe seiner Tätigkeit vorgestellt, einige grundsätzliche Erwägungen über das Eigene und das Fremde formuliert und von türkischen Autoren stammende bzw. in der Türkei publizierte Arbeiten genannt hat, in denen unser Autor durchaus eine Rolle spielt, gelangt er zu einem doch recht ernüchternden Fazit: Es gebe in der türkischen Leserschaft wie in der Forschung ein beträchtliches »Desinteresse gegenüber Karl Mays Werke(n)« (S. 210), wenn man diese mit anderen Beispielen der deutschsprachigen Literatur vergleicht; eine Änderung der Situation sei wünschenswert und auch möglich. Ein Interview mit einem May-Übersetzer ergänzt die Beobachtungen und Überlegungen.

Einige weitere Aufsätze, die in den letzten Jahren erschienen sind, konzentrieren sich darauf, in Form eines Überblicks Karl May der speziellen Leserschaft unterschiedlichster Schriften vorzustellen, wobei natürlich die Interessenlage der jeweiligen Zielgruppe die Akzentuierung des Inhalts bestimmt. Malte Ristau, dem Publikum von KMG-Veröffentlichungen bestens vertraut, tut dies in einer Zeitschrift des Verbandes der Geschichtslehrerinnen und -lehrer Deutschlands.[12] Er legt dar, unter welch vielfältigen historischen Aspekten der Autor, sein Werk und seine Wirkung von historischem Interesse und insofern auch für die verschiedensten Bereiche

des Geschichtsunterrichts von Belang erscheinen. Schönfärberei ebenso
wie pauschale Verdammung sind dabei – die den Romanen geltende Zwi-
schenüberschrift wie ›Ressentiments und Toleranz‹ (S. 75) deutet es bereits an – nicht hilfreich, wohl aber ein abschließender eindringlicher Hinweis auf Karl May als geistige Kraft: »Mindestens drei Generationen
belehrte und beeinflusste der Schriftsteller mit seiner Sicht historischer
Ereignisse, kultureller Konstellationen und gesellschaftlicher Veränderungen und er wirkt fort.« (S. 81)

Ein ganz anderes Publikum hat Friedhelm Pedde vor Augen, wenn er über
May in einem Sammelband informiert, dessen Titel ›Orientalist Gazes.
Reception and Constructions of Images of the Ancient Near East since the
17th Century‹ lautet.[13] Auch hier geht es um einen allgemeinen, Leben,
Werk und Wirkung betreffenden Überblick, aber diesmal liegt der Schwerpunkt verständlicherweise auf dem Thema Orient. Dabei greift Pedde weit
aus und bringt z. B. die eben schon erwähnten ›Völkerschauen‹ ebenso ins
Spiel wie den realen Reisenden Austen Henry Layard, der sowohl für den
Möchtegern-Forscher David Lindsay als auch für Kara Ben Nemsi, Mays
»omnipotent hero« (S. 162), Pate gestanden habe. Über die deutsche Ori-
entbegeisterung im Allgemeinen wird ebenso berichtet wie über Mays eigene Orientreise und seine späte Hinwendung zum Pazifismus. Etwas be-
fremdlich angesichts dieser ertragreichen Darlegungen erscheint es
allerdings, dass Pedde in den bibliografischen Hinweisen der Fußnote 3, in
der es um »more information on May and his perspective of the (Ancient)
Near East« (S. 157) geht, fünf eigene Titel anführt und sonst gar nichts, und
regelrecht protestieren im Namen der Literaturgeschichte muss der Berichterstatter gegen Peddes Anmerkung in Fußnote 28, der beiläufig erwähnte Friedrich Schiller sei der Autor des ›Götz von Berlichingen‹ (vgl.
S. 168) – o tempora, o mores.

Warum sind Abenteuergeschichten wie die von May überhaupt so reiz-
voll? In einem Heft der traditionsreichen Zeitschrift ›Akzente‹, das dem
Thema ›Wildnis‹ gewidmet ist und Aufsätze mit so aparten Titeln wie
›Ballett und Wildnis‹ enthält, stellt Hanno Loewy diese Frage.[14] Grundle-
gend wichtig ist ihm der Befund, dass solche Texte, mögen sie auch vor-
dergründig von fernen Kurdenstämmen und Indianern handeln, in erster
Linie auf uns selbst zielen und »als Folie einer Phantasie der Selbstver-
ständigung dienen« (S. 31). Der Verfasser ist davon überzeugt, dass in uns,
auch wenn wir seit langem einer dem Anspruch nach christlich-zivilisato-
risch domestizierten Welt angehören, archaische Bedürfnisse von ganz anderer, sozusagen wilder Art schlummern, die von Abenteuerromanen auf-

gegriffen werden: »Der ferne Westen und der nahe Osten, sie lassen sich in Karl Mays Phantasie gegen den Strich auch als die beiden Seiten jener ambivalenten Faszination lesen, die von der Vorstellung einer nomadisch-kriegerischen Urexistenz ausgeht.« (S. 41) Dass solche Phantasien auf schändliche Weise politisch missbraucht werden können, legt Loewy anhand des Reiseberichts eines ›Rassenforschers‹ aus der NS-Zeit dar.

In einem Sammelband über literarische Darstellungen zum Leben auf dem Land befasst sich Thorsten Carstensen mit Karl Mays Dorfgeschichten.[15] Sie stehen für den größten Teil der Leserschaft ja ganz und gar im Schatten der weitaus berühmteren Abenteuerromane, aber der Autor ist überzeugt davon, dass eine vergleichende Lektüre durchaus lohnt. Der Untertitel seines Aufsatzes deutet die Richtung an, in die er dabei denkt: In den Abenteuern von Kara Ben Nemsi bzw. Old Shatterhand lassen sich die »Konstellationen und Wertvorstellungen der Dorfgeschichte finden« (S. 287); überall »begegnen die Leser jener utopischen Idee von Gerechtigkeit, die für das Oeuvre dieses Schriftstellers über weite Strecken kennzeichnend ist« (S. 285). Auch findet man in den der Heimat geltenden Texten manche genaueren Erläuterungen zum Herkunftsland des Ich-Helden, bei dessen Reisen zwar immer wieder auf Deutschland verwiesen wird, das aber im Großen und Ganzen hier doch eine »Leerstelle« (S. 291) bleibt. Insgesamt erkennt der Autor bei seinem Durchgang durch Mays literarische Entwicklung zumal in den großen Romanen »ein ambivalentes Deutschland-Bild«, das von Hinweisen auf die Probleme eines selbstbestimmten Lebens durchzogen wird, aber auch eine Verklärung der »heimische(n) Alltagspraktiken« (S. 296) aufweist. Daneben scheut May sich nicht, mit kühnen Kombinationen zu arbeiten: Carstensen sieht in dem von ihm propagierten Edelmenschen eine »Symbiose des ehrlichen Sachsen mit dem edlen Indianer« (S. 295).

Wer für feinsinnige Textanalysen, Ideologiekritik, kulturhistorische (Re-) Konstruktionen und dergleichen wenig übrighat und eher auf handfeste Informationen von überwiegend biografischer Natur setzt, wird durch das May-Periodikum aus Hohenstein-Ernstthal gut versorgt. Auch im Impressum der Ausgabe von 2023 ist zwar vermerkt, dass es »unregelmäßig« erscheint, aber der treue Leser gewinnt dennoch den Eindruck von Stetigkeit und Zuverlässigkeit.[16] In dem genannten Heft geht es unter anderem wieder um Personen aus Mays Umfeld, die nun wirklich nicht jedem bekannt sind – wie etwa sein junger Verehrer Fritz Stege – und um eine bisher nicht näher inspizierte Übersetzung von ›Deadly dust‹, die noch zu Mays Lebzeiten in einer katholischen Zeitschrift Italiens erschien. Ebenso finden sich Briefe, die Klara May an Bertha von Suttner (1912) und an den Schriftsteller Hermann Sudermann (1927) schrieb. Insbesondere in dem Schreiben an Suttner verwendet Klara eine Technik, in der auch Karl es zur Meisterschaft gebracht hatte: Man huldigt brieflich der Einzigartigkeit eines renommierten Empfängers, aber so, dass unter der Hand die eigene Größe mit zum Tragen kommt. In diesem Fall geht es darum, dass Klara der Friedensnobelpreisträgerin Mays Autobiografie schickt und sie kurzerhand zur »Mitarbeiterin« daran erklärt; die verehrte Baronin habe ja auch »viel Gleiches (…) mit Karl May« (S. 47) und treffe sich mit ihm in ›Und Friede auf Erden!‹ »auf Schritt und Tritt« (S. 51).

Es ist immer wieder erstaunlich, was alles noch in diversen Archiven schlummert, und manchmal führen die Entdeckungen sogar zu grundlegenden Korrekturen dessen, was man zuvor gedacht hat. In diesem Fall gilt das beispielsweise für Christian Traugott Vogel, »Karl Mays bisher nicht bekannte(n) Großvater väterlicherseits«, der von Hainer Plaul »als ein solider Handwerker« identifiziert werden kann und keineswegs jener »Hallodri oder irgendein anderer Leichtfuß« (S. 10) war, für den man ihn bisher hielt.

Eine weitere Sparte in der May-Forschung bilden die Spuren, die sein Werk bei anderen Schriftstellern hinterlassen hat. In diesem Zusammenhang ist regelmäßig auf Arno Schmidt, gelegentlich aber auch auf Ernst Jünger verwiesen worden, und beide spielen nun eine Rolle in einem neuen Aufsatz von Susanne Lüdemann, wobei Schmidt freilich eher eine Hilfsfunktion zukommt.[17] Die Autorin verweist auf das, was er mit Blick auf Mays Romane in ›Sitara‹ das Lesemodell I – die manifeste Ebene der abenteuerlichen Handlung – und das Lesemodell IV – die Allegorik – genannt hat, und vergleicht unter diesem Aspekt speziell Mays ›Ardistan und Dschinnistan‹ mit Jüngers ›Marmorklippen‹; auch das geschieht nicht zum ersten Mal, wie sie einräumt. Mays Werk zeigt wesentliche Merkmale einer »allegorischen Pilgerreise, wie wir sie etwa bei Bunyan oder Jung-Stilling finden«; dazu gehören die »Dichotomie von dieser und jener Welt« und »die Umsetzung geistiger Anstrengungen in topographische Steigungen und von Ruhezeiten in idyllische Landschaften« (S. 201). Jüngers ›Marmorklippen‹ arbeiten mit einer ähnlichen Konstruktion, doch ist hier »der Aufbau der Pilgerallegorie gleichsam umgekehrt«, da die »verklärte paradiesische Kulturlandschaft« (S. 203) in den Niederungen liegt, das »Reich des Bösen« aber »(o)ben im Hochwald« (S. 204), in der Höhe.

Das Zeugnis literarischer May-Rezeption, das nun noch anzuzeigen ist, liegt auf einer ganz anderen Ebene, erscheint in mehrfacher Hinsicht aber

gleichfalls sehr bemerkenswert: Karl May und Winnetou spielen eine maßgebliche Rolle in einem in Berlin angesiedelten Kriminalroman, den ein
Engländer verfasst hat.

Wenn Schriftsteller und Schriftstellerinnen mehr oder weniger heroische Serienfiguren erfinden, ordnen sie die meistens dem Land zu, aus
dem sie selbst stammen; das ist bei Alexandre Dumas und den drei Mus-
ketieren so, bei James Fenimore Cooper und Lederstrumpf, bei Ian Fle-
ming und James Bond, bei Joanne K. Rowling und Harry Potter und natürlich auch bei Karl May und seiner deutschen Ich-Figur. Der einfachste
Grund für solche Übereinstimmungen dürfte darin liegen, dass die Verfasser bei ihren literarischen Plänen zunächst an ein Publikum in ihrem
Land und mit ihrer Sprache denken und in diesem Zusammenhang für
Figuren, die im weiteren Sinne aus dem eigenen Umfeld stammen, ein
größeres Interesse erhoffen als für solche, zu denen die potentielle Leserschaft keinerlei persönliche Beziehung sieht; inwiefern jeweils auch politisch zu interpretierender Nationalismus eine Rolle spielt, muss im Einzelfall geprüft werden. Von dieser Regel gibt es allerdings ein paar
Ausnahmen: Die britische Autorin Agatha Christie hat mit Hercule Poirot
einen belgischen Detektiv in die Welt geschickt, während der belgische
Schriftsteller Georges Simenon mit Kommissar Maigret einen französischen Ermittler kreiert hat.

Die Reihe der Ausnahmen wird ergänzt durch den Briten Philip Kerr
(1956–2018), der in mehreren Kriminalromanen einen deutschen Polizis-
ten namens Bernie Gunther als Hauptfigur verwendet. Gunther beginnt
seine Tätigkeit Ende der 1920er-Jahre in Berlin, später verschlägt es ihn in
diverse andere Länder; seine Fälle sind immer eng mit realen zeitge-
schichtlichen Ereignissen verwoben, so dass man diese Texte bis zu einem
gewissen Grad auch als historische Romane lesen kann. Vor seinem Tod
hat Kerr noch den im englischen Original wie in der deutschen Übersetzung ›Metropolis‹ genannten Roman vollendet, der die Anfänge von Gun-
thers Karriere in der Ich-Form schildert und 1928 in Berlin spielt.[18]

In ›Metropolis‹ treibt ein Serienmörder sein Unwesen, der Prostituierte
tötet; da er sie anschließend skalpiert, ist im Kreis der Ermittler wie in der
Öffentlichkeit von ›Winnetou-Morden‹ die Rede, und der unbekannte Verbrecher selbst wird ›Winnetou‹ genannt. Später stellt sich heraus, dass er
identisch ist mit einem weiteren Mörder, der Kriegsversehrte erschießt, die
als Bettler auf der Straße leben. Als Täter wird ein Kollege Bernie Gun-
thers entlarvt.

Mittels seiner populärsten Figur ist May also in diesem Roman ständig
präsent. Aber auch sonst gehört er nach dem Zeugnis des Textes in einer
Weise zum Alltagsleben der Menschen, von der heutige May-Fans nur

träumen können. Für Figuren in allen Gesellschaftsschichten scheint die Karl-May-Lektüre etwas Selbstverständliches zu sein. Ein leitender Polizist erklärt, dass derjenige, der keine May-Bücher gelesen hat, »»wahrscheinlich gar nicht lesen (kann)‹« (S. 26), und seinem Gesprächspartner erscheint ein »»Mann, der Karl May nicht mag, (…) unsympathisch‹« (S. 27); in der Wohnung einer verdächtigen Person findet man »»etliche Karl-May-Bücher‹« (S. 45); kriminelle Jugendbanden geben »»sich Namen aus Karl-May-Büchern‹« (S. 159); der Kunstschütze in einem Zirkus nennt sich »Surehand Hank« (S. 173). May-Experten mögen sich daran erfreuen, dass unter den Figuren der Realgeschichte, die in dem Roman Nebenrollen spielen, einige auftauchen, die auch in Biografien über Karl May am Rande vermerkt werden müssen, etwa George Grosz und Thea von Harbou. Letztere befindet sich auf der Suche nach Stoffen für Drehbücher und profitiert offenbar – was allerdings im Text nicht mehr detailliert dargestellt wird – bei der Vorbereitung des legendären Films ›M – Eine Stadt sucht einen Mörder‹ (1931) von dem, was Bernie Gunther ihr über seinen Fall erzählt. Das ist nur angemessen, denn umgekehrt verdankt sich ja der Titel des Buches, in dem uns Gunther unterhält, seinerseits dem eines etwas älteren Films, an dessen Drehbuch Thea von Harbou mitgewirkt hat.

Aber ganz uneingeschränkt können sich May-Verehrer über Kerrs Roman natürlich doch nicht freuen, und damit kehren wir noch einmal zum Anfang dieses Berichts zurück: Dass Mays bekannteste Romanfigur hier vor allem mit Skalpieren in Verbindung gebracht wird – einer Beschäftigung, der sie sich in Mays Romanen nur flüchtig widmet –, wäre wahrlich eine rassismuskritische Analyse wert.

Wer nach all diesen Hinweisen auf Sekundärschriften rund um das Thema May den Wunsch verspürt, auch wieder einmal etwas zu lesen, das unmittelbar seiner Feder entstammt, sei verwiesen auf die beiden im Berichtszeitraum erschienenen Bände der historisch-kritischen Ausgabe: ›Die Rose von Ernstthal‹[19] und, in zweiter veränderter und um den Editorischen Bericht ergänzter Auflage, ›Von Bagdad nach Stambul‹.[20] Hier haben wir es mit dem Schriftsteller zu tun, der sich – siehe oben – einerseits Geschichten aus dem Landleben in Deutschland und andererseits solche aus einer abenteuerlich fernen Welt ausgedacht hat.

Es mag Interessenten geben, die zwar gern Mays Romane in den zu seiner Lebzeit erschienenen Fassungen lesen, dabei aber keinen Wert auf exakte wissenschaftliche Aufbereitung legen, wie sie die historisch-kritische Ausgabe bietet, sondern den Originalveröffentlichungen möglichst genau entsprechende Bücher bevorzugen. Solche May-Freunde werden seit Jahrzehnten durch ein reichhaltiges Reprintprogramm bedient: Wer Texte auf diesem Wege liest, kann sich, wenn er mag, der Illusion einer großen Nähe zu vergangenen Epochen hingeben. Mittlerweile scheint die Hoch-Zeit dieser Publikationen vorbei zu sein, aber ab und zu tauchen doch immer mal wieder welche auf. Ralf Schönbach, der in dieser Form vor vielen Jahren schon ›Babel und Bibel‹ und ›Himmelsgedanken‹ veröffentlicht hat, legt nun als Herausgeber ›Durch die Wüste‹ vor, und zwar als Reprint der ersten Auflage in der Reihe der ›Illustrierten Reiseerzählungen‹, mit denen der stagnierende Verkauf der Fehsenfeld-Serie ab 1907 neu angekurbelt werden sollte.[21]

Auf wissenschaftliche Erläuterungen aller Art muss der Bezieher dieses Bandes verzichten. Nicht einmal eine Nachbemerkung, wie in den beiden eben genannten Reprints, findet sich; allerdings ist dem Romantext eine Werbeseite beigegeben, die erst 1916 im 6.–9. Tausend der illustrierten Ausgabe von ›Winnetou I‹ erschien. Aber der Band vermittelt dafür eben schon mit seiner Schrift das Flair des Originals, und darüber hinaus bietet er etwas, das in der historisch-kritischen Edition nicht zu finden ist und ihrer Konzeption nach auch nicht zu finden sein kann: die in dieser Ausgabe enthaltenen Illustrationen von Peter Schnorr (1862–1912), die teils auf großen Tafeln eigene Seiten füllen, teils in die bedruckten Seiten eingefügt sind. Schnorr gehört nicht zu den Künstlern, an die man vorrangig denkt, wenn von Karl-May-Illustratoren die Rede ist, und daran wird sich wohl auch nichts mehr ändern. Aber er hat sich redlich bemüht, der ihm hier gestellten Aufgabe gerecht zu werden, und geradezu liebevoll wirkt es, wenn an der Stelle des ersten Kapitels, an der es um den Ehering des in der Wüste ermordeten Franzosen geht, die kleine Zeichnung des Requisits mitten in den Text eingefügt ist (vgl. S. 11).

1 Susan Arndt. Unter Mitarbeit von Mario Faust-Scalisi: Rassistisches Erbe. Wie wir mit der kolonialen Vergangenheit unserer Sprache umgehen. Berlin 2022.
2 Peter Bolz: Indianer und ihre Häuptlinge. Eine selbstermächtigte Anglistik-Professorin verbietet vom grünen Tisch aus angeblich »rassistische« Begriffe. In: Amerindian Research. Zeitschrift für indianische Kulturen von Alaska bis Feuerland. Bd. 17/1 (2022), Nr. 63, S. 4f.
3 Lisa Pychlau-Ezli/Özhan Ezli: Wer darf in die Villa Kunterbunt? Über den Umgang mit Rassismus in Kinderbüchern. o. O. 2022.
4 Maureen O. Gallagher: *Winnetou*, White Innocence, and Settler Time. In: German Life and Letters. New Series. Vol. LXXV (2022), No. 4, S. 574–597.
5 Thomas Kramer: Karl May im Kreuzfeuer. Leipzig 2023.
6 Johannes Zeilinger: Dr. med. Karl May. Medizinisches im Leben und Werk Karl Mays. Bamberg/Radebeul 2022.

7 Jürgen Seul: Die Kahl-Broschüre. Die Geschichte einer Hetzschrift gegen Karl May. Bamberg/Radebeul 2023.

8 Märchenhafter Orient – Projektionen eines Landes der Phantasie. Hrsg. von Markus May/Christiane Raabe. Heidelberg 2023.

9 Gunnar Sperveslage: Karl Mays fiktive Reisen durch den Sudan. In: Mitteilungen der Sudanarchäologischen Gesellschaft zu Berlin e.V., H. 33 (2022), S. 117–126.

10 Gabriele Ziethen: »Sklavenrache« oder die Rettung des Amharenknaben. Ein wenig bekannter Text von Karl May. In: Kairoer Germanistische Studien. Bd. 23 (2017/2018), S. 371–382.

11 Mutlu Er: Zur Rezeption von Karl May in der Türkei. In: Rezeption der deutschsprachigen Literatur in der Türkei I. Hrsg. von Ali Osman Öztürk/Cemal Sakallı/Mehmet Tahir Öncü. Berlin 2020, S. 201–218.

12 Malte Ristau: Ein bemerkenswerter Fall deutscher Geschichte. Seit über 140 Jahren wirken Karl Mays Geschichtsbilder. In: Geschichte für heute. Zeitschrift für historisch-politische Bildung. 16. Jg. (2023), H. 3, S. 69–82.

13 Friedhelm Pedde: The German novelist Karl May (1842–1912) as a multiplier of knowledge about the Ancient Near East. In: Orientalist Gazes. Reception and Construction of Images of the Ancient Near East since the 17th Century. Hrsg. von Kerstin Droß-Krüpe u. a. Münster 2023, S. 157–169.

14 Hanno Loewy: Winnetou und der Wilde Osten. In: Akzente. 67. Jg. (2020), H. 3, S. 29–44.

15 Thorsten Carstensen: Von der lieben Heimat plaudern. Karl Mays Volkserziehung zwischen Erzgebirge und Wildem Westen. In: Gutes Leben auf dem Land? Imaginationen und Projektionen vom 18. Jahrhundert bis zur Gegenwart. Hrsg. von Werner Nell/Marc Weiland. Bielefeld 2021, S. 285–307.

16 Karl-May-Haus Information. Hrsg. vom Karl-May-Haus Hohenstein-Ernstthal/IG Karl-May-Haus e.V., H. 38 [2023].

17 Susanne Lüdemann: Places Where Girls Don't Get. Abenteuerlandschaften bei Karl May und Ernst Jünger. In: Abenteuer in der Moderne. Hrsg. von Oliver Grill/Brigitte Obermayr. Paderborn 2020, S. 191–207.

18 Philip Kerr: Metropolis. Übers. von Ulrike Wasel und Klaus Timmermann. Hamburg 2021.

19 Karl Mays Werke. Historisch-kritische Ausgabe. Abt. I Bd. 5: Die Rose von Ernstthal. Erzählungen aus dem Erzgebirge. Hrsg. von Joachim Biermann/Gunnar Sperveslage. Bamberg/Radebeul 2022.

20 Karl Mays Werke. Historisch-kritische Ausgabe. Abt. IV Bd. 3: Von Bagdad nach Stambul. Hrsg. von Gunnar Sperveslage/Holger Bartsch/Joachim Biermann. Bamberg/Radebeul 2023.

21 Karl Mays Illustrierte Reiseerzählungen Bd. I: Durch die Wüste. Freiburg i. Br. 1907; Reprint Norderstedt 2023.

MICHAEL KUNZ

Medienbericht

»Als John Wayne im Juni 1979 die letzte Postkutsche nach Paradise Valley bestieg, war es für eine Ewigkeitssekunde ganz still in der Filmwelt.«

Dies schrieb Joe Hembus im gleichen Jahr für den Rückendeckel der ersten deutschen Ausgabe von ›John Wayne und seine Filme‹.[1] Ein wenig so war es auch im erweiterten ›Karl-May-Universum‹ im März 2023. Da war gerade Jochen Bludau gestorben, der seit mehr als 50 Jahren die Geschicke der Elsper Bühne bestimmt hatte – und dessen tatsächliche Außenwirkung erst in jenen Tagen so richtig zum Ausdruck kam. Nicht nur viele andere Bühnen hatte er durch sein Wirken beeinflusst, vor allem auch unzählige daran beteiligte Menschen. Sein Tod dürfte das herausragende Ereignis des Berichtsjahres gewesen sein. Vielen blieb Bludau nicht zuletzt in Erinnerung, weil er den einstigen Film-Winnetou Pierre Brice 1976 für die Freilichtbühne in derselben Rolle reaktivierte und ihm damit praktisch eine zweite Karriere bescherte, die erst mit dem Tod des Franzosen enden sollte.[2]

Nach der großen Debatte des Jahres 2022, die auf den Rückruf der Ravensburger Veröffentlichungen zum neuen Film ›Der junge Häuptling Winnetou‹ folgte, blieb es in den anschließenden und hier relevanten zwölf Monaten ansonsten vergleichsweise still um Karl May in den Medien. Das Interesse dort beschränkte sich wieder vor allem auf die sommerliche Freilichtbühnensaison. Dazu kamen die wenigen größeren Veranstaltungen und Ausstellungen an verschiedenen Orten der Republik.

Veranstaltungen

Einen Nachhall zur genannten Diskussion bot die Karl-May-Gesellschaft (KMG) selbst, als sie vom 17. bis 19. März des Jahres auf Anregung von Andreas Brenne zu einem Symposium nach Potsdam gemeinsam mit der Karl-May-Stiftung und der dortigen Universität einlud. Brenne hatte ein solches Forum bereits im Frühjahr 2022 vorgeschlagen und begann schon vor dem multimedialen Schlagabtausch des Sommers damit, ein darauf basierendes Tagungsprogramm zusammenzustellen. Ein Programm, das allerdings bereits im Vorfeld für Probleme sorgte. Unter der Überschrift

›Kulturelle Repräsentationen im Werk Karl Mays im Brennpunkt aktueller Diskurse‹ hatte der Professor für Kunstpädagogik ein breites Kaleidoskop von Themen zusammengestellt, das neben dem vieldebattierten Amerika- und Indianerschwerpunkt auch den Orient einbezog. Vertreter indigener Gruppen sollten für einen objektiven Austausch sorgen, wie auch die Einladung an Susan Arndt von der Universität Bayreuth. Sie war am zweiten Tag vorgesehen, das Panel über Literaturwissenschaft mit dem Vortrag ›Das I-Wort, oder warum es wichtig ist, koloniale Konzepte und Erzählungen zu dekolonisieren‹ zu eröffnen. Nach einem Blick auf den Programmflyer zog sie ihre Beteiligung allerdings wenige Wochen vor dem Symposium zurück.

Kurzfristiger Ersatz wurde mit der Literaturwissenschaftlerin Lisa Pychlau-Ezli gefunden, die sich am Freitagabend in der Eröffnungsrunde einen munteren Schlagabtausch mit einer bunten Runde von Gesprächspartnern lieferte. Dazu gehörten weiterhin noch Allison Aldridge-Saur (Germanistin und Angehörige der Chickasaw-Nation), der Elsper Winnetou-Darsteller und KMV-Hörbuchsprecher Jean-Marc Birkholz, Christian Dawidowski (Literaturdidaktiker an der Universität Osnabrück) und Karl-May-Verleger Bernhard Schmid. Unter Moderation von Ben Hänchen, Redakteur bei MDR Kultur und selbst seit vielen Jahren auf der May-Bühne in Bischofswerda aktiv, wurde etwas mehr als eine Stunde diskutiert, worauf sich noch eine weitere Stunde offener Dialog untereinander und mit dem Publikum anschloss. Zumindest der erste Teil wurde von Hänchens Sender aufgezeichnet und am 28. März im Programm gesendet.

Im Nachhinein kam Lothar Müller in der ›Süddeutschen Zeitung‹ unter der Überschrift ›Einmal Winnetou sein‹ am 20. März zu dem Schluss: »Die uralte Indianersehnsucht der Deutschen hat wenig mit Amerika und sehr viel mehr mit ihnen selbst zu tun.«[3] Der Autor bezog sich dabei auf eine Äußerung der Chickasaw Allison Aldridge-Saur, die den Anwesenden nahelegte, die Antworten auf die Fragen über Bezeichnungen und Einordnungen am Ende selbst finden zu müssen. Von außerhalb könne da niemand sonderlich helfen.[4]

Wir müssen die Werke Karl Mays aus heutiger Sicht neu lesen. Es reicht nicht aus, diese Texte auf kolonialistische und rassistische Inhalte zu reduzieren. Das sind sie zu Teilen sicherlich, aber man findet auch das Gegenteil,

formulierte Andreas Brenne seine Gedanken gegenüber der ›Neuen Osnabrücker Zeitung‹ in einem Interview, dessen Aussagen von verschiedenen Medien aufgegriffen und verbreitet wurden.[5] Eine ausführliche Nachbereitung der gesamten Veranstaltung gab es in ›Karl May & Co.‹.[6]

Bei den Radebeuler Karl-May-Festtagen im Mai wurde die Gelegenheit genutzt, erstmals wieder Indigene aus den USA und Kanada vor Ort zu haben, um ebenfalls eine Diskussion zu initiieren. Silvia Krautz setzte sich aus diesem Anlass in ›Karl May & Co.‹ mit den Argumenten zur dauerhaften Lieblingsstreitfrage vor allem der Deutschen »Dürfen wir noch Indianer spielen?« auseinander.[7]

Ansonsten ist die ›Debatte‹ mittlerweile in der breiteren Öffentlichkeit ziemlich verebbt. Gelegentliche Ankündigungen von Wiederholungen der May-Filme im linearen Fernsehen werden allerdings regelmäßig weiterhin mit Anspielungen auf angebliche Verbote und dazu passenden Titeln versehen und sorgen nach wie vor für viele Klicks und entsprechende kleinere Diskussionen in den sozialen Medien. Neue Aspekte oder Argumente spielen dabei keine Rolle.

Fast völlig ohne medialen Nachhall blieb der Kongress der KMG in Dortmund, der zweite innerhalb von zwei Jahren, womit für das Treffen in Rostock 2025 der normale Zwei-Jahres-Rhythmus wiederhergestellt sein wird. Wer nicht nach Dortmund reisen konnte oder die Beiträge des Kongresses erneut hören möchte, findet insgesamt elf Tondokumente auf der Seite des ›Literaturradios Hörbahn‹,[8] wie bereits im Vorjahr beim Münchener Kongress.

Ausstellungen

Bereits im Februar hatte das Karl-May-Haus in Hohenstein-Ernstthal positiv Schlagzeilen gemacht. Erstmals seit dem Um- und Anbau wurde dort eine neue Sonderausstellung eröffnet, die als Neuerung ein ganzes Jahr gezeigt werden sollte. Bislang hatten diese Sonderschauen nur einige Wochen besucht werden können. Zum Auftakt zeigte Jenny Florstedt aus Leipzig ihr ganz persönliches Bild von ›Winnetou – Evolution eines Helden‹. Ursprünglich sollte die Präsentation vom 25. Februar bis zum 30. Dezember 2023 laufen. Aufgrund des anhaltenden Interesses entschied Museumsdirektor André Neubert aber letztlich, sie bis zum 18. Februar 2024 zu verlängern.

Nachdem die Kuratorin im Vorfeld durchaus Befürchtungen hatte, zur Eröffnung auch den einen oder anderen Demonstranten vor der Tür erleben zu müssen, blieb die Veranstaltung ungestört und erlebte ein volles Haus. Die Ausstellung, die einen informativen Überblick über die Entwicklung des indianischen Helden von der Entstehung in Mays Frühwerk bis zu den unterschiedlichen Interpretationen auf den Bühnen der Gegenwart gab, wurde durchweg gelobt und positiv besprochen.

Als eine Ausstellung, »die durchaus für neuen Diskussionsstoff sorgen könnte, es aber nicht muss«, begrüßte Markus Pfeifer von der ›Freien Presse‹ in Chemnitz die Eröffnung am Tag danach.[9] Im April 2023 ging Matthias Zwarg im gleichen Medium noch einmal aus anderer Sicht auf die Ausstellung ein.[10] Auch das lokale Fernsehen ›Kabel Journal‹ war zur Eröffnung vertreten und gab der Kuratorin breiten Raum, die Hintergründe zu erklären.[11] In ›Karl May & Co.‹ ließ René Kalka die Ausstellung Revue passieren.[12]

Im Herbst 2023 eröffnete der in Karl-May-Kreisen nicht unbekannte Thomas Kramer nach dem Radebeuler Museum die zweite Ausstellung in kurzer Zeit, die sich mit dem Thema Orient auseinandersetzte: ›Das Herz des Orients gewinnen! Armenier, Eziden und Kurden bei Karl May und wie sie sich selbst sehen.‹ Neben einem Blick auf das Werk Mays und die Rezeption, in der letztlich dann aber doch auch Winnetou und Old Shatterhand nicht fehlen durften, erwartete die Besucher auch ein Blick in die heutige Zeit sowie die Geschichte und Selbstdarstellungen von Armeniern, Kurden und Eziden.[13]

Über den Hintergrund war auch einiges in der ›taz‹ zu lesen.[14] Einen Katalog gab es zunächst nicht. Inzwischen ist aber eine PDF-Version (102 Seiten) zum Herunterladen auf den Seiten der Zitadelle Spandau eingestellt und am 7. Dezember 2023 auch von der KMG verlinkt worden.[15]

Seit der Adventszeit gab es auch eine neue Sonderausstellung im Radebeuler Karl-May-Museum, die sich als Teil des neuen Jahresthemas ›Show-Indianer‹ jenen Indigenen aus Nordamerika widmete, die seit den Tagen von Buffalo Bill Codys Wildwest-Shows auf die eine oder andere Weise nach Deutschland kamen.[16] Unter dem Titel ›Inszenierte Indianer‹ fand sie im Rahmen des Themas ›MENSCHEN anSCHAUEN. Von Blicken und Taten‹ statt, dem sich das Stadtmuseum Dresden zur Aufarbeitung der sogenannten Völkerschauen in der Elbestadt zuwendete.[17]

Bühne

Die meisten Reaktionen der Medien gab es aber 2023 wieder auf die Aufführungen der verschiedenen Karl-May-Bühnen in Deutschland und Österreich. Dabei setzte die ›Mini-Bühne‹ in Twisteden am Niederrhein turnusmäßig aus, und auch an der Felsenbühne in Rathen war erneut kein neues May-Stück in Sicht. Die übrigen Spielstätten waren hingegen alle am Start und konnten sich quer durch die Republik über herausragende Besucherzahlen freuen.

Immer noch als Folge der ›Debatte‹ schickte ›Der Spiegel‹ ein Team nach Bad Segeberg und widmete der traditionellen Bühne in Heft Nummer

34/2023 immerhin fünf Seiten mit vielen Fotos von Alexandra Polina. Autor Jonathan Stock schreibt unter dem Titel ›Winnetous Erben‹ über seine Eindrücke von den Proben und der Premiere, beschäftigt sich mit den kritischen Ansichten von Prof. Hartmut Lutz und Filmemacher Drew Hayden Taylor und liefert einen weitgehend objektiven Beitrag ab. Auch die durch den Podcast von Ben Hänchen (vgl. Medienbericht, Jb-KMG 2023, S. 359f.) endgültig bundesweit bekannt gewordene Bühne in Bischofswerda findet Erwähnung. Allerdings tappt der Autor auch in die eine oder andere Falle. Wenn er etwa behauptet, Stirnbänder seien den wirklichen Indianern völlig fremd gewesen, hat Stock sich offenbar nie mit historischen Abbildungen von Apachen auseinandergesetzt. Und natürlich hat Karl May nie in der ›Villa Bärenfett‹ gewohnt, wie im Artikel behauptet wird. Aber insgesamt ist der Beitrag ein ungewöhnlich sachlicher im Rahmen dieses Themas geworden.[18]

Stichwort Bad Segeberg: In seinem dritten Jahr dort am Kalkberg hat Alexander Klaws nun auch den Anfang der legendären Blutsbrüderschaft in einer Neu-Inszenierung von ›Winnetou I‹ vollziehen dürfen. Klaws und sein neuer Blutsbruder Bastian Semm, früherer Störtebeker auf Rügen und selbst einmal Winnetou in einer Hörspielproduktion, bekamen weitgehend gute Kritiken zu ihrer Leistung in einem Stück, das erneut von Michael Stamp geschrieben wurde und Joshy Peters erneut als Intschu tschuna sah. Zur Eröffnung gab es einen Gewehrschuss von Schleswig-Holsteins Ministerpräsident Daniel Günther und die selbstbewusste Erklärung von Kalkberg-Geschäftsführerin Ute Thienel, dass es völlig abwegig sei, den Spielen mangelnden Respekt vor den Indigenen oder gar Rassismus vorzuwerfen. Dass sie dabei vor einem Totempfahl stand, dessen Verortung in einem Dorf der Apachen seit Jahren als unsinnig bekannt ist und der aber dennoch wieder vom Bühnenbildner in die Arena gebaut wurde, störte sie offensichtlich nicht.

Wenig überraschend waren die Kalkberg-affinen ›Wild-West-Reporter‹ vom Stück ziemlich angetan:

Gestützt auf das Textbuch des seit der Jahrtausendwende für die Segeberger Spiele schreibenden und zwischenzeitlich zum Pressechef aufgestiegenen Michael Stamp präsentierte Nico König vor ausverkauftem Haus eine der besten Inszenierungen der vergangenen Jahre. Rasant, fulminant, unterhaltsam und emotional,[19]

war im ersten Teil einer ausführlichen Besprechung auf deren Internetplattform zu lesen.

In ›Karl May & Co.‹ fand Christoph Alexander Schmidberger ebenfalls viel Unterhaltendes in der Inszenierung, hob allerdings auch den großen

Humoranteil hervor, der für ihn zum Teil sehr stark in Richtung Parodie ging.[20] Am Ende der Saison mit den Gaststars Wolfgang Bahro als Santer und Nadine Menz als Nscho-tschi sowie dem Regiedebüt von Publikumsliebling Nicolas König stand abermals ein neuer Besucherrekord.

Unter dem Titel ›Eine Zahl – ein Märchen wird wahr‹ hatten die ›Wild-West-Reporter‹ Ähnliches bereits vorausgesagt und auch gleich eine Begründung mitgeliefert:

Abseits aller überflüssigen vermeintlichen Wertediskussionen beweist das »Rezept« Bad Segeberg, dass es wirkt! Es erfreut Jung und Alt mehr denn je und die Menschen lechzen nach den Botschaften von »Frieden«, »Brüderlichkeit« und »Respekt«![21]

Schließlich wurden es 430 321 Besucher, noch einmal rund 14 000 mehr als im Jahr davor.[22]

In Elspe sahen einmal mehr rund 200 000 Zuschauer eine neue Inszenierung des Klassikers ›Unter Geiern‹, für den erstmals Marco Kühne als alleiniger Regisseur verantwortlich zeichnete. Bei den ersten Pressemeldungen der Bühne stand noch Jochen Bludau in dieser Funktion fest. Dessen unerwarteter Tod katapultierte Kühne nun endgültig in eine Position, für die er in den Vorjahren bereits mehr und mehr vorbereitet worden war. Bei dieser Gelegenheit wurde vielen Menschen außerhalb der Bühne erstmals bewusst, dass der junge Mann, der seit Kindertagen auf dem Elsper Rübenkamp aktiv ist, im Privatleben zugleich der Stiefsohn Bludaus ist.

Mit einem frischen Gesicht in Person von Jonathan Weiske, der als Bloody-Fox zudem das allererste Mal in Elspe in einem Büffelkostüm reiten durfte, und einigen neuen Einfällen gab Kühne einen guten Einstand.[23] Bereits Mitte Juli wurde der 100 000ste Besucher erwartet und dies in einer Pressemeldung verkündet. Was in Bad Segeberg schon seit Jahren üblich ist, wurde in Elspe in dieser Form erstmals praktiziert.[24] Kulturredakteurin Monika Willer begleitete die Bühne den ganzen Sommer über in der ›Westfalenpost‹ und traf sich unter anderem auch mit den menschlichen und tierischen Hauptakteuren des Stücks.[25]

Nicht nur ›Der Spiegel‹ schaute 2023 nach Bischofswerda. Neben der Auseinandersetzung um die künftige Ausrichtung der Lausitzer Spielstätte im Rahmen des Podcasts von 2022 galt das Interesse auch dem 30-jährigen Bestehen, zu dessen Anlass mit Hilfe von Spenden und öffentlichen Geldern eine neue Tribüne samt modernisierter Tonanlage präsentiert werden konnte. Mit einer verlängerten und schon früh ausverkauften Saison wurden Bühnengründer Uwe Hänchen und seine Mitstreiter der Spielgemeinschaft ›Gojko Mitic‹ für ihre Bemühungen mehr als reichlich belohnt.

Aufgeführt wurde – wie es durchaus einer Tradition für runde Geburtstage entspricht – das Stück ›Winnetou I‹. Diese Fassung zeigte, wie sich der junge Winnetou seinen Namen beim Schwimmen durch einen brennenden See verdient. Zuvor war diese Vorgeschichte nur vor vielen Jahren am Stausee Oberwald vor den Toren Hohenstein-Ernstthals in Szene gesetzt worden.

Der wesentliche Unterschied zu den früheren Inszenierungen Hänchens war, dass Karl May aus dem Off zunächst betont, alles Erzählte auch selbst erlebt zu haben, sich dann aber als ›Hakawati‹ bezeichnet, als Märchenerzähler. Allerdings ging genau dieser Satz immer wieder im kräftigen Schlussapplaus ziemlich unter.[26] Zur Premiere gab es unter anderem Besuch vom Schirmherrn und Namensgeber Gojko Mitić.[27]

Am stärksten spiegelte sich die Diskussion um May als Verfasser von ›Märchen oder Wirklichkeit‹ in Burgrieden wider. Autor Michael Müller setzte in seiner Bearbeitung von ›Winnetou I‹ neben dem bewährten Old Shatterhand Martin Strele zusätzlich Karl May selbst als Erzähler ein, der das Geschehen direkt auf der Bühne und manchmal sogar aus dem Publikum heraus kommentierte und das Stück damit als fiktionale Erzählung deutlich machte. Ferdinand Ascher machte in dieser Rolle einen guten Eindruck. Wenig überraschend wurde das Stück allseits gelobt.[28]

Für Müller gab es am Ende der Spielzeit eine emotionale und tränenreiche Abschiedszeremonie. Die Stücke wird er weiterhin schreiben, aber nebenbei noch als Sam Hawkens auf der Bühne zu stehen, das will er künftig aus privaten Gründen erst einmal nicht mehr. Zumindest für 2024 muss da auch kein Ersatz gefunden werden, da ›Unter Geiern‹ auf dem Spielplan steht.

In Pluwig spielte die ›Debatte‹ im Stück keine Rolle. Allerdings ging der Vereinsvorsitzende und Darsteller des Old Shatterhand Frank Lempges jeweils in seiner Begrüßung der Zuschauer darauf ein. Erstmals in der Geschichte der Bühne im Trierer Umland wurde mit ›Der Schatz im Silbersee‹ ohne Pause direkt nach ›Winnetou I‹ im Jahr 2022 wieder eine Produktion in den Steinbruch gebracht, damit der durch Corona unterbrochene normale Zwei-Jahres-Rhythmus wiederhergestellt werde, erklärte Lempges. Die Pluwiger mischten – wie im Vorfeld angekündigt – Elemente aus Buch und Film, bauten sich einen kleinen See und bekamen unter anderem für die selten gespielte Szene des Mehrfach-Zweikampfes bei den Utahs viel Zuspruch.[29]

In Winzendorf musste Bühneneigentümer Martin Exel 2023 mit diversen Personalproblemen umgehen, einen neuen Winnetou finden und seinen überraschend abhandengekommenen Old-Firehand-Darsteller kurz vor der Premiere durch sich selbst ersetzen. Im Stück wurde einmal die

Frage gestellt, ob ›Indianer‹ oder ›Indigene‹ der richtige Ausdruck sei. Ansonsten gehörte ›Winnetou und Old Firehand‹ zu den schwächsten Produktionen der Bühne in der Nähe der Wiener Neustadt. Der neue Winnetou
allerdings führte sich mit einer soliden Leistung ein.[30]
Die zweite Spielstätte in Österreich, am Wagram, brachte eine insgesamt ansprechende Adaption von ›Winnetou III‹ vor das Publikum, wenngleich die humorigen Szenen teils wieder deutlich überzogen wirkten.
Sehr schön war dagegen das völlige Desinteresse an einem namentlich
genannten Mörder Winnetous. Der Apache (Marco Valenta) wird hier ähnlich beiläufig wie in der Romanvorlage erschossen. Bedeutsam ist sein
Tod, nicht eine Rache am Mörder. Valenta hatte sich zudem im Programmheft ausführlich zur ›Debatte‹ geäußert. Seine Stellungnahme wurde zusätzlich auch als Ausdruck im Fanshop ausgelegt.[31]
Völlig außen vor blieb das kritische Thema in ›Die Legende vom Schatz
im Silbersee‹ in Pullman City in Bayern. Dort hatte Autor und Regisseur
Mike Dietrich sein Textbuch reaktiviert, das 2014 als Grundlage der allerersten Aufführung in Burgrieden diente. Statt Tante Droll gab es diesmal
den bei vielen bekannteren Sam Hawkens. Old Firehand und Old Shatterhand wurden zu einer Figur verschmolzen, was hier und da im Spiel allerdings nicht angepasst wurde und für Dialog-Verwirrungen sorgte. Etwa,
wenn Winnetou seinem Blutsbruder über Geschehnisse berichtet, die von
diesem infolge der neuen Konstellation bereits selbst erlebt worden waren.[32]
Im Sommer veröffentlichte der Deutsche Bühnenverein wie gewohnt
seine Statistik zu den erfolgreichsten Stücken und Autoren des Vorjahres.
Einmal mehr gab es herausragende Ergebnisse für die Bühnen in Elspe und
Bad Segeberg, jeweils vertreten durch die Autoren Michael Stamp und
Jochen Bludau.[33]
Nach einigen Jahren Pause wurde auf der Waldbühne in Jonsdorf wieder
einmal ein Stück aufgeführt, das auf einem DEFA-Indianerfilm basierte.
Dabei bot ›Blutsbrüder‹ von Gero Vierhuff gleich zwei Erzählebenen: Neben der Filmhandlung wurde auch der Dreh des Films dramatisiert und
gezeigt, wie sich die Hauptdarsteller Dean Reed (Philipp Scholz) und Gojko Mitić (Marc Schützenhofer) vor und hinter der Kamera beschnuppern
und zusammenraufen müssen. Der Autor nahm sich große Freiheiten und
ließ auch ›Backstage‹-Momente aus früheren Filmproduktionen einflie
ßen. Er siedelte die Dreharbeiten beispielsweise in Kroatien an, obwohl
der 1975 gedrehte Film im Gegensatz zu ›Die Söhne der großen Bärin‹
nicht dort entstand. Der Wechsel machte es aber leichter, eine angebliche
Spionage- und Sabotageaktion der bundesdeutschen ›Rialto-Film‹ ins
Stück zu schreiben, die die Konkurrenz für die Karl-May-Filme unterbin-

den sollte – auf direkte Anweisung von Horst Wendlandt, Pierre Brice und Lex Barker (sic!).

Ein weiterer indirekter May-Bezug war die Auswahl Marc Schützenhofers für die Mitić-Rolle, der vor Jahren in Rathen selbst als Winnetou auftrat. Die mehrschichtige Konzeption machte es nicht allen Zuschauern leicht, wie vor allem die Reaktionen auf der Homepage des Theaters zeigten.[34]

Kurz vor Weihnachten hatte an der Berliner Volksbühne ein sehr ungewöhnliches Stück über Karl May und seine Wirkungsgeschichte Premiere, das fern von allen Abenteuergeschichten der Freilichtbühnen angesiedelt war. ›Karl May‹ von Enis Maci und Mazlum Nergiz brachte den ungewöhnlichen Erzählwinkel zweier Autoren, die May aufgrund ihres Migrationshintergrunds erst als Erwachsene entdeckt und nun ihre entsprechenden Erfahrungen eingebracht hatten. Die Reaktionen darauf zeigten vor allem eins: dass die Herangehensweise nicht für jeden leicht zu verdauen war. »Über Mays Wildwest- und Orientfantasien haben sie jetzt schon an der Volksbühne einen Theater-Rodeo inszeniert, in dem man sich nicht immer sattelfest fühlt«, befand etwa Esther Slevogt auf ›nachtkritik.de‹.[35] Der ›Deutschlandfunk‹ widmete den Autoren ein längeres Interview.[36] Natürlich beschäftigten sich auch May-Experten mit der Inszenierung.[37] Im Mai 2024 ist der Begleitband im Suhrkamp-Verlag erschienen. Mehr dazu im Literaturbericht des Jahrbuchs 2025.

Bücher

Wie seine Vorgänger erfreute sich auch der dritte Band der auf vier umfangreiche Ausgaben angelegten Reihe ›Karl May auf der Bühne‹[38] des Karl-May-Verlages aus Bamberg wieder eines breiten Echos in der regionalen und überregionalen Medienszene. Das liegt nicht zuletzt an der geschickten Marketingpolitik, praktisch alle Orte und Regionen anzuschreiben, in deren Einzugsgebiet May-Stücke gespielt werden oder einmal zur Aufführung kamen. Das weckt Erinnerungen und ist für die angesprochenen Medien mit den auf Wunsch gelieferten Illustrationen leicht zu bebildern.[39]

Dagegen war aus dem Verlag zu vernehmen, dass die tatsächlichen Verkaufszahlen des Buches deutlich weniger erfreulich waren, was aufgrund des Preises und des letztlich doch eher für eine beschränkte Fan-Gemeinde tauglichen Themas eigentlich auch kaum verwundern konnte, zumal im Vergleich zu den ersten beiden Ausgaben diesmal weniger Pierre Brice im Inneren zu finden war. Immerhin hatte es der Franzose aber noch einmal auf den Titel geschafft.

Dieser dritte Band widmet sich u. a. der Geschichte der österreichischen Bühnen ab 1952, mit den Schwerpunkten auf den Aktivitäten rund um die Familie Koziol und Peter Görlach. Später kamen Anton Rohrmoser und Rochus Millauer als wichtige Antriebsfiguren hinzu, die heute noch in der Arena Wagram aktiv sind. Die zweite Spielstätte im Alpenland ist nach wie vor Winzendorf, mit Eigentümer und Produzent Martin Exel. In zwei eigenen Kapiteln werden die Tourneetheater und Hallenproduktionen im deutschsprachigen Raum behandelt, bei denen in Österreich wiederum der Name Koziol auftaucht. Hier ist aber auch Pierre Brice vertreten, mit und ohne seine Kollegen aus Elspe. Natürlich darf da die legendäre ›Pleitetournee‹ von 1982 nicht fehlen, in der Brice mit Rüdiger Bahr als Old Shatterhand agierte. Wie erst nach dem Jahreswechsel 2023/2024 bekannt wurde, starb dieser bereits im Herbst 2023. Zurück zum Buch: Auf 14 Seiten geht es um das damals heftig beworbene Unternehmen, das in einer gewaltigen Pleite endete und Brice im Sommer des gleichen Jahres nach Elspe zurückführen sollte. Fast 60 Seiten nimmt dagegen das große Projekt ein, mit dem Klaus-Hagen Latwesen und Rudolf H. Herget, die Segeberger Blutsbrüder von 1973, über Jahre hinweg zusammen mit ihrer ›Mondon‹-Produktion durch die Lande zogen, mit ›Winnetou‹ und auch einer ›Schut‹-Bearbeitung, die Latwesen lange danach auch im Erzgebirge noch auf die Freilichtbühne bringen sollte. Für einige Zeit hatten sie sogar mit Eric Braeden als Santer einen echten deutschstämmigen Hollywood-Schauspieler in ihren Reihen, dessen Bekanntheit in seiner Heimat sich freilich damals in Grenzen hielt. Die meisten seiner Auftritte konnten die Deutschen erst Jahre später im Privat-TV sehen.

Die Freiluftaufführung des ›Schut‹ 2002/2003 an den Greifensteinen im Erzgebirge ist ebenfalls in diesem dritten Band der Reihe dokumentiert, die im kommenden Jahr mit einem vierten Buch abgeschlossen werden soll. Ein Schwerpunkt des ausführlichen Abschnitts über die Aufführungen hier und in weiteren Kommunen Ostdeutschlands liegt dabei erwartungsgemäß auf den Aufführungen in Rathen, aber auch der Geschichte der Spiele in Bischofswerda. Dort wurde inzwischen, wie oben erwähnt, das 30-jährige Bestehen gefeiert. Intensiv gehen die Autoren zudem auf die großen Pläne vor den Toren Hohenstein-Ernstthals ein, die letztlich nur im kleinen Rahmen und auch nicht für die Ewigkeit Gestalt annahmen.

Ganz nebenbei hatten Finke und Marheinecke auch noch Zeit, ihren 2008 erstmals vorgelegten Band ›Am Fuße des Kalkbergs‹ in einer zweiten und komplett überarbeiteten Ausgabe neu auf den Markt zu bringen.[40] Die Nachfrage von Interessenten habe in jüngerer Zeit zugenommen, erläutern die Autoren in ihrem neuen Vorwort. Für diese Zielgruppe ist der Band, der wiederum in Marheineckes eigenem Verlag herausgekommen ist, sicherlich in erster Linie gedacht. Aber wenn es im Vorwort ebenfalls heißt: »Die Neuauflage entspricht fast einem komplett neuen Band«,[41] so ist das durchaus keine Übertreibung. Das lässt sich zunächst ganz einfach an der Erweiterung der – nummerierten – Seiten von 171 auf 179 festmachen. Das zeigt sich aber ebenso am Einband mit einem neuen Titelfoto – Klaus-Hagen Latwesen auf dem Kalkberg in klassischer Pose – und gleich zwei weiteren mehr als symbolischen Farbmotiven. Denn: Vor allem ist der Band deutlich ›bunter‹ geworden im Vergleich zur Erstauflage von 2008. Unter anderem fand das Buch in den ›Lübecker Nachrichten‹ eine – berechtigt – positive Aufnahme.[42]

Hörspiele und Hörbücher

Im Bereich der Hörspiele und Hörbücher blieb es 2023 eher ruhig. Wie schon vorher einmal angekündigt, gab es kein neues Kapitel im großen Ansinnen von KMG-Mitglied Peter Wayand, alle vier ›Winnetou‹-Bände in Hörspiel-Form zu erschließen. Das auf 31 Folgen angelegte Projekt aus dem Hause Holysoft hingegen wurde im Dezember 2023 mit einer zweiteiligen Adaption von ›Winnetou III‹ erfolgreich und insgesamt sehr gelungen abgeschlossen.

Damit blieb nur der KMV übrig, der allerdings wieder einige Hörbücher vorlegte und seine Kollektion damit konsequent erweiterte. Bis zum Sommer lag der dritte große Kolportageroman Karl Mays in der Bearbeitung der Bamberger Ausgabe komplett als Hörbuch vor.[43] Nachdem ›Allah il Allah!‹, Band 60 der ›Gesammelten Werke‹, bereits 2020 veröffentlicht wurde, folgten 2023 sukzessive die drei Bücher um das Schicksal der Familie Adlerhorst, die seinerzeit von den Bearbeitern von ›Deutsche Herzen – Deutsche Helden‹ zu einer Trilogie zusammengestellt worden waren.

Mit ›Der Derwisch‹, dem bekanntesten der drei Titel ›Im Tal des Todes‹ und ›Zobeljäger und Kosak‹ lieferte Heiko Grauel in bewährter Weise einmal mehr die kompletten Texte ab und bietet insgesamt rund 38 Stunden Unterhaltung zwischen Orient, Mexiko und Sibirien. Im Booklet zum ersten Teil gibt es einen Rückblick auf die Werkgeschichte. Nummer zwei wirft einen kleinen Blick auf die Marikopas, die in der Geschichte einen wichtigen Part haben. Das dritte Begleitheft schließlich geht auf die Gründung der sibirischen Stadt Werchne-Udinsk ein. Wie schon die Zyklen um das ›Waldröschen‹ und den ›Ulanen‹ sind auch diese drei Hörbücher jeweils einzeln und als ›Paket‹ zu haben.

Nach seinem Ausflug ins mythische ›Ardistan und Dschinnistan‹ trat auch der Elsper Winnetou-Darsteller Jean-Marc Birkholz erneut ans Mikrofon und hat den Band ›Winnetous Erben‹ eingelesen, der als die Bearbeitung von Mays ursprünglichem vierten Teil von ›Winnetou‹ herausgekommen ist.[44] Wahrscheinlich hätte der den Zufall stets ablehnende Autor einen großen Spaß daran gehabt, dass die Veröffentlichung buchstäblich von mehreren verwandten Projekten eingerahmt wurde. Hatte doch Petra Hartmann mit ›Das Herz des Donnervogels‹ im Blitz-Verlag ein mehr als lesenswertes Prequel veröffentlicht, die Vorgeschichte des Jungen Adlers.[45] Bereits Ende 2022 kamen im gleichen Verlag zwei Sherlock-Holmes-Pastiches auf den Markt, die sich in weniger gelungener Form an ›Winnetou IV‹ anschließen und ihn völlig aus der Zeit und dem Zusammenhang reißen.[46]

37 Tracks sind es diesmal, die eine Gesamtspieldauer von 18 Stunden und 30 Minuten umfassen. Jean-Marc Birkholz rezitiert den Text gewohnt getragen und hat diesmal sogar Gelegenheit, bei den Blicken ins Testament seinen aus Elspe und diversen Hörspielen vertrauten Winnetou in die Lesung einzubringen. Interessanter Bezug zur aktuellen ›Debatte‹ ist eine Anmerkung des Erzählers zu einem wissenschaftlichen Aufsatz, der ihm zu Beginn des Bandes zugeschickt wird:

Und er schien die Hauptaufgabe des Menschengeschlechtes in der Entwicklung der völkerschaftlichen Sonderheit und Individualität zu suchen, nicht aber in der sich immer mehr ausbreitenden Erkenntnis, dass alle Stämme, Völker, Nationen und Rassen sich nach und nach zu vereinigen und zusammenzuschließen haben zur Bildung des einen, einzigen, großen, über alles Animalische hoch erhabenen Edelmenschen.[47]

Ein wunderbarer Kontrast zu den aktuellen Abschottungstendenzen in allen Teilen der Welt.

Birkholz hatte bereits Anfang 2023 verschiedentlich erwähnt, sich gerade mit diesem Band näher zu beschäftigen, die Spekulationen über ein drittes Hörbuchprojekt für den KMV aber noch am Rande des Symposiums in Potsdam zurückgewiesen. Nun hat er seine vielen Fans einmal mehr beglückt, nur wenige Kritiken fielen bislang negativ aus, was offensichtlich vor allem an einer starken Polarisierung bei den Anhängern der beiden Hauptsprecher des gesamten Unterfangens liegt. Lieben die einen ihren Jean-Marc und sehen Heiko Grauel eher kritisch, gibt es auch umgekehrt große Zustimmung und entschiedene Ablehnung.

Film

Im Advent 2023 zog es viele Karl-May-Filmfreunde nach München. Zur 60. Wiederkehr der Erstaufführung von ›Winnetou 1. Teil‹ wurde der Film am zweiten Adventssonntag erneut mit einer Premiere geehrt, diesmal, um einen nagelneuen 4K-Scan erstmals in die Öffentlichkeit zu bringen. Parallel gab es auch eine entsprechende Home-Video-Veröffentlichung von Leonine, mit dieser Neu-Abtastung auf einer entsprechenden Disc sowie einer herkömmlichen Blu-ray. Das Ereignis, zu dem die Veranstalter, darunter die Rialto-Film, neben Mario Adorf auch noch die ›Veteranen‹ Mario Girotti alias Terence Hill und Uschi Glas eingeladen hatten, wurde von den Medien gefeiert.[48]

Allerdings stürzten sich einige auf den gescheiterten Versuch des aktuellen Verleihers, den Film zeitnah in anderen Teilen der Republik in die Kinos zu bringen. Ohne Verständnis dafür, dass Theaterbetreiber einen gewissen Vorlauf für ihre Programmgestaltung brauchen, wurde die Tatsache, dass lediglich neun Kinos sehr kurzfristig eine Sondervorführung am 14. Dezember ansetzen konnten, als »Klatsche«, als allgemeine Ablehnung gesehen.[49]

Am 1. Oktober zeigte der Sender Arte die neue Dokumentation ›Lex Barker – Westernheld und Playboy‹, die dessen Leben einigermaßen korrekt zusammenfasste, allerdings auch viele Lücken aufwies.[50]

1 Mark Ricci/Boris Zmijewski/Steve Zmijewski: John Wayne und seine Filme. Hrsg. von Joe Hembus. München 1979.

2 Michael Kunz: »Karl May … also ich jetzt …« – Zum Tod von Jochen Bludau. Karl May & Co., 12. März 2023, www.karl-may-magazin.de/karl-may-also-ich-jetzt-zum-tod-von-jochen-bludau/ [27. 3. 2024]; Monika Willer: Der Held hinter den Helden. In: Westfalenpost, 11. März 2023; »Natürlich ist das echt!« – Gedanken zum Tod von Jochen Bludau. Wild-West-Reporter, wild-west-reporter.com/2023/03/11/jochen_blu dau_verstorben/ [27. 3. 2023]; Michael Kunz: »Der Macher vom Rübenkamp!« – Stimmen zum Tod von Jochen Bludau. In: Karl May & Co. Nr. 172, Juli 2023, S. 22–29.

3 [Lothar Müller:] Einmal Winnetou sein. In: Süddeutsche Zeitung, 20. März 2023; online unter: sueddeutsche.de, 19. März 2023.

4 Vgl. Allison Aldridge-Saur: Decolonizing Winnetou. In: Wer hat Angst vor Winnetou? Karl May im Spannungsfeld postkolonialer Diskurse. Ein interdisziplinäres Symposium der Karl-May-Gesellschaft, der Karl-May-Stiftung und der Universität Potsdam. Hrsg. von Andreas Brenne/Florian Schleburg/Laura Thüring. München 2024, S. 311–320 (319f.).

5 Karl-May-Experte: Texte nicht auf rassistische Inhalte reduzieren. In: Neue Osnabrücker Zeitung, 22. März 2023, www.presseportal.de/pm/58964/5469193 [24. 3. 2024]; siehe auch: Kunstpädagoge Andreas Brenne meint: Karl May ist kein Rassist. ndr.de,

www.ndr.de/kultur/buch/Karl-May-ist-laut-Kunstpaedagoge-Andreas-Brenne-kein-Rassist,karlmay784.html; dlf.de, Pädagogik-Professor Andreas Brenne: Karl May ist kein Rassist, www.deutschlandfunk.de/paedagogik-professor-andreas-brenne-karl-may-ist-kein-rassist-102.html.

6 Frank Preller: Perücken im Wind – Das Potsdamer Symposium zur neuen Karl-May-Debatte im März 2023. In: Karl May & Co. Nr. 172, Juli 2023, S. 40–42; Michael Kunz: Die Themen im Überblick. In: Ebd., S. 42f.

7 Silvia Krautz: »Dürfen wir noch Indianer spielen?« – Eine Gesprächsrunde am Lager-feuer. In: Karl May & Co. Nr. 174, Dezember 2023, S. 44–47.

8 literaturradiohoerbahn.com/category/karl-may-gesellschaft/ [22. 4. 2024].

9 Markus Pfeifer: Wo Winnetou ein Indianer bleibt. In: Freie Presse, 27. Februar 2023.

10 Matthias Zwarg: Rehabilitation eines Häuptlings. In: Freie Presse, 20. April 2023, www.freiepresse.de/kultur-wissen/kultur/unterkomplex-und-von-geringer-sachkennt nis-karl-may-haus-rechnet-mit-der-winnetou-debatte-ab-artikel12827236 [12. 5. 2024].

11 Winnetou – Evolution eines Helden. YouTube-Kanal ›KabelJournal‹, 3. März 2023, www.youtube.com/watch?v=y7f9ZdWdreg [19. 5. 2024].

12 René Kalka: »Ist Winnetou Tenor?« »Nee, Indianer. Wollen Sie ihn beleidigen?« Pre-miere in Hohenstein-Ernstthal: Die erste große Sonderausstellung nach der Wieder-eröffnung. In: Karl May & Co. Nr. 173, September 2023, S. 24–27.

13 Vgl. Roy Dieckmann: Von der Havel an den Tigris. Eine Ausstellung zu Ethnien des Nahen Ostens bei Karl May und in der Lebenswirklichkeit. In: Karl May & Co. Nr. 174, Dezember 2023, S. 30–33.

14 Hülya Gürler: Edle Wilde in Fantasie-Landstrichen. taz.de, 26. Oktober 2023, taz.de/!5965485/ [25. 3. 2024].

15 www.zitadelle-berlin.de/wp-content/uploads/2023/12/Katalog-Das-Herz-des-Ori ents-gewinnen-web.pdf [12. 5. 2024]; www.karl-may-gesellschaft.de/2023/12/07/oldcms-935/ [12. 5. 2024].

16 Vgl. Silvio Kuhnert: Das Karl-May-Museum thematisiert die Inszenierung von Indian-nern. In: Sächsische Zeitung, 8. Dezember 2023, www.saechsische.de/radebeul/lokales/das-karl-may-museum-thematisiert-die-inszenierung-von-indianern-5940 789-plus.html [25. 3. 2024].

17 Vgl. den Katalog: MENSCHEN anSCHAUEN. Selbst- und Fremdinszenierungen in Dresdner Menschenausstellungen. Hrsg. von Christina Ludwig u. a. für das Stadtmu-seum Dresden. Dresden 2023. U. a. mit einem Beitrag vom Direktor des Karl-May-Museums Robin Leipold und einem Interview mit Uwe Hänchen.

18 Jonathan Stock: Winnetous Erben. In: Der Spiegel. Nr. 34/2023, S. 44–48.

19 Mission Impossible – Premiere am Kalkberg. Wild-West-Reporter, wild-west-repor ter.com/2023/06/28/trashed/ [26. 3. 2024].

20 Christoph Alexander Schmidberger: Unterhaltsam, aber auch gefährlich am Rande der Parodie. Bad Segeberg gewinnt mit ›Winnetou I‹ erneut die Herzen des Massen-publikums. In: Karl May & Co. Nr. 173, September 2023, S. 6–12.

21 Eine Zahl – ein Märchen wird wahr. Wild-West-Reporter, 28. Juni 2023, wild-west-reporter.com/2023/08/31/eine-zahl-ein-maerchen-wird-wahr/ [18. 5. 2024].

22 Vgl. Die Karl-May-Spiele reiten weiter auf der Erfolgswelle. Wild-West-Reporter, 4. September 2023, wild-west-reporter.com/2023/09/04/die-karl-may-spiele-reiten-weiter-auf-der-erfolgswelle/ [18. 5. 2024].

23 Vgl. Michael Kunz: »Unter Geiern«: Elspe startet am Samstag in die neue Karl-May-Saison. In: Karl May & Co., 14. Juni 2023, www.karl-may-magazin.de/unter-geiern-elspe-startet-am-samstag-in-die-neue-karl-may-saison/ [27. 3. 2024]; ders.: Elsper Geist im Büffelfell. Am Beginn einer neuen Ära – ›Unter Geiern‹ als solides Regie-Debüt von Marco Kühne. In: Karl May & Co. Nr. 173, September 2023, S. 18–23; Monika Willer: Der Nervenkitzel spielt in jeder Sekunde mit. In: Westfalenpost, 10. Juni 2023, S. 25; Volker Eberts: Das Publikum hält den Atem an. In: Westfalenpost Olpe, 19. Juni 2023, S. 20.

24 Vgl. Volker Eberts: Elspe erwartet 100.000. Besucher. In: Westfalenpost Olpe, 19. Juli 2023, S. 20.

25 Monika Willer: Wann Winnetou nach Luft schnappt. In: Westfalenpost, 29. Juli 2023; dies.: Was, zum Geier … In: Westfalenpost, 5. August 2023.

26 Vgl. Michael Kunz: 30 Jahre Spielgemeinschaft »Gojko Mitić« Bischofswerda e.V. In: Karl May & Co. Nr. 174, Dezember 2023, S. 6–11; Sophia Greis: Brennendes Wasser. Wie Winnetou zu seinem Namen kommt. In: Ebd., S. 12–14.

27 Vgl. Miriam Schönbach: Prominenter Besuch bei den Karl-May-Spielen in Bischofswerda. In: Sächsische Zeitung Bautzen, 27. Juni 2023, S. 12.

28 Vgl. Winnetou I – wie alles begann … Wild-West-Reporter, 25. August 2023, wild-west-reporter.com/2023/08/25/winnetou-i-wie-alles-begann/ [6. 4. 2024]; Christine Hünseler: Karl May gibt sich die Ehre. »Winnetou I. Wie alles begann« bei den Festspielen Burgrieden. In: Karl May & Co. Nr. 173, September 2023, S. 32–35.

29 Vgl. Jenny Florstedt: Intsch Ovomb! Intsch Ovomb! Zur Fichte! Zur Fichte! Der Pluwiger »Schatz im Silbersee« lässt tief ins Werk eintauchen. In: Karl May & Co. Nr. 174, Dezember 2023, S. 26–29.

30 Vgl. Michael Kunz: Winnetou und die garstigen Schwestern. Sebastian Wieler mit gelungenem Debüt im Winzendorfer Steinbruch. In: Karl May & Co. Nr. 175, März 2024, S. 78–81.

31 Vgl. Jenny Florstedt: Winnetou stirbt am Wagram. Der dritte Teil der Trilogie. In: Ebd., S. 86–88.

32 Vgl. Christine Hünseler: Cornel & Co. rocken die Show! »Die Legende vom Schatz im Silbersee« in Pullman. In: Karl May & Co. Nr. 174, Dezember 2023, S. 50–54.

33 Vgl. Michael Kunz: Elspe: Spitzenplatz für ›Silbersee‹. In: Siegener Zeitung, 7. Juli 2023.

34 Vgl. Ulrich Neumann: Wer ist hier der Star? Originelle »Blutsbrüder«-Adaption auf der Waldbühne Jonsdorf. In: Karl May & Co. Nr. 174, Dezember 2023, S. 92–95; Kritiken und Stimmen zum Stück auf der Internetseite des Theaters, www.g-h-t.de/de/spielplan/blutsbrueder-pseudo/ [14. 4. 2024].

35 Esther Slevogt: Schein und Sein des Wilden Westens. nachtkritik.de, 17. Dezember 2023, nachtkritik.de/index.php?option=com_content&view=article&id=23252 [14. 4. 2024].

36 Karl May im Theater. Auch die Lügen sind wahr, www.deutschlandfunkkultur.de/karl-may-im-theater-auch-die-luegen-sind-wahr-podcast-dlf-kultur-946615cf-100.html [14. 4. 2024]

37 Vgl. Rüdiger Schaper: Ein Underdog schwingt sich aufs Pferd: »Karl May« an der Volksbühne. Was ist Heimat, wo kommt sie her, wie kommt man hin? In: Tagesspiegel, 24. Dezember 2023, www.tagesspiegel.de/kultur/ein-underdog-schwingt-sich-

aufs-pferd-karl-may-an-der-volksbuhne-10971766.html [14. 4. 2024]; Torben Schumacher: Rodeo und Assoziationen. Karl May an der Volksbühne Berlin. In: Karl May & Co. Nr. 175, März 2024, S. 54–56; Henning Franke: Wenn die Legende zur Wahrheit wird – Ein zweiter Blick auf »Karl May« an der Volksbühne Berlin. In: Ebd., S. 58f.

38 Nicolas Finke/Reinhard Marheinecke: Karl May auf der Bühne. Bd. III: Karl Mays Traumwelten unter freiem Himmel in der DDR, Ostdeutschland sowie in Österreich, als Hallenspektakel von Berlin über Dortmund bis Wien und an weiteren Theatern im deutschsprachigen Raum. Bamberg/Radebeul 2023.

39 Zum Beispiel: Winnetou kam bis Mettmann. Erinnerungen an bemerkenswerte Theateraufführungen. Rheinische Post, 4. November 2023, rp-online.de/nrw/staedte/mett mann/buch-aus-karl-may-verlag-erinnert-an-winnetou-in-mettmann_aid-100733469 [21. 4. 2024];
Als Winnetou nach Speyer kam. Speyer-Kurier, 7. Dezember 2023, www.speyer-kurier.de/kuriere/buch-kurier/artikel/als-winnetou-nach-speyer-kam [21. 4. 2024];
Christina Rückert: Karl-May-Spiele: Als Winnetou in Bergedorf Platzpatronen verschoss. In: Bergedorfer Zeitung, 12. Dezember 2023, S. 14; Karl Georg Berg: Auf der Theaterbühne in Speyer: Winnetou. Die Rheinpfalz, 4. Januar 2024, www.rheinpfalz. de/lokal/speyer_artikel,-auf-der-theaterb%C3%BChne-in-speyer-winnetou-_ arid,5596536.html [21. 4. 2024].

40 Nicolas Finke/Reinhard Marheinecke: Am Fuße des Kalkbergs. Das Bad Segeberger Karl-May-Spektakel in den 80ern. Eine Retrospektive. Erweiterte und aktualisierte Neuauflage. Hamburg 2023.

41 Ebd., S. 8.

42 Wolfgang Glombik: Als den Karl-May-Spielen das Aus drohte. In: Lübecker Nachrichten, 14. Februar 2023, S. 14.

43 Karl May: Deutsche Herzen – Deutsche Helden. Band 61–63 der Gesammelten Werke als mp3-Hörbücher. 3 Teile [Einzeltitel: Der Derwisch; Im Tal des Todes; Zobeljäger und Kosak]. Gelesen von Heiko Grauel. Karl-May-Verlag, Bamberg 2023.

44 Karl May: Winnetous Erben. Band 33 der Gesammelten Werke als mp3-Hörbuch. Gelesen von Jean-Marc Birkholz. Karl-May-Verlag, Bamberg 2023.

45 Petra Hartmann: Im Wilden Westen Nordamerikas Bd. 18: Das Herz des Donnervogels. München 2023; vgl. Michael Kunz: Wie der Junge Adler fliegen lernte. Über ungleiche Freunde und einen großen Traum. In: Karl May & Co. Nr. 174, Dezember 2023, S. 97.

46 Ian Carrington: Sherlock Holmes Bd. 37: Winnetous Geist. München 2023; ders.: Sherlock Holmes Bd. 38: Blutsbruder Sherlock Holmes. München 2023.

47 Transkript des Hörbuch-Abschnitts, wie Anm. 44; vgl. den Originaltext: Karl May: Gesammelte Reiseerzählungen Bd. XXXIII: Winnetou. 4. Band. Freiburg i. B. o. J. [1910], S. 3; Reprint Bamberg 1984.

48 Vgl. Josef Grübl: Blutsbrüder, auch in digitalen Zeiten. In: Süddeutsche Zeitung, 12. Dezember 2023; 60. Jubiläum von »Winnetou I« in München gefeiert. Blickpunkt Film, 11. Dezember 2023, www.blickpunktfilm.de/kino/60-jubiläum-von-winnetou-i-in-muenchen-gefeiert-a3ebcf883b34cc35152aab3f7d0000ca [27. 4. 2024];
Uschi Glas über ihre erste große Rolle in »Winnetou«-Film. Süddeutsche Zeitung, 11. Dezember 2023, www.sueddeutsche.de/bayern/film-uschi-glas-ueber-ihre-erste-grosse-

rolle-in-winnetou-film-dpa.urn-newsml-dpa-com-20090101-231211-99-254080 [27. 4. 2024];

Henning Franke: Ein Festtag für die Filmfans. Galavorstellung zum 60. Jahrestag der »Winnetou 1. Teil«-Uraufführung. In: Karl May & Co. Nr. 175, März 2024, S. 36–39.

49 Vgl. Aaron Tanzmann: Bittere Klatsche für »Winnetou« – Kinos wollen Film nicht zeigen. Der Westen, 14. Dezember 2023, www.derwesten.de/panorama/promi-tv/winnetou-kino-pierre-brice-lex-barker-old-shatterhand-karl-may-ard-zdf-b-id300752021.html [22. 4. 2024].

50 Lex Barker. Westernheld und Herzensbrecher, https://www.youtube.com/watch?v=JY3zJlzVt-o [5. 7. 2024].

GUNNAR SPERVESLAGE

Karl May im interkulturellen Spannungsfeld
Das 54. Jahr der Karl-May-Gesellschaft

Die Karl-May-Gesellschaft hat ein Jahr mit drei Großveranstaltungen innerhalb von zwölf Monaten hinter sich gebracht. Dem 26. Kongress der KMG in München im Oktober 2022 folgten ein wissenschaftliches Symposium in Potsdam (März 2023) und der 27. Kongress in Dortmund (Oktober 2023). Dass alle drei reibungslos über die Bühne gegangen sind, ist insbesondere das Verdienst der Organisatoren und der vielen unterstützenden Hände. Für jedes der drei Events war ein eigenes Team zuständig, denn für den Geschäftsführer allein wäre die Aufgabe nicht zu bewältigen gewesen. Allen Beteiligten sei an dieser Stelle ein großer Dank ausgesprochen. Doch auch über die Organisation unserer Großveranstaltungen hinaus ist der Aufgabenbereich des Geschäftsführers der KMG stark angewachsen und stellt eine logistische Herausforderung dar. Der KMG-Vorstand hat dies in den vergangenen Jahren eingehend diskutiert und der Mitgliederversammlung in Dortmund vorgeschlagen, das Amt des Geschäftsführers künftig mit bis zu zwei Kandidaten zu besetzen, um die Aufgaben effektiver verteilen zu können. Auf dem KMG-Kongress in Dortmund hat die Mitgliederversammlung diesem Vorschlag zugestimmt und die zur Umsetzung notwendige Satzungsänderung beschlossen. Der Beschluss wurde dann bei den anschließenden Vorstandswahlen gleich in die Tat umgesetzt, denn nach acht Jahren als Geschäftsführer der KMG hatte Hartmut Wörner sein Amt zur Verfügung gestellt. Wir danken ihm sehr herzlich für seine aufopferungsvolle Arbeit und wünschen seinen beiden Nachfolgern Markus Böswirth und Stephan Lesker gutes Gelingen!

Die Karl-May-Gesellschaft im Jahr 2023

Bei der inhaltlichen Arbeit der KMG kam dem interkulturellen Spannungsfeld postkolonialer Diskurse eine große Bedeutung zu. Die im August 2022 ausgelöste ›Winnetou-Debatte‹ war kein einmaliges Strohfeuer, sondern die mediale Kulmination eines Diskurses, der Öffentlichkeit und Wissenschaft schon länger beschäftigt. Dass sich die KMG auch 2023 mit Themen wie Kolonialismus, Imperialismus und Rassismus in Zusammenhang mit Karl Mays Werk beschäftigt hat, ist daher kein Nachwirken der Debatte.

Die KMG hat sich dem Diskurs gestellt und kommt verstärkt der Verpflichtung nach, diese Themen aufzuarbeiten. Bereits im November 2022 formierte sich die Arbeitsgemeinschaft ›Karl May vermitteln‹, an der neben Vertretern der Karl-May-Gesellschaft, der Karl-May-Stiftung und weiterer Karl-May-Institutionen die Landesbühnen Sachsen, Expertinnen und Experten aus Wissenschaft, Kultur und Politik sowie zwei Angehörige der Navajo Nation und der Curve Lake First Nation teilnahmen. Die Arbeitsgemeinschaft hat eine gemeinsame Stellungnahme zur ›Winnetou-Debatte‹ erarbeitet und am 18. Mai 2023 zusammen mit einer Pressemitteilung veröffentlicht (abgedruckt auch in den ›KMG-Nachrichten‹ 216/2023):

Gemeinsame Stellungnahme zur ›Winnetou-Debatte‹
Als Mitgestalter der Rezeptionsgeschichte des meistgelesenen Autors deutscher Sprache sind wir uns, vor allem im Hinblick auf seine bis heute einflussreiche Auseinandersetzung mit fremden Kulturen, einer besonderen Verantwortung bewusst und erkennen die Notwendigkeit, sensibel und kritisch mit diesem Erbe umzugehen. Wir unterstützen die Aufarbeitung kolonialer Unrechtsstrukturen und ihres Fortwirkens bis in die Gegenwart, begrüßen die Teilhabe der von europäischem Unrecht Betroffenen am öffentlichen Diskurs und suchen den Dialog mit der Wissenschaft und anderen gesellschaftlichen Kräften.

In dieser Diskussion erscheint uns eine differenzierte Betrachtung des Menschen und Schriftstellers Karl May auf der Grundlage der aktuellen Forschung unabdingbar. Die Reduktion Mays auf einen Produzenten stereotyper und trivialer Abenteuer-Fantasien wird der Komplexität seines umfangreichen Gesamtwerks nicht gerecht.

Karl May war unvermeidlich in der Vorstellungswelt des 19. Jahrhunderts verhaftet: Er akzeptierte und reproduzierte die Normen und Pauschalisierungen seiner Zeit, darunter auch koloniale Muster, die heute mit Recht als problematisch empfunden werden. Seine Darstellung des Fremden basierte auf den damals in deutscher Sprache verfügbaren Quellen und bediente die Erwartungen seiner damaligen Leserschaft, wobei er Bilder von großer Suggestionskraft produzierte.

Gleichzeitig reflektierte er als Ergebnis autodidaktischer Studien in zunehmendem Maße rassistische Vorurteile, imperialistisches Hegemoniedenken und religiöse Intoleranz. Sein anspruchsvolles Spätwerk ist der Vision eines universellen Weltfriedens auf der Grundlage einer respektvollen interkulturellen Verständigung gewidmet. Diese Haltung lässt sich bereits in seinen populären Abenteuererzählungen nachweisen, wo die Solidarisierung mit den Opfern von Unrecht und Gewalt sowie die Aufwertung marginalisierter Bevölkerungsgruppen im Vordergrund stehen. Besonders eindringlich prangern seine Romane den Genozid an den Ureinwohnern Amerikas und das Verbrechen der Sklaverei an. Ein explizit verletzender und rassistischer Sprachgebrauch ist bei ihm Kennzeichen moralisch fragwürdiger Figuren, deren Haltung ausnahmslos durch den Gang der Ereignisse widerlegt wird.

Ungewöhnlich an Mays Texten ist die häufige Thematisierung von Behinde-
rungen und nicht-binären geschlechtlichen Identitäten innerhalb der Gruppe der
Protagonisten. Hierin spiegeln sich die persönlichen Erfahrungen des Autors,
der sowohl als Kind einer armen Weberfamilie als auch im Alter nach dem Be-
kanntwerden seiner Vorstrafen selbst sozialer Diskriminierung ausgesetzt war.

Aufgrund ihrer spezifischen künstlerischen Ambivalenz halten wir die epischen
Werke Karl Mays, in ihrer originalen Gestalt ebenso wie in medialen Weiterent-
wicklungen, für besonders geeignet, eine kritische Reflexion kolonialer Muster
und Ressentiments anzuregen. Als Zeugnisse deutscher Identitätsstiftung illustrieren sie eine bis heute nachwirkende Phase europäischer Mentalitätsgeschichte:
Karl Mays Wilder Westen und Karl Mays Orient entspringen zwar einem genuinen
Interesse für das Fremde, verdanken jedoch ihre literarische Ausformung den eigenen Bedürfnissen und Bestrebungen des Autors. Die Beschäftigung mit Projekti-
onsfiguren wie dem Apachen Winnetou, dem Beduinen Hadschi Halef Omar und
der Kurdin Marah Durimeh ist für europäische Leserinnen und Leser letztlich auch
eine Auseinandersetzung mit der eigenen kulturellen Identität.

Darüber hinaus belegen zahlreiche Aussagen, dass Mays erzählerischer Kosmos vor allem in jungen Menschen Interesse und Wertschätzung für die Traditionen, Sprachen und Religionen anderer Kulturen zu wecken vermag. Wir bemühen uns daher, die Faszination, die von Karl May ausgeht, verstärkt auf die
Beschäftigung mit der historischen und heutigen Realität der im Werk fiktional
repräsentierten Kulturen zu lenken. In diesem Spannungsverhältnis von Fiktion
und Realität, das im Rollenspiel seiner Biographie wiederkehrt, erkennen wir
ein besonderes didaktisches Potential. Hinzu kommen zeitlose pädagogisch relevante Handlungsmotive wie Freundschaft, Einsatz für Freiheit, Konfliktbe-
wältigung, Bewährung in Anfechtungen und im Widerstreit von Gut und Böse.

Wir bekräftigen in diesem Zusammenhang die Unantastbarkeit der Freiheit
von Wissenschaft und Kunst und halten es für grundsätzlich falsch, historisch
gewachsene Elemente der Kultur mittels einer rückwirkenden Umbewertung aus
dem öffentlichen Diskurs oder dem Bildungssystem auszuschließen. Diese Freiheit schließt für uns die Verpflichtung ein, mit besonderer Empathie die Wirkung
europäischer Äußerungen auf Angehörige von Kulturen zu berücksichtigen, die
unter europäischem Denken und Handeln gelitten haben oder leiden. Im Rahmen
unserer jeweiligen Aktivitäten, Veranstaltungen und Publikationen arbeiten wir
auf eine Sensibilisierung der Öffentlichkeit für diese Problematik hin und suchen
die Perspektiven außereuropäischer Kulturgemeinschaften angemessen zu integ-
rieren. Damit verbinden wir die Hoffnung, dass im Umfeld der Karl-May-Institutionen Räume für kulturelle Begegnungen entstehen, die von Offenheit und
Respekt bestimmt sind und zu wechselseitiger kultureller Bereicherung führen.

Vom 17. bis 19. März 2023 fand in Potsdam das internationale und inter-
disziplinäre Symposium ›Kulturelle Repräsentationen im Werk Karl
Mays‹ statt, das gemeinsam von der Karl-May-Gesellschaft, der Karl-
May-Stiftung und der Universität Potsdam ausgerichtet wurde. Wissen-

schaftlerinnen und Wissenschaftler verschiedener Fachrichtungen, Vertreterinnen und Vertreter aus den Bereichen Presse, Film und Bühne sowie Verlagswesen, darunter auch Angehörige indigener nordamerikanischer Nationen, präsentierten ihre Forschungsergebnisse und vertraten ihre Sichtweisen. Rassenstereotype, koloniale Vorurteile und imperiales Denken sind in Karl Mays Werk unbestreitbar vorhanden und wirken auch in der Rezeption auf Bühnen und in Museen nach. Das Symposium war ein wichtiger Schritt, darüber in Dialog zu treten und diese Themen aufzuarbeiten. Wenn Sie dieses Jahrbuch in Händen halten, ist auch der Tagungsband unter dem Titel ›Wer hat Angst vor Winnetou? Karl May im Spannungsfeld postkolonialer Diskurse‹ bereits publiziert.

Am Ende des Jahres 2023 hatte die KMG 1473 Mitglieder – das sind 40 mehr als im Vorjahr, womit erstmals wieder ein leichter Anstieg der Mitgliederzahl und ein Höchststand seit 2019 vermeldet werden kann. Der Zuwachs kann sicherlich auch auf die Nachwirkungen der ›Winnetou-Debatte‹ des Vorjahres und die damit verbundene Medienpräsenz zurückgeführt werden. Doch wir haben wie in jedem Jahr nicht nur Zugänge, sondern auch Abgänge zu verzeichnen. Zwei Namen seien unter den verstorbenen Mitgliedern hervorgehoben: Bei aller berechtigten Kritik wegen seiner Stasi-Mitarbeit hat sich Dr. Klaus Hoffmann (1938–2023) um die Anfänge der systematischen Karl-May-Forschung und die Publikation von Archivmaterialien und Originaltexten verdient gemacht. Als Literaturwissenschaftler hat Prof. Dr. Volker Klotz (1930–2023) ab den 1960er Jahren durch seine Arbeiten zur Abenteuerliteratur wesentlich dazu beigetragen, dass Karl May ein ernstzunehmender Gegenstand universitärer Forschung werden konnte. Ihnen, wie auch allen anderen verstorbenen Mitgliedern, bewahrt die KMG ein ehrendes Gedenken.

Kongress in Dortmund

Anlässlich ihres 27. Kongresses war die Karl-May-Gesellschaft vom 5. bis 8. Oktober zu Gast in Dortmund. Das LWL-Museum Zeche Zollern und das Museum für Kunst und Kulturgeschichte boten uns eine angenehme Tagungsatmosphäre, und auch das Wetter zeigte sich mit spätsommerlichen Temperaturen von seiner besten Seite, so dass die Teilnehmerinnen und Teilnehmer das Gelände der Zeche Zollern erkunden und in die Welt der Kohleförderung eintauchen konnten. Das weitläufige Foyer des Industriemuseums, die ehemalige Lohnhalle der Zeche, in dem sich das Tagungsbüro und die Büchertische befanden, bot allen Angereisten Gelegenheit zum Stöbern, Austausch und zwanglosen Beisammensein.

Am Donnerstag eröffnete unser Vorsitzender Florian Schleburg um 16 Uhr den Kongress. Thomas Westphal, Oberbürgermeister der Stadt Dortmund, sandte per Videobotschaft Grußworte an die Teilnehmerinnen und Teilnehmer. Im Anschluss erfolgte eine Ehrung der Karl-May-Forscher Hans-Dieter Steinmetz und Jürgen Seul durch den Karl-May-Freundeskreis Freiburg. Das Freiburger Karl-May-Symposium hatte coronabedingt mehrfach verschoben und schließlich abgesagt werden müssen. Zudem ist nicht absehbar, ob die Reihe der Symposien fortgesetzt werden kann, so dass es dort keinen Raum für die Ehrung gab. Sowohl Jürgen Seul als auch Hans-Dieter Steinmetz haben sich als langjährige KMG-Mitglieder auch um unsere Gesellschaft verdient gemacht. Daher hat die KMG dem Freiburger Freundeskreis gerne die Bühne für die Auszeichnung eingeräumt.

Auf dem Programm standen neun wissenschaftliche Vorträge mit unterschiedlichen Perspektiven auf Leben, Werk und Wirken Karl Mays. Mit Ausnahme der Vorträge von Iuditha Balint und Alexander Braun sind alle in diesem Band dokumentiert. Einen Schwerpunkt bildeten die Ausführungen von Johannes Zeilinger, Anna Margaretha Horatschek und Stefan Mühlhofer zu Kolonialismus und Rassismus in Mays Erzählungen. Die Beiträge selbst wie auch die daran anschließende Diskussion haben die Bedeutung dieses Themas noch einmal deutlich aufgezeigt. Wie bereits im Vorjahr in München wurden auch die Dortmunder Vorträge für ›Literaturradio Hörbahn‹ aufgezeichnet. Unter der URL literaturradiohoerbahn. com/karl-may-gesellschaft/ können die Aufzeichnungen abgerufen und der Kongress noch einmal nachverfolgt werden.

Donnerstag, 5. Oktober 2023

17:00 Uhr   Dr. Iuditha Balint: ›Der verlorene Sohn‹. Von der Arbeit der Weber zur Arbeit am Text

18:30 Uhr   Dr. Johannes Zeilinger: Karl Mays Todeskarawane: Dramatisches Seelenprotokoll oder koloniale Propaganda?

Freitag, 6. Oktober 2023

9:30 Uhr   Prof. Dr. Anna Margaretha Horatschek: ›Literarischer Rassismus‹ bei Joseph Conrad und Karl May? Ein exemplarischer Vergleich

11:00 Uhr   Friedhelm Schneidewind: Der Einfluss von Karl May auf zeitgenössische deutschsprachige phantastische Autor*innen. Eine Untersuchung und ihre Ergebnisse

14:00 Uhr   Alexander Braun: Going West. Comics vom Wilden Westen

16:00 Uhr   Malte Ristau: Ritter, Räuber und ein besonderer Fürst. Wie Karl May den Start der Hohenzollern 1412 erzählte

Samstag, 7. Oktober 2023
14:00 Uhr   Thilo Scholle: Karl May im Spiegel der Arbeiterbewegung
               bis 1933

Sonntag, 8. Oktober 2023
9:00 Uhr   Prof. Dr. Thomas Gloning: Das Wortgebrauchsprofil von
               Karl Mays Winnetou-Trilogie. Grundlagen, Systematisie-
               rungsperspektiven, Befunde
11:00 Uhr   Dr. Stefan Mühlhofer: ›Ein Kind seiner Zeit‹? Anmerkun-
               gen eines Historikers zu kolonialen Aspekten im Werk Karl
               Mays

Am Freitagabend wurde unter gewohnt sachkundiger Leitung von Wolfgang Hermesmeier, Christoph Blau und Uwe Teusch die Buchauktion
durchgeführt und der ökumenische Gottesdienst fand am Samstagnachmit-
tag in der Stadtkirche St. Reinoldi im Zentrum von Dortmund statt. Daran
schloss sich, ebenfalls im Stadtzentrum, der Gesellige Abend im Restaurant
Brauturm im Dortmunder U an. Zudem waren zwei Ausstellungen zu sehen, die für die Teilnehmerinnen und Teilnehmer des Kongresses von be-
sonderem Interesse waren und durch die, ebenso wie durch das LWL-Museum Zeche Zollern, im Rahmenprogramm des Kongresses Führungen
angeboten wurden: Das Museum für Kunst und Kulturgeschichte zeigte die
Ausstellung ›Sascha Schneider. Geschlechterbilder‹ und im Schauraum
Comic+Cartoon war die Comic-Ausstellung ›Staying West‹ zu sehen.
    Nach der satzungsgemäßen, digital durchgeführten Mitgliederver-
sammlung von 2021 und der außerhalb des Turnus einberufenen Versammlung 2022 in München fand im Rahmen des KMG-Kongresses in
Dortmund am 7. Oktober wieder eine turnusgemäße Mitgliederversammlung statt, bei der nun auch Vorstands- und Kassenprüferwahlen anstan-
den. 103 Mitglieder nahmen im Veranstaltungssaal des LWL-Museums
Zeche Zollern daran teil. Hartmut Wörner verlas die Namen der seit 2022
verstorbenen Mitglieder und ehrte sie mit einem Zitat aus ›Ardistan und
Dschinnistan‹. Anschließend folgten der Rechenschaftsbericht des Vorsitzenden Florian Schleburg, in dem er die vergangenen vier Jahre Revue
passieren ließ, sowie die Berichte des Schatzmeisters Uwe Teusch und der
Kassenprüferin Anja Tschakert. Im Anschluss an die Berichte wurde der
Vorstand auf Antrag der Kassenprüferin einstimmig entlastet.
    Den nächsten Tagesordnungspunkt bildete der eingangs bereits erwähn-
te Antrag auf Satzungsänderung, der vorsah, dass künftig anstelle eines
Geschäftsführers bis zu zwei gleichberechtigte geschäftsführende Vorstandsmitglieder von der Mitgliederversammlung gewählt werden kön-

nen. Der Aufgabenbereich des Geschäftsführers ist inzwischen so umfangreich geworden, dass eine effektive Arbeit bei ehrenamtlicher Tätigkeit nur bei Verteilung auf mehrere Schultern gewährleistet ist. Aus dem Plenum kamen ein paar Verständnisfragen, insbesondere aber ausdrückliche Zustimmung, die sich auch darin zeigte, dass der Antrag ohne Gegenstimmen und Enthaltungen angenommen wurde. Im Anschluss an den Kongress wurde die Satzungsänderung am 26. Oktober 2023 im Vereinsregister des Amtsgerichts Dresden eingetragen.

Nachdem die Satzungsänderung beschlossen war, konnten die Vorstandswahlen stattfinden. Mit Ausnahme des Geschäftsführers Hartmut Wörner traten alle Vorstandsmitglieder zur Wiederwahl an. Für das geteilte Amt des Geschäftsführers kandidierten Markus Böswirth und Stephan Lesker. Bei der von Hartmut Wörner geleiteten Wahl sprach die Mitgliederversammlung mit einem einstimmigen Votum allen acht Kandidaten ihr Vertrauen aus. Der Vorstand der KMG setzt sich nach der Wahl wie folgt zusammen:

Dr. Florian Schleburg, Vorsitzender
Joachim Biermann, stellvertretender Vorsitzender
Prof. Dr. Hartmut Vollmer, stellvertretender Vorsitzender
Markus Böswirth, geschäftsführendes Vorstandsmitglied
Dr. Stephan Lesker, geschäftsführendes Vorstandsmitglied
Uwe Teusch, Schatzmeister
Dr. Gunnar Sperveslage, Schriftführer
Laura Thüring, MA, wissenschaftliche Mitarbeiterin

Ebenfalls gewählt wurden die Kassenprüfer. Anja Tschakert wurde einstimmig im Amt bestätigt. Die Positionen des zweiten und dritten Kassenprüfers mussten nach dem Ausscheiden von Markus Böswirth und Ludwig Stimpfle neu besetzt werden. Zur Wahl hatten sich Augustin Bogensberger und Mario Espig gestellt; für beide wurde ebenfalls einstimmig votiert. Nach den Wahlen erfolgte unter dem Applaus der Mitglieder eine Ehrung des ausgeschiedenen Geschäftsführers Hartmut Wörner. Der Vorstand dankte ihm für die in den vergangenen acht Jahren geleistete Arbeit und überreichte ihm ein Weinpräsent, und auch die beiden neuen Vorstandsmitglieder wurden mit einem Präsent willkommen geheißen.

Die allgemeine Aussprache umfasste die traditionellen Berichte aus den anderen Karl-May-Institutionen. André Neubert berichtete aus dem Karl-May-Haus, Volkmar Kunze per Videobotschaft aus dem Karl-May-Museum und Bernhard Schmid aus dem Karl-May-Verlag. Außerdem informierte Joachim Biermann die Mitglieder über den aktuellen Stand der

Historisch-kritischen Ausgabe. Der Kongressort für 2025 steht mit Rostock bereits fest. Für 2027 sollte ein Stimmungsbild unter zwei Vorschlägen – Frankfurt a. M. und Leipzig – eingeholt werden, wobei – vorbehaltlich der Durchführbarkeit – direkt der harmonische Konsens gefunden wurde, 2027 in Frankfurt und 2029 in Leipzig zu tagen.

Publikationen der Karl-May-Gesellschaft im Jahr 2023

Unsere Periodika wurden 2023 in bewährter Form fortgeführt. Bei den Redaktionen gingen zahlreiche Beiträge zu verschiedenen Themen rund um Leben und Werk Karl Mays ein, so dass sich die Nummern 215–218 der ›Mitteilungen der Karl-May-Gesellschaft‹ und auch der ›KMG-Nachrichten‹ erneut wie von selbst füllten und ein weiterhin starkes Interesse an Karl May aufzeigen. Das ›Jahrbuch der Karl-May-Gesellschaft‹ mit den Vorträgen des KMG-Kongresses in München wurde im November ausgeliefert, allerdings mit einem gerade für Sammler schwerwiegenden Mangel: Die Einbandprägungen fehlten. Der Hansa Verlag hat jedoch reagiert und alle bis Ende Januar 2024 zurückgesandten Jahrbücher mit einem neuen Einband versehen.

In der Reihe der **Sonderhefte der Karl-May-Gesellschaft** sind im Jahr 2023 drei neue Ausgaben erschienen, von denen zwei in direktem Bezug zur postkolonialen Debatte stehen.

Nr. 172:   Johannes Zeilinger (Hrsg.): Friedensbotschaft oder Rassismus? Pressestimmen zur ›Winnetou-Debatte‹. Radebeul 2023. 112 S.

Nr. 173:   Wolfgang Bickel: *Um diese Zeit geschah, was ich erzähle.* Versuch einer Chronologie der Abenteuer von Old Shatterhand und Kara Ben Nemsi. Radebeul 2023. 80 S.

Nr. 175:   Karl Schäfer/Michael Rudloff unter Mitwirkung von Joachim Biermann (Hrsg.): »Die Indianer kommen!« Karl May und der Rote Gentleman. Eine Sammlung von Aufsätzen zu den Ausprägungen des Indianerbildes in Deutschland. Beiträge zum 7. Freiburger Karl-May-Symposium, das 2020/2021 an der Waldhof-Akademie für Weiterbildung in Freiburg-Littenweiler coronabedingt nicht stattfinden konnte. Radebeul 2023. 144 S.

In der **Historisch-kritischen Ausgabe** der Werke Karl Mays (HKA) erschien 2023, nach einer längeren Pause, der dritte Band des Orientzyklus in zweiter, verbesserter Auflage. Im Vergleich zur ersten Auflage wurde der Text noch einmal geprüft und der Band mit einem Editorischen Bericht mit Variantenverzeichnis versehen.

Von Bagdad nach Stambul. Herausgegeben von Gunnar Sperveslage, Holger Bartsch und Joachim Biermann. (Karl Mays
Werke. Historisch-kritische Ausgabe für die Karl-May-Stiftung. Herausgegeben von der Karl-May-Gesellschaft. Abteilung IV. Reiseerzählungen. Band 3). Bamberg/Radebeul: Karl-
May-Verlag, 2023. 599 S.

Aktivitäten im Jahr 2023

Aus den Karl-May-Institutionen kann auch in diesem Jahr wieder über
vielfältige Aktivitäten berichtet werden. Im Karl-May-Verlag sind mehrere
Bücher erschienen, die unterschiedliche Interessenlagen bedienen und die
Vielschichtigkeit der May-Rezeption belegen. Mit Reinhard Marheineckes ›Hobble-Frank‹ und Wolfgang Bergers ›Die Rückkehr zum Silbersee‹
sind zwei neue Pastiches zu Karl Mays Helden erschienen. Außerdem ist
in der Reihe ›Karl Mays Magischer Orient‹ mit ›Die Seelen von Stambul‹
von Alexander Röder der inzwischen 10. Band veröffentlicht worden. Nicolas Finkes und Reinhard Marheineckes ›Karl May auf der Bühne‹ wurde
mit dem dritten Band fortgesetzt, in dem u. a. die Karl-May-Inszenierun-
gen zu DDR-Zeiten thematisiert werden. Der Hörbuchsektor wurde mit
›Der Derwisch‹, ›Im Tal des Todes‹ und ›Zobeljäger und Kosak‹ aus der
Bamberger Bearbeitung des Kolportageromans ›Deutsche Herzen – Deutsche Helden‹, gelesen von Heiko Grauel, sowie ›Winnetous Erben‹, gelesen von Winnetou-Darsteller Jean-Marc Birkholz, bedient. Mehrere ver-
griffene Sonderbände der ›Gesammelten Werke‹ sind als Taschenbuch neu
aufgelegt worden, darunter Timm Stütz' Biografie seines Großonkels
Adalbert Stütz ›Der Winnetou kannte‹ und Jürgen Seuls Untersuchung zu
Karl Mays Prozessen mit dem Titel ›Old Shatterhand vor Gericht‹. Zudem
erschienen mit ›Die Kahl-Broschüre‹ Jürgen Seuls Aufarbeitung einer im
Auftrag von Rudolf Lebius von Wilhelm Friedrich Kahl verfassten Hetzschrift gegen Karl May sowie, in der Reihe der Sonderbände, Johannes
Zeilingers Buch ›Dr. med. Karl May‹, das dem Thema Medizin in Leben
und Werk Mays nachgeht. Beide letztgenannten Bücher sind für die Karl-
May-Forschung von besonderer Bedeutung und werden im Literaturbe-
richt in diesem Jahrbuch eingehend besprochen.
      In Radebeul konnte im Frühjahr 2023 die Sanierung des Holzschindel-
dachs der ›Villa Bärenfett‹ abgeschlossen und für die Spendenkampagne
›Rettet Shatterhand!‹ mit dem Schauspieler und Komiker Volker Zack –
Darsteller des Sam Hawkens in der Bad Segeberger Inszenierung von
›Winnetou I‹ – neben Gojko Mitić ein weiterer prominenter Botschafter

gewonnen werden. Mit Fördergeldern der Ostdeutschen Sparkassenstiftung und der Sparkasse Meißen konnte zudem die Restaurierung des 2,47 × 4,52 m messenden Monumentalgemäldes ›Auf zum Kampf‹ von Sascha Schneider erfolgen. Das restaurierte Gemälde wurde am 26. Januar 2024, 122 Jahre nach seiner Entstehung, im Lesesaal des Stadtarchivs Dresden präsentiert, wo es bis zur Fertigstellung des neuen Empfangsgebäudes des Karl-May-Museums ausgestellt bleiben soll.

Personell hat sich das Museum im Februar 2023 verstärkt. Leonie von Wangenheim und Hans Schulze konnten als Volontäre angestellt werden; sie unterstützen das Museum in der wissenschaftlichen Arbeit sowie in der Öffentlichkeitsarbeit. Im wissenschaftlichen Bereich treibt das Museum die Aufarbeitung der eigenen Geschichte voran und hat beim Stasi-Unterlagen-Archiv einen Antrag auf Aktenauskunft gestellt. Die Provenienzforschung zu menschlichen Überresten in der Sammlung wird ebenso fortgeführt wie die Beteiligung an der aktuellen Debatte zu kultureller Aneignung. Zur Komplexität des Begriffes ›Indianer‹ wurde ein Informationsblatt erarbeitet. Die Verwendung dieses Ausdrucks und die Vielschichtigkeit indigener Sichtweisen wird auch in der neuen Ausgabe des Magazins des Karl-May-Museums thematisiert. Das Magazin erschien als Doppelausgabe 04/05 (2023/2024) mit dem Schwerpunktthema ›Indigenes Nordamerika‹.

Die bereits im Dezember 2022 eröffnete Sonderausstellung ›Karl Mays Orient‹ wurde bis zum 15. Oktober 2023 verlängert. Im Anschluss erfolgte am 8. Dezember die Eröffnung der Sonderausstellung ›Show-Indianer‹, mit der das Jahresthema 2024 ›Inszenierte Indianer‹ eingeläutet wurde. Am 31. Mai wurde zudem in der ›Villa Nscho-tschi‹ die ›Turtle Island Gallery‹ eingeweiht. Hier werden Gemälde, Fotografien und Skulpturen von zeitgenössischen indigenen Künstlern Nordamerikas gezeigt. Die ausgestellten Kunstwerke stammen teils aus dem Bestand des Karl-May-Museums, teils sind es Dauerleihgaben des Ethnologen Martin Schultz. Die ethnografische Sammlung konnte durch eine Schenkung von rund 100 Zuñi-Fetischen ebenfalls erweitert werden. Vorangetrieben wurde auch der Service für internationale Gäste: Der Audioguide ist inzwischen auf Niederländisch eingesprochen und umfasst damit nun zwölf Sprachen.

Über die Ausstellungen hinaus bot das Museum eine Reihe von Veranstaltungen für Groß und Klein. Das Museum beteiligte sich erneut mit Programmpunkten an den Karl-May-Festtagen, die 2023 zum 30. Mal stattfinden konnten, und der Förderverein hat auch 2023 ein vielseitiges Vortragsprogramm organisiert. Sein 30. Jubiläum feierte auch das Kinderfilmfest ›Kinolino‹, bei dem das Museum mit mehreren Filmvorführungen vertreten war. Am 11. Oktober öffnete das Museum seine Türen zur ›Langen Nacht im Karl-May-Museum‹ und gewährte den Besucherinnen und Besuchern einen exklusiven Blick in die einst vom ersten Museumsdirektor Patty Frank genutzten Kellerräume der ›Villa Bärenfett‹.

Das Karl-May-Haus in Hohenstein-Ernstthal nutzte die neuen Räumlichkeiten des Karl-May-Haus-Depots erstmals für eine Sonderausstellung. Vom 25. Februar 2023 bis zum 18. Februar 2024 wurde die von Jenny Florstedt kuratierte Ausstellung ›Winnetou. Evolution eines Helden‹ gezeigt, in der das Bild Winnetous und seine Strahlkraft von seinen ersten Auftritten in Mays frühen Erzählungen bis in die Gegenwart dargestellt wurden. Daneben lockte das Museum mit zahlreichen Veranstaltungen, wie dem traditionellen Skatturnier, einem abwechslungsreichen Vortragsprogramm und speziellen Angeboten für Kinder. Im Februar widmete sich ein Ferienangebot dem Thema ›Orient‹, im August trug ein Märchenspieler eine kindgerechte Fassung von ›Das Buschgespenst‹ vor und am 3. Oktober nahm das Karl-May-Haus an ›Türen auf mit der Maus 2023‹ teil und öffnete jungen Entdeckern sein Depot.

Die Sammlung erfuhr durch Schenkungen und Neuerwerbungen einige Bereicherungen. Unter anderem konnten über den Förderverein ›Silberbüchse‹ zwei Ölgemälde von Karl und Christiane Wilhelmine May (verh. Schöne) erworben werden. Die Bilder sind in den Jahren 1928 und 1930 entstanden und wurden von Wolfgang Hoppe, einem Nachfahren Mays aus der Schöne-Linie, feierlich überreicht. Die wissenschaftliche Arbeit in Hohenstein-Ernstthal schlägt sich in der inzwischen 38. Ausgabe der ›Karl-May-Haus-Information‹ nieder, die im Frühjahr 2023 erschien und neue Details zu Leben und Werk Karl Mays bietet.

Nicht nur die Institutionen, auch einige unserer Mitglieder waren sehr aktiv. Wieland Zirbs hat Karl Mays Novelle ›Wanda‹ für den Schulunterricht aufbereitet und im Hansa Verlag herausgegeben. Den im Zusammenhang mit der ›Winnetou-Debatte‹ erhobenen Vorwürfen gegen Karl May hat Thomas Kramer unter dem Titel ›Karl May im Kreuzfeuer‹ ein Buch mit einer differenzierten Darstellung gewidmet. Einen ebenso kritischen wie facettenreichen Blick auf Karl Mays Orient bot Thomas Kramer auch in der von ihm kuratierten Ausstellung ›Das Herz des Orients gewinnen!‹, die vom 23. September 2023 bis 7. Januar 2024 in der Zitadelle Spandau gezeigt wurde. Darin wurde u. a. die Darstellung von Armeniern, Eziden und Kurden bei Karl May der gegenwärtigen Selbstwahrnehmung der jeweiligen Ethnien und Religionsgemeinschaften gegenübergestellt.

Die KMG ist auch 2023 in den sozialen Medien präsent gewesen. Der von Heike Pütz betreute Facebook- und der von Katrin Berszuck betriebene Instagram-Account versorgten Follower und Interessierte mit Neuigkeiten aus der Szene. Auch das digitale Archiv auf der Webseite der KMG ist weiter ausgebaut worden. So sind u. a. Werke von Robert Kraft und Henry Rider Haggard sowie der zweite Jahrgang des ›Guten Kameraden‹ und die erste Buchausgabe von ›Die Liebe des Ulanen‹ hinzugekommen. Darüber hinaus hat Ralf Schönbach mit der Digitalisierung der ›Illustrierten Reiseerzählungen‹ begonnen. Aus dem Orientzyklus sind bei Redaktionsschluss die Bände ›Durch die Wüste‹, ›Von Bagdad nach Stambul‹, ›In den Schluchten des Balkan‹ und ›Durch das Land der Skipetaren‹ frei zugänglich, außerdem der Band ›Am Stillen Ocean‹. Die illustrierten Ausgaben von ›Durch die Wüste‹ und ›Am Stillen Ocean‹ hat Ralf Schönbach zudem als Reprint herausgegeben.

Spendendank

Die Ziele der KMG wären ohne großzügige Spenden nicht umsetzbar. Wir freuen uns daher sehr über die Zuwendungen, die uns durch unsere Mitglieder zugehen. 2023 konnten wir Spenden in Höhe von 28.019,50 € verzeichnen. Alle, die uns mit 50 € oder mehr bedacht haben, sind in der nachfolgenden, von Ulrike Müller-Haarmann zusammengetragenen Aufstellung genannt. Wir bedanken uns an dieser Stelle noch einmal ganz herzlich bei allen genannten und nicht genannten Spenderinnen und Spendern.

50 € und mehr spendeten 2023:

Tobias Abraham (Nürnberg), Arnold Aerdken (Ravensburg), Martina Aumüller (München), Christian Barth (Dormagen), Holger Bartsch (Lübbenau), Hartmut Bauer (Chemnitz), Torsten Bauer (Ober-Flörsheim), Angela Baum (Vallendar), Ludwig H. Baumm (Hamburg), Jan Behrendsen (Frankfurt a. M.), Patrick Bernold (Wil/CH), Wolfgang Bickel (Nürnberg), Joachim Biermann (Lingen), Peter Biqué (Oberursel), Horst Bock (Memmingen), Hubertus Bocklage (München), Wolfgang Böcker (Recklinghausen), Markus Böswirth (Schwabhausen), Jörg Bornemann (Gelsenkirchen), Siegfried Brauny (Dresden), Horst Briehl (Dauchingen), Werner Brückner (Mömbris), Jürgen Brüggemann † (Kleinmachnow), Giesbert Damaschke (München), Volker Depkat (Regensburg), Winfried Didzoleit (Bonn), Peter Diehn (Colmberg), Jürgen Drescher (Oberhausen), Klaus Eggert (Stuttgart), Andreas Enger (Großenhain), Joachim Feldmann (Recklinghausen), Florentine Fischer (Altrip), Heidemarie Fischer (Oberhaching), Veronika Frey (Dresden), Karl-Josef Frings (Berlin), Werner Fröhlich (Hamburg), Martin Gallhoff (Werneck), Graziella Gander (Root/CH), Ralf Gehrke (Bad Homburg), Werner Geilsdörfer (Stuttgart), Irmtraud Götz v. Olenhusen (Düsseldorf), Werner Goldmann (Köln), Gerd Goller (Fürstenfeldbruck), Gabriele Gordon (Neuruppin), Gerhard Greiner (Ludwigsburg), Harald Gröschler (München), Dieter Grube (Bonn), Jürgen H. Grünewald (Wittlich), Hans Grunert (Dresden), Wolfgang Grunsky † (Bielefeld), Thomas

Gurt (Osterbruch), Markus Gutmann (Osterburg), Klaus Hänel (Hamburg), Robert Haimerl (Furth), Uwe Halm (Dresden), Peter Hansen (Gusterath), Ingmar Harden (Oldenburg), Uwe Henning (Oranienbaum-Wörlitz), Dieter Herbinger (Dachau), Stephan Hesse (Lübbecke), Jürgen Holthoff (Overath), Hans-Joachim Hummel (Vellmar), Jutta Jaenecke-Dykstra (Berlin), Gunnar Jahns (Frankfurt a. M.), Rainer Jeglin (Hannover), Wolfgang Jordan (Bochum), Helmut Keiber (Rülzheim), Günter Kern (Delmenhorst), Joachim-A. Klarner (Nürnberg), Clemens Kleijn (Villingen-Schwenningen), Hans Hugo Klein (Pfinztal), Bernd Koch (Pulheim), Eckehard Koch (Herne), Reinhard Köberle (Kempten), Wolfgang König (Wulmstorf), Elisabeth Kolb (Wien/A), Joachim Krause (Gladbeck), Michael Kreuser (Bremen), Reinhard Künzl (Nittendorf), Volkmar Kunze (Radebeul), Heinz Lieber (Bergisch Gladbach), Dirk Linster (Saarlouis), Christoph F. Lorenz † (Köln), Barbara Lutz (Schweich), Ewald Maack (Celle), Helmut Malzer (Regensburg), Dieter Mantz (Brandenburg), Günter Marquardt † (Berlin), Klaus Marquardt (Herne), Horst Mayerhofer (Passau), Hans Norbert Meister (Arnsberg), Axel Mittelstaedt (Düsseldorf), Helmut Moritz (Nürnberg), Harald Müller (Lorsch), Joachim Müller (Korbach), Wolfgang Müller (Weimar), Friedhelm Munzel (Dortmund), Christoph Nahrgang (Bielefeld), Peter Nawroth (Leimen), Everose Nepke (Oldenburg), Peter Nest (Saarbrücken), Harald Obendiek (Oberhausen), Olaf Otting (Nidderau), Ulrich v. Papen (Aachen), Josef Pasker (Edingen-Neckarhausen), Armin Patz (Kerpen), Michael Peter (Koblenz), Ewald Pfeilsticker (Dortmund), Andreas Piller (Bürgel), Norbert Plath (Teningen), Michael Platzer (Bassau), Siegfried Potthoff (Freiburg), Axel Präcklein (Pforzheim), Hartmut Preidel (Weinböhla), Walter Preiß (Hildrizhausen), Ulrich Probst (Putzbrunn), Heike Pütz (Zülpich), Reiner Pütz (Zülpich), Winfried Rabenstein (Frankfurt a. M.), Dirk Heinrich Rahn (Kiel), Ingo Rass (Elsdorf), Dieter Rauscher (Tübingen), Günther Römer (Gießen), Wolfgang Roth (Stuttgart), Oliver Rudel (Magdeburg), Michael Rudloff (Gundelfingen), Rüdiger Rüger (Huglfing), Rolf Schäffler (München), Volker Schanz-Biesgen (Mannheim), Barbara Schaper-Alberts (Köln), Barbara Scheer (Bornheim), Andrea Scheuren (Cochem), Andreas Schinko (Schwandorf), Christian Schlindwein (Balzers/FL), Claudia Schlotterbeck (Velbert), Martin Hartwig Schmidt (Aachen), Stefan Schmidt (Merzig), Siegfried H. Schneeweiß (Stockenboi/A), Wieland Schnürch (München), Dietrich Schober (München), Ralf Schönbach (Lohmar), Walter Schönthal (Stutensee), Klaus Schrodt (Berlin), Walther Schütz (Dossenheim), Joachim Schultz (Hamburg), Burkhard Schultze-Berndt (Köln), Sigrid Seltmann (Berlin), Fritz-Werner Senft (Siegen), Georg Seppmann (Bensheim), Gunnar Sperveslage (Köln), Karl-Eugen Spreng (Menden), Edgar Stange (Gütersloh), Ludwig Stimpfle (München), Stefan Strauß (Bitterfeld), Willi Stroband (Ahlen), Heinz Sunkel (Moers), Wolfgang Szymik (Essen), Wolfgang Tenhagen (Asse/B), Uwe Teusch (Mommenhein), Clemens Themann (Visbek), Christiane Thiemann (Wien/A), Cornelia Thust (Erfurt), Ralf Tiemann (Leverkusen), Martin Timmreck (Berlin), Bernhard Tjaden (Freudenstadt), Angela Troisch (Bonn), Martin Trotier (Mannheim), Jörg Ullmann (Annaberg-Buchholz), Rudolf Unbescheid (Hamburg), Wilhelm Vinzenz (Maisach), Karl-Heinz Vogl (Göppingen), Karin Vollrodt (Burgwedel), Karl-Heinz Wahlen (Siegburg), Markus Walter

(Luftenberg a. d. Donau/A), Hermann-Gundolf Warnecke (Hannover), Gottfried Werner (Laatzen), Gerhard Weydt (Ebersberg), Gregor Wiel (Langenfeld), Sabine Wilhelm (Metzingen), Roland Wilm (Hohenroth), Lothar Winkler (Bad Nenndorf), Manuela Wittich (Coswig), Gabriele Wunderlich (Berlin), Stefan Wunderlich (München), Jörn Zahmel (Neubrandenburg), Jürgen Zeiger (Wolfhagen), Wolfgang Zeller (Dettenhausen), Gabriele Zimmermann (Gabsheim), Peter Züllig (Bubikon/CH), Wilhelm Zwingmann (Dresden).

Auskünfte über die Karl-May-Gesellschaft
erteilt die Geschäftsführung
E-Mail: geschaeftsfuehrer@karl-may-gesellschaft.de
www.karl-may-gesellschaft.de

Die Autorinnen und Autoren des Jahrbuchs

Gloning, Dr. Thomas, Professor für Germanistische Sprachwissenschaft an der Justus-Liebig-Universität Gießen

Horatschek, Dr. Anna Margaretha, Universitätsprofessorin/Ordinaria a. D. für Englische Literaturwissenschaft an der Christian-Albrechts-Universität zu Kiel

Kunz, Michael, freier Redakteur, Siegen

Mühlhofer, Dr. Stefan, Direktor des Stadtarchivs Dortmund und Geschäftsführender Direktor der Kulturbetriebe Dortmund

Ristau, Malte, Ministerialdirektor i. R. (Bund), Strategieberater, Berlin

Schleburg, Dr. Florian, Dozent für Englische Sprachwissenschaft an der Universität Regensburg

Schmiedt, Dr. Helmut, Universitätsprofessor i. R. für Neuere deutsche Literaturwissenschaft, Köln

Schneidewind, Friedhelm, Autor, Journalist, Musiker, Dozent und Referent, Mannheim

Scholle, Thilo, Regierungsdirektor, Lünen/Berlin

Sperveslage, Dr. Gunnar, wissenschaftlicher Mitarbeiter am Institut für Afrikanistik und Ägyptologie der Universität zu Köln

Zeilinger, Dr. Johannes, Facharzt für Chirurgie, Berlin

Manuskripte können unter der Adresse jahrbuch@karl-may-gesellschaft.de eingereicht werden.
Richtlinien zu Format und Zitierweise finden sich unter der Adresse www.karl-may-gesellschaft.de/kmg/seklit/JbKMG/jahrbuch-richtlinien.pdf

Jahrbuch 2026: Geschäftsführende Herausgeberin Laura Thüring

Karl May,

Wanda

Novelle

Für den Unterricht
aufbereitet und hrsg. von
Wieland H. Zirbs

Karl-May-Lesereise 1

109 Seiten, broschiert

(ISBN 978-3-941629-34-9)

Wanda von Chlowicki, die wilde Polin, ist seit Kindertagen dem
Baron Eginhardt von Säumen versprochen, den sie aber nicht
liebt. Emil Winter, Essenkehrer, Feuerwehrmann und Geheim-
poet, findet heraus, dass der angebliche Baron ein Hochstapler
und Erbschleicher ist. Ihm gelingt es zweimal, Wanda aus
Lebensgefahr zu retten, und letztlich von Säumen alias Morelly
als Schurken zu überführen und dingfest zu machen.
Nach einer spektakulären Ballonfahrt gestehen Wanda und Emil
endlich einander ihre Liebe. Die Schurken sind besiegt, die
Konkurrenten um Wandas Zuneigung tot und damit alle Probleme aus der Welt geräumt. (Karl-May-Wiki)